教育部人文社会科学研究 2007 年度青年基金项目成果

项目批准号：07JC740015

北京师范大学 985 工程二期项目资助

黎锦熙先生纪念研究丛书

现代汉语词素系统研究

孙银新 著

中国社会科学出版社

图书在版编目（CIP）数据

现代汉语词素系统研究／孙银新著 . —北京：中国
社会科学出版社，2013.6
（黎锦熙先生纪念研究丛书）
ISBN 978 - 7 - 5161 - 2711 - 7

Ⅰ.①现⋯ Ⅱ.①孙⋯ Ⅲ.①现代汉语 - 词素 -
研究 Ⅳ.①H146

中国版本图书馆 CIP 数据核字（2013）第 112728 号

出 版 人	赵剑英	
责任编辑	曲弘梅	
责任校对	高 婷	
责任印制	李 建	

出 版	中国社会科学出版社	
社 址	北京鼓楼西大街甲 158 号（邮编100720）	
网 址	http：//www. csspw. cn	
	中文域名：中国社科网　　010 - 64070619	
发 行 部	010 - 84083685	
门 市 部	010 - 84029450	
经 销	新华书店及其他书店	

印 刷	北京奥隆印刷厂	
装 订	北京市兴怀印刷厂	
版 次	2013 年 6 月第 1 版	
印 次	2013 年 6 月第 1 次印刷	

开 本	710 × 1000 1/16	
印 张	20	
插 页	2	
字 数	333 千字	
定 价	56. 00 元	

丛书总序

　　北京师范大学文学院现代汉语专业有光荣的传统，也曾经取得过辉煌的业绩。学界泰斗黎锦熙先生导夫先路，早在1920年起，就在全国率先开设国语语法课，并于1924年出版了被誉为现代汉语语法研究里程碑式的巨著《新著国语文法》，此书衣被后人，非一代也；陆宗达、俞敏、萧璋、刘世儒、史锡尧、李大魁、杨润陆、周一民等踵武其后而大有作为，嘉惠学林，及于今日。

　　而今，作为本专业的后来者，我们现代汉语研究所的同仁有继往开来的自觉，也期望能够把前辈开创的事业发扬光大，所以惟思努力，而不敢有一丝懈怠。

　　现在即将出版的黎锦熙先生纪念研究丛书，是北京师范大学现代汉语研究所985工程二期项目2012年度计划的一部分，也是本所最近一个阶段研究成果的汇集。丛书一套四种，可以分为以下两类：

　　第一类共一种，即《黎锦熙先生语言思想研究》，属于北京师范大学文学院先贤研究之一，也是教育部人文社科重点研究基地2009年度重大项目"黎锦熙先生语言思想研究"的结项成果。本书内容大致包括以下三个方面：一是黎氏语言思想的重新解读和评价，学界有一些人一直对黎氏语法评价不高，甚至有一定的误解和偏见，所以我们认为，这种正本清源的工作是非常必要的；二是探索黎先生语言思想的当代意义，主要涉及当代语言研究和语言教学这两个方面；三是黎先生语言思想的专题研究，包括句本位语法体系、复句体系、构词法及词缀体系等。本书既是我们对黎锦熙先生的一个纪念，同时也是我们相关系列研究的开始，今后本所将在这一共同研究方向下，不断地向学界献上我们新的成果。

　　第二类共三种，是本所同仁在黎锦熙先生语言思想指导下，运用现代语言学理论和方法，分析和解决各自研究领域内重要问题的用心之作。

孙银新教授的《现代汉语词素系统研究》系教育部人文社会科学研究2007年度青年基金项目的结项成果，是作者继广受好评的《现代汉语词素研究》（中国文史出版社2003年版）后关于词素的再拓展之作。本书在前书的基础上，用定量分析的研究方法重点解剖了现代汉语多种词素聚合系统的内部结构，描写并呈现了现代汉语词素在语音、语义、语法构词等多种属性上的分布特点和深层规律，从一个特定的视角展示了现代汉语词素系统的全貌。在语料的筛选和处理上，本书注重对现代汉语的全部词素分门别类地做穷尽性分析，力求观点和结论更加稳妥精准。由此，本书关于现代汉语词素问题的讨论范围进一步拓展，论述内容也大大加深。书中提出的很多新见解，可以说既反映了当今汉语词素研究的最新进展，也体现了作者近些年深入研究和思考现代汉语词素问题的倾向与特色。

李晋霞副教授的《词与短语区分的理论与实践》也是教育部人文社会科学研究2007年度青年基金项目的结项成果，同时还是教育部新世纪优秀人才支持计划的研究成果。本书以语法研究中的一个难点，即词与短语的划界与区分问题为讨论对象，对相关的理论进行了梳理，并分别从不同的角度给出了一些二者区分的标准、划界的依据，以及相关的操作方法与原则，其间涉及一些重要而又新颖的概念，如词义的透明度、词感等，而书中的问卷调查也饶富新意，对问题的解决很有助益。

刁晏斌教授的《当代汉语词汇研究》是其2005年立项、2008年结项的国家社科基金项目"现代汉语历史发展演变研究"的后续研究，它隶属于本人"现代汉语史"这一总的研究题目，是这一范围内关于一个语言要素在一个阶段内最新发展变化的研究。本书大致从词形（包括语素和造词）、词义和词用三个方面，对一些比较突出的发展变化事项进行了讨论，在某些方面可能有一点新意，比如提出了"语素词"的概念，把简缩词语分为造词的简缩和用语的简缩两类，等等。词汇是语言中最为活跃的要素，当代汉语又是词汇发展最为迅速、最为丰富多彩的时期，这不仅给语言研究者提供了大量的鲜活材料，同时也是从中发现和总结规律，充实和丰富汉语词汇学的一个大好时机，本书期待能在这一方面作出一点微薄的贡献。

本丛书能够顺利出版，除了本所同仁、特别是各位作者的努力外，还得益于北京师范大学文学院精神和经费上的大力支持。学院浓厚的学术气氛、良好的学术条件、宽松的学术环境以及同事们奋发向上的精神，不仅使我们作为其中的一员而深感自豪，同时也不断给我们鼓舞和鞭策，督促我们继续前行，争取有更大的作为。

刁晏斌

2012 年岁末

目　录

绪　　论

　　语言是音义结合的符号系统。在这个符号系统中，词素（也叫"语素"）是最小的语言符号，处于语言层级体系的一个非常重要的层面。从历史发展的进程来看，汉语研究从西方语言学说引进"词素"这个概念，始于20世纪30年代末40年代初的"文法革新"运动，距今已有七十多年的历史。这期间，语言学家们对词素的研究虽然从未中断，也不断有论文发表，可是关于词素（包括"语素"）方面大规模的、系统而全面的研究也还是不多见。到目前为止，所能见到的关于汉语词素问题研究的专著也就两部。另据不完全统计，七十年间，学术界关于汉语词素（包括"语素"）研究的论文，数量上虽然也已经有百余篇，可要是从研究的内容和研究的角度来看，还很难说得上全面系统深入。这种状况与词素在语言系统中的地位和作用很不相称。无论是对词汇学、语义学、还是语法学的深入发展客观上都产生了一定程度的制约和影响。

　　从目前已经取得的研究成果来看，人们对词素的研究差不多都被限制在汉语构词法的范围之内，涉及的问题主要是根据词素在构造词时表现出来的特征加以分类归纳，而这种分类的最终目的也无非就是为了说明构词法。其次探讨的就是词素作为语言的单位，和语音单位的音节、语言书写符号的汉字之间存在着怎样的关系，这方面研究的目的是为了给人们正确判定与识别词素提供方法论的指导。至于汉语词素领域其他问题的研究至今还很寥寥。

　　实际上，词素作为语言的实体单位，固然是四级语法单位之一，是语法学的研究对象，但这也并非就意味着词素仅仅是构词法的内容。词素既然是语言的符号，就应该同时具备形式和内容两个方面，应该是二者的统一。即便是人们通常所谓的"最小的语音语义结合体"，也同样强调突出了这一点。即：语音是词素的形式，语义是词素的内容。因此，要对词素进行全面系统的研究，就不仅要考虑到语音，也同样要考虑到语义。可是，这方面的研究至今尚未引起人们足够的关注和重视，急需加强。

语言是不断进步和发展变化的。不论是处在共时状态的语言，还是处在历时状态的语言，词素都将伴随着语言的演变，显示其自身的变化。这种变化表现在哪些方面？有没有规律可循？有哪些规律？怎样揭示这其中的规律？这些都是很值得思考的问题。而这些问题又都远远超乎构词法之外，不是光靠构词法就能解决得了的问题。

汉语研究的历史离不开中国传统语言学。"词素"这个术语的引入，虽然只有六十年的历史，可是中国传统语言学时期关于"字"的研究却与"词素"的研究有着密不可分的内在联系。因此，用历时语言学的观点和方法来研究词素，就不能不重视中国传统语言学时期得出的关于"字"的研究成果。只有这样，才能追根溯源，摸清方向，找到途径，并从时间这一纵坐标上实现古今结合，理清汉语词素的发展源流，进而探寻词素的发展演变规律。

不仅如此，词素在静态系统中作为语言单位和在动态系统中作为构词成分时，也表现出很大的不同，显示出一系列有规律性的变化。这些变化有语音形式上的，有语义内容上的，也有语法功能上的。例如：词素"美"和"好"构成复合词时，词素"美"便从静态进入了动态，调值从［214］变成为［35］。词素"月"和词素"饼"构成复合词时，"饼"由静态的"bǐng"变成为动态的"bing"，即变为轻声。这类变化都是词素在动态系统中呈现出来的语音形式上的变化。从意义上看，词素"鱼"在静态语言中的意义是泛指的，具有类指性，可以指代任何一种鱼。而在构造成复合词"鱼翅"、"鱼唇"时，"鱼"的动态词素意义已经变为一种特定的鱼，专指"鲨鱼"。这表明词素意义可以发生由静态的类指到动态的专指的变化。词素"脚"的静态词素意义是"人或动物的腿的下端，接触地面支持身体的部分"。而在构成复合词"国脚"时，"脚"的动态词素意义变成了"足球运动员"。词素"鱼"、"脚"的意义变化都是动态系统中呈现出来的语义内容的变化。再如，词素"绿"就是"像草和树叶茂盛时的颜色，蓝颜料和黄颜料混合呈现的颜色"，表现为一种中性的色彩意义。可是由它构造的复合词"绿帽子""绿头巾"，则带有了鲜明的贬义色彩；与此相反，复合词"绿油油"则带有了鲜明的褒义色彩。

这是词素色彩意义上的动态变化。词素"法"在静态系统中的意义是"法律条令"，而在构造合成词"不法"、"非法"时，意义内容都变成为"合乎法律条令"。显然，在动态构词时，不仅词素的意义内容有了显著的变化，而且词素的语法功能也随之而有了不小的变化，即由静态系统中的构造名词变为动态系统中的构造区别词。比较而言，词素在由静态进入动态时，意义内容方面的变化最为复杂。这种复杂主要表现在，从词汇意义到色彩意义、语法意义都会发生各种各样的变化。而这方面的研究至今也一直处于较为薄弱的状态。

　　从应用与实践的角度看，突出词素教学应该是对外汉语教学的一个不容忽视的重要方面。长期以来，我国的中小学语文教学和对外汉语教学都一直把词语的学习作为教学重点，忽视了词素教学。其实，确立以词素教学为重点的语言学习策略有着重要的现实意义，这可能会更加符合汉语的特点。一方面，这不仅有助于准确理解合成词的词义，还可以在一定程度上扩大词汇量。因为汉语的大多数词素都有较强的构词能力，可以构造一系列合成词。某一个词素虽然是在不同的词里出现，但是因为合成词的词义和做它的构造成分的词素的意义总是保持着一定的内在联系，所以在掌握了一定数量的词素之后，不仅可以根据词素意义和词义的关系准确理解和把握合成词的意义，而且能够依此类推，触类旁通，很容易使许多新出现的词语不教自会，收到事半功倍之效。另一方面，词素教学也有助于汉字教学。因为从词素和汉字的对应关系上看，绝大多数词素的意义和用于记录词素的汉字的意义是一致的。这也就是说，只要掌握了某一词素的意义，也就等于理解了记录该词素的书写符号的汉字的意义。一般说来，理解了汉字的意义之后，就更容易掌握汉字的形体。所以，结合词素进行汉字教学可能比结合词语进行汉字教学效果显著。[①] 而要解决词素教学这方面的问题显然又要依赖于现代汉语词素理论问题的系统研究。因此，从应用的前景考虑，现代汉语学科理应加强对汉语词素领域的研究。

　　鉴于现代汉语语法和词汇研究中针对词素问题的探讨相对滞后并日见冷清的现状，本书拟对相关问题进行研究，作出较为粗浅的分析。这样做的目的是为了能够全方位地、系统地观察词素作为一级独立的语法单位所

---

　　① 吕必松：《对外汉语教学概论（讲义）》，国家教委对外汉语教师资格审查委员会办公室内部资料，1999 年，第 91 页。

特有的规律和体系。这样，就可以进一步深入到语言单位的微观领域，在更深的层次上剖析语言符号的内部系统，以便丰富汉语构词法的内容，为分析理解汉语词的结构和意义做一点基础阶段的准备，为理清词与词素的复杂关系做一些初步的尝试，也为将来科学地揭示汉语词汇的变化发展规律寻求一点线索。此其一。

另一方面，如果再推进一步，联系整个现代汉语语法的理论体系来分析，就可以发现，迄今为止，在词素、词、词组和句子这四级语法单位中，词本位语法、词组本位语法、句本位语法都已经在不同时期、不同阶段得到了较为充分的论证，已经建立起来的理论体系相对来说较为完备。但是以词素为核心的现代汉语语法理论体系迄今为止却始终未能建立起来，这对于语法研究来说，自然又是一种缺陷。本书通过多角度、多层次的综合研究，旨在构建一个以词素为核心的理论框架，为日后的词素本位语法体系的建立和完善做一些初步的探索。此其二。

为了使人们对以往关于词素的研究成果有一个较为清楚的认识和了解，从而比较全面地掌握词素研究的有关材料，本书第一章注重从"史"的角度进行综述。首先，从宏观上就中国传统语文学以来的"字"的研究加以分析比较，描述"词素"引入汉语研究以来的历史进程。其次，又将各个不同阶段产生的各种有影响、有代表性的观点加以总结，归纳出以往词素研究所涉及的几个主要方面，评价其得失，指出词素研究领域存在的空白地带。这样做，不仅可以大致地把握前人的研究脉络，为构建现代汉语词素研究史积累材料，而且还能够从中找到下一步研究的切入点，明确今后的研究方向。

第二章结合语言理论阐述汉语词素的几个基本理论问题。先就当前现代汉语研究中存在的术语使用上的分歧和不规范现象，剖析其根源，指出其利弊，确定了"词素"在现代汉语词汇研究中的地位，并就"词素"的特定内涵与性质特点、现代汉语中词素与词的相互关系作出明确的界说。

第三章揭示了现代汉语词素的历史来源，指出了三种不同的形成途径。据此，将现代汉语的全部词素进行归类，划分出三个不同的集合体：原生词素集、移植词素集、移用词素集。同时，阐述了这三类词素集在产生过程中的复杂变化、主要特点及内在规律。进而得出：从历史形成过程考察，现代汉语词素具有系统性。

　　第四章运用现代语义学原理，具体探讨了现代汉语中词素意义的一般本质、特征、类型，并依据意义内容划分了词素的相关类型和系统，从而证明：从意义内容来看，现代汉语词素也是一个完整而独立的系统。继而又分析了由词素意义形成词义的各种方式。

　　第五章运用普通语言学聚合关系的基本原理，确定了现代汉语词素形成聚合体的具体标准，并初步构建了现代汉语词素在语音形式、语义内容、语法功能方面形成的大大小小的一系列聚合体。从而得出：现代汉语词素的聚合系统具有层次性。

　　第六章全面探讨现代汉语的单义词素。指出确定单义词素的标准就是词素的词汇意义，凡是在现代汉语里只有一个词汇意义的词素都属于单义词素。由词汇意义出发，根据语义范畴，划分了现代汉语单义词素的语义类型。单义词素在语法属性上也有一定的特点，表现为构造出来的词在词性上有着明显的不同，据此将单义词素归纳为十三个主要的词素类型。单义词素从自身的构词能力上也可以显示出差别，表现在是否可以独立成词及所能构词的数量两个方面。最后阐明单义词素的构词能力与词素的单义性之间存在着必然的有机联系。

　　第七章集中探讨现代汉语多义词素系统研究中面临的六个原则性问题：如何利用辞书研究的既有成果，如何与单义词素划清界限，多义词素与同音词素的区分问题，多义词素的意义与单纯词词义的关系，多义词素的同素异形以及同形异素问题。认为只有对以上六个方面的问题都逐一解决了，才能准确判断识别现代汉语的多义词素，才能获得对现代汉语多义词素系统的全面认识，进而给以精确的描写。

　　第八章和第九章都是集中讨论现代汉语多义词素的问题。

　　第八章的讨论分以下两个部分：一、用定量统计的分析方法，宏观上确定现代汉语多义词素的总量，划定现代汉语多义词素的范围。二、根据词素的语法意义和属性特点，穷尽分析现代汉语里全部多义词素的语法属性特征，划分现代汉语多义词素的全部语法类集，进而描写并呈现现代汉语多义词素在语法层面上不同聚合系统的面貌。

　　第九章的讨论主要集中在两个方面进行：一、全面描写了根据义项数量即多义词素具有的词汇意义的数量多少划分出来的现代汉语里全部多义词素的不同类型，进而描写了多义词素在语义上的聚合系统。二、全面分析描写现代汉语多义词素的不同义项之间的语义联系方式。认为多义词素的不同义项之间的确存在各种各样的语义联系方式，仅仅用引申、比喻、借代和特指这几种有限的方式概括就过于笼统，由此揭示了多义词素义项之间的 22 种联系方式。最后还对多义词素的认识做了几点补充。

第十章和第十一章围绕现代汉语里的全部多音节词素展开讨论。

第十章首先分析了确定现代汉语多音节词素必先解决的几个原则性问题，给出了判定的原则，确定了现代汉语里全部多音节词素的总量。并且从音节数量上对多音节词素划分类型。

第十一章运用统计的方法对现代汉语多音节词素的聚合系统进行定量分析和全面描述，依据历史来源、语义以及所含的义项数量等各种不同属性依次分类，定性地揭示多音节词素系统的内部规律。这将会有助于学界对现代汉语多音节词素系统获得一个正面的有深度的了解，同时也便于下一步系统考察现代汉语单音节词素系统。由此再作归纳总结，形成关于多音节词素的几点规律性的认识。

第十二章讨论现代汉语合成词素的问题。首先给出了确定合成词素的两个条件，继而又运用定量统计的方法确定了现代汉语的合成词素的总量和范围，从而肯定了合成词素在现代汉语中应有的地位，然后依次从语法属性、语音属性、内部结构、构词能力和构词中的动态语义变化等多个角度全方位地分析描写合成词素的各种特点及规律，揭示了合成词素的意义与构词能力间的内在联系，论述了合成词素的意义在形成其所构成词的词义中呈现出来的复杂变化方式。

第十三章是对现代汉语词素意义内容的微观研究。在共时的平面内，运用现代语义学关于语义特征分析的方法，考察了词素的意义在动态构词时的种种变化，分析了词素意义在动态构词时发生变化的若干常见类型，从一个特定的层面揭示了汉语词素意义在构成词义时的复杂性和多变性的特点。

第十四章运用动态与静态、历时与共时相结合的方法，从宏观的角度概括地分析了现代汉语词素发展变化的三个主要方面，各聚合系统内部词素成员之间的相互调整，部分词素构词功能的强化，词素意义内容的再生。同时，结合社会语言学的相关原理分析了这些变化发展的根源。

总之，本书尝试性地综合运用历时与共时、宏观与微观、静态与动态、定量与定性相结合的多元化的方法，多角度、多层面地分析了现代汉语词汇研究中的词素问题，既注重语言理论与语言事实的有机结合，又兼顾学术观点与研究方法的统一，从而构建了现代汉语词素理论体系的基本框架，试图为现代汉语语法学、词汇学、语义学、语用学等相关课题的研究积累一些有价值的语言资料。

　　这篇绪论实际上就是本书内容的提纲。作为语言符号，作为语法单位，词素领域需要研究的问题很多，不可能在这本书里将所有的问题一下子都面面俱到。尽管书中提出了一些个人的观点和看法，但这还只是一种初步的探索，还很不成熟，缺点和错误在所难免。我们愿在词素研究方面继续努力，恳望得到方家和读者朋友的指教。

第一章

汉语词素研究简况

  语言是由语音和语义结合而成的符号系统。在这个系统中，词是最基本的语言符号；而词素则是最小的语言符号，也是词的结构的基本单位。从历史发展情况来看，词素是与词同时产生的，并在语言系统中长期共存，稳步发展。

  汉语的历史发展，先后经历了远古、上古、中古、近代、现代等阶段。而在每一个发展阶段，汉语的词和词素又都表现出各自不同的特点，显示出自己特定的历史发展变化规律。比如，从已经掌握的语言材料来看，上古汉语中是以单音节词为主，现代汉语中则以双音节词为主；从上古汉语到现代汉语，词汇的发展呈现出双音化的历史趋势。与此相关，汉语的词素无论是构词能力还是语义内容，或者语音形式也都发生了不同程度的变化。仅就构词能力来看，词素的变化就相当复杂，表现出各种各样的情况。上古汉语中的词素几乎全部可以独立成词，形成词素与词"同形同构"的现象。可是在现代汉语中情况就大不相同了，很多在上古汉语中可以独立构词的词素在现代汉语里已经不再能独立成词，而只能与别的词素结合成词，如"民"、"立"、"思"、"劳"、"目"。另外有些词素，在上古汉语可以与别的词素结合成词，可是到了现代汉语中已不再能与其他词素结合。因为这些词素已经丧失了构词能力，所以也就从现代汉语系统中消失了，如"有夏"、"有殷"、"有汉"、"有唐"、"有明"的"有"。至于词素在语义内容和语音形式上的变化更是纷繁复杂。这些语言事实表明：只有把共时与历时相结合，多角度、多层面地对词素进行全面的描写和深入的研究，才能获得更多的关于词素的规律性认识。

  在语言发展演变的漫长历史过程中，人们对其规律的认识和揭示也经历了一个相当长的历史时期。这不仅由于语言本身始终处于不断变动和发展之中，而且也由于在一定历史阶段人们的思维能力，认识水平都受到客观条件的限制，因而也就导致了人们在对语言的客观规律作出认识和反映的同时，在一定程度上存在某种缺陷和不足。对词素的研究和分析也不例外。尽管词素和词同时产生，与词有着同样悠久的历史，然而人们在上古汉语、中古汉语、近代汉语、甚至现代汉语的前期，对词素的研究和重视都远远不够，甚至还谈不上词素的系统而科学的研究与思考。然而由于当时解经读经的实际需要，历代的训诂注释家们又不能不或多或少地用这样那样的表述来反映这一级语言单位并有所探讨。但如果联系整个语言研究史，从宏观上分析，就会发现，词素这一级语言单位真正被科学地发现和描写也只是最近几十年的事。

第一节 中国传统语文学时期“字”的研究

中国传统语文学时期，也就是通常所说的“小学”时期，根本就没有纯粹的“词素”这一概念。历代文献典籍中所能见到的常用术语就是“字”。在《马氏文通》问世以前，“字”要算是汉语语言学研究中最早出现的语言单位了。照我们现在的理解，当时所谓的“字”，既可以指作为书写符号的文字，又可以表示作为语言单位的词，根本就没有把“字”和“词”区分开，因而显得混乱芜杂。用现代语言学眼光来看，当时的“字”自然也就把现代意义上的词素这样的语言单位包含在内了。很显然，在传统语文学时期，作为语言学术语的“字”，其使用情况是极为混乱的。这种情况在先秦典籍中就很常见。即使是许慎的《说文解字》，晋代吕忱的《字林》、甚至明代梅膺祚的《字汇》、张自烈的《正字通》也都保留了这个特点。

在《说文解字》中，许慎开始将“字”和“词”人为地做了分工，认为只起语法作用的单位叫做“词”、“辞”或“语”，而把具有词汇意义的单位叫做“字”。试举几例如下：

《白部》：者，别事词也。

《白部》：皆，俱词也。

《口部》：各，异辞也。

《亏部》：吁，惊语也。

《矢部》：矣，语已词也。

《八部》：曾，词之舒也。

《八部》：余，语之舒也。

《只部》：只，语已词也。

以上这些例子，据许慎的说解，本义都属于有关语气的词。

后代的注释家们沿袭了这个传统。他们在给先秦典籍作传注时也较多地使用了这些术语，如把虚词叫做"辞"或"词"。例如：

《诗·周南·汉广》：汉有游女，不可求思。毛传：思，辞也。

《诗·大雅·抑》：於乎小子，告尔旧止。郑笺：止，辞也。

《诗经集传·周南·葛覃》：言告师氏，言告言归。朱注：言，辞也。

《楚辞·九歌》：蹇谁留兮中洲？王逸注：蹇，词也。

《大广益会玉篇》：诶，虚宜切，可恶之辞也。

《大广益会玉篇》：伊，於脂切，尔雅曰：伊，维也；注谓发语辞也。

及至元代，还出现了第一部专门研究虚词的专著，即卢以纬的《语助》。该书比较系统地探讨了虚词所表示的语气、声情、意态、关联等作用，仍然把虚词叫做"辞"。如该书第 41 条："'呜呼'，嗟叹之辞，其意重而切。'吁'，亦咨嗟之辞，其意稍轻。"第 59 条："'已'，本训'止'。亦有语终而止，为语助之辞。"①

大约发展到宋代，这种按聚合功能分化而成的"字"和"词"又统一到术语"字"上了。而且就在同时，又有了"虚字"、"实字"之分，由此产生了所谓"虚"、"实"二类。例如宋代周辉《清波杂志》卷七说："东坡教诸子作文，或辞多而意寡，或虚字多，实字少，皆批谕之。"这种情况一直延续到清代，像袁仁林的《虚字说》、刘淇的《助字辨略》都是专门解释虚字的著作。现代语言学家吕叔湘著有《文言虚字》一书。全书对文言里最常用的"之"、"其"、"者"、"所"、"何"、"孰"、"于"、"与"、"以"、"为"、"则"、"而"等二十多个文言虚词的语法作用做了详细分析，但书名仍然沿用了"虚字"这个术语。至于新中国成立后吕叔湘、朱德熙合著的《语法修辞讲话》一书，不仅沿袭了"虚字"这一名称，而且更进一步给出了"虚字"和"实字"的明确界说，指明了什么是"虚字"。该书第三讲专讲"虚字"，明确表示："我们这里所说的虚字指一般名词、一般动词、一般形容词以外的词；换句话说，包括副

---

① ［元］卢以纬：《语助校注》，刘燕文校注，中州古籍出版社 1986 年版，第 49、76 页。

名词、副动词、数词、代词、副词、连接词、语气词，以及'们'、'了'、'着'这些词尾。"① 以上这些书中所收的"虚字"实际上也就是现在所说的"虚词"。这样的"字"，不仅包括了现代语言学意义上的词，也同样包含了词素。所有这些都表现出中国传统语文学时期把字、词、词素看成三位一体的明显倾向。

在传统语文学时期，"联绵字（词）"也是经常被谈到的一种词汇现象。这些双音节形式的词，有的是双声（如："仿佛"、"吩咐"、"参差"、"忐忑"），有的是叠韵（如："阑干"、"窈窕"、"葫芦"、"逍遥"），还有的既非双声、又非叠韵（如："妯娌"、"玛瑙"、"芙蓉"、"蝙蝠"）。无论是以上哪一种情况，传统语文学都一律看成是"字"。按照现代语言学的观点来看，所谓"联绵字"，顾名思义，是因为其中的单个汉字都不能单独表达意义，只有合起来才有意义。"联绵字"实际上也是一种"联绵词"。这种"联绵词"也都是由一个词素构成，只不过这些构词词素同时具有两个音节，而其中的任何一个音节都不单独表达意义。从根本上看，"联绵字（词）"这一传统语言学术语也同样体现了"小学"时期字、词、词素三位一体的语言学倾向。

"小学"时期对汉语词汇研究的另一重要贡献是重视对"异文"的研究。比如，《诗·邶风·谷风》四章："凡民有丧，匍匐救之。""匍匐"：《礼记·檀弓下》引作"扶服"，《孔子家语》引作"扶伏"，古书中还有作"蒲伏"或"蒲服"的。尽管这些字的形体不同，可实际上是同一个词，也就是现代汉语中常用的"匍匐"。这类现象在古代注释家的经典著作中也经常可以见到。比如《说文解字注》中，段玉裁在"旖施"条下就一连举出了"倚移"、"旖旎"、"椅柅"、"橚旎"等十几种形体。这些形体不同、但音同义同的词实际上都同属于一个词，其所包含的词素也都是同一个词素。用现代语言学的观点看，都可以认为是同一个词素在不同语境中的变化形式，都可以看成是同一个词素的不同变体。由此可以看到，虽然"小学"时期的众多学者受当时条件的限制，没能明确提出"词素"这一术语概念，也不可能归纳出严密而科学的词素的定义，但他们对汉语词汇现象的观察、认识和实践却为词素的研究积累了丰富的材料，并且在他们的研究中也已经表现出一种初步的、朦胧的"词素"

---

① 吕叔湘、朱德熙：《语法修辞讲话》，中国青年出版社1979年版，第65页。

观念。

　　在《马氏文通》问世以后，学者们对词素问题则有了更多的注意。在他们的著作中，不仅提到了词素发生变化时所依赖的条件，词素与词素的组合问题，有的还谈到了词素的语义问题。比如，《马氏文通》实字卷之二："至同一字而或为名字，或为别类之字，惟以四声为区别者，皆后人强为之耳。"① 实际上就是谈词素形式发生变化时的条件，也就是现代语言学中所谓的条件变体。又如《马氏文通》实字卷之二："名有一字不成词，间加'有'字以配之者，《诗》《书》习用之。若所加'有'字，无实义之可指，而为有无之解，亦散见于他书。"② 这实际上是谈词素"有"与其他名词素的组合问题。此外，也说了词素"有"的语义功能问题。③

　　有了上述这类观察积累做基础，汉语研究中的"词素"观念已越来越深入人心了。至此，现代语言学术语"词素"进入汉语研究的条件完全具备，时机已经成熟。

第二节　现代语言学上"词素"的引进及更替

　　"词素"最早来源于西方语言学中的 morpheme。morpheme 这个术语较早地见于美国结构主义创始人布龙菲尔德（Lenard Bloomfield）的《语言论》（*Language*）。

　　20 世纪 30 年代末 40 年代初，中国的语言学家们掀起了一场关于"文法革新"的大讨论。正是这场大讨论最早将 morpheme 引入现代汉语研究之中。

　　1939 年 3 月 6 日，傅东华在《语文周刊》第 34 期发表的《给望道先生的公开信——论意见统一之不易及如何建立新词类》里，第一次引进了 morpheme。他认为："如果从历史上讲，中国语就只有'名'（可分动静）（semanteme or full-word）和'词'（morpheme or empty-word）两类可分。"④ 在这里，傅先生将 morpheme 与汉语的"词"对应起来。在同一期

---

① 马建忠：《马氏文通》，商务印书馆 1983 年版，第 35 页。
② 同上书，第 39 页。
③ 周一农：《汉语语法学史的语素学考察》，《语文研究》1994 年第 3 期。
④ 陈望道等：《中国文法革新论丛》，商务印书馆 1987 年版，第 112 页。

《语文周刊》上发表的《回东华先生的公开信——论文法工作的进行、文法理论的建立和意见统一的可能》中，陈望道先生指出，morpheme 在一般文法学上译作"形态部"，是带点形态论倾向的说法。"假使为了中国语文的特殊性，大家同意不采用那说法，似乎不如就用'关节部'做替代。"① 在 1940 年 1 月发表的《六书与六法》中，陈先生在谈到构词法时运用了"辞素"。稍后，在 1940 年 3 月发表的《文法革新问题答客问》中，陈先生又进一步将"辞素"更换为"语素"。他说："依据语汇学，……假使构成新语的语素各各可以独立的，所成的语便是合成语；假使构成新语的语素，有一成素不能独立的，所成的语便是推出语。其实所谓独立，一经会合，就已经成为不独立，就已经成为新语的一分子，不便再称为语，而当正名为语素。"② 不仅如此，陈先生更进一步将"语素"分为"虚素"和"实素"两大类，指出："所谓合成语就是实素和实素接合的孳乳语；所谓推出语就是虚素和实素接合的孳乳语。"③ 在陈先生晚年的另一部著作《文法简论》中，"词素"一节又有"实素与虚素之划分"的内容，这可以说是他原来主张的继续。④

在汉语研究中，陈氏最早在文献中用到"辞素"的名称，也最早主张对"语素"作虚实分类。尽管受到当时条件的限制，陈氏没有指出"辞素（语素）"与"字"的区别，但从他开始用"语素（辞素）"取代"字"来研究构词法，这无疑是一种进步，有着划时代的意义。很可惜，陈氏的这一主张在当时并未引起研究者应有的重视。

其后，曹伯韩在 1947 年出版的《国语文法》一书中，在对复音词做结构分析时，也提出了"词素"以及与"词素"有关的一系列新概念，如："词素"、"单纯词"、"合成词"、"接头词素"、"接尾词素"。由于种种原因，曹氏提出的"词素"之说也没有得到研究者们的认同，这不能不说是个遗憾。

对于以上情况，张寿康先生曾于 1956 年在他的《关于汉语构词法》中提出了如下的批评：

在词的构造分析中，"字"这一名称本来是没有地位的。"字"是文

---

① 陈望道等：《中国文法革新论丛》，商务印书馆 1987 年版，第 117 页。

② 同上书，第 187 页。

③ 同上。

④ 陈光磊：《汉语词法论》，学林出版社 1994 年版，第 230—231 页。

字学的研究对象。文字是记录语言的工具，只是形体的单位而不是意义单位。语言中的最小的单位是词（声音与意义的结合）而不是字，词中的构词单位是词素（具有意义的音节），也不是字。只能认为汉语的现阶段的书写符号是方块汉字，方块汉字所表达的可能是词、词素，也可能是一个音节。①

　　应该说，作者在这里的有些表述缺乏科学性，如，认为"语言中最小的单位是词"。现在看来，"语言中的最小的单位"很难说一定是词。因为只要看问题的角度不同，得到的结论也就不一致。比如，从音位学上看，能区别意义的最小的单位是音位；从符号学上看，带有意义的最小的语音语义结合体则应是词素；而要从造句时能自由运用这一点来看，最小的单位则应该是词。所以，笼统地断言"语言中的最小的单位是词"这种看法就带有较大的片面性，未免存在一定的缺陷。这种观点的实质在于以词为基本单位来看待 morpheme。不过，要是换用历史的眼光看，张先生在当时的情况下能够正确分析批评"字"说在构词分析中的弊端，强调并肯定了"词素"在词的构造分析中的地位正是"字"所没有的，这一点无疑有着积极的意义。即使是现在，其说也还是颇有见地的。

　　此后，将"词素"这一术语明确写进汉语研究专著的有科学出版社于 1957 年出版的陆志韦先生的《汉语的构词法》，陆先生在本书第一章中明确提出"把凡是有意义的音节先都当做词素"，这样就等于是给了"词素"一个明确的定义。

　　与此同时，在大学现代汉语教材编写的过程中，"词素"也已经开始被人们重视起来。其中，影响较大的是上海教育出版社于 1962 年出版的胡裕树主编本。这本教材专门安排了"词的构造"一节，对词素问题进行分析探讨，对"词素"这一术语的概念做出严格的限定，指出"词素是构词的成分"，"语言中最小的具有一定意义的结构单位是词素"，"词是由词素构成的"②。其他如张静主编的《新编现代汉语》，该书指出，主张"词素说"的主要理由在于"词素是有一定声音和意义的最小构词单位"，"是构成词的元素"，"它是从词里分析出来，并且只能用来构

---

① 张志公：《语法和语法教学》，人民教育出版社 1956 年版，第 93 页。
② 胡裕树：《现代汉语》（修订本），上海教育出版社 1979 年版，第 216 页。

词"①。由此，"词素"的影响不断扩大，"词素"这一术语才得到了汉语研究者们的承认。"词素"在汉语中的地位也因此而得以确立。

正当"词素"的地位在汉语中得以巩固的同时，学者们对使用这一术语的科学性又开始怀疑起来，出现了以"语素"取代"词素"的较强的势头。在这些学者中，最有代表性的要推吕叔湘和朱德熙两位先生了。

还在1958年时，吕叔湘就在《语文学习》第2、3期上发表了《语言和语言学》，积极倡导使用"语素"的概念。文中这样说："音素和语素是语言的两个基本单位，可是两个平面上的东西，音素没有意义，语素有意义。一般是几个音素构成一个语素，有时候一个音素也能构成一个语素。"② "语素是最小的语言形式，任何长篇大论都能分析成一个个语素。"③ 该文注脚④又说："用'语素'做 morpheme 的译名，是朱德熙先生的建议。一般译做'词素'，这个名称老叫人想到它是从'词'里边分析出来的。事实上，语素是比词更加根本的东西。在好些语言，也许是多数语言里，要决定一个语言片断里边有多少个词相当困难，而把这个片断直接分析成语素倒比较容易，并且不应用'词'这个概念也能把这个语言的结构说清楚。"④ 不仅如此，吕文对语素组合的方式，组合的层次和次序，语素与结构的分类和相互间的选择，语素与语音、文字的关系等一系列问题都有所论述，使这种"语素说"的基本思想开始系统化、条理化。可以说，这不仅为以后的"语素"研究进一步引向深入提出了基本设想，并且拟定了一种很好的思路。

在以后翻译赵元任先生的著作 *A Grammar of Spoken Chinese*（即《汉语口语语法》）时，吕先生继续坚持了他的"语素"说，全书从头至尾都一律采用"语素"这一术语。书中关于"语素"有这样的表述："跟'字'最相近的语言学单位是语素，语素的通常定义是语言中最小的有意义的单位。"⑤ 比较一下可以发现，这与布龙菲尔德（Lenard Bloomfield）《语言论》中"把最小的有意义的单位规定为语素"⑥ 的观点是完全一致

---

① 张静：《现代汉语》（上册），上海教育出版社1980年版，第88页。

② 吕叔湘：《吕叔湘文集》（第四卷），商务印书馆1992年版，第47页。

③ 同上书，第49页。

④ 同上书，第65页。

⑤ 赵元任：《汉语口语语法》，吕叔湘译，商务印书馆1979年版，第79页。

⑥ ［美］布龙菲尔德：《语言论》，袁家骅等译，商务印书馆1980年版，第201页。

的。值得肯定的是，赵元任先生的《汉语口语语法》对于"语素"的很多问题都有系统而精彩的表述，在运用结构主义的理论和方法指导现代汉语语法研究方面树立了典范。

再往后，吕先生又在《汉语语法分析问题》一书中论列了语素方面的问题。全书用了 10 节，占全书十分之一的篇幅揭示了现代汉语语法研究中存在的关于语素方面的种种问题，其中包括：语素切分中的大小问题，语素识别中的异同问题，语素与音节、汉字的关系问题，语素与词的关系问题，语素的分类问题。此外，吕先生又再次重申了用"语素"比用"词素"好这一观点。

20 世纪八九十年代，更是词素研究的全新时期。在这一阶段，一批研究词素这方面问题的著作相继问世。在这些著作中，主张用"词素"的比较有代表性的著作有：葛本仪先生的《汉语词汇研究》，张静先生的《新编现代汉语》、《汉语语法问题》，吕冀平先生的《汉语语法基础》，宋玉柱先生的《现代汉语语法十讲》等。而主张用"语素"的比较有代表性的著作如：张志公先生的《现代汉语》，朱德熙先生的《语法讲义》，徐枢先生的《语素》，《中学教学语法系统（提要）》，高更生先生的《汉语语法专题研究》等。此外，还有一部分著作，则主张"词素"和"语素"这两个术语可以同时并用于现代汉语研究之中，比如，符淮青先生的《现代汉语词汇》，刘叔新先生的《汉语描写词汇学》。

综合以上分析可以知道，"词素"这一术语概念，从它被引入到现代汉语研究之时起，便在一定程度上受到汉字的牵扯和纠缠。所以如此，归根到底这是由于汉语词素和汉字无论是在形式上还是在意义上都存在着错综复杂的关系，分析和描写它们之间的各种关系，揭示它们之间的异同，理应成为当前现代汉语研究的一项重要内容。从理论上讲，汉字是记录语言的书写符号系统，它应是文字学的研究对象；词素作为构词成分，是一种语言单位，当然应该是语言学的研究对象。坚持这条原则，就比较容易理顺汉语词素与汉字的复杂关系，在现代汉语研究中给词素这种语言单位以应有的地位，从而也有助于建立起比较科学的现代汉语理论体系。

其次，无论是在传统语文学时期，还是在现代语言学阶段，人们对"词素"这一级语言单位的认识和理解都是从意义出发，比较重视词素的意义内容。尽管也兼顾形式，尽可能避免形式主义的错误，但总的看来，对词素形式的注意以及重视程度都远不及对词素意义内容的关注。有时甚至因为忽略了词素形式的重要性而只讲意义，比如，赵元任先生就把词素定义为"语言中最小的有意义的单位"，这未免有点厚此薄彼之嫌。用符号学的观点来分析，这种只讲内容不顾形式的做法也存在明显的欠缺，并不科学。

再次，在传统语文学和现代语言学时期，"词素"的研究始终没有以科学的理论做指导。在传统语文学时期，关于词素问题的种种语言事实归纳得还很不够，当然也就无从谈到理论研究了。及至现代语言学时期，人们对"词素"这一语言学术语的引进还是植根于西方语言学理论，可以认为是从西方语言学中"移植"而来的。在这一"移植"并使用的过程中，不同的研究者们本来就对它有不尽相同的理解，在引入汉语研究之后，加上汉语汉字因其特殊性而产生的影响与干扰，也同样加剧了学者们对汉语词素在理解分析和运用上的不一致。

最后，无论是在传统语文学研究阶段，还是在现代语言学研究阶段，关于词素方面的问题，人们注意得比较多的是应用研究，理论研究相对而言就注意得少一些。因而常有理论研究与实际运用相脱节的情形出现。理论研究滞后的现象不仅不利于人们正确认识词素这样的语言单位，也影响了人们对汉语构词造词规律的系统揭示。从理论联系实际的原则来看，今后对汉语词素的理论研究也应该提到意识日程上来，加大投入和力度，并进一步引向深入。

第三节　现代汉语词素研究诸方面

从已经发表的论文和出版的论著来看，以往研究词素，涉及并讨论过的热点问题主要集中在以下几个方面。

（一）术语名称的选择

在以往的研究中，由于受到传统语文学的影响，相当长的时间内，汉语里面只有"字"的概念。特别是在早期，从 19 世纪末的《马氏文通》到 20 世纪 20 年代黎锦熙先生的《新著国语文法》（1924），从 50 年代的初中《汉语》课本（1956），到 60 年代的丁声树等著《现代汉语语法讲话》（1961），都一直采用"字"说。采用"字"说的学者一般都认为汉语的词是由"字"组合而成的，即所谓组字成词或联字成词，"一个词可以是一个字，也可以是两个字或好几个字"①。

　　用"字"来称说语言中最小的有意义的这一级语言单位的，较早的有何容先生。他认为，"要说到语言的成分，应该是指有表意作用的最小的声音单位而言。这种最小单位，在中国语言里，根据我们记录语言所用的特殊方法，可以勉强称之为'字'"②。

　　针对"字"说，胡附、文炼则提出了批评，认为"字"不应是构词成分，"必须纠正把字当作构词成分的错误看法"③。"我们应该从构词法的角度上，把词分为单词、复合词、派生词；把构词的成分分为词根、词头、词尾、词腹等。"④

　　"字"说虽然不科学，但汉语中之所以长期用"字"，也还是有它的道理。为了说明汉语语音和汉语语义之间的复杂关系，利用"字"来称说，也自有它的方便。从语素的辨识来看，借助于字形，可以有效地区分同音语素。例如，朱德熙先生的《语法讲义》就认为："'仙、先、籼、掀、铣、鲜、纤'同音，写成拼音文字，同是一个形式，看不出是七个不同的语素。汉字写成七个不同的形式，刚好代表七个语素。从这方面看，汉字替我们做了分析语素的工作。"⑤

　　自20世纪50年代中期到80年代初期，汉语研究以采用"词素"说为主。较早的如吕叔湘先生也曾说："用来指一个词的组成部分，不管它的意义是虚还是实。例如苏联科学院出版的三卷本《俄语语法》（1953）里边就用的是这个意义。这个意义的 morpheme 译做'词素'最合适。"⑥

　　其后，张寿康先生也表述了与此类似的意见。陆志韦先生也在《汉语的构词法》中作了一定的分析，明确指出："汉语的特点之一是它的词少有类乎印欧语的窄义的形态成分，例如词头、词尾、轻重音律。这一类的记号能叫印欧语的词，一般都很容易从句子里提选出来。汉语的词不那么容易提选。最方便、也是最合理的办法是把凡是有意义的音节先都当作

① 丁声树等：《现代汉语语法讲话》，商务印书馆1961年版，第4页。

② 何容：《中国文法论》，商务印书馆1985年版，第1页。

③ 胡附、文炼：《现代汉语语法探索》，商务印书馆1990年版，第38页。

④ 同上书，第39页。

⑤ 朱德熙：《语法讲义》，商务印书馆1982年版，第10页。

⑥ 吕叔湘：《吕叔湘自选集》，上海教育出版社1989年版，第164页。

词素"①。

80 年代，在谈到构词成分时，学者们比较多地反对用"字"这一术语。汉语研究，尤其是词汇研究中倾向于用"词素"。像 50 年代孙常叙先生的《汉语词汇》（1956）、周祖谟先生的《汉语词汇讲话》（1959），80 年代武占坤、王勤先生的《现代汉语词汇概要》（1983）、葛本仪先生的《汉语词汇研究》（1985）都采用了"词素"这一术语。不仅如此，葛本仪先生还在《汉语词汇研究》中更加明确地表示："词是由它的组成成分组成的，词的组成成分就是词素。词素也是一种音义结合体，是最小的可以独立运用的造词单位。词素和词的根本不同就在于词是造句单位，词素是造词单位。"② 可以说，这种观点反映了大多数学者的共识。也正因此，"词素"说在 80 年代前期产生了广泛的影响，并为人们普遍接受。

正当"词素"说日渐稳定的同时，吕叔湘、朱德熙等先生积极倡导用"语素"这一术语。50 年代，吕先生发表的一系列论文都讨论了语素方面的问题，其中包括《语言和语言学》、《说'自由'和'黏着'》、《关于'语言单位的同一性'等等》、《字·词·句》，而集中论述这一问题的则是 1979 年出版的《汉语语法分析问题》一书。朱先生强调"语素"说的观点突出地反映在他的《语法讲义》中。主张"语素"说的理由归纳起来不外乎以下几个方面。

1. 语素是最小的语法单位。吕先生认为："完全可以设想有一种语言只有语素和它的各种组合，在一定条件下形成句子，没有'词'这样的东西。所谓'多重综合语'就接近这种状态。"③

2. 认为词素的划分必得后于词的划分，而汉语语素的划分不必以词为前提，从而避开了汉语词的划分时遇到的困难和麻烦。④

3. 为了称说上的方便。如对暂时不便于称说的语法形式可一律称之为"语素"。像朱德熙先生在《说"的"》一文中举的"X 的"语法形式，便是称"的"为"语素"，从而管"X 的"叫做"语法单位"⑤。

上述理论观点导致的结果是：从 80 年代后期开始，从《中学教学语

---

① 陆志韦：《汉语的构词法》，科学出版社 1957 年版，第 1 页。

② 葛本仪：《汉语词汇研究》，山东教育出版社 1985 年版，第 21 页。

③ 吕叔湘：《吕叔湘自选集》，上海教育出版社 1989 年版，第 164 页。

④ 同上书，第 101 页。

⑤ 朱德熙：《现代汉语语法研究》，商务印书馆 1980 年版，第 70 页。

法系统提要（试用）》、中学语文课本的《汉语知识》、到大学的《现代汉语》教材，均采用了"语素"说。"语素"说也因此逐渐为人们所认同，并有取代"词素"说的势头。

（二）词素概念的界定

据现有的材料来看，对词素的理解大致有以下几种不同意见。

1. 重视意义，单从词素的意义考虑，认为词素是最小的有意义的语言单位。持这种意见的当以赵元任先生和朱德熙先生为代表。赵先生在《汉语口语语法》中对"词素"下了这样的定义："语言中最小的有意义的单位。"[①] 朱先生也在《语法讲义》中说："语素可以定义为：最小的有意义的语言成分。"[②] 赵、朱两家的定义大同小异。这类只讲求意义内容而忽视语音形式的定义，用符号学观点来分析是不全面的。

符号学说认为，任何一种符号都有形式和内容两方面，单有内容没有形式就不成其为符号，语言符号也不例外。如果光强调"最小的有意义的语言单位"，不结合语音形式，就不一定是词素，也许是义素（或曰"语义特征"）。因此，仅仅从意义的角度来界定汉语的"词素"，就有顾此失彼之嫌。

2. 从符号学角度考虑，兼顾了语音形式和语义内容，认为词素是"最小的语音语义结合体"。吕叔湘《汉语语法分析问题》中"语素"的定义便是这么下的。[③] 叶蜚声、徐通锵的《语言学纲要》也说："语言中最小的符号是语素。""语素是语言中音义结合的最小单位。"[④]

与前一类定义相比，这类定义显得全面一些。但从整个定义来看，也只是概括了词素这一级语言单位本身的符号性质，而对词素与其他语言单位（如："词"）的关系以及词素本身的功能都没有涉及。

3. 把词素的符号属性与词素在语言层级装置里所在的层次性结合起来，认为词素是"语言层级装置中处于最底层的有意义的单位"[⑤]。

上述定义植根于语言的符号性和层级性。意在突出词素和词是处在两

---

① 赵元任：《汉语口语语法》，吕叔湘译，商务印书馆 1979 年版，第 79 页。

② 朱德熙：《语法讲义》，商务印书馆 1982 年版，第 9 页。

③ 吕叔湘：《吕叔湘文集》（第二卷），商务印书馆 1990 年版，第 489 页。

④ 叶蜚声、徐通锵：《语言学纲要》，北京大学出版社 1981 年版，第 32 页。

⑤ 冯广艺：《谈谈语素和词的定义问题》，《湖北师范学院学报》（哲学社会科学版）1985 年第 1 期。

个不同层级上的语言单位，从而显示出词素和词的区别。正如定义者本人所说："在给它们（指'词素'和'词'）下定义时必须把这种层次特点概括进去，这样才可以避免人们的误解。"①

不过，上述这一定义仍然存在不足：即也同样没有顾及词素的功能，没有将"词素"与"词"的内在结构关系考虑进来。可以设想，如果认识到词素就是词的结构成分，词素的功能就是构造一个个的词，词都是由词素构成的，那么，毫无疑问，词素和词在语言层级装置中位居的层次差别就不言自明了。所以，在词素的定义中加进词素的功能，不仅可以涵盖词素和词的结构关系，还可以显示二者之间的不同层次。这样来表述词素的定义虽然简约一些，然而内涵会更加丰富。相对而言，这样的词素定义就更加适用一些。

4. 跟前面三类定义不同的一类是葛本仪先生《汉语词汇研究》的看法："词素也是一种音义结合体，是最小的可以独立运用的造词单位。"②

应该说，这类定义同时兼顾了汉语词素作为一种语言符号所特有的性质、特点及功能，并将词素和词的相互关系建立起来，这样就抓住了问题的要害，反映了词素的实质，因而比较全面、适用。

然而我们知道，汉语中的词素除了构词造词以外，还有少数变词词素，它们只能改变词的语法形式，使词的语法形式发生变化以表示不同的语法意义，本身并不能形成新词（如"们"），因而不好说这类词素就是词的构造成分，似乎作为词的结构单位来看更加合理一些。

综合以上分析可知，在词素的定义上，学者们的意见也很不统一，有着较大的分歧。这种情况主要是由于各自研究的出发点、侧重点，看问题的角度不同所导致的。现在看来，这一问题仍然可以作进一步研究和探讨。

（三）词素的判定方法

关于词素的判定，较早涉及这一问题的要数陆志韦先生。陆先生在1951年出版的《北京话单音词词汇》一书中提出了"同形替代"的原则。所谓"同形替代"，就是在同形句中对各个语言成分经过提选并进行

---

① 冯广艺：《谈谈语素和词的定义问题》，《湖北师范学院学报》（哲学社会科学版）1985年第1期。

② 葛本仪：《汉语词汇研究》，山东教育出版社1985年版，第21页。

替代。凡能替换的，陆先生便认为是"词"，凡不能替代的，陆先生则认为不是一个词。例如：

我吃饭	我吃饭
他吃面	我煮饭
你吃菜	我盛饭
……	……

以上这些同型句中，"我"、"他"、"你"可以互相替代，因此在句中是独立的分子，是词。同样，"吃"、"煮"、"盛"，也可以互相替代，也是词。①

现在看来，"同形替代"原则及其分析程序并没有错，只是用这种分析方法得出的最后语言成分是词素，而不是词。因为现代汉语的合成词中的词素也照样可以用替代法替换出来。例如：

艰难	艰难
艰苦	疑难
艰深	繁难
艰巨	畏难
艰险	为难
艰辛	犯难
……	……

上例中的"艰难"的"艰"可以用"疑"、"繁"、"畏"、"为"、"犯"替代，"难"又可以用"苦"、"深"、"巨"、"险"、"辛"替代。很显然，这些可以互相替换的"艰"、"难"、"疑"、"繁"、"畏"、"为"、"犯"、"苦"、"深"、"巨"、"险"、"辛"等都是词素。这表明，"同形替代"是不能作为确定词与非词的方法的。由于以上原因，"同形替代"法提出不久，便受到了批评。陆先生本人也曾于 1955 年公开声明放弃这种确定词的方法。他说："（'同形替代'法）用在语法结构的分析上是适当的，也许是任何研究法所不能避免的，但是用在构词上，就是基本错误。同形替代也是分析词素和音位的正当手续，不过用它来认识词，为词下定义，特别是对于像汉语那样的语言来说，这手续是学院式的，不

---

① 陆志韦：《陆志韦语言学著作集（三）》，中华书局 1990 年版，第 15—16 页。

切合作为社会交际手段的汉语的实在结构。"①

　　1987 年，肖天柱、张达人发表了《现代汉语语素的确定》② 一文，对"同形替代法"作了更进一步的论述。该文首先肯定了"同形替代"是确定词素的一种方法。在如何使用这种方法确定词素的问题上，肖、张二位先生又提出了三条原则：民族性原则、共时性原则、排除词内非语素成分的原则。这算是对"同形替代"法的完善和补充。不仅如此，文章还分完全替代和非完全替代两大类对现代汉语词素依次作了判定分析，对汉语中一些形式特殊的词如重叠式词、不能替代但可以扩展的词等，文章也都根据上述三条原则，用同形替代法作了分析，对其中的词素作了判定。

　　1990 年，高更生先生又在《汉语语法专题研究》中提出，用替换法确定词素应分两步走："第一步，从句子中抽出独立的语法形式。抽出的部分要具备三个条件，才算是语法形式：一是这个部分能在不同的话语里反复出现；二是这些反复出现的部分具备大体相同的意义；三是抽出的部分的意义同原句中该部分的意义基本相同。第二步，检验抽出的语法形式能不能分成较小的片断。"③ 高先生的这一主张使同形替代法在操作程序上更进一步完备起来。

　　经过上述论述，现阶段比较有影响的几部大学现代汉语教材都相继吸收了"同形替代"这一内容，肯定了同形替代法（或曰"替换法"）是确定词素（语素）的有效方法之一。自此，在如何确定词素这一问题上，同形替代法被越来越多地选用。在现代汉语教学中，同形替代法甚至被一些教师视为应该首选的一种方法介绍给学生。

　　除了"同形替代法"，判定词素的另一种方法就是"分割剩余法"。这种方法较早是由吕叔湘先生在《汉语语法分析问题》一书中提出的。但吕先生提出的"剩余法"还仅仅是确定词的方法。这种方法就是："一句话里边所有可以单说的部分都提开，剩下来不能单说，可也不是一个词的一部分的，也是词。例如'我下午再来'这句话里边，把<u>我</u>，<u>下午</u>，

---

　　① 陆志韦：《北京话单音词词汇》重印本序，科学出版社 1956 年版，第 2 页。

　　② 肖天柱、张达人：《现代汉语语素的确定》，《信阳师范学院学报》（哲学社会科学版）1987 年第 4 期。

　　③ 高更生：《汉语语法专题研究》，山东教育出版社 1990 年版，第 147—149 页。

来提开，剩下<u>再</u>是一个词，虽然它不能单说。"①

　　其实，这种方法也同样可以用于在词的范围内分析确定词素。1983年，卞觉非先生就在《略论语素、词、短语的分辨及其区分方法》一文中提出了"剩余语素"这一概念。卞先生在文末附注（17）中这样解释："除了在特定的格式里出现之外，从不跟别的语素结合的语素叫剩余语素。如'啤酒'的'啤'只能跟'酒'结合，由于'酒'是语素，而'酒'与'啤酒'不同，可见'啤'是有意义的，我们管它叫剩余语素。"②

　　1990年，高更生先生在《汉语语法专题研究》一书中明确提出，"剩余法"也是判定语素的方法之一。从这个角度分析，高先生确定"苹果"是两个语素，认为"苹"是用替换法抽出语素"果"之后剩余下来的语素，也就是说，是采用剩余法确定的语素。由此，高先生还进一步强调："采用剩余法确定的语素必须具备音和义两个条件，如果有音无义，就不能确定为语素。"③书中举"苹果"的"苹"、"蝴蝶"的"蝴"为例，经过比较，认为用剩余法分析，"苹"是语素，而"蝴"则不是语素。至此，剩余法第一次与同形替代法并列成为确定词素的第二种方法。

　　仔细追究起来，"剩余语素"及"剩余法"这两个概念都是渊源于布龙菲尔德（Lenard Bloomfield）的《语言论》（*Language*）。布氏认为："如果一个复合形式除了共同部分以外还包括一个剩余部分，比方 cranberry 中的 cran-，它在任何其他复合形式中都不出现，那么这个剩余部分也是语言形式，这是这个复合形式中独一无二的成分（unique constituent）。"④布氏所说的"独一无二的成分"，石安石先生改译为"一用语素"，即只能与某一个特定的语素或语素组合相结合，结合指数为1的语素。⑤很明显，这与卞觉非先生所说的"剩余语素"实质相同。

① 吕叔湘：《吕叔湘文集》（第二卷），商务印书馆1990年版，第492页。

② 卞觉非：《略论语素、词、短语的分辨及其区分方法》，《语文研究》1983年第1期。

③ 高更生：《汉语语法专题研究》，山东教育出版社1990年版，第151页。

④ ［美］布龙菲尔德：《语言论》，袁家骅等译，商务印书馆1980年版，第194—195页。

⑤ 石安石：《论语素的结合能力与一用语素》，《语文研究》1993年第1期。

　　由此可见，由于剩余词素依附性很强，往往受制于其他词素，因此，对剩余词素的分析确定也总是间接的、有条件的，总是要受到其他词素的影响和制约。现在常用的办法是，先确定与之结合的另一个单位是多用词素（即能与很多其他词素结合），在提取了这一多用词素之后，所剩下的部分便是剩余词素。这种方法也就是所谓的分割剩余法。

（四）词素的分类

　　关于词素，讨论得最多，发表论文也最多的，恐怕要算是词素的分类了。无论就讨论问题所涉及的广度还是研究问题所达到的深度，都可以说明这一点。

　　前人时贤由于各自研究的出发点、侧重点和方向不尽相同，从各个不同的角度提出的分类标准也各式各样，并据以分出了词素的很多小类。现略述如下：

　　1. 用语音形式作标准，看一个词素是由几个音节构成的。根据词素所含音节的多少，将词素分为单音节词素（视、书、的、最、吗），双音节词素（逍遥、沙发、拷贝、吩咐），多音节词素（巧克力、蒙太奇、奥林匹克、布尔什维克）。例如，葛本仪先生的《汉语词汇研究》和《现代汉语词汇学》、吕叔湘先生的《汉语语法分析问题》、尹斌庸先生的《汉语语素的定量研究》、张志公先生的《谈汉语的语素》。目前，这种分类已经差不多被各大学的现代汉语教材以及中学语文教材吸收采用，也同样已经为广大语文研究工作者普遍接受。

　　2. 用构词功能作标准，看一个词素可否单独构成一个词。凡能单独成词的可叫成词词素（呢、很、而、喝、人）；凡不能单独成词的可叫不成词词素（目、倾、思、币、习）。例如：葛本仪先生的《汉语词汇研究》和《现代汉语词汇学》、高更生先生的《汉语语法专题研究》均采用了这种分类法。

　　3. 用词素组合成词时所占据的位置是否固定这条标准，可将词素分为定位词素（如："吗"、"者"只能后置，"第"、"最"只能前置）和不定位词素（微、宝）。朱德熙先生的《语法讲义》就用了这种分类方法。

　　4. 以词素是否可以单独运用为标准，将词素分为自由词素（Free morpheme）和黏着词素（Bound morpheme）。能够独立成词的词素叫自由词素。本身不能独立成词，而且在与其他词素组合成词时位置固定的词素，是不自由词素。赵元任先生的《汉语口语语法》、郭良夫先生的《词汇》都采用了这条标准对词素作了分类。① 由于汉语中的实际情况相当复杂，介于二者之间的词素也很不少，于是又有了这样的补充规定：不能单独组成词，只能与其他词素组合成词，并且在构词时位置不固定的词素是半自由词素。黄伯荣、廖序东主编的《现代汉语》就是这样处理的。②

5. 部分学者根据词素在复合词结构中的地位将词素分为词根词素（房、绿、梳）、词缀词素（~子、~头）。词缀词素又可以进一步分析为前缀（老~、阿~），中缀（"土里土气"、"胡里胡涂"的"里"），后缀（~者、~子）。例如：高名凯、石安石的《语言学概论》，叶蜚声、徐通锵的《语言学纲要》，刘伶、黄智显等的《语言学概要》，都是这样给词素分类的。

6. 有的根据词素在词中是否表意对词素进行分类。史有为先生分为词素和临近非词素的特殊词素（准词素）（汉语中的"蝴"、"蜘"、"慷"、"慨"之类）。仇志群先生则分为"语素词素"（"这"、"翔"）和"非语素词素"（"么"、"翱"）。③

7. 根据词素的内部结构，葛本仪先生将词素分为单纯词素和合成词素两种类型。只有一个成分构成的称为单纯词素（书、纸、官、逍遥、拷贝），具有两个或两个以上成分构成的称为合成词素（保险、催眠、安全、细胞、架子）。④ 关于"合成词素"的问题，葛先生早在1988年就率先提出，并对此进行了很系统的讨论。⑤

8. 根据词素的意义，将词素分为"实素"和"虚素"。其中，"实素"又分为名素（石、斤、东、晨、左），动素（卧、虑、吃、感、变），形素（狂、滑、涩、雅、大）。"虚素"又分为"半虚素"（这、者、员、

① 赵元任：《汉语口语语法》，吕叔湘译，商务印书馆1979年版，第80—81页；郭良夫：《词汇》，商务印书馆1985年版，第8页。

② 黄伯荣、廖序东：《现代汉语》（增订二版）上册，高等教育出版社1997年版，第249页。

③ 仇志群：《谈谈语素的划分问题》，《聊城师范学院学报》（哲学社会科学版）1984年第4期。

④ 葛本仪：《现代汉语词汇学》，山东人民出版社2001年版，第56页。

⑤ 葛本仪：《论合成词素》，《山东大学学报》（哲学社会科学版）1988年第3期。

我、哪）和"虚素"（而、且、但、很、越）。① 这是张志公先生《谈汉语的语素》的分类。但在如何界定"实素"和"虚素"上，张先生并没有提出客观的标准。

9. 根据词素在构词中所表示的意义是虚还是实，是表示词汇意义还是表示语法意义，将词素分成实词素和虚词素两类。例如陈望道先生的《文法简论》认为："词素是组成词的成素。词素又分为实素和虚素两种。例如'桌子'一词中'桌'是实素，'子'是虚素。一个词可以没有虚素（看、玻璃、语言），但不能没有实素。实素与虚素可用元音、辅音相比较，实素犹如元音，虚素犹如辅音；实素能单独存在，虚素不能单独存在。"② 同意把词素分为实词素和虚词素的还有：葛本仪先生的《现代汉语词汇》、③ 张寿康先生的《构词法和构形法》。④

10. 德国美因兹大学柯彼德先生的《试论汉语语素的分类》则根据语素的各种性质列出了七条分类标准：a. 开放类和封闭类；b. 自由和黏着；c. 能产和不能产；d. 能担任词根和不能担任词根；e. 定位和不定位；f. 带声调和带轻声；g. 音节形式（单音和双、多音）。在这七条标准的基础上划分了四类语素：（1）基本语素；（2）语助语素；（3）构词语素；（4）构形语素。⑤

总而言之，最近这些年汉语词素（语素）的分类研究有着可喜的收获，可以说是达到了前所未有的水平。词素的分类可以是多方面的，但在汉语词素究竟要分成几类这个问题上，目前尚无定论。我们看到，高更生先生在《汉语语法专题研究》一书中，综合各家意见，并加进他个人的心得，选取了十一个角度，采取单一标准与多元标准并举的方法，把现代汉语词素分出了各种各样的小类，形成了目前为止较为复杂完备的现代汉语词素的类型系统。⑥ 尽管如此，人们对于词素分类问题的探讨一直没有停止，现在仍然继续进行。

从理论上讲，给词素分类首先应该考虑到什么样的分类标准是最科学

---

① 张志公：《谈汉语的语素》，《语言教学与研究》1981 年第 4 期。

② 陈望道：《文法简论》，三联书店香港分店 1978 年版，第 20 页。

③ 葛本仪：《现代汉语词汇》，山东人民出版社 1961 年版，第 3—6 页。

④ 张寿康：《构词法和构形法》，湖北教育出版社 1985 年版。

⑤ ［德］柯彼德：《试论汉语语素的分类》，《世界汉语教学》1992 年第 1 期。

⑥ 高更生：《汉语语法专题研究》，山东教育出版社 1990 年版，第 185 页。

的，要考虑到怎样的分类对汉语词法结构的分析有用，以便确立一个普遍性的汉语词素分类体系。其次，还应该注意到：分出的类越少越精，涵盖的面才会越广，其普遍性才会越高。如果把汉语词素的类分得太细太多，就很有可能会出现分类时的交叉或顾此失彼的情况。所以，词素的分类问题仍可以进一步深入研究。

（五）词素与汉字、音节的关系

词素是构词单位，词素的口头读音形式是音节。汉字是记录汉语的符号，是书写单位，也是词素的书面形式。二者之间的关系，似乎很容易区别。然而问题并不简单。近年来对这一问题的分析研究，已经取得了一定的成果。大致说来，主要表现为以下几个方面。

由于传统语文学特别重视书面语，因而注意力往往集中在"字"上。按照传统的看法，汉字是形、音、义的结合体，"形"即形体，书写形式；"音"表示音节，口头读音；"义"即意义，语义内容。既然"词素"要以"字"来表现，就必然要与汉语音节发生联系。因此，要研究词素，单单注意"字"是不够的，应当把"词素"作为中心，一方面联系音节，另一方面联系"字"，就是说，要把口语与书面语联系起来，不要割裂，这样才会使研究更加深入。

在联系汉字、音节研究词素，分析词素和汉字、音节三者之间的关系这个问题上，较早有创获的当推吕叔湘先生的《汉语语法分析问题》。该书在第13节"语素和汉字"中专门谈了这个问题。首先明确肯定："汉语的语素和汉字，多数是一对一的关系，但是也有别种情况。"接着运用排列组合分析的方法作了详细论述："语音、语义、字形这三样的异同互相搭配，共有八种可能：两同一异的有三种，一同两异的有三种，全同的和全异的各一种。"

（音）	（义）	（形）	（例）	（语素）	（字）
同	同	同	圆	1	1
同	同	异	圜、园	1	1（异体字）
同	异	同	会（合）、会（能）	2	1（多义字）
异	同	同	妨 fāng ~ fáng	1	1（多音字）
异	异	同	行 xíng ~ háng	2	1（多音多义字）

异	同	异	行、走	2	2（同义字）
同	异	异	圆、园	2	2（同音字）
异	异	异	圆、方	2	2

末了还特别强调，以上所说"都是在一定程度上简化了的。实际情况比这复杂，疑难问题是不少的"[①]。

从吕先生探讨的八种情况来看，在如何对待词素的分合方面，意见是很明确的。当词素的语音形式、汉字字形与语义内容之间的关系不完全一一对应时，要判定词素的异同，关键还是看语义内容。在语音形式不同，汉字字形不变的情况下，只要语义内容相同，就是同一个词素。如上例中的"妨"。或者当语音形式相同，汉字字形不同时，只要语义内容相同，也还是同一个词素。如上例中的"園"和"园"。而当语音形式相同，汉字字形也相同时，只要语义内容不同，那就不是同一个词素了。所谓语义内容的异同，从吕先生特意附加的脚注里可以看到，彼此之间只要有某种内在联系，能联系到一块的几个或几组意义，就是"同"。反之，联系不上的就是"异"。所以，吕先生在判定词素异同时坚持的"语义内容相同"的原则也是很宽泛的，可以说带有相当程度的不确定性。按照这种原则来确定词素，在操作中有时很不容易把握。不同的人把握的宽严标准不同，就完全有可能会因此得出不同的结论。吕先生本人也看到了这一点，并在该书第 12 节中谈到："异同问题如'书信'的'信'和'信用'、'信任'的'信'，一般人觉得联不上，念过古书的人知道可以通过'信使'的'信'（古时候可以单用）把前面说的两种意思联起来，认为'信'只是一个语素。"

1981 年，张志公先生在《谈汉语的语素》中进一步探讨了这个问题，对词素与汉字、音节的关系又补充了以下几种情况：

1. 一个音节只表示一个语素、写作一个汉字。例如：shéi - 谁，zěn - 怎，wá - 娃，fó - 佛。

2. 一个音节但表示两个语素、写作两个汉字。例如，儿化词：huār - 花儿，yár - 芽儿，gùnr - 棍儿。

3. 一个音节但表示两个语素、写作一个汉字。例如：zán - 咱，liǎ -

---

① 吕叔湘：《汉语语法分析问题》，商务印书馆 1979 年版，第 16—17 页。

俩（两个），sā－仨（三个）。

　　针对张先生的上述意见，严戒庚在 1986 年第 2 期的《新疆大学学报》上发表《现代汉语有非音节语素吗?》，指出：“现代汉语的儿化（卷舌动作）本身不具有意义，语音上不可独立，这就根本谈不上是什么‘语素’。……一个音节，没儿化时是一个语素；儿化后变成了另一个语素，语音上有卷舌音色了，语义上可能也有所变化，但仍然是一个语素。儿化前后这两个语素之间的关系，同许许多多其他的音近的同义、近义语素之间的关系是一样的。”

　　此前，葛本仪先生曾于 1985 年发表的《汉语的造词与构词》一文中指出：“儿化韵是音变法造词。目前，大家多把儿化韵中‘er’的部分作为后缀看待，这种看法应该商榷。”① 随后，葛先生又在同年出版的《汉语词汇研究》中强调：“词素是独立的造词单位，它应该有独立的音节作为自己的语音形式，然而‘儿化’却只能在别的音节中，和另外的韵母结合在一起形成为卷舌韵母，而不是在这韵母之后自成音节，因此，‘儿化’只能是在一个音节中发生的音变现象，不应当把‘er’作独立的后缀词素看待。当然，如果‘er’在其他音节后自成音节，如儿歌‘风儿吹，鸟儿叫，小宝宝，睡醒了’中‘风儿’、‘鸟儿’的‘儿’，就可以作后缀词素看待，因为这已不属于儿化韵的问题了。”② 在后来出版的另一部论著《现代汉语词汇学》一书中，葛先生始终坚持了这一观点。③

　　关于“合音字”，钱惠英在 1992 年第 3 期的《北京师范学院学报》上发表《特殊语素辨识谈》一文，表述了与张志公先生相反的意见。认为合音字在音、形、义诸方面都具有不可分解性，合音字从形成到固定，从局部地区流通到全社会，有一个逐渐约定俗成的演化过程。随着它们在民族共同语中地位的日趋巩固，其音义的结合也会越来越牢固。因此，无论是以词素的定义来衡量，还是从语言的发展角度来观察，合音字都应被视为一个词素。

　　值得注意的是，关于汉语词素与汉字、音节的关系问题，在以后的研究探讨中又有了新的进展。例如，针对吕先生分析的八种情况，高更生先

----

① 葛本仪：《汉语的造词与构词》，《文史哲》1985 年第 4 期。

② 葛本仪：《汉语词汇研究》，山东教育出版社 1985 年版，第 55—56 页。

③ 葛本仪：《现代汉语词汇学》，山东人民出版社 2001 年版，第 79—80 页。

生又有新的突破。高先生认为起码还有三种情况：（1）音同、义无、形同，如"蜻"，不是语素，一个字。（2）音同、义异（有和无）、形同，如"沙土"的"沙"，一个语素，一个字；"沙发"的"沙"不是语素，一个字。（3）音异、义异、形同，如"儿子"的"儿"和"花儿"的"儿"，两个语素，一个字。其中（1）是一种全新的类型，（2）（3）有这种大类，但内部情况不同，属于不同的小类。随后，在 1990 年出版的《汉语语法专题研究》一书中，高先生把汉字和音节、语素的关系分列成九类，这就对已往研究进行了一次比较系统的总结。① 而在 1996 年出版的《汉语教学语法研究》中又增补了一类："几个汉字，几个音节，几个语素。这有两种情况，一是异形异音同义字，如'语'、'言'；一是异形异音异义字，如'语'、'水'。"与前面的九类一起，共列出了十类。②

　　此外，尹斌庸先生的《汉语语素的定量研究》用统计的方法，分析了汉字、音节和语素的关系。尹先生的意见也很值得重视。他依据自己确定语素的原则和范围，对累积出现频率占 99.94% 以上的 4000 多个汉字逐个分析，得出现代汉语共有单音节语素 4871 个。统计分析出汉语中90% 左右的汉字是一个字对应一个语素。由于现代汉语大约有 1300 个音节（带声调），所以，现代汉语大约有四分之一的音节是"一音一语素"。这一分析对于我们进一步肯定汉字的性质很有意义。从汉字与汉语中词素相对应的情况来看，似乎可以认为汉字是一种词素文字。③

　　总而言之，语言系统中存在着一字一音多素、一字多音多素、多字一音多素等各种关系。很多音节形式相同的不同词素，正是凭借字形的不同而相互区别开来的。例如 shī 这个音节起码代表"失、尸、施、师、狮、湿、诗、虱"八个词素。由于这八个词素分别用八个不同的汉字表示，所以我们可以说汉字在一定程度上为我们做了分辨词素的工作。

　　总结几十年来的词素研究历史，可以看到，以往关于词素（语素）的研究大都被钉死在语法的总体框架之中，研究所涉及的问题也只限于语法范围内进行。出现这种情况的根源在于人们已普遍认为词素（语素）是一级语法单位，是语法学研究的对象。比较明显的一个例子是：1984

---

① 高更生：《汉语语法专题研究》，山东教育出版社 1990 年版，第 80—82 页。

② 高更生、王红旗等：《汉语教学语法研究》，语文出版社 1996 年版，第 42 页。

③ 尹斌庸：《汉语语素的定量研究》，《中国语文》1984 年第 5 期。

年1月公布的《中学教学语法系统提要（试用）》以及后来编写的中学语文教材的语法知识，都将语素列为语法教学的一项重要内容。这个《提要》公布之后，《语文学习》1984年第3期发表了黄成稳的《语素和语素教学》、唐发铙的《怎样确定汉语的语素》、钱乃荣的《语素的异同和分类》，第9期发表的《"甬"代表几个语素》等一组论文，在探讨语素问题时都不外乎上述几个方面，都是围绕如何更好地为中学语文教学服务这个中心展开的。

研究现状表明：以往从词汇角度考虑词素问题的论著还并不多见。词素是作为语音语义的结合体、作为最小的语言符号存在于语言系统中的。要研究词素，自然要结合语音和语义；可是到目前为止，分别从语音、语义诸方面系统研究词素的尚未见到。运用语言和言语相互关系的原理，用静态和动态结合的方法系统考察词素在语言和言语中的存在规律诸方面的研究都还是一片空白。从历史发展的角度揭示现代汉语词素的来源、发展及其演变规律的研究更是无人问津。

现代汉语研究的历史和现状都清楚地说明了这样一个事实：目前对词素的研究还有待于进一步加强，特别是从词汇的角度对词素展开深入探讨，更是极为必要和非常迫切的当务之急。

第二章

汉语词素的基本理论

关于词素，问题较多，语言学家意见分歧很大。词素研究是汉语词的结构形式分析的前提，也是词义理解中不可缺少的一个重要组成部分。词素理论问题的解决对于汉语的构词和造词，词义的分析和研究都有着至关重要的意义，因此，汉语词汇研究不能不重视词素。下面，我们就汉语词素理论研究的现状提出几个问题进行探讨。

第一节　术语使用的规范

关于术语名称的选择和规范问题，前面第一章第三节已有所涉及，在这里再集中谈谈个人的一点看法。

当前，汉语研究的现状是，同时存在"词素"和"语素"这两个名称术语。从总体上看，语法研究中称语素的较多，词汇研究中称词素的较多。实际情况则很复杂，主要有以下几种情形：以吕叔湘先生的《汉语语法分析问题》为代表，主张用"语素"。以葛本仪先生的《汉语词汇研究》、《现代汉语词汇学》为代表，主张用"词素"。而相当一部分学者则主张"语素"和"词素"并用。这其中又有以下两种情况：一种情况认为"语素"即"词素"[1]；另一种情况则认为词素与语素各有分工，彼此之间有严格的界限，使用时必须区别开来。持后一种意见的当以符淮青先生的《现代汉语词汇》和刘叔新先生的《汉语描写词汇学》为代表。

造成上述情况的原因是多方面的。从根本上讲，"词素"和"语素"，

---

① 张涤华、胡裕树、张斌、林祥楣：《汉语语法修辞词典》，安徽教育出版社 1988 年版，第 509—510、72 页。

用哪一个更好？如果两个都要用，应该怎样有区别地同时使用？对现阶段已有的这些术语，究竟应该怎样取舍使用才更加规范？对这些问题的回答都取决于各家的研究目的。

主张使用"语素"的学者，意在从理论上证明，"'语素'是独立的一级语法单位，它的存在不以词的存在为前提"①。这样，就可以回避由词素划分带来的很多问题，让语素直接同词、词组、句子挂起钩来。有一种颇具影响的意见认为，"'词素'是从'词'分解出来的，没有'词'就谈不上'词的组成部分'。'语素'不以'词'为前提。完全可以设想有一种语言只有语素和它的各种组合，在一定条件下形成句子，没有'词'这样的东西"②。此外，"语素说"者更进一步作了如下表述："作为音义结合的最小单位的语素在复合词产生以前就存在，它们在古代以单音词的形式出现在语言中，到了近现代，它们或者保持着单音词的形式，或者结合成复合词。把这种语言单位说成是从词里划分出来的，是不符合汉语词汇从单音词到复合词的历史发展过程的。"③

以上的观点及其论述看起来似乎很有道理，然而要是仔细分析的话，也确实存在着难以解决的问题，仍有待于更深入的研究。

其一，"语素说"者坚持从主观上认定，词素的存在与确定是人们对语言中已有的词划分的结果，如果不以词的存在为前提，词素也就不会存在，语言中也就没有词素的地位了。"语素说"者既然坚持认为词素本身还不是一级独立存在的语言单位，也就从根本上否定了词素在语言中的客观性和相对独立性。这就可以看到，"语素说"者仅仅为了强调语素不仅能独立存在，而且还可以先于词而存在，是一级独立存在的语言单位，便人为地作出硬性规定。词素是从词中分解或划分出来，并且从主观上否定了词素是独立存在的语言单位。其中的不合理是很明显的。

其二，既然承认了语素是最小的一级语言单位，也就必须进一步明确下面的问题：语素的作用是什么？我们已经知道，词素在语言中的作用是只能用于造词和构词。那么语素的作用是不是与词素完全一样呢？是否也仅仅用于构词和造词呢？当然不是。在这个问题上，"语素说"者表述了

---

① 施光亨：《语素研究述评》，《语文导报》1987 年第 6 期。
② 吕叔湘：《汉语语法论文集》（增订本），商务印书馆 1984 年版，第 554 页。
③ 施光亨：《语素研究述评》，《语文导报》1987 年第 6 期。

这样的观点：语素的存在不以词的存在为前提，语素不仅可以组成词，还可以组合成比词大的单位，如成语、句子。在"语素说"者看来，语素与词素的不同在于，语素可以直接组合成句子，而词素不能。果然如此，那就势必会引起现有的四级语法单位词素、词、词组、句子之间的关系混乱不清。试想，要是语素确实可以越级直接组合成句子的话，语言中还有必要存在词这样一级语法单位吗？词的语法地位不就可以取消了吗？推而广之，没有词的语法地位了，又怎么谈得上组词造句？换言之，由于确认语素的作用不仅仅是构词造词，还可以是构造句子，便相应地带来了这样的问题：在语法体系中，复合词、词组、句子各自的位置是怎样的？要想理顺它们之间的层级关系，现行的语法体系又该作哪些调整？本来，在语法系统中，词素、词、词组、句子都各自处于不同的层级，语法特征和语法功能也各不相同，彼此之间的层级关系很清楚。复合词可以构成词组，词和词组在一定的条件下组织成为句子。而现在，"语素说"者既然把复合词、词组、句子都一律看成是由语素组合而成，即认为它们都可以是语素的组合体，那又何以体现出它们之间的本质的差别？说到底，确定四级语法单位的具体标准又是什么？依据又在哪儿？使用"语素"，这些问题都不能避而不谈。而要从根本上解决以上这些问题，就必须对现有的语法体系加以调整，并从理论上给出新的解释。使用"词素"，则不会碰到以上这些问题。相比之下，使用"语素"就显得有点得不偿失。

其三，"语素说"者在描述语言单位的构成情况时，使用了"词根"、"词缀"这样一些术语，而这些术语又都跟"词素"有关，同"语素"则没有关系。很显然，这就于无形中把"语素"和"词素"纠缠到一起。应该说这是"语素说"者理论上存在的一个很明显的缺陷。有的语法学家注意到了这一点，主张使用"语根"、"语缀"等术语来取代"词根"、"词缀"[①]，但这并没有从根本上解决问题，因为"语根"的"语"范围究竟多大，没有明确。比如，"读者"、"第三者"、"劳动者"、"小生产者"、"文艺工作者"、"马克思主义者"、"世界战争不可避免论者"，这些"者"都被认为是"语缀"了。换言之，"读"、"第三"、"劳动"、"小生产"、"文艺工作"、"马克思主义"、"世界战争不可避免论"都被当作"语"了。[②]

---

① 吕叔湘：《汉语语法论文集》（增订本），商务印书馆 1984 年版，第 493 页。

② 同上书，第 517 页。

从这些例子中可以看到，"语根"、"语缀"的"语"有时是词，有时又是词组。显然，这里面隐含了一个问题，"语"的范围有多大？这里所谓的"语"与平常说的词有何不同？与平常所说的词或词组又有何不同？或者说，平常所说的词或词组在什么情况下，应具备什么样的条件才可以是"语根"、"语缀"之"语"。既然这些问题都没有很好地解决，也就无法明确究竟什么是"语"。这样，我们是否可以得出以下的结论：向心结构短语的中心成分也是"语"？如果答案是肯定的，那"语根"、"语缀"的"语"和短语中的"语"又混淆不清了。须知，"语根"、"语缀"的"语"属于句法范畴，二者处于不同的层面，性质和功能本来就截然不同，它们之间在本质上的区别是不容忽视的。一旦将它们的本质区别弄混淆了，就必然要给语法研究带来新的困惑。从这一点来看，使用"语素"仍然存在着没有彻底解决的问题。

部分学者以为"语素"即"词素"，可以不加区别地并列使用，这主要是因为二者来源相同，都是英语 morpheme 的汉语译名，只是名称的译法不同而已。

我们认为，同一个概念，同时使用两个含义相同的术语来表示，不仅影响到理论体系的严密，容易制造混乱，也会给研究带来诸多不便。从理论体系的严密性和科学术语的准确性考虑，同一术语的不同译名必须规范、统一。

也有的学者把"词素"和"语素"区分开，规定"词素"可以在两个意义上使用："一指不能独立运用的最小的有意义的语言单位，等于不成词的语素。一指复合词中的各个构成成分。"① 这种看法强调语素的使用范围比词素大，语素包括词素在内。这样做，意在回避诸如"山"、"水"、"人"、"动"这样一些语言单位既可以是词又可以是词素的麻烦。他们认为，词和词素不应该具有相同的形式，于是规定，这种可以独立形成单纯词的语言单位可以叫语素，以区别于其他不能独立成词的语言单位，即词素。

问题在于，这样做很可能导致同一个语言单位同时具有词素和语素这样两种可能。比如，"人"，说它是语素，没问题，因为它可以单独成词。然而这并不能排除它也许是词素的可能，因为它也可以充当构词成分出现

---

① 符准青：《现代汉语词汇》，北京大学出版社 1985 年版，第 235 页。

在复合词"人民"、"客人"、"主人"等一系列词之中。即使是"民"这样的语言单位，也很难说它一定是词素而不是语素。一般情况下，"民"是不能单独成词，只能用作复合词的构成成分。可是在特定的条件下它也可以单独形成一个词，如，"为民除害"中的"民"便是一个词。这样一来，前面对于区分词素和语素所做的硬性规定不仅不起作用，反倒使同一个语言单位究竟是词素还是语素变得捉摸不定，很难把握了。看来，区分词素和语素的目的最终还是难以达到。说到底，这是由于一开始就没有从理论上对词素和语素的不同性质作出严格的界定，对词和词素之间相互依存相互转化的关系也没有给以足够的重视。

还有的学者为了在词的分析中引进结构的层次观念，以便深入研究词的内部结构，而将词素和语素同时使用，并且规定，词素"是词或词干的直接组成成分"。"语素的含义则广阔得多。……语素包括了词素，但是很多语素却并非词素。"坚持这一意见的学者甚至认为语素包括了"句子结构中有一定语气和音调形式的句调和有一定关系意义的特定词序"[1]。并且强调，形成单纯词的语言单位本身不可能是词素，而只能是语素[2]。分析词的结构方式时，"只用'语素'或和'语素'等义的旧译名'词素'是不可能很好地把词的结构作出层次分析的，尤其不可能突出第一层次的 IC 与其他层次的 IC 的差异"。而"赋予'词的 IC'这种新意义的'词素'，和'语素'一起用于词的结构层次分析，能得到突出第一层次，特别是分清第一层次的 IC 与其他层次 IC 的效果"[3]。

我们认为，上述做法并不成功，仍然存在难以解决的问题。

首先，"词素是词或词干的直接组成成分"，这一提法就值得商榷。词和词干是两个不同性质的结构单位。两者所在的层次也不一样，词位于词干的上一层次，词干则是词的下一层次。从结构上看，词干只是词的构成成分之一，而词除了词干之外，还包括词尾这样的构成成分。词尾一般说来主要表示特定的语法意义，是一种变词词素，或者叫词尾词素，如，"同志们"、"学生们"的"们"。上述提法把词和词干提到同一个层面上来考虑问题，这显然不妥。如果认为，不带词尾词素的"同志"、"学生"

① 刘叔新：《汉语描写词汇学》，商务印书馆 1990 年版，第 64 页。

② 同上书，第 65 页。

③ 刘叔新：《语义学和词汇学问题新探》，天津人民出版社 1993 年版，第 111 页。

和带了词尾词素的"同志们"、"学生们"都是位于同一个层次上，那么像"们"这样的词尾词素在构词法体系和词的结构层次分析中又该怎样处理？这个问题也需要有一个圆满的解释。

由上述词素的定义引发而来的另一个问题是，既然像"们"这样的变词词素不能作词干的直接成分（词干一般由词或词根和词根，词根和词缀构成），那么也就不可能是词素了。那么，它们在整个语言系统中单独存在时又是什么性质的语言单位呢？须知，词尾词素也都以特定的语音形式带有一定的语义内容，并且只能与词发生联系，只作词的结构单位，不看作词素，又该怎么看？如果当成语素，那也不对。因为持上述意见的学者认为，作为词的直接成分的"语素"只存在于单纯词中，可是"们"这样的词尾词素并不能成为一个单纯词。可见，无论怎么分析解释，词尾词素"们"应该怎么看的问题，持上述意见的学者都不能自圆其说。

其次，同样一个语言单位在复合词中层次的不同并不一定能在"词素"和"语素"的不同叫法上区分开来。比如，"回归线"和"北回归线"这两个词中，"回"是同一个语言单位，尽管都不作直接成分，都只是直接成分的成分，可是在这两个词中的层次仍然存在着明显的不同。如果按前面的规定，"词素是词或词干的直接组成成分"，这两个词中的"回"也都不能是词素，而只能分析为语素。都叫语素，何以从名称上看出所在层次的不同？再如，"一辈子"、"老八辈子"这两个词，"～子"所在的层次也不一样，然而因为"～子"在这两个词中都不是直接成分，所以只好都分析为语素了。如此，"～子"在这两个词中的不同层次又何以从名称上反映出来？其他如"嘴皮子"和"耍嘴皮子"，"一下子"和"有两下子"，每组词中的"～子"，所在层次也都各不相同，可分析的结果都一律是语素，而不是一作词素，一作语素。这样，也就没法显示它所在层次的不同。如此，将赋予"词的IC"这种新意义的"词素"与"语素"并列使用，可以突出词内某一构成成分在层次上的差别，这一结论就不能不令人怀疑了。

另外，更进一步的研究还可以发现，要是认为"根子"的"～子"是词素，"命根子"的"～子"是语素，就是说，同样的语言单位"～子"，光是作为词的结构单位一下子就有了两个不同的名称，那么，当它独立存在于语言系统中时，又该是什么性质的成分？又该给以什么样的名称来命名？说它是词素，这肯定不行，因为它这个时候并没有做词的直接组成成分。说它是语素呢，那更不行，因为在任何情况下，"～子"都不能形成单纯词。同类的例子还有"跟头"、"栽跟头"中的"～头"等。应该说，这些形式完全相同的"～子"、"～头"，无论是用做词的结构单位，还是独立存在于语言系统中，其性质都是一样的，都没有任何改变，可是按照上述硬性规定，就变得没法把握了。按照上述意见，势必会造成认识上的混乱，把构词法体系导向模糊。

再次，复合词与单纯词的不同，主要是词的结构繁简的不同，并不一定是构造复合词与单纯词的成分不同。在构成成分本身没有发生变化的前提下，用不同的名称术语来命名很容易使人误认为这是两个性质不同的成分。况且，构造成分与构造层次本不是一回事，构造层次不同并非由于构成成分的性质发生了变化。因而，试图用给构造成分以不同命名的方法来区别词内不同的层次结构，这本身就欠妥。比方说，"心"、"心眼儿"、"死心眼儿"这三个词，其中的"心"所在的层次自然各不相同，然而我们不能否定，这三个词中的"心"仍是同一个构成成分。这三个词的结构繁简不同，内部层次不同并不是由于"心"这个结构成分的性质起了什么变化，所以根本不应该认为"心"在"死心眼儿"和"心"这两个词中都是语素，而在"心眼儿"这个词中又变成了词素。

另外，就是坚持词素"是词或词干的直接组成成分"这一意见的学者本人，也没有将自己的原则坚持到底。一方面，坚持认为"词素是从词或词干的直接成分的角度来确定的音义结合体，它不一定是最小的音义结合成分"[①]。另一方面，在谈到造词法时，又举下面的例子作分析说明：

单词"手" ＋单词"球" →手球

（单词"顶" ＋单词"梁"）＋单词"柱" →顶梁柱

复合词"炊事" ＋词素"员" →炊事员[②]

既然已经承认"词素"也是造词的材料，属于汉语中现成的词汇材料，又为什么不说"手球"是由词素"手"和词素"球"结合而成？为什么不说"顶梁柱"是先由语素"顶"和语素"梁"结合为一个词素"顶梁"，再由词素"顶梁"和词素"柱"结合而成？为什么不认为"炊事员"是由词素"炊事"和词素"员"结合而成？须知，"手球"的直

---

① 刘叔新：《汉语描写词汇学》，商务印书馆1990年版，第68页。

② 同上书，第94页。

接组成成分就是"手"和"球"，"顶梁柱"的直接组成成分就是"顶梁"和"柱"，"炊事员"的直接组成成分就是"炊事"和"员"。可以看出，这里的举例分析与上述词素"是词或词干的直接组成成分"的原则明显地自相矛盾了。这种矛盾直接影响到其理论体系的严密性和科学性。

综合以上分析，我们认为，从构词造词的角度看，用"语素"并不比用"词素"具有更多的优越性。按照"语素说"的观点，"语素"除了与词有直接关系外，还可以直接与词组，句子发生关系，这就很容易引起语法体系的混乱。而"词素"则是词的下一级结构单位，也只能用于构词造词，除了与词有直接的关系之外，不再与别的语法单位有牵连，体系简明单一。词素构成词，词用于构成词组或直接用于造句，词组在一定的语法条件下也可以转化为句子。这样，它们之间语法上的上下级组合关系简洁明晰。使用"词素"，不会影响到现有的四级语法单位的关系，其优点是很明显的。况且，要研究构词法和造词法，就必得首先确定词的结构成分，也就是说，当进行构词法和造词法分析时，是至少把词的构成成分当作业已研究解决了的问题，是确定的、已知的语言成分单位。词与词素的关系仅仅是上下级语言单位的关系，不同层级上的关系。

从整个语言系统来看，任何一种语言单位都是相对稳定的。词素、词、词组、句子都各自处于一定的层级之上，只有这样，才能保证整个语言系统的相对稳定。可是从个体成分来看，结构体及其构成成分又是相互依存、相互转化的，它们在整个语言系统中的关系决定了它们在性质上有相互转化的可能，因而不存在谁先谁后的问题。某一结构体相对于其内部构成成分而言是结构体，可是对于一个包含了这个结构体在内的更大的结构体而言，则又变为构成成分了。这就是说，结构体本身的性质和功能也只是相对的，有条件的；而不是绝对的，无条件的。词和词组带上特定的语调也就成了句子，这时，句子是结构体，词和词组是结构成分。可是相对于词来讲，词组又成了结构体。这是词，词组和句子之间的相互转化。因为这种转化需要特定的语法条件，所以又是相对的，有条件的。语言中词和词素的关系也是如此。一方面，词是结构体，词素是结构成分。另一方面，词在一定的条件下也可以转化为构词词素，即由结构体转化为结构成分，进而构造新词，产生新的比原词的结构体更大的结构体。比如，"地球"相对于词素"地"和"球"来说，它是个词，当然也是结构体。

可是相对于更大的结构体"地球仪"一词来说，又只是结构成分了。

从上述认识出发，我们认为，研究构词法时，还是用词素会更加稳妥更加规范一些。根据词与词素在语言系统中相互依存，在语言成分性质上相互转化的原则，不仅可以比较清楚地描写汉语的构词法体系，而且还可以使各级语法单位之间的关系更加系统化、条理化和规范化。

第二节 汉语词素的性质特点

准确理解"词素"这一级语言单位，也就是要对汉语词素的性质和特点进行深刻的认识。对此，语言学家们各有己见。究其原因，主要有二。一方面，受"语素学说"的影响，特别是将"语素"和"词素"这两个术语并用，使得"词素"的使用范围很狭窄。如前所述，部分学者认为"词素"只包括不能单独成词的语素，也有的学者把"词素"仅仅限制在"词或词干的直接组成成分"内。这些意见和看法都毫无疑问地影响到我们对"词素"的内涵与外延的把握。另一方面，是人们的认识问题。相当一部分学者认为，"词素"并不是一级独立的客观存在的语言单位，只是人们对词的结构加以分析之后才有的。比如，《汉语语法修辞词典》上说："词素是词的构成要素。词素是词当中分析出来的最小的音义结合体。"① 甚至还有人认为，即使是词，如果不是复合词，而是单纯词，也还是分析不出词素来②。这些认识给人的感觉是，词素并不是一种客观存在的语言单位，它只是一种主观的产物，是思维的结果。

我们认为，词素是与词一起作为一种语言单位客观存在的，它不依赖于我们的主观意识并独立于我们的意识之外，始终存在于语言系统之中。比如说，"人"这个语言单位，当它作为一个结构成分构造出单纯词"人"和复合词"人民"、"人格"、"人生"、"人力"、"人权"、"工人"、"军人"、"商人"、"盲人"、"黑人"时是词素。当它作为一个可以用来构成词的语言单位，客观存在于语言系统中时，也还是词素。不过，这时的"人"是一种概括化了的模式，但还是一种客观存在，并且，用作词

---

① 张涤华、胡裕树、张斌、林祥楣：《汉语语法修辞词典》，安徽教育出版社 1988 年版，第 509—510、72 页。

② 刘叔新：《汉语描写词汇学》，商务印书馆 1990 年版，第 65 页。

的结构成分的词素"人"和独立存在于语言系统中的概括化、模式化了的词素"人"在语法性质和语法功能上都是相同的，因而还是同一个语言单位。

由此，我们可以得出这样的结论：词素的存在是客观的，相对独立的。词素原本就独立存在于语言系统之中。词素并不是人们对词加以分析之后才有的，也不是人的主观认识的结果。这是我们理解"词素"这一概念的基本前提。

从语言符号系统来看，词素的地位在于以它特有的语音形式负载一定的语义内容，构造出语言中成千上万的词。所谓"特有的语音形式"就是一个一个的音节。作为词素，它必须有其完整的音节形式表示语义内容，并形成一个完整的定型的音义结合体。没有具体的音节形式，光有意义，是不能成为词素的。有人把汉语中的语调，甚至词序也都看成我们这里所说的词素。这种意见并不能为人们接受，原因就在于，忽略了词素是凭借由音质音位构成的完整的音节来表意的。语调，虽有语音形式，但无完整的音节。它不是靠音质音位（音段音位）来表示意义，而只是通过非音质音位（超音段音位）来表达意义。由非音质音位（超音段音位）负载的语义，自然不能看成词素。而词序，则根本没有特定的语音形式。词序仅仅是一种语法手段，它是通过特定的句法结构关系来表达语法意义的，也就不可能是语音语义的结合体，自然谈不上是词素。由此看来，词素同时具备了语音、语义、语法的属性。词素是用来构造词的最小的相对独立的语音语义结构体。具体地说，词素具有以下六个特点：

第一，词素具有特定的语音形式。语音是语言的物质外壳，而词素又是语言的单位，很自然地，词素也就有了它自身的特定的语音形式。词素的语音形式表现为一个个有意义的完整的音节结构，这些音节又都是由一个个具体的音质音位构成。比如，"书"的音节形式是 shū，"巧克力"的音节形式是 qiǎokèlì。如果没有完整的音节形式，即使能表达语义，也不成为词素。汉语中儿化的 er 只能附在别的音节后，和另外的韵母结合在一起成为卷舌韵母，是一种音变现象，其音节形式并不完整自足，由于缺少了这个条件，当然也就不能看成词素。同样，词序作为词与词相互组合的先后次序，并无特定的语音形式，也就不能是词素。

第二，词素都有一定的意义。词素是由特定的音节形式表达特定的意义内容的。概括地说，词素的意义包括三个部分的内容：词汇意义，语法意义和色彩意义。比如，"笨"的词汇意义是：①理解能力和记忆能力差，不聪明；②不灵巧，不灵活；③费力气，笨重。语法意义是可以构造形容词和名词。色彩意义是贬义或中性义。"诬"，词汇意义是捏造事实冤枉人。语法意义是可以构造动词，色彩意义是贬义。

第三，词素是语音语义的结构体。从符号学角度看，任何一个词素都应该同时具备特定的语音形式和一定的意义内容。至于以什么样的语音形式和什么样的意义内容结合成为一个结构体，这是由语言社会的力量约定俗成的。这种结构体在社会发展的一定时期内具有相对稳定性。这是我们之所以把词素作为一种结构体看待的第一点理由。此外，更主要的还是因为有以下两点考虑：一是作为词素表现形式的音节都是由音位构成的，尽管不同词素的音节所含的音位数量不等。二是无论单义词素还是多义词素，每一个词素的每一项意义内容也都可以分析为一系列义素（也就是"语义特征"），所以，词素的意义本身也是一种由义素组合成的结构体。

第四，词素是相对独立的。词素作为一种语言单位，很像是一种预制构件，它不仅可以直接用于构词造词，而且还可以被人们反复使用，构造出一系列新词。如果从词素构造的所有词的聚合群来看，词素并不因为处在不同的词中就改变了自身的性质和功能。从这个意义上讲，词素，无论是单义词素，还是多义词素；也不管是单音节词素，还是多音节词素，作为语音和语义的结合体，都具有相对独立性。例如，由词素"笨"构造的词，较常见的有"笨"、"笨蛋"、"笨重"、"蠢笨"、"愚笨"等。在这些词中，词素"笨"的性质和功能都未改变。即使是作为一个可以用来构成词的音义结合体，也是以一种概括化模式化了的形式相对独立地存在于静态语言系统之中的。

第五，词素是一种最小的语音语义结合体。在词的范围内，用作构词材料的词素是不能被分割的音义结合体，因而是最小的单位。比如："屋子"，这个词中有两个词素"屋"和"～子"，它们作为语音语义的结合体，都不能再继续分割，所以是最小的单位。当然，这里所说的"最小"，是相对的，有条件的；而不是绝对的，无条件的。也就是说，不能超出"构词材料"的范围。在音义结合形成的一系列大大小小的语言单位中，"词素"被当作一个结构整体看待时，的确已经是最小的结合体。而在语音单位，语义单位中，"词素"无论是从它的语音形式，还是从它的语义内容来看，都是可以作进一步切割分析的单位，因而也就不再是最小的单位。

第六，词素是词的结构单位。从功能上看，词素的作用在于构词和造词，而不能以其在词里的意义直接造句。如"语言"的"语"和"言"，在现代汉语里都不能独立成句。"马路"的"马"和"路"，虽然都能独立成句，但已不完全是原词"马路"里的意义。因为"马路"并不是"马走的路"，也可以是汽车、人走的路，甚至有的马路是禁止马车通行的。词素的构造作用包括两种情形。一是词素作为构成成分构造词，如，词素"民"可以构造"人民"、"民主"、"民工"、"民歌"等词，词素"~头"可以构造"劲头"、"苦头"、"跟头"、"甜头"等词。再者，词素可以作为附加成分附着在词上，起到改变词的语法意义的作用，并不形成新词。例如，词尾词素"们"可以附着在表示单数的"你"、"我"、"他"、"她"等词之后，形成表示复数的"你们"、"我们"、"他们"、"她们"。

总之，词素的六个特点是紧密联系，缺一不可的，要全面准确地理解词素这个概念的内涵，这六个特点就必须统筹兼顾。同时，还必须坚持从词素与词的关系中认识词素。词和词素是上下级关系，词素只与词发生关系，是词的构造基础和结构单位，词也只能由词素构造而成。单从意义考虑，认为词素是最小的有意义的单位；或者单从语言符号的角度考虑，认为词素是最小的语音语义的结合体，都还没有充分揭示出"词素"这个概念的本质特征。这一点，必须引起我们的注意。

第三节　现代汉语中词素和词的关系

由于词素和词都同属于现代汉语里的语法单位，也都是语言的符号系统。因此，二者不可避免地既互相联系和并存，同时又有着本质上的区别。

从语言符号的层级性上看，在现代汉语中，词素和词是位于不同层次上的两级语言单位。在语言的层级装置中，词层在词素层之上，是与词素层关系最直接的一个层级。

从结构关系上看，词素是作为结构成分存在的，也是词的结构单位；词则是结构体，是由词素组成的。词素和词的区别是很明显的。可是，从另一方面看，作为结构成分的词素与作为结构体的词在语言系统中总有一种相互依存的关系。

从历时发展的角度看，汉语中每一个新的结构成分（即词素）总要在包含了这个结构成分在内的某一结构体（即词）的内部产生。比如，汉语词素"人"、"目"、"立"、"休"就是在古汉语的词"人"、"目"、"立"、"休"中并与这些词同时产生的。由于这些词早在甲骨文时期的汉语中就已经出现，故由此可以断定，汉语的词素"人"、"目"、"立"、"休"等也在同一时期就产生了。而另一部分词素如"做"则要到近代汉语中才产生，也是因为动词"做"直到近代才出现。至于"镁"、"铝"、"钙"、"钠"等词，出现得就更晚了。当然，这些词所由构成的词素也就随之出现得更晚。比较而言，"人"、"目"、"立"、"休"这类词素在产生的时间上大大早于"做"、"镁"、"铝"、"钙"、"钠"等词素。这就可见，汉语的词素在产生时间上是有先后之分的。

汉语中有一部分词，最早并不是在汉语系统中自行产生的，而是受外语影响的结果。汉语发展到一定阶段时，为了更好地反映日新月异、不断进步的社会生活，以满足人们言语交际的客观需要，往往将本民族以外的其他民族的语言中的一部分词吸收到汉语里来，加以汉化，为汉语系统所吸纳和接收。所谓"汉化"，就是用一定的方式对外语的词进行改造，使之适合于汉语自身的特点与规律，然后进入汉语，成为汉语词汇系统中的成员。这种汉化的改造方式有多种，像通常人们说的音译法（"沙发"、"坦克"、"磅"、"巧克力"），半音译半意译（"爱克斯光"、"冰激凌"、"马克思主义"、"新西兰"、"金利来"），音译兼意译（"幽默"、"逻辑"、"绷带"、"俱乐部"、"乌托邦"、"可口可乐"），音译加意译（"啤酒"、"卡片"、"卡车"、"吉普车"、"酒吧"）等都是。

在外语词汉化为汉语词的过程中，也同样存在外语词素汉化为汉语词素的过程。就汉语研究的现状来看，学者们一般都普遍认为被汉化而引入汉语系统的语言成分是词。但至今还未见有人提出在这些已汉化的语言成分之中也有"词素"存在。比如上举的例子中，人们一般认为已经汉化的"沙发"、"坦克"、"磅"、"巧克力"、"啤酒"、"卡片"、"卡车"、"吉普车"、"酒吧"都是词，至于"啤酒"中的"啤"、"卡片"中的"卡"、"酒吧"中的"吧"是不是词素，是否有做词素的资格都有人表示怀疑，甚至干脆把这些成分视为音译成分。这种看法不免存在欠缺，仍有进一步探讨的必要。

　　从结构体与结构成分的相互关系来看，任何结构体中都应含有一定的结构成分。没有结构成分，就不可能有结构体的存在，而结构体也正是结构成分经过组合并得以体现的外在表现形式。据此可以看出，把"啤酒"、"卡片"、"酒吧"这些成分看成是词，而不管其内部的成分，认为"啤"、"卡"、"吧"这样的单位只是音译成分，而不认为是结构单位的看法自然是不全面的。这种只承认词而不承认词内构成成分的看法实际上是割裂并否认了结构成分与结构体的相互依存相互依赖的关系。

　　其实，在"啤酒"、"卡片"、"酒吧"这些外语词经汉化吸收到汉语系统成为汉语词的同时，这些词内的结构成分也随之成为汉语的构词材料。尽管这些语言成分在刚刚进入汉语系统的阶段所构造的词数量有限，但随着它在汉语中的广泛运用，所构成的词会随之越来越多。如"卡片"的"卡"进入汉语之中成为汉语的构词词素之后，可以构造出一系列复合词，像"牡丹卡"、"磁卡"、"就餐卡"、"信用卡"、"病历卡"、"绿卡"、"胸卡"、"电话卡"等。这些复合词的存在足以证明："卡"这一语言成分已经取得了汉语词素的资格，具有了较强的构词能力，在汉语词素系统中具有与"人"、"目"、"立"、"休"等同样的地位和构词功能，因而应视为词素。不同的只是，"卡"这种词素一开始并非在汉语系统内部自行产生，而是由于汉语发展到一定阶段时，结合语言自身的规律，从外语中吸收引进的。这就与前面所举的"人"、"目"、"立"、"休"等词素在产生的地域上存在着明显的不同。如果将"人"、"目"、"立"、"休"这样的词素看做是汉语中的原生词素，那么"啤"、"卡"、"吧"这样的词素就可以借用生物学上的术语形象地表述为"移植词素"。

　　跟"原生词素"、"移植词素"情况不同的是另外一些词素，如"阿~"、"拎"、"渍"，这些成分本来并不见于汉语普通话系统，而只是存在于汉语方言系统，由这些词素构造的词原先也只是在方言系统中运用，如："阿三"、"阿婆"、"拎包"、"油渍"。由于语言交际过程中表达的需要，这些原先用于方言的词也逐渐进入到汉语共同语之中，因而出现了存在于共同语系统之中的方言词汇。如前所述，词素作为词的构成成分，总是与充当结构体的词相互依赖、相互依存的，这样，"阿~"、"拎"、"渍"这样一些词素自然也就随着"阿三"、"阿婆"、"拎包"、"油渍"这样一些方言词也一并移入到汉语共同语系统之中，并且有可能继续构词造词，如"渍"可以构造出"汰渍"、"茶渍"、"污渍"等词，因此这种原来只作为方言词的构成成分的词素，在与方言词一并移入到汉语共同语系统之后，也具有与原生词素和移植词素一样的地位、构词特点及功能，因而也同样取得了现代汉语词素的资格。所不同的是，从产生的地域上看，这种词素既非来源于外语，也不是在汉语共同语系统中自生，而是产生于汉语方言系统，但却在共同语系统中得到运用并发展，因而，可以将它们视为一种"移用词素"。

总而言之，原生词素、移植词素、移用词素显示了汉语词素在产生时间与通行地域上的差异，表明现代汉语词素从其产生的过程来看，都各有其不同的特点及规律。尽管如此，作为现代汉语共时系统中的构词材料又都有这样一个共同特点：无论在什么条件下，这些词素都与它们所构造的词同时存在、互为表现，并在语言系统中共同发展。将词素和词的关系割裂开来的主张在理论上是错误的，在研究实践中也是行不通的。这是我们研究现代汉语词素的基本立足点和出发点。

第三章

现代汉语词素的来源系统

现代汉语共时系统中的每一个词素，都有一个历史来源问题。从理论上讲，我们可以根据词素的历史形成情况，探明这些词素的源头，追寻其在汉语历史发展过程中延续、发展和变化的线索途径，并据以对现有的各个词素加以归类。由此还原出现代汉语词素的来源系统。

研究发现，现代汉语的词素，并非都在同一条件下，在同一地域，同一场合同时产生，在同一时代出现的；而是经历了不同的时期，不同的发展阶段，不同的地域，不同的使用场合，在人们的长期使用过程中，经过语言社会的约定俗成，最终稳定下来，并且形成一个相对稳定的现代汉语词素集合。在这个相对稳定的集合里，每一个词素都是其中的元素。

在现代汉语词素集合中，作为元素的词素，尽管在出现的时代，产生的地域，发展的阶段上表现出不同的特点，有的出现很早，有的出现很晚；有的早在出现时就被广泛地运用，有的产生以后使用频率相对较低；有的可以构造很多的词，有的只限于构造极少量的词，甚至只有一个，从而显示出一定的层次差别。但这并不排除各词素之间仍然有可能存在某种联系，某种共性。

举例来说，容易明白。"石"、"禾"、"牛"、"休"、"取"等词素，上古时代的甲骨文时期便已存在，而像"做"、"硅"、"辣"、"镁"、"铝"等词素，尚不见于《说文解字》，表明它们是在汉代以后的汉语里才出现。大约在秦汉时期，受西域各民族语言的影响，汉语中才有词素"葡萄"、"酥"等；到魏晋时代，受印度佛教与梵语的影响，汉语中又涌现出像"僧"、"尼"、"佛"这样的词素；至近代，在日语的影响下，汉语中又新添了"癌"、"腺"这样的词素。

从产生的时代上说，"石"、"禾"、"牛"、"休"、"取"远远早于

"做"、"硅"、"辣"、"镁"、"铝"，然而这种产生时代上的差异并不排除这些词素仍有以下的共同特点：第一，最早都产生于汉语系统之中；第二，从产生时至现代，一直在延续使用，从未间断。从这种意义上说，"石"、"禾"、"牛"、"休"、"取"、"做"、"硅"、"辣"、"镁"、"铝"等词素都可以看作语言系统词素群体中的同类成员。

　　同样，"葡萄"、"酥"、"僧"、"尼"、"佛"、"癌"、"腺"在产生的时代上也是有先有后，可是由于这些词素从根源上说并非从汉语系统内部自行产生的，而是受外语的影响和作用，在经过了汉语的改造之后进而引入汉语的结果，因而它们也同样可以划分为语言词素系统中的又一个类型。

　　如前所述，现代汉语单音节词素有近 5000 个。从理论上讲，这些词素与词素彼此之间总可以从产生的地域上寻求到一定的联系，并依照这种联系形成一定的群体。事实上，也正是这种时代与地域的差异，在一定程度上使汉语词素系统的全体成员可以分出一些不同的类。如果借用数学上的术语"集合"来表示的话，我们可以把现代汉语的所有词素的群体看作是一个"全集"，那么，根据词素产生时代、产生地域的不同所分出的各个类型就是全集下面的"子集"。就我们已经掌握的材料来看，这些子集中最为重要的只有三种：原生词素集、移植词素集、移用词素集。

　　在这一章里，我们将分别对上述三种最为重要的词素集做一些具体的分析和探讨。

第一节　原生词素集

　　语言反映人类社会这一客观现实，最突出地反映在词汇上，而词汇中的每一个单个具体的词又都是用一定的语言材料构成的，这种语言材料便是我们所说的词素。

　　任何一种语言，其词素的产生都必须依赖一定的语言基础，植根于一定的语言社会。并且在产生以后不断发挥其语言功能，以实现其在语言系统中的价值。只有这样，词素才能在语言的历史发展和演变中保持其延续性和一贯性，显示出经久不衰的生命力。

　　结合汉语的历史发展过程来看，现代汉语共时系统中的词素，绝大部分都是依赖汉语社会，在汉语系统内部产生出来的，并且在以后的历史发展中一直延续，在不断的构词造词中反复出现，从而保留到共时平面的现代汉语中，进一步发挥其语言功能。由此便形成了我们所说的原生词素。而由现代汉语的全部原生词素形成的集合就是现代汉语的原生词素集。

具体地说，只有同时具备了以下两个基本特点的词素才是现代汉语的原生词素。

第一，必须产生于汉语系统内部。无论是在上古时代的甲骨文中出现的"卜"、"日"、"史"、"贝"，还是汉魏六朝时期产生的"仿佛"、"婀娜"、"捋"，或是宋代才有的"做"，都是在汉语发展到一定阶段时，为了适应构词造词以满足汉语反映日新月异的社会生活需要才产生出来的。另外一部分词素则不同，像"磅"、"啤"、"沙发"，"沙龙"、"蒙太奇"，"盖世太保"等，虽然也已经是现代汉语系统中的词素，但其产生则根源于英语的 pound、beer、sofa，法语的 salon、montage，德语的 Gestapo，并非产生于汉语系统内部。两相比较，"卜"、"日"、"史"、"贝"、"仿佛"、"婀娜"、"捋"、"做"等就是现代汉语的原生词素，而"磅"、"啤"、"沙发"，"沙龙"、"蒙太奇"，"盖世太保"等则不是原生词素。

第二，必须在汉语的历史发展中反复使用，不断延续。总的看来，在现代汉语系统中，每个词素的历史长短各不相同。但是，就原生词素来讲，它们都还有这样一个共同点：无论词素产生于汉语发展的哪一个阶段，也不论其历史有多长，当它们在汉语中产生出来之后，便一直延续不断地被用于汉语的构词和造词。上面举的"卜"、"日"、"史"、"贝"、"仿佛"、"婀娜"、"捋"、"做"等词素都是这样，在现代汉语中仍可以构造很多复合词。如："卜课"、"占卜"、"日光"、"日食"、"史料"、"史官"、"贝雕"、"贝壳"、"仿佛"、"婀娜"、"捋虎须"、"做东"、"做伴"、"做客"等等。正是由于它们构造的词在语言社会中经久不衰的反复使用和延续发展，原生词素才体现出它自身独有的构词造词的能力，并在这些词的长期存在和广泛运用中得以保留，最后进入现代汉语词素系统。可见，在汉语系统内部产生的词素还必须具备这一基本特点才能成为真正意义上的现代汉语的原生词素。

相反，如果某一词素在产生之后，在汉语社会中通行了一个时期，便不再被用于构词和造词；或者，原先由它构造的词已不再为汉语社会继承和使用，以至于在语言系统发展的某一历史阶段中消失殆尽，根本没能延续到现代汉语之中，那么，这个词素会因此而不具备在共时平面上继续存在的条件，也就失去了它得以存在于现代汉语这一共时平面的语言基础。此种情况下，词素的构词造词能力当然也就无从体现，这样的词素也就不能算是原生词素。所以，任何一个词素，只有借助于它所构造的词的延续发展，并且始终作为词的构成成分，才能进入到现代汉语原生词素集。由此，它们之间形成了一种天然的稳定的联系：一方面，原生词素作为构词成分，充当了词的构造材料，其构词能力要借助于它构造的词的连续运用和不断发展才得以保留；另一方面，被保留下来的原生词素在一定的条件下又可以继续被用于构造新的汉语词。正是由于这种稳定的联系，原生词素才获得了经久不衰的生命力，始终与它所构造的汉语词共存于现代汉语系统之中。

现代汉语中，有的原生词素历史悠久，还在上古时代就已经产生并经过人们数千年的长期使用，在语言社会的约定俗成中，稳定地进入到现代汉语中。这些原生词素所以有如此强大的生命力，主要原因在于它们在产生时就被用于构造了一些与人们的日常生活关系极为密切的汉语词，凭借这些汉语词的代代相传，用作构成成分的词素因而得以保留，成为现代汉语的原生词素。

我们调查统计过赵诚先生编著的《甲骨文简明词典——卜辞分类读本》[①]，从中得到一些启发。

该词典将上古甲骨卜辞分列 26 类，依次为：1. 上帝和自然神；2. 先公和祭祀对象；3. 先王；4. 旧臣；5. 祖、父、兄、弟、子；6. 妣、母、女、妇；7. 配偶之称谓；8. 侯、伯、职官；9. 军队；10. 地名；11. 方国；12. 疾病、人体的各部位；13. 平民、奴隶、战俘及其他；14. 人名；15. 天象、自然；16. 动物；17. 植物、粮食；18. 建筑物；19. 器物、用品及其他；20. 祭祀；21. 数词和量词；22. 时间；23. 空间、方位；24. 形容词、吉凶用语、成语；25. 虚词；26. 动词。

在以上这 26 类甲骨卜辞中，所收的单音节词同时也都是单音词素，它们之中能够保留到现代汉语共时系统之中，成为原生词素的只有一部分，现逐一列举如下：

第 1 类（1 例）：帝（甲骨文用为天帝）

第 5 类（1 例）：子（卜辞用作父子之子）

---

① 赵诚：《甲骨文简明词典——卜辞分类读本》，中华书局 1988 年版。

第6类（2例）：母（表示已有子女之妇女）、女（表示女子）

第7类（3例）：妻、妾、妃

第8类（2例）：史（商代为官名）、卜（占卜）

第9类（2例）：旅（军旅之旅）、戍（戍守）

第10类（4例）：亳（安徽亳县）、杞（河南杞县）、河（黄河）、兖（山东兖州）

第12类（9例）：首、目、耳、齿、舌、腹、心、身、人

第15类（16例）：日、月、雨、云、雪、雷、火、斗（卜辞用作南斗星和北斗星之名）、食（日食、月食）、虹、水、山、石、阜（高地、小山）、河（黄河之专名）、川（大河）

第16类（13例）：牛、羊、犬、象、马、鹿、兔、虎、龟、鱼、龙、鸟（雀）、鸡

第17类（3例）：竹、禾、黍

第18类（3例）：门、室、宅

第19类（11例）：斧、刀、弓、贝、玉、齿、鼎、舟、车、纲、石

第20类（3例）：祭、祝、祀

第21类（13例）：一、二、三、四、五、六、七、八、九、十、百、千、万

第22类（35例）：明（天大亮之时）、朝（早上）、昏、夕、日、甲、乙、丙、丁、戊、己、庚、辛、壬、癸、子、丑、寅、卯、辰、巳、午、未、申、酉、戌、亥、旬、月、正、春、今、昔、既、辰（时辰）

第23类（9例）：东、南、西、北、左、中、右、上、下

第24类（18例）：黄、赤、白、驳（颜色不纯）、黑、大、小、多、老、旧、新、高、亚（第二）、武（修饰语）、文（修饰语）、生（活的）、吉、灾（灾害凶祸）

第25类（14例）：果（果然）、复（又、再）、既、勿、不、非、唯、若、并、自、从、至、于、它

第26类（24例）：至、立、奏、取、休、焚、行、来、出、会（会合）、降、涉、并、从、令、告、言、鸣、见、用（使用）、生、孕（怀胎）、教、梦

统计结果是：《甲骨文简明词典——卜辞分类读本》共收单音节词1587条。由于这些单音节词与其构成成分同形，所以该词典实际上等于

收了 1587 条词素。在这些词素中，能用为原生词素保留下来并进入到现代汉语中的仅有 186 条，约占 11.7%。可见，卜辞中能作为原生词素延续到现代汉语中的也仅仅占甲骨文时期全部词素的很少的一部分。

不同时期保留下来的原生词素都各不相同。跟殷商甲骨卜辞时代保留下来的原生词素相比，汉魏六朝时期又有其特色，表现出明显的差异。

汉魏六朝时期，随着人们认识能力和水平的普遍提高，社会、政治、经济、文化、宗教的发展，文学创作空前繁荣，这些都为词汇的丰富和发展准备了必要的条件。这一时期，史书、政论、哲学等著作，还有杂记、小说、诗、辞、赋等各种体裁的作品大量问世，同样也为汉语词汇的继承与发展提供了可靠的保证。由于这些作品的内容丰富，涉及的社会生活面很广，因而自然要求语言有异常丰富的词汇来反映这一时期丰富生动的社会内容。在这种情况下，光靠汉语从前代保留下来的原生词素来构造词语就显得非常有限，不足以反映如此丰富多彩的社会生活。况且，重复利用数量较少的原生词素构造汉语词，常常会使语言中出现过多的同音词。同音现象当然不利于交际。因此，汉语在继承前代原生词素的同时，需要不断创造一些新的词素，以便增加一些构词材料，进而构造新词，充实词汇，以满足人们在特定历史条件下反映不断变化发展的现实生活的需要。所以，在原生词素集中适时地增加补充新的元素，这对于构造新词就显得尤为必要。

抽样调查统计结果表明：宋代郭茂倩编撰的《乐府诗集》中，意义内容与"手"的动作有关的词素，常见的就不下 60 个。这些词素都不同程度地保留下来，成为原生词素，一直在现代汉语中广泛运用。不妨列举如下：

打、持、摘、折、掩、采、扣、扶、振、捣、拭、拔、摇、捉、捋、握、摧、提、挟、播、担、撑、抱、捍、捶、挽、捎、摢、抚、拄、揽、抵、拉、捐、接、投、指、授、捕、拂、推、排、擢、拊、挂、披、攘、损、据、捷、扬、拥、换、掇、挥、擒、操、扰、携、拯

不仅如此，同是汉魏六朝这一时期，以事物的性质、状态为意义内容的词素比之先秦时期也有了进一步增加。这些产生于先秦以来各个不同历史时期的词素，能够发展到现代汉语中成为原生词素的，较常见的如：

高、芳、明、美、青、秀、冷、哲

这种以事物的性质、状态为意义内容的词素在殷商甲骨时代虽然有

（如"大"、"旧"），但还是不多。而发展到魏晋之后，这类词素就明显地多了起来。

就在汉语单音节原生词素大量涌现的同时，双音节词素也不断产生。远在《诗经》时代，就出现了如"参差"、"踊跃"、"逍遥"、"窈窕"、"婆娑"、"辗转"这样一些双音节词素，这些词素在现代汉语中仍可以构造联绵词，因而也是原生词素。发展到汉魏六朝时期，就有更多的双音节词素相继出现，并且也有相当一部分流传到现代汉语，因而也同样成为原生词素。这方面的例子如：

双声：慷慨、荏苒、恍惚、倜傥、仿佛、踌躇、零落、滑稽

叠韵：丁零、须臾、霹雳、阑干、婀娜、局促、扑朔、逶迤、骷髅、迷离

重叠：盈盈、田田、冉冉、历历、翩翩、迢迢、脉脉

以上所举的这些双声、叠韵、重叠三种形式的双音节词素在现代汉语中仍可以构词造词，由它们所构成的词都是联绵词。双音节原生词素的产生也同样成为先秦至汉魏六朝时期词素发展的一个重要方面。

从甲骨卜辞、汉魏六朝时代继承下来的原生词素在一定时期内是相对稳定的、自足的。所谓自足，就是指一定历史阶段一定数量的词素足以用来构词造词以反映这一特定时期的社会生活内容。汉魏六朝时期，汉语的原生词素集是自足的，可是经历了一段较长的历史时期以后，可能又变成不自足了。所以任何历史阶段的汉语词素的自足性都是相对的，而不是绝对的。原生词素集也正是由于这种相对自足性才不断地得到补充、发展和完善。从历时发展的角度看，原生词素集是一个开放的类聚，而不是封闭的类聚。

为了进一步论证以上所述，不妨再分析一下近代以来的汉语词素的发展情况。

近代以来，手工业和化学工业的发展同样需要有反映这种社会生活的汉语词汇。而要构造这样的词，光凭前代保留下来的原生词素，显然在数量上已经不足。为了弥补这一欠缺，就必须在原生词素集中再次增补一些新的元素，以适应语言大量构词造词的需要。于是，很自然地又产生了另外一些原生词素。例如：

礁、煤、器、坑、矾、硅、绵、冶、刨、钠、镁、铝、钙、氩、氮、氢

　　以上这些原生词素的普遍存在和广泛运用，使得汉语中有了比较丰富的语言材料充当构词成分，进而构造出足够的词，来反映以工场手工业和化学工业为基础的现代工业社会的生产和生活内容。从另一个角度看，由这些词素构成的词在语言社会大规模运用的同时，也使它们的构成成分变为语言中的相对稳定的部分，最终以原生词素的面貌出现在现代汉语里。

　　以上分析表明，汉语发展的每一个历史时期，都有数量不等的原生词素产生出来，并进入到原生词素集合之中。整个现代汉语原生词素集就是汉语保留各个历史时期的原生词素最终形成的。任何一个词素在进入原生词素集之前，都必须得力于它所构造的词的广泛运用，并与之形成一种稳定的相互联系。通过这种稳定的相互联系，词素与它所构成的词一起，在语言中沉积下来。从而保证了词素能最后进入现代汉语原生词素集。

　　在现代汉语原生词素集里，作为元素的单个词素，彼此之间也可以凭借其语音形式、书写符号或语义内容而形成一定的内在联系。进一步研究其中的这种联系，就可以发现，原生词素集里，还可以归并出一些较有特色的更小的词素集。

　　由于原生词素集是一个开放的类聚，所以这个集合中的元素是不断增多的。经历的时间越长，原生词素集中的元素也就越多。随着词素集的不断延续发展，内部成员的相继增加，在整个集合内，必然出现一部分词素在语音形式或书写符号上的相同，一部分词素在语义内容上的相同或相反的现象。在原生词素集中，凡具有相同语音形式的词素所形成的集合体可以称为同音原生词素集。凡具有相同书写符号的词素所形成的集合体可以称为同形原生词素。凡具有同义关系的词素所形成的集合体可以称为同义原生词素集；相反，具有反义关系的词素所形成的集合体就可以称为反义原生词素集。相对于原生词素集而言，这四个更小的词素集都是子集。

　　同音原生词素，早在先秦时期的上古汉语里就已经出现了。古人也很早就注意到了这种语言现象，并加以整理运用。训诂学上把人们利用音同或音近的字来训释词义的方法叫做"声训"，这种方法在汉代用得比较普遍。以《说文解字》为例，以声训者占百分之七八十之多。至于刘熙的《释名》，则完全是用声训的方法解释词义。用现代语言学的眼光来看，声训中用以释义的所谓"字"，与被释的"字"同音，实质上也就是词素与词素的同音；也就是说，二者之间构成了一种同音原生词素的关系。以下这些例子，都是从古人的声训材料中选出来的：

德—得　政—正　户—护　妹—昧

当然，这并不是说凡是声训材料中用以释义的"字"与被释的"字"都具有同音原生词素的关系。因为古人的声训材料，有一部分本来就是用语音相近的"字"来解释词义的，属于这种情形的，自然不构成同音原生词素。再者，在语言的漫长历史发展过程中，语音也发生了很大变化，有些声训材料的释义"字"和被释义"字"，古音相同，而在现代汉语里变得不同音了，属于这种情形的也就应该排除在同音原生词素之外。上面所举的这些例子，从古到今一直都是同音原生词素，这种情况，在古人的声训材料中毕竟还只占少数。

从历史发展来看，同音原生词素从古到今有不断增多的趋势，比较而言，现代汉语的同音原生词素在数量上已有显著增加。观察现代汉语这一共时平面，可以看到：具有相同音节形式的原生词素少则两三个、三五个（如：操—糙、吹—炊、董—懂、挎—胯—跨、肯—垦—恳—啃、肚—笃—堵—赌—睹），多的则可以达到十个以上（如：成—丞—呈—诚—承—城—盛—程—惩—澄—橙）。这表明，汉语音节形式所负载的同音原生词素的数量是不均等的，或者说，同音原生词素在汉语音节形式上的分布呈现出一种不均衡的态势。

在汉语原生词素集中，还存在一部分词素的书写符号完全相同的情况，这部分词素就是同形原生词素。它们自然也汇聚成一个集合体，就是同形原生词素集。例如：

长（与"短"相对）——长（年岁大，生长，增加）；

行（走）——行（行列，营业机构）；

重（重复）——重（重量）。

同形原生词素集与同音原生词素集之间的关系表现为：一方面，它们都是"原生词素集"内所包含的较小的集合，是子集。另一方面，由于这两个集合内部有一部分原生词素是重叠交叉的，因而又可以形成交集关系。以下这些例子都是属于这两个集合的交集内的元素：

聊（姑且）——聊（闲谈）；

鲁（专用于表地名、姓氏）——鲁（指人的反应迟钝，性格粗野、莽撞）；

和（和谐）——和（跟）。

由上述这类词素形成的集合体，我们称之为同音同形原生词素集。在现代汉语里，这一集合内的元素也是比较多的。

下面再讨论一下由于原生词素之间语义内容上的联系而形成的两个子集：同义原生词素集和反义原生词素集。

同义原生词素，产生的时间也很早，先秦时期的上古汉语里就有不少了。例如：

见—视—观—察—望—看

畏—惧　饥—饿　赴—往

汉魏六朝时代，文献中能见到的同义原生词素就更多了，最常见的如：

充—盈　纤—细　分—别　别—离　美—丽　忧—愁　宾—客

书—写　览—观　持—执　欢—喜　盗—贼　恐—惧　声—音

反义原生词素，早在甲骨卜辞时代就已经出现，例如：

大—小　上—下　左—右　东—西

南—北　黑—白　黑—赤　文—武

然而，汉魏六朝时代更是异常丰富。这一时期的文献史料中，几乎随处可见。试举数例：

雌—雄　　古—今　　好—恶　　虚—实　　长—幼　　存—亡

呼—吸　　阴—阳　　善—恶　　新—故　　老—小　　强—弱

贤—愚　　真—伪　　增—减　　生—死　　彼—此　　高—下

安—危　　始—终　　吉—凶　　旦—夕　　寒—暑　　长—短

多—少　　早—晚　　巧—拙

可见，同义原生词素和反义原生词素不仅产生的时代久远，而且随着汉语的不断发展，其数量也在逐渐增加。结果，这两个子集内部的元素越来越多。无论是同义原生词素集，还是反义原生词素集，都极大地丰富了汉语构词材料的宝库。对于构造汉语的同义词和反义词，以及部分并列式合成词（如：美丽、纤细、观察、呼吸、生死、多少、别离、吉凶、雌雄、始终）来说，无疑是准备了较为充分的语言材料。从另一个方面看，汉语的同义词、反义词以及这样一部分并列式合成词在语言中经久不衰的普遍使用，也为词内包含的同义原生词素和反义原生词素进入现代汉语词素系统从根本上起到了保证作用。

不仅实词素在原生词素集中表现出逐渐增多的发展趋势，虚词素也同样经历了这样的发展阶段。从文献资料上看，汉魏六朝时代就已经产生的虚词素"阿~"、"第~"、"~子"、"~头"等，因为可以构造一系列汉语词（比如：阿爷、阿婆、阿母、阿姊、阿兄，第一、第二、第三，牌子、皮子，上头、后头），而且这些词也一直在汉语中广泛运用，这就使得"阿~"、"第~"、"~子"、"~头"等词素保持了相当强的生命力，同样也取得了现代汉语原生词素的资格。

产生于唐宋时期的虚词素"老~"也是这种情况。"老~"在唐宋时期就被广泛用于构造汉语词，出现了如"老王"、"老鼠"、"老鸦"等等的复合词。由于这些复合词也都在汉语中普遍运用，"老~"也因此得以进入现代汉语原生词素集。

这样，在现代汉语原生词素集中，又形成了两个特殊的子集：实词素集和虚词素集。原生词素中所有的实词素形成的子集为实词素集，所有的虚词素形成的子集就是虚词素集。

总之，无论是现代汉语词素集，还是同音词素集、同形词素集、同音同形词素集，同义词素集、反义词素集，或者实词素集、虚词素集，内部所含有的所有元素都不是一朝一夕产生的，而是吸收了各个历史阶段的汉语词素最后形成的。从这个意义上说，现代汉语词素集里的每一个词素，历史都并不一样久远。

第二节　移植词素集

"移植"，本是一个生物学术语，《现代汉语词典》的解释是这样的："将机体的一部分组织或器官补在同一机体或另一机体的缺陷部分上，使它逐渐长好。如角膜、皮肤、骨和血管等的移植。"这里，我们借用来称说"词素"，只是一个形象化的比喻。

所谓移植词素，是指从其他某一个民族的语言系统中，选取本民族语言系统中原来没有的某些词素，并按照本民族语言的特点和要求，以适当的方式对它们实行不同程度的改造，使之最终以改造过的形式植根于本民族语言的土壤之中，成为本民族语言词素系统的成员，并能灵活地用于构词造词。一种语言中所有的移植词素形成的集合，就是这种语言的移植词素集。相应地，每一个移植词素都是整个移植词素集中的一个元素。

现代汉语中已有很多移植词素。这些移植词素是在不同的时代，从不同民族的语言，经由不同的途径进入现代汉语的。大致说来，主要有以下几种情况。

一、秦汉时期从西域各民族语言中移植而来，如：

剑　狮　葡萄　苜蓿　酥　酪　琵琶

古代的西域，指现在甘肃省玉门关和阳关以西，葱岭以东，新疆天山南北等地区。其地理范围大致包括我国西部的新疆和俄罗斯境内的几个国家和地区，位于亚洲中部。西汉时期，张骞曾先后两次出使西域，促进了民族之间的经济、文化、政治等方面的交流。西域的物产也因此被带到汉朝。受其影响，在语言接触的过程中，汉语也从中吸取了古代中亚语言的一些有用成分，并将它们移植到汉语系统之中，充当汉语的词素，以构造汉语词，反映民族交往过程中从西域引入汉语社会的新事物、新现象。上面所举的"剑"、"狮"、"葡萄"这些词素便是这种情况。汉语里的"剑"是从突厥语里的 kilidji 移植过来的，"狮"则是从古伊朗语里移植过来的。被移植到汉语中的这些词素，有的现在已有很强的构词能力。如："剑"作为移植词素，进入现代汉语之后，就可以用作构词成分构造出像"剑麻"、"剑眉"、"剑客"、"剑侠"、"剑齿虎"、"宝剑"、"击剑"、"蒲剑"、"舞剑"、"佩剑"等一系列复合词。"葡萄"进入移植词素集之后也可以构造出"葡萄酒"、"葡萄干"、"葡萄糖"、"葡萄胎"、"葡萄紫"、"葡萄灰"、"葡萄球菌"这样一些复合词。可见，这些从外民族语言中移植而来的词素，进入汉语系统之后，也可以和汉语的原生词素一样构造汉语词。也正因此，移植词素才能在汉语的历史发展中稳定下来，取得与汉语的原生词素一样的语言地位，成为汉语词素系统中的成员。最终随着汉语的发展汇聚为一个群体，形成移植词素集。

二、魏晋南北朝及隋唐期间从印度梵语移植过来，平常所见的如：

玻璃　刹　刹那　夜叉　金刚　塔　钵　禅　菩萨

和尚　僧　罗汉　袈裟　阎罗　佛　魔　尼　劫

创立于公元前 6 世纪至前 5 世纪古印度的佛教，于西汉之际，东渐传入中国。从那时以来，汉语社会，除了佛教以外，各方面都不同程度地受到印度宗教文化的影响。伴随着轰轰烈烈的佛经翻译运动，佛教教义在人民群众中的普及和影响都越来越广泛。有一部分佛语迈出"佛门"，深入民众语言，从宗教语言发展为民众的俗语。这样，佛教的梵语与汉语的某些常用语日渐形成了一种水乳交融的关系。此种形势下，为了适应汉译佛经的需要，相当一部分梵语成分被移植到汉语之中，用作汉语的构词成分构词造词。最明显的例子就是由"佛"这个移植词素构造的一系列复合词，现代汉语里常用的就有"佛门"、"佛牙"、"佛爷"、"佛事"、"佛学"、"佛经"、"佛教"、"佛龛"、"佛典"、"佛法"、"佛光"、"佛号"、"佛老"、"佛寺"、"佛像"、"佛祖"、"佛珠"。再看由词素"僧"构造的复合词，常用的有："僧侣"、"僧人"、"僧徒"、"僧衣"、"僧尼"、"僧俗"、"行脚僧"、"苦行僧"。所以，从构词能力来看，像"佛"、"僧"这类源自梵语的移植词素也同样有条件足以使它们在汉语词素集中稳固地继承下来。这样一来，梵语也就很自然地成了汉语移植词素的又一重要来源。

三、近代从日语中移植而来，最常用的如：

癌　腺　耗　浪漫　瓦斯

日语受汉语影响较大。日语中就有很多用汉字形体表示的词素。由于这些词素本来就是用汉字字形表示的，因此，当汉语将它们从日语中移植过来之后，也就很容易为人们理解和接受。而当这种移植词素在汉语中通行了一段时期之后，有的甚至获得了相当强的构词能力，进而造出一系列汉语常用词。移植词素"癌"、"腺"、"耗"在现代汉语里的构词情况就可以说明这一点。由它们构造的复合词不妨列举一些：

癌：癌症　肝癌　胃癌　肠癌　肺癌　皮肤癌　食道癌　血癌　癌瘤　癌肿　癌变　癌魔　癌兆　癌谱　癌灶　癌基因　癌元素　抗癌

腺：毒腺　泪腺　汗腺　乳腺　腮腺　胃腺　蜜腺　臭腺　甲状腺　胰腺

耗：损耗　消耗　耗费　折耗　耗竭　空耗　内耗　耗损　伤耗　亏耗　煤耗

以上这些词例表明，从日语中移植而来的汉语词素具有相当的能产性，这能够说明它们完全有可能成为移植词素集中的元素。

四、"五四"以来，汉语又从英语中移植了一大批词素。这方面的例子在汉语中也是随处可见：

坦克　吉普　芭蕾　吉他　爵士　摩托
巴士　逻辑　沙发　扑克　苏打　色拉
吨　　胎　　磅　　镑　　打（dá）
铝　　镭　　鸦片　拷贝　幽默　咖啡

五、新中国成立以后从俄、德、法语中移植来的词素，现代汉语中也有很多。例如：

　　俄语：苏维埃　沙（皇）　卢布　拖拉（机）　布拉吉　布尔什维克

　　德语：马克　纳粹　盖世太保

　　法语：法郎　沙龙　香槟　哔叽　蒙太奇

六、从国内兄弟民族语言中移植的汉语词素，现代汉语中常见的如：

戈壁（蒙）　　　　　　哈达（蒙、藏）　　可汗（突厥）

冬不拉（哈萨克）　　　喇嘛（藏）　　　　哈什蚂（满）

　　以上分析说明，时代不同，各社会之间互相接触的情况不同，移植词素的来源也不相同。但无论如何，这些不同时代，不同来源的词素移入汉语系统之后，都能发挥造词构词的功能。在语言的发展过程中，移植词素也都能与它们所构造的词同时并存于汉语系统，并且延续到现代汉语，类聚为移植词素集。

　　一般说来，汉语对其他民族语言系统中的词素进行移植时，都要对原词素尽量作适当的改造和调整，使之更好地适应汉语的特点，符合汉语的规律和要求，以便于构造汉语词。这就是汉语移植词素应该采用什么方式的问题。

　　大致说来，汉语移植其他民族语言系统中的词素主要采用以下几种方式进行。

　　一、保留原词素的意义内容，而选用与之音同或音近的汉字来做它的表现形式，这样就重新结合为汉语中的一个新的语言符号，把原词素所表示的意义内容移植到汉语中，于是成为汉语的词素，也就可以和原生词素一样构词了。利用这种方式从其他民族语言中移植词素时，所选用的汉字，可以是一个，也可以是两个，甚至多个。具体多少取决于被移植词素的音节长短。不管一个移植词素有几个汉字作表现形式，因为这些汉字已被用作了移植词素的符号，其原有的汉字意义和原生词素状态中的意义已被整个移植词素的意义取代了，所以，在移植词素里边，每一个汉字都纯粹是记音符号。试举几个例子：

打（十二个）	［英］dozen	胎（轮胎）	［英］tyre
磅	［英］pound	铝	［拉］aluminum
沙发	［英］sofa	芭蕾	［法］ballet
沙龙	［法］salon	蒙太奇	［法］montage
纳粹	［德］Nazi	盖世太保	［德］Gestapo

　　不难看出，这些例子中，无论是汉语的移植词素，还是其他民族语言中的原词素，它们的意义内容都是一致的，不同的只是同一个意义内容在汉语中和其他语言中的形式有区别。由于它们的意义内容相同，表现形式各不相同，使得汉语中的移植词素与其他民族语言中的被移植的原词素形成了整齐的一一对应关系。

　　二、将原词素的表现形式和意义内容整个地搬过来，移植为汉语的词素。这种方式主要适用于移植日语词素以及西文字母词素的场合。

　　日语常采用汉字作书写符号，也经常利用汉字记录的词素构造新词，这就为汉语从中直接移植词素提供了可能。比如，日语中的词素"瓦斯"本来是从英语的 gas 移植而来的，"浪漫"本是从英语的 romantic 移植而来的。由于日语中的"瓦斯"和"浪漫"都已经采用了汉字形式来表达意义，很容易为汉语社会所接受，所以，汉语也就无须再改换它们的形式，可以直接从日语中将"瓦斯"、"浪漫"连同它们的意义内容整个地移植过来。前面举的例子"癌"、"腺"、"耗"等词素，其移植方式也是这种情况。

　　另有一部分从日语移植到汉语中的双音节形式，如"场合"、"干部"、"景气"、"手续"等，有人认为内中含有两个词素，是两个词素的结合体。这一看法可能是受音节数量和汉字字义影响的结果。一般认为，现代汉语的词以双音节合成词占优势。"场合"、"干部"、"景气"、"手续"等也正好都是双音节，而且充当其表现形式的单个汉字"场"、"合"、"干"、"部"、"景"、"气"、"手"、"续"等在汉语中本来就是有意义的单位，这样也就比较容易让人把单个汉字原先在汉语中所表示的意义看成是在多音节移植词素里的单个汉字所表示的意义，使这两种本来完全不同的情形混淆在一起。这样一来，也就很容易认为"场合"、"干部"、"景气"、"手续"等也是由两个词素构成的。事实上，在多音节移植词素中，单个汉字只是代表一个音节，在一般情况下并不表示意义（像"可口可乐"、"俱乐部"、"乌托邦"这样的移植词素只占很少的一部分，可以算是特例，不在此限。所以这里特别强调"在一般情况下"），"场合"、"干部"、"景气"、"手续"等也只不过是同时采用了两个汉字作形式标记的一个移植词素而已。因为整个移植词素的意义是由这两个汉字联合体的语音形式来负载的一个全新的特定意义，而不是这两个汉字各自原有意义的重组或整合。任何一个汉字，当它与别的汉字一起视为一个联合体，被用作多音节移植词素的形式标记时，就不再单独表示原有的汉字字义，也不能单独表示整个多音节移植词素的意义。所以，上面所举的这些双音节形式的移用词素，其中的单个汉字"场"、"合"、"干"、"部"、"景"、"气"、"手"、"续"等，其实也都已经不带有任何字义了，也就是说，不能因其在汉语中原有的字义而误以为它是一个词素。

近年来，由于改革的不断深化，对外开放的逐渐扩大，社会生活节奏的加快，科学技术的突飞猛进，高科技领域的新产品、新成果得以迅速推广、普及并利用，国际交流与合作更加频繁，全球经济一体化的良好态势越来越明显。受其影响，出现了一些在多种语言中通行并为国际公认的语言成分，如：DNA、DOS、SOS、VCD、OA、CT、CD、CPU、DVD、FAX、MTV、ROM、IT 等。这些语言成分原产于英语，但由于现代科学技术的飞速发展与广泛传播，由这些语言材料所构成的词得以在国际上迅速推广并流行开来。汉语也同样接收了这些语言成分，并将其作为一个完整的形式移植到汉语之中。汉语在从英语中移植这些成分所构成的词时，也同样将它们的构成成分当作词素移植过来，并且，在移植到汉语中时，从表现形式到意义内容也同样都没有发生任何改变。这与前面所说的汉语移植日语词素的情况从性质上看是一致的。

三、先用几个汉字作形式标记，将某一民族语言中的某词素的意义移植到汉语系统中；在此基础上又进一步简化，即从这几个汉字所代表的形式标记中选取某一个有代表性的汉字作为这个被移植词素的更简洁的表现形式，负载其全部意义内容，由此构造汉语的复合词。例如，汉语将俄语的 совет 移植为"苏维埃"之后，又进行简化，仅仅选取了第一个汉字符号"苏"作为代表字，成为汉语中移植词素的特定简化形式，用于构造如"苏军"、"苏共"、"苏俄"、"苏区"、"苏联"这样一些复合词。从英语中的 bus 移植到汉语中的"巴士"，进一步简化为"巴"的形式之后，可构造"大巴"、"中巴"、"小巴"等词。同类的例子还有：

奥林匹克/奥：奥运会　冬奥会　奥运村　奥委会　奥申委　申奥
奥运

法兰西/法：法国　法郎　留法

所以要将几个汉字表示的移植词素进一步简化，从语言系统来看，主要有两点原因。

第一，是受语言经济原则的制约。随着现代社会生活节奏的加快，人际交往的日益频繁，人们在运用语言表达思想、交流感情的过程中，很需要讲究经济简练的原则，总是希望在可能的范围内以极少的语言符号容纳尽可能多的信息内容，以达到在尽可能短的时间内完成交际任务的目的。这样，原先由几个汉字作形式标记的移植词素由于用了较多的音节表示语言中一个最小的不可分割的意义，也就显得不够经济，不够简练了。尤其是这样的词素充当构词成分用于构词造词时，就显得比较累赘了。"亚细亚洲"比之"亚洲"，当然要复杂得多。这样，人们就有必要改造这些多音节的移植词素，以保证在不影响语义和表达的前提下，从它的多个音节中选择一个最有代表性的音节来承担整个词素的意义，使之从原来有音无义的纯形式标记符号中解脱出来，成为简化了的移植词素，并与其他词素结合起来构成汉语词。

需要注意的是，由于这种新的简化形式的移植词素往往都不大自由，构词能力又比较有限，所以当它不与别的词素组合构造汉语词的时候，便又很容易恢复到原来纯形式标记的地位。例如："奥林匹克"中的"奥"，在用作构词成分构造"冬奥会"、"奥运会"、"奥委会"、"申奥"这样一些词时，以简化形式的移植词素出现，可是一旦离开了"冬奥会"等有限的几个复合词，单独一个"奥"也就不再有意义（"深奥"的"奥"是一个词素，与"冬奥会"的"奥"仅仅是形式相同而已，实际上并非是同一个）。也正因此，这种简化形式的移植词素与真正的汉语原生词素比较起来，还存在比较明显的差别。

但是另一方面，语言事实中也确实存在这样的现象，即有些简化形式的移植词素在用作构词成分之后竟然真的成了汉语的词素，并可以反复运用于构词造词。比如，"涤纶"这一词素是从英语的 terylene 移植而来的，开始时，汉语采用了"涤纶"这一形式标记负载其意义内容，可是后来又进一步简化，用"涤"这一形式标记来指称"涤纶"的全部意义。于是，所有以涤纶为原料的产品均以"涤"为词素，构造出一系列含有词素"涤"的同素词，如"涤卡"、"涤棉布"、"毛涤"、"涤绸"、"涤乔"、"涤丝绸"、"丝涤"等。与此相伴而产生的另一语言事实是，在一定的条件下，被分离出来的"纶"也负载了"指某些合成纤维"的意义，并可以独立用来构造出"锦纶"、"丙纶"、"腈纶"、"特纶绉"等复合词。不难看出，本来充当移植词素的"涤纶"，其简化形式"涤"和分离形式"纶"实际上都已经成了现代汉语中比较稳定的词素了。

　　第二，是受汉语词汇双音节化的发展规律制约。汉语词汇发展中的一个较为突出的现象，是古代汉语以单音节词为主，现代汉语则以双音节词为主。这就要求现代新产生的汉语词尽可能采用双音节的形式，诸如，"电视"、"冰箱"、"环保"、"镭射"、"光盘"、"软件"、"电脑"等等。而且，汉语中还有这样的现象，有的词在刚刚产生的时候，可能是不止两个音节的，然而人们在使用过程中适应了汉语词汇双音化规律的要求，逐渐改为用双音节词替代非双音节词，如"电冰箱"被"冰箱"取代，"坐出租车"被"打车"和"打的"取代，"计算机"被"电脑"取代，"电视机"被"电视"取代。这种情况要求现代汉语中的多音节移植词素尽可能简化压缩成比较单一的形式，否则，在与其他词素构造新词时，就很难适应双音化的构词规律。所以，将多音节的移植词素改由其中的某一个音节来表示，由这一代表性的音节承担其原先的意义内容，用于构词造词，从理论上看，是可能的；从实践中看，也很有必要。①

　　不同的移植词素，由于进入汉语词素系统的时间有先后之分，在汉语中使用的时间有长短之别，相应地，它们受汉语影响的程度自然也有差别。有的移植词素受汉语影响程度较深，有的移植词素受汉语影响程度较浅。也就是说，现代汉语中的移植词素被汉语同化的程度是不一样的。具体说来，又可以区分为以下两种情况。

　　一、完全同化了的移植词素。前面举的例子"剑"，远在先秦时代，就已由突厥语的 kilidji 被移植到汉语之中，经历了几千年的历史发展之后，进入现代汉语，与汉语中的原生词素差不多没有什么区别。这主要是汉语长期同化的结果。在现代汉语的共时平面上，词素"剑"有着很强的构词能力，可以被广泛用于汉语的构词造词。这一语言事实也同样能够证明移植词素"剑"已经取得了与汉语原生词素同样的地位，在汉语社会的构词造词中同原生词素一样发挥着重要的建筑材料作用。从某种意义上说，正是由于这种完全同化，原本属于移植词素集的"剑"已经转移到现在的原生词素集了。又如，"啤"这一移植词素由英语的 beer 移植过来，在现代汉语中它能构造出"啤酒"、"扎啤"、"鲜啤"、"散啤"、"瓶

---

　　① 苏锡育：《试说现代汉语复音单纯词中的音节符号向语素的转化》，《汉语学习》1989 年第 2 期。

啤"、"听啤"、"罐啤"、"生啤"、"干啤"、"青啤"、"青岛啤"、"长城啤"、"啤标",这也表明移植词素"啤"已经成了稳定化的汉语词素了。[①] 其他如:"狮"、"葡萄"、"苜蓿"、"菠"(菜)、"玻璃"、"尼"(姑)、"佛"、"塔"、"劫"、"魔"、"站"、"幽默"、"菩萨"、"耗"、"浪漫"、"逻辑"等,也都已经是完全被汉语同化了的现代汉语移植词素。

二、未完全同化的移植词素。这种类型的移植词素在音节构造、词素形式等方面仍然带有明显的被移植的原词素的痕迹,跟现代汉语的原生词素还有明显的不同。如,"哈达"、"蒙太奇"、"哈里发"、"布尔乔亚"、"布尔什维克"、"爵士"、"拷贝"、"苏维埃"、"巧克力"、"磅"。这些词素一般只能单独构成词,是一种独立性较强的词素。它们一般不能与其他词素结合成词,只有极少数可以与很有限的一两个其他词素结合,构成复合词,如:"巧克力"可以和"糖"结合构成"巧克力糖","布尔什维克"可以和"党"结合构成"布尔什维克党","爵士"可以和"乐"结合构成"爵士乐","磅"可以和"秤"结合构成"磅秤"。可以说,正是这种非常有限的构词能力,在相当大的程度上影响了移植词素的汉化,使它们部分地保留了被移植前的原有语言特点和性质,而成为未完全同化的汉语移植词素。当然,随着语言社会的不断发展,使用频率的变化,这些未完全同化的移植词素,其历史发展前景也将会有所不同。从理论上讲,有些未完全同化的移植词素将来也可能完全为汉语同化,最终也会成为完全同化了的汉语词素;而有一些尚未完全同化的移植词素则可能由于使用范围狭窄,出现的频率太低,逐渐从汉语的移植词素集中消失。

移植词素在采用汉字作形式标记的同时,有可能对其原有的意义内容作适度的调整变化,使得移植前后的不同形式的词素在意义上不能完全取得一致。词素意义的这种变化和调整要受到汉语词素意义系统的制约,并服从现代汉语词素意义发展变化规律的支配。汉语对移植词素的同化作用比较明显的方式就是这种意义的变化和调整。具体分析起来,可以有以下几种情形:

一、汉语的移植词素仅仅保留被移植词素的部分意义。比如,英语的humour,在英语中本来有四个义项:①诙谐;②(尤指某一时间的)心

---

① 周洪波:《外来词译音成分的语素化》,《语言文字应用》1995 年第 4 期。

情，心境；③（血液、黏液、胆汁、忧郁液四种）体液之一；④迁就，使满足。[1] 从意义上看，英语的 humour 有两种语法属性：①②③三个义项上可以构造名词，④义项上可以构造动词。可是汉语将它移植为"幽默"之后，只有一个义项"有趣或可笑而意味深长。"[2] 两相比较，汉语的义项只能与英语的义项①大致相当，而英语的义项②③④在汉语移植 humour 的过程中给舍弃了。同时，就语法功能来讲，该词素在移植过程中也发生了变化：由两种语法属性变成了一种语法属性。这就出现了词素移植过程中义项和功能需要选择或者改造的情况。

二、移植词素进入现代汉语之后，与移植前的原词素相比，在某一义项上发生了变化，外延扩大，内涵减少。比如，英语中的 sofa 仅仅指供几个人坐的或一个人可以睡觉的、装有弹簧或厚泡沫塑料、两边一般有扶手的较长的坐具。可是移植为汉语的词素"沙发"之后，意义的内涵与外延均有变化，不再局限于指称长的可供几个人坐的坐具，一个人坐的这类坐具也可以叫"沙发"。这是词素移植过程中词素的词汇意义扩大的例子。

三、移植词素进入汉语之后，被赋予了原词素所没有的意义内容。例如，印度梵语 Buddha 在佛经中本是佛教徒对释迦牟尼的一种尊号，但移植到汉语中之后，除保留这一义项之外，还另有四个义项：①佛教徒称修行圆满的人；②佛教；③佛像；④佛号或佛经。显然，移植词素"佛"在原有词素 Buddha 的语义基础上又增加了义项。再如，英语中的 modern 指"现代的"，"近代的"，其色彩意义较淡，表现为中性，可是被移植成汉语词素"摩登"之后，意思是"合乎时兴的式样；时髦"。很显然，这时它已经具有了浓郁的感情色彩，属于褒义。无论是增加的义项，还是附着的色彩意义，都是被移植词素原先不具备的，都是被移入汉语系统之后才成为移植词素意义内容的一个部分，所以这种变化也是移植词素义受汉语同化作用的一种形式。

移植词素进入汉语系统，除了以不同形式为汉语同化以外，也表现出主动调节自身的形式以适应汉语系统的趋势。

---

① A. S. Hornby（1984）：*Oxford Advanced Learner's Dictionary of Current English With Chinese Translation*，HongKong，Oxford University Press，p. 566.

② 中国社会科学院语言研究所词典编辑室：《现代汉语词典》（修订本），商务印书馆 1996 年第 3 版，第 1520 页。

　　从历时的角度看，词素从外民族语言系统移植到汉民族语言系统都经历了一个"约定俗成"的过程。具体地说，移植词素在开始时选用的表现形式往往具有某种不确定性。这种不确定性明显地表现为某一词素刚刚被移植到汉语的时候，可能会同时具有几种表现形式。而当这些同时存在的形式标记在语言社会中通行了一段时间以后，有的表现形式因为比较简洁，表意明晰，容易体现汉语的特点，更适合反映汉民族的社会心理意识，使人们只要从词的形式标记本身就可以比较直观地看出词素的意义内容。这样的表现形式也就逐渐为人们所接受。否则，它就有可能渐渐从语言运用中消亡。移植词素的表现形式一旦定型，便相对稳定下来，最终发展为现代汉语的移植词素，有的甚至与汉语的原生词素非常相似，以致不大容易为人看出它们被移植的痕迹。

　　以"葡萄"、"玻璃"、"佛"的移植过程为例，很容易说清这个道理。"葡萄"这一移植词素在刚刚进入汉语的时候，就先后有"蒲陶"、"蒲萄"、"蒲桃"等多种形式出现；"玻璃"在刚刚移入汉语时也曾有"颇黎"、"颇梨"等形式；"佛"在进入汉语词素系统之时，也先后有"浮图"、"浮屠"、"佛陀"等多种形式。可是它们最终发展到现代汉语中，都已经定型为一种形式，即"葡萄"、"玻璃"、"佛"，至于其他很少为人们用到的形式标记已经从语言中消失了。这也是移植词素调节自身表现形式以适应汉语系统的结果。

　　正确理解移用词素的形式标记从多种逐渐发展为统一定型的单一形式这条规律，对于现代汉语规范化工作有着重要的指导意义。就目前的移用词素来看，汉语中仍然存在部分移用词素同时具有几种表现形式的现象。这就要求我们根据语言的实际，选择其中的一个较为通俗、容易为大多数人接受的形式，确定为移用词素的通用形式，这样会更有利于现代汉语的发展。比如，原先汉语对英语的 disco 的移植，就同时出现了"迪士科"、"的士高"、"迪斯科"等多种形式，而 1996 年 7 月修订本（第 3 版）的《现代汉语词典》则只将"迪斯科"收录进去，此后，2002 年 5 月增补本（第 4 版），2005 年 6 月第 5 版，2012 年 6 月第 6 版，也都保留了"迪斯科"这一条目。这就在一定程度上对移植词素在现代汉语中的存在形式起到了规范的作用，对于指导人们正确使用这一移植词素也有着积极意义。

第三节　移用词素集

词汇是语言的一个要素。现代汉语词汇的一个重要来源是从其方言中吸收引进词语。方言作为民族共同语的地方变体，对共同语词汇有重要的补充作用，它使汉语的构词材料不断丰富。汉语方言中存在很多词语，为共同语所没有，而这些词语所反映的意义内容，以及由意义内容反映的事物概念又是共同语所必需的。这就为现代汉语方言词进入共同语准备了客观条件。

词素是词的构成成分，一方面作为语言构词造词的备用材料以静态形式自成系统，另一方面，始终与由其所构成的词共同存在于语言系统之中。所以，当汉语方言中的词汇不断涌入共同语的时候，它们的构造材料自然也随之同时出现于现代汉语共同语系统之中，并将有可能得到广泛运用。

由于汉民族共同语与其方言之间的关系是互相依存，互相影响的。而这种相互依存、相互影响的关系，比较起汉语与其他民族语言相互依存、相互影响的关系来，无论是性质上还是方式上又都有着根本的区别。这种情况就决定了共同语词素系统中那些从方言变体吸收来的词素与前面所讲的"移植词素"理应有着本质上的不同。

如前所述，"移植词素"移植到现代汉语中，必须首先经过汉语的加工和改造，同化为具备汉语词素特点的单位，以适应汉语词素的变化发展规律。就是说，必得合乎汉语组词造句的规则之后才能为汉语社会所接受认同。正是在这个意义上，我们才形象地称之为"移植词素"。

可是从汉语方言中吸收进来的词素则不同。由于汉民族共同语与其方言之间有着相互依存、相互影响的关系，这就使二者在语音形式、语义内容、语法性质等方面具有比较多的同一性。这就决定了那些从方言中吸收来的词素在现代汉语共同语中出现时，人们并不陌生，丝毫不用对它们进行调整、加工和改造。可以说，从这些词素刚一进入现代汉语系统的时候起，就已经符合共同语构词造词的规律和要求，就可以与汉语中的原生词素一样发挥构词的功能。这种情况根源于方言和共同语本来就有的历史上的同源关系。共同语和方言的不同，可以看做是同一民族语言在不同地域、不同条件下发展的结果，况且共同语本身也是一种方言，因而，共同语中的构词材料与从方言中吸收进来的构词材料都具有共同的性质特点，也都服从于共同的构词规律。这些从方言中吸收的词素与原生词素的不同也仅仅在于它们在使用的地域、空间、地理范围上是由一个较小的地区扩展到一个更大的地区。至于词素原先的语音形式、语义内容、构词造词功能则都没有什么大的变化，在一定程度上保持了它在方言系统中的性质特点。从这个意义上讲，我们把这种由方言系统中吸收引进到现代汉语的构词成分命名为"移用词素"。与此相关，现代汉语中所有的移用词素所形成的集合，就是"移用词素集"。

从理论上看，现代汉语共同语系统中出现移用词素也具有一定的客观基础。作为共同语，它的词汇所反映的都是一定社会中人们所能认识到的客观存在的物质世界的那一部分事物、现象及其特点、本质和规律。随着社会、政治、经济、文化、教育、卫生、科技、思维、心理等的发展，形成了许多千变万化的新的现实情况。在这样的广阔背景下，语言社会的交际面不断扩大，人们的认识能力日益提高，言语表达的需要逐渐加强，一定时期的共同语的词素系统需要不断增补一些表新、表异的成分，以满足语言构词造词的需要。适应这一要求，人们便将方言的某些词素，连同它们所构造的方言词同时运用到共同语之中，再构造新词，以利于自身的言语表达。语言发展的历史表明：只有不断丰富语言的构词材料，才有可能在此基础上不断创造出词汇系统的新成员。因为在现代汉语中，词汇的发展仍然受到双音化规律的制约。在一定时期内，一定数量的构词材料，在组合层次极其有限的条件下，所能构造的词的总量也是一定的。一定量的词在反映一定时期内人们对事物、现象及其性质、特征及规律的认识上，在言语表达上可能是自足的、充分的、完备的。可是一旦超越了这一特定的时期，或者当人们的认识范围扩大以后，出现了新事物、新现象、新情况，原有的词素所构成的词的总量就难以保证人们言语交际的需要了。解决这一问题的一种比较简便有效的办法，除了引入移植词素创造新词，就只能是再从方言系统中移用一部分词素来创造新词。因为，在双音化规律制约下，只有一个构造层次的复合词增加数量的唯一办法只能是增加词素。就汉语方言来讲，由于这种情况进入现代汉语共同语中的构词成分就是移用词素。

现代汉语从方言词素系统中移用构词材料，也有其语言基础。

从语音上看，尽管方言与共同语在语音系统上存在某些差异，但总的看来，共同语与方言的全部语音系统还是具有对应关系的，这样，现代汉语就完全可以从方言中吸收那些语音形式和音节结构规律合乎共同语要求的词素。所以，方言和共同语在语音上的差异对移用词素并无多大影响。同时，记录方言词素的汉字形体结构与记录共同语词素的汉字形体结构也完全属于同一个书写符号系统，都具有同一性。这就保证了移用词素在进入共同语词素系统之后能与原生词素取得形式上的统一。这说明，从词素的语音形式和书写符号上看，将词素从方言系统移用到共同语系统，具有可能性。

从语义内容上看，现代汉语从方言移用词素也具有可能性。一定时期内，同一民族在对同一事物、现象的特征及其本质规律的认识上具有同一性。这是因为，同一民族的社会成员在政治、经济、文化、历史、民俗、心理、思维等方面都有着共同的背景，这种广阔背景上的相同点和一致性决定了他们在认知水平、心智技能、思维模式、心理过程等方面具有较广泛的同一性。这样，从方言中移用过来的词素，在意义内容方面，无论是词汇意义、色彩意义还是语法意义都能够最大限度地为共同语的使用者们所理解、认同和接受，从而达成共识，并自觉地利用现成的汉语构词法，按构词规律组合新词。比如，"痴"本是一个方言词素，表示"由于某种事物影响变傻了的；精神失常"。被移用到现代汉语中后，人们照样能按照它在方言中的原有意义来理解和使用。为了表示"痴心的爱情"，"多情达到痴心的程度"这样一些意义，便将这一词素与"情"结合，构造了"痴情"一词。为了表示"沉迷于某人或某种事物的心思"，便构造了"痴心"一词。为了表示"不能实现的痴心的想法"时，又构造了"痴想"一词。而当描写人的"沉迷"；"深深地迷恋"时，又构造了一个词"痴迷"。同样，本是方言中的用作词缀的词素"阿～"，有两种用法：一是用在排行、小名或姓的前面，表示亲昵的意味；二是用在某些亲属名称的前面。在"阿～"移入汉语共同语之后，这两种用法当然也得到人们的认同。现代汉语中用"阿～"构造的词已有很多，常见的如"阿宝"、"阿大"、"阿姨"、"阿婆"、"阿妹"等等。人们在理解使用这些词素构词时，对意义内容的把握与其在方言系统中的理解和把握也没有什么不同。

从构词造词所反映的情况来看，移用词素既可以用于单独构词，也可以与其他词素（包括原生词素）组合成词，所构成的词也同样合乎原生词素构词的规则。这就是说，移用词素在语法性质，语法功能上与共同语的原生词素具有了一致性。所以，汉语移用方言词素构造词也具有合理性。比如，移用词素"渍"本是方言系统中的，意思是指"积在物体上面难以除去的油泥等"。移用到现代汉语共同语以后，语法功能是用于构造名词。既可以与其他词素构造偏正式名词"油渍"、"茶渍"，也可以与其他词素构造并列式名词"污渍"，甚至可以与其他词素构成述宾式名词"汰渍"。

汉语从方言中移用词素也还有其认识论基础。汉民族社会成员在长期使用汉语的过程中，形成了以汉语为工具的思维模式。语言作为思维的工具，对于人们正确分析、综合、抽象、概括客观事物、现象的本质特点及其规律有着其他工具不可替代的作用，思维活动必得以语言为基础，以语言为工具。思维的形式、内容及本质特征在全人类具有共同性。这样，从方言中移用到共同语中的词素，其意义内容就比较容易为汉语社会的全体成员理解，并取得认识上的一致。这就为人们正确运用汉语的移用词素构词造词提供了认识论基础。前面提到的方言词素"阿～"，便是如此。从语义上看，"阿～"具有比较浓郁的口语色彩，表示亲昵的意味；从语法上看，"阿～"只作前缀，专用来构造派生词，因此就可以冠在人名之前，构造出如"阿龙"、"阿发"、"阿强"、"阿Q"等的双音节形式的称谓词。可是在进入现代汉语共同语以后，共同的逻辑思维规律使汉语社会的全体成员不仅正确理解并掌握了"阿～"的色彩意义及构词功能，而且还在此基础上更进一步将"阿～"的用法推广并普及开来，即不仅可以用在人名之前构成称谓词，还可以用于表排行、表姓氏、表亲属的词素之前，构成如"阿大"、"阿三"、"阿唐"、"阿哥"、"阿公"等一系列词。在这些词中，"阿～"所表达的意味、色彩与移用之前没什么不同，可以说是一脉相承的。思维上的可理解性，也为方言词素移用到现代汉民族共同语提供了保证。

共同语移用方言词素，首先是吸收方言词的结果。由于汉语社会交际中言语表达需要不断扩大汉语共同语中词的总量，这就要求汉语从共同语以外的方言中吸收一部分词。由于充当结构成分的词素与它所构成的词在语言系统中总有一种相互依存的天然联系，所以，在方言词被吸收到共同语的时候，其构成成分也一并同时进入了共同语。这样从方言中移用的词素，在共同语系统中植根之后，就能和原生词素一样来构造词了。例如，方言词"耍"在进入共同语之后，其构成成分自然也成了汉语共同语中的一个移用词素。这个移用词素在共同语中同样可以构造出很多复合词，如："耍把戏"、"耍闹"、"耍弄"、"玩耍"、"戏耍"。

汉语共同语从方言中移用词素时的另一种常见现象是，有时只将某一词素在方言中的某一义项移用过来，如"瞅"移用到共同语中的义项只有"看"；"蛮"移用到共同语中的义项只有"很"、"挺"；"旮旯"只有"角落"这一意义被共同语移用；"谷"只有"稻或稻谷"是移用方言的义项；"美"的义项中也仅有"得意"是移用过来的。这些例子，在作为方言词素时，或者只有一个义项，或者同时有多个义项，但在成为移用词素进入共同语之后，原先方言中的意义都只有一个保留下来。这种只保留方言词素的一个义项进入现代汉语共同语系统的移用可以叫做单义移用。

另外一部分词素则不同，它们在由方言移用到共同语中时，同时携带了好几个义项。例如：

孬：①坏，不好（这个牌子的电器最孬）；
　　②怯懦，没有勇气（孬种）。
煲：①壁较陡直的锅（电饭煲）；
　　②用煲煮或熬（煲饭）。
巴：①挨着（前不巴村，后不巴店）；
　　②张开（天气干燥，桌子都巴缝儿啦）。
套：①套子（被套）；
　　②把棉花、丝棉等平整地装入被褥或袄里缝好（棉被套好了吗?）。
嘘：①表感叹，意为制止、驱逐（嘘! 轻一点，屋里有病人）；
　　②发出"嘘"的声音来制止或驱逐（大家把他嘘下去了）。
掼：①扔、摞（把棉袄掼在床上）；
　　②握住东西的一端而摔另一端（掼稻）；
　　③跌、使跌（他掼了一个跟头）。
海：①极言其多（广场上的人可海啦）；
　　②漫无目标地（她丢了个别针，海找）；
　　③毫无节制地（海吃海喝）。
搌：①抛掷；
　　②跳入（搌入水中）；

③匆忙地做（临时现撺）；

④发怒（他撺儿了）。

以上这种将某一词素的多个义项同时从方言移入共同语系统之中的现象可以叫做多义移用。一般说来，多义移用的词素在方言中本来就已经是一个多义词素，各义项之间的联系也比较紧密，而在移入现代汉语共同语以后，作为移用词素，它的各个被移用义项之间依然保持了这种内在的稳定的联系，所以，方言中多义词素的移入也是现代汉民族共同语多义词素的一个重要来源。

值得注意的是，部分移用词素进入现代汉民族共同语之后，它所携带的部分义项，与现代汉语共时系统中具有同样语音形式和汉字书写形式的原生词素的部分义项之间存在一定的联系。这方面的例子很多，试举几例：

柄：①器物的把儿（刀柄）；

②植物的花、叶或果实跟茎或枝连着的部分（花柄）；

③比喻在言行上被人抓住的材料（把柄、话柄）；

④表事物单位，用于某些带把儿的东西（一柄斧头）。

转：①旋转（轮子转得很快）；

②绕着某物活动（转圈子）；

③表事物单位，绕一圈儿叫一转。

赚：①获得利润（跟“赔”相对）（赚钱）；

②利润（有赚）；

③挣（钱）（做一天工，赚几十块）。

上面这三个词素所列义项，都同时具有原生词素义项和移用词素义项。“柄”的前三个义项为原生词素所固有，最后一个义项是移用词素携带到汉民族共同语中的。“转”、“赚”的前两个义项都是原生词素的义项，最后一个义项为移用词素的意义。由于移用词素“柄”、“转”、“赚”与原生词素“柄”、“转”、“赚”不仅汉字形体相同，而且语音形式也都相同。更主要的，移用词素所携带的义项与原生词素的义项在意义上有着非常清晰的引申关系，所以，《现代汉语词典》已经把这些义项依次排列在一起，列在同一个条目之下。这种处理方法表明：词典编纂者已经把形式相同，意义上有内在联系的原生词素与移用词素合二为一，当作一个词素看待了。

　　移用词素的义项进入现代汉语共时系统之后，能否真正成为与之同音同形的原生词素的义项，这还得取决于移用词素在语言中的使用频率。从其历史发展的前途来看，应有两种可能。

　　使用频率高的移用词素，就有可能进入原生词素集合，它所携带的义项就成为原生词素的义项；相反，使用频率低的，就有可能在经历一段时间之后，从移用词素集合中消失；其所携带的义项自然就不能在现代汉语中保留。下面是《现代汉语词典》（下简称《现汉》）1983 年版与 1996 年版对同一词素"挂"的义项的处理情况：

1983 年 2 版

挂：

①借助于绳子、钩子、钉子等使物体附着于某处的一点或几点（把大衣挂在衣架上）；

②把耳机放回电话机上使电路断开（电话先不要挂，等我查一下）；

③〈方〉指交换机接通电话，也指打电话（请你挂总务科）；

④钩（钉子把衣服挂住了）；

⑤〈方〉（内心）牵挂（他总是挂着队里的事）；

⑥〈方〉（物体表面）蒙上；糊着（脸上挂了一层尘土）；

⑦登记（挂一个号）；

⑧量词，多用于成套或成串的东西（十多挂鞭炮）。

1996 年修订 3 版

挂：

①借助于绳子、钩子、钉子等使物体附着于某处的一点或几点（把大衣挂在衣架上）；

②（案件等）悬而未决（这个案子还挂着呢）；

③把耳机放回电话机上使电路断开（电话先不要挂，等我查一下）；

④指交换机接通电话，也指打电话（请你挂总务科）；

⑤钩（钉子把衣服挂住了）；

⑥（内心）牵挂（他总是挂着家里的事）；

⑦（物体表面）蒙上；糊着（脸上挂了一层尘土）；

⑧登记（挂一个号）；

⑨量词，多用于成套或成串的东西（十多挂鞭炮）。

　　比较一下，就可以发现，1983 年 2 版的《现汉》中，"挂"的义项

③、⑤、⑥还只是移用词素"挂"的三个义项；而在 1996 年修订 3 版的《现汉》中，这三个义项都已不再被看成是移用词素的义项。这表明，经过二十年来的语言实践，已经证明词素"挂"在被移入现代汉语共同语之后，有着较高的使用频率，已由移用词素集进入共同语的原生词素集，其原有的移用义项也就很自然地进入了原生词素的义项之中，并存于同一个词素之中了。又如：1983 年 2 版《现汉》释"煸"为"〈方〉把菜、肉等放在热油里炒到半熟"；1996 年修订 3 版《现汉》则改为："煸，烹饪方法，把菜、肉等放在热油里炒。"词素"煸"的移用义项虽然只有一个，但因为进入共同语之后，有着很高的使用频率，所以已转化成了原生词素，其词素义也就不好再看成是移用意义了。其他如"拎"，"抠"等的移用义项也都与此同类。

另外，某个时期从方言中移用来的词素，在现代汉语中被人们反复使用后，还会出现一定的变化。比较 1983 年 2 版《现汉》和 1996 年修订 3 版《现汉》发现，原先 2 版的移用词素"嬷嬷"在修订 3 版中重新出现时，其原有的两个义项"①称呼年老的妇女"和"②奶妈"没有什么改变，可是语音形式发生了变化。1983 年版《现汉》"嬷嬷"读为"mā·ma"，而 1996 年版《现汉》则变为"mó·mo"。这是移用词素在现代汉语共同语系统中的变化。

还有一些词素，本来从方言中移用到共同语的义项只有一两个，但进入现代汉语共同语之后，由于使用频率很高，使用范围不断扩大，光靠原先移用的义项已经满足不了言语表达中造词表意的需要，这时就需要移用词素增加新的义项。一个比较简单而又可行的办法就是让这一移用词素又从其原先所在的方言中再次移用别的义项。具体条件是：再次移用的义项在共同语中适用的对象必须与原先移用的义项在共同语中适用的对象有一定的相关性或相似性；并且，再次移用的义项与原先移入的义项之间也应该存在着语义上的联系。所以，当某一移用词素再次从方言中移用其他义项时，一般情况下总是选择与原先移用义项有引申关系的其他义项，并将它吸收到共同语系统之中。这是移用词素义项增多的一种情形。

下面来看看 1983 年 2 版《现汉》与 1996 年修订 3 版《现汉》中"柴"的义项分布情况：

1983 年 2 版

柴：①柴火；

②〈方〉干瘦；不松软；

③姓。

1996 年修订 3 版

柴：①柴火；

②〈方〉干瘦；不松软；纤维多，不易嚼烂；

③〈方〉质量低或品质、能力差；

④姓。

很明显，1996 年修订 3 版中，“柴”的义项③是移用词素再次移用的义项，这使现代汉语共同语的“柴”又增加了一个义项。比较 1996 年 3 版中②、③两义项可以看到，义项②表意明确具体；义项③表意抽象概括。义项③是义项②的引申。在方言系统中，词素“柴”的②、③两义项有引申关系，当义项②移用到共同语之后，由于其使用频率较高，使用范围不断扩大，即从原来适用于具体事物扩大到同样适用于抽象事物，这就需要移用词素“柴”另外产生一个新的义项。而方言系统中的义项③正好又是一个现成的义项，这样，共同语就比较容易将它直接移用吸收进来，作为移用词素“柴”的又一个移用义项。

再如前面所举的“搻”，义项②尚不见于 1983 年 2 版《现汉》，而 1996 年修订 3 版《现汉》已列出，说明移用词素“搻”已从方言中再次移用而增加了一个义项。

共同语中常用的移用词素，根据构词功能可以分出六个大类，即可以有六个子集。

一、主要用于构造名词的移用词素集。常见的有：

浜　瘪三　鼎（锅）　腚　旮旯　谷　拐（弯曲处、角）　街（集市）　嗑　瘌痢　凌　弄（lòng）　蚂蚱　囡　坯　苕（sháo）　潭　塘　听（听子）　梃　沱　娃　伢　窑（妓院）　爷　崽　辙（办法）　箸　渍

从意义内容上看，这些移用词素主要用于表示事物的名称。

二、主要用于构造动词的移用词素集。常见的如：

拗　吧　罢　畚　坌　煸　蹩　别　驳　拆（cā）　噌　叉　车　撤　瞅　戳　搻　氽　蹲（cún）　颠　逗　嘟　掇　屙　攀　扛　掼　哈　夯　耗　毁　僵　砍　匡　困　拉　浪　捞　唠　冷　裂（liě）　拎　溜（liù）　搂（lōu）　掠（lüě）　吡　猫（躲藏）　眯　撵　怄　扒　排（pǎi）　缠　谝　擞（sòu）　扑　揿　沁　散（sàn）　搡　沙

筛 闪 钐（shàn） 莳（shì） 耍 涮 飕 随 探 腆 捵 卧
舞 呷 消 熊 揎 植 熏 秧 烊 咬 药 噎 炸（zhá）
炸（zhà） 着 招 整 志 赚 赘 滋 搂

这类移用词素的意义内容多表示动作、变化、事物存在的方式或状态。

三、主要用于构造形容词的移植词素集。常见的如：

柴 潮 痴 得 嗲 乏 尴 尬 干 疙 各 海 荒 叫 肯
抠 侉 美 闷 孬 泡（pāo） 漂（piāo） 贫 且 肉 骚 睄
铿 沾 铮 怔 崭 中 恣

这类移植词素的意义内容多表示人或事物的性质、状态。

四、主要用于构造量词的移用词素集。常见的有：

部 铺（pū） 掐 趟 帖 听 造 转 幢

这类词素的意义内容多表示事物的单位。

五、主要用于构造代词的移用词素集。常见的如：

吗 恁 伲 渠 甚 咋 咱 啥（shá）

这类词素的意义内容或表示人称，或表示指代，或表示疑问。

六、主要用于构造副词的移用词素。常见的如：

甭 尽 精（精瘦） 蛮（很、挺） 兴 贼

这类词素的意义内容主要是表示否定、程度、可能。

分布分析表明：移用词素集按构词功能主要分为以上六个子集。从表意上讲，上述六类词素都属于实词素。至于虚词素，在我们所掌握的材料中，只有很少的几个，即：在构词中只能充当前缀、表示亲昵意味的移用词素"阿～"；用作时间名词"昨儿"、"今儿"、"明儿"后缀的"～个"；用于构造助词、表示加强语气的移用词素"～价（·jie）"（不价/别价）；用于构造叹词，表示感叹语气的"嘘"、"喏"；用于构造语气词，仅仅表示语气的"哦"（番茄要哦？/夜饭吃过哦？）；以及用于构造介词，表示"给"的意义的移用词素"同"（这封信我一直同你保存着）。

实际上，现代汉语的移用词素在构词功能上也同样存在兼类的情形，也就是说，某一个移用词素往往同时具有多种构词功能。从意义上看，具有多种构词功能的移用词素往往也都有多个义项，并且，不同的构词功能与其不同的义项之间存在一种对应关系。例如：

管：①引进动作的对象，作用跟"向"相近：管我要东西。（构造介

词）

　　②不管，无论：这是国家财产，管什么也不能让它受到损失。（构造连词）

　　③关涉、牵涉：他不愿来，管我什么事？（构造动词）

　　爿：①劈成片的柴木等：竹爿。（构造名词）

　　②商店、工厂等一家叫一爿。（构造量词）

　　损：①用尖刻的话挖苦人：损人。（构造动词）

　　②刻薄、恶毒：他说的话够损的。（构造形容词）

　　歇：①睡：就在这儿歇一夜吧。（构造动词）

　　②很短的一段时间；一会儿：过了一歇。（构造名词）

　　嘘：①表示制止、驱逐的语气：嘘！轻一点，屋里有病人。（构造叹词）

　　②发出"嘘"（xū）的声音来制止或驱逐：大家把他"嘘"下去了。（构造动词）

　　着：①放、搁进去：着点儿盐。（构造动词）

　　②用于应答，表示同意：这话着哇！（构造形容词）

　　熊：①斥责：熊了他一顿。（构造动词）

　　②怯懦，没有能力：你也真熊，一上阵就败下来。（构造形容词）

　　套：①棉衣、棉被里的棉絮：被套、袄套。（构造名词）

　　②把棉花、丝棉等平整地装入被褥或袄里缝好。（构造动词）

　　以上这些移用词素，都同时含有多个移用义项。不同的构词功能，所对应的移用义项也不同。从一定意义上讲，我们正好可以根据这种义项的不同，去判定该移用词素在构词造词时语法功能上的变化情况。

　　移用词素在构词上的一个很重要的特点是：大部分都是成词词素，无须跟别的词素结合，本身就可以独立地构造一个词。由于所构造的词一般都是移用词素的直接形式，因而这些词素与词在形式上表现出很强的一致性，它们所附带的意义内容也就比较容易直接进入所构成的词中，一般不需要经过由词素意义变成词义所需要的其他各种方式的变化和改造。例如，"鼎"是个移用词素，它可以用它的直接形式构造出名词"鼎"，意义是"一种锅"。比较起来，作为词素的"鼎"与作为名词的"鼎"在形式上意义上都取得了一致。

　　由于现代汉语中的移用词素以单音节占大多数，而这些移用词素绝大部分可以独立地直接形成词，因而由移用词素所形成的词也主要表现为单音节形式。

　　移用词素在构词上表现出来的另一个重要特点是，除了表现为能单独成词型占大多数，不能单独成词型占极少一部分之外，相对于原生词素来讲，移用词素在使用频率上要低一些。只有极少数，如充当前缀的"阿～"，因构词能力较强而使用频率较高，在现代汉语中可以构造出一系列词语。其余绝大多数移用词素，一般每个移用词素都只能构造很有限的几个词。真正用得较频繁，构词灵活的移用词素会因为使用范围较广最终被吸收到原生词素集中。像现代汉语中表"吝啬"义的"抠"，表示"用手提"的"拎"，表示"需要"意义的"消"（前面常带"不"、"只"、"何"等），都是这种情况。

第四节　现代汉语词素全集

　　以上我们分章节对现代汉语词素集的三个子集依次作了分析和讨论。这几个子集与现代汉语词素全集之间的层次关系可以表述为：

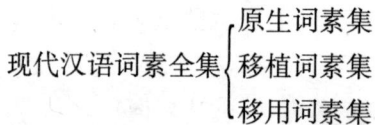

$$
\text{现代汉语词素全集}\begin{cases}\text{原生词素集}\\\text{移植词素集}\\\text{移用词素集}\end{cases}
$$

　　从前面的分析和讨论中不难看到：所谓原生词素、移植词素、移用词素都是就现代汉语词素从其历史来源上所作的分类。尽管从历时的角度看，每一类词素进入现代汉语共同语的词素系统的途径和方式都各不相同，但从共时的平面上看，三类词素却又同时并存，汇聚成为现代汉语词素全集。从另一个角度看，现代汉语词素全集中的每一个元素也都可以进入其中的某一个子集，成为其中的一个成员，因而，这三类词素又都是现代汉语共同语系统中的词素成员。如果再着眼于词素的功能，我们还可以发现，移植词素、移用词素进入现代汉语共同语之后，它们也和原生词素一样构词造词，实现其语言价值，发挥其语言功能。同时，由于它们在构词造词活动中日益频繁的使用，部分移植词素和移用词素获得了越来越强大的构造汉语词的能力，成为和原生词素地位一样稳固的词素，最终进入原生词素集。这不但证明了三类词素都是现代汉语共同语中的词素成员，同时也清楚地显示了它们之间相互联系、相互依存的关系。

从语言发展的历史来看，原生词素集、移植词素集和移用词素集还都具有这样一个共同特点：无论是作为一个集合还是系统看待，它们都是开放的类集，而不是封闭的类集；都是动态的系统，而不是静态的系统。这主要包括两个方面的意思：第一，这三个词素集中各自所包含的词素成员在一定时期内是相对稳定的，但随着语言的变化发展，人们构词造词的实践需要，会引起词素集的内部调整，或吸收接纳一些人们新创造的构词元素，或淘汰一些过时的失去了语言构词功能的旧元素，从而引起集合系统内部词素数量的增减变化。这一点在前面三节的论述中已经说得很清楚了。第二，这三个词素集在语言系统中相互依存、相互影响的关系，使一部分移植词素、一部分移用词素能够凭借自身获得的较强的构词造词能力和稳固性，从各自原先所属的词素集中转移，进入汉语的原生词素集。移植词素和移用词素向原生词素的这种定向转移关系也同样引起了三个词素集之间的互动变化。这在本章第二节和第三节中都已经讨论过了。

总之，现代汉语词素全集的三个子集总是处在一个相对稳定的状态之中，而语言实践活动中造词构词的需要又促成了各词素集内某一部分元素的变动以及词素集之间的互动与调整，并最终导致了现代汉语共同语词素全集的系统变化和发展，从而最大限度地满足了语言的需求。

第四章

现代汉语词素意义研究

现代汉语的词素意义属于语义范畴。语义问题本来就相当复杂，涉及的问题也不少，这对词素意义的研究当然有着不可忽视的影响。到目前为止，学者们对词素意义的问题，讨论也不多，研究也很不系统、很不全面。对词素意义的分析，不仅要涉及语音形式，还要考虑人们的心理意识、认知过程。这就使问题的研究复杂化了。从理论上讲，要全面了解语言的意义，就不能不研究词素意义，因为词素意义也是语言意义的一个基本的组成部分。同时，从微观角度分析词素意义，对于探求词义的组成成分、词义的构成方式、词义的历史演变规律，剖析词语的内部结构都有着极为现实的重要意义和广泛的应用价值。

要研究词素意义，首先，必须对词素意义的本质、特征和类型作出全面深刻的分析。其次，还应该考虑，词素意义与传统语文学上所谈的字义，以及现代语言学上通行的词义都有怎样的关系。应该如何区别词素意义和字义、词素意义和词义，以便于划清词素意义与字义、词素意义与词义的界限。所以如此，是因为词素作为最小的语言符号，是最小的有意义的语言单位。从这个意义上说，确定以词素意义为基点的语义研究无论是对于词汇学、语法学还是语义学都尤为必要。

第一节　词素意义的本质及其特征

语言是一个层级系统，在这个系统的每一个层级上都有许多大大小小的语言单位。符号学说认为，语言是由"能指"和"所指"组成的符号系统。"能指"就是语言的形式，即语音；"所指"就是语言的内容，即语义。同样道理，任何一个语言单位也都是形式和内容两个方面构成的统一体，都是通过一定的语音形式来反映一定的意义内容。这种由一定的语音形式表达出来的语言单位的意义内容就是语义。词素作为最小的语言符号，作为一级语言单位，也同样包含了这两个方面，词素的语音形式所表示的语言的意义内容就是词素意义。

概括地讲，词素意义就是人脑对客观现实世界的种种事物、现象、人类自身及其相互关系在本质上的概括反映，或者说，是人脑对客观现实中的各种人与事物的总体属性、本质规律以及彼此之间的各种联系的概括认识，以及由此而表现的人们对事物的主观态度。这些反映内容和认识成果存在于一定的语音形式之中，再由这种在一定时期内比较稳定的语音形式表现出来，经过语言社会的"约定俗成"，物化为语音形式的意义内容，从而形成词素意义。

人们在现实世界中，依靠自身的感官与外界接触，总是不断地对客观事物的现象、特点、属性以及事物与事物之间的联系进行认识。例如"笔"，在现实世界中是客观存在的，其存在的方式也多种多样：从书写时使用的材料来看，有用墨水、墨汁、铅、油墨、蜡、颜料之分；从外部构成材料来看，有的用竹管，有的用羽毛，有的用塑料，有的用羊毛或狼毫，有的用金属材料，还有的用颜料；从功能上看，有的用于写字，有的用于画画；从时间上看，有古今不同；从产地来看，有中国制造，又有外国进口。虽然这些方面的差异很明显，但所有的"笔"都有一个共同的特点：即"人们写字作画的一种工具"。这一共同特点正是"笔"的本质属性，是人们在对古今中外各种各样的"笔"进行了比较、综合、抽象、概括反映之后得出的认识成果，但仅仅限于这样的认识成果还不足以成为词素意义。只有当这一认识成果物化为一定的语音形式，即用汉语音节"bǐ"表现出来，并稳固地存在于汉语词素系统中时，这才真正成为词素意义。当语言社会把"人们写字作画的一种工具"这个内容用"bǐ"这一语音形式固定下来，存储在语言的词素系统中之后，便成为"bǐ"的词素意义了。

客观事物多种多样，现象错综复杂，人与人之间，人类与物质现象之间，以及各种事物与事物之间的联系方式各不相同。这种情况就决定了人们对客观事物和人类自身的认识有多种多样的可能。有对客观事物某种特定属性的认识，如颜色、形体、状态、味道等；有对客观事物和人类自身的运动、变化、发展状态的认识，如生、死、存、亡、灭、消、长等，有对客观事物之间各种关系的认识，有对人与人之间各种关系的认识，有对人与事物之间各种关系的认识，也有对客观事物总体属性的认识。这些从不同角度、不同侧面得出的认识都可以用特定的语音形式来表现，成为语言系统中词素的意义内容。

人们认识反映客观事物，并非机械地刻板地照相式地照搬，把感知到的事物的全部特征和属性都一点不差地记录下来。如果是这样的直观的反射，那将是毫无意义的。通常情况下，人们认识客观事物时，总是要在被感知的客观事物的一系列特征属性中选择一些最主要的足以体现该事物性质的某些特征，提取出某类具体事物的一系列共性，形成一致的认识，稳固地存储于一定的语音形式之中。这一过程是通过人们的抽象概括等一系列思维活动得出认识成果的方式来完成的。因此，无论是对客观事物现象总体的认识，或是对客观事物部分特征属性的认识，或是对人与事物、事物与事物、现象与现象之间种种关系的认识都离不开这种方式。而由这种方式得出的人们对自身、外界的人及客观事物属性的认识成果就成为词素的意义内容。

人们对自身、外界的人及客观事物属性的认识和反映也并不是一次完成的，而是要经过多次的反复，在不断的发展、深化、修正中趋于完善。通常情况下，都是先由人的感官对事物的外部特征、属性作出感知，在人脑中形成初步的认识，这种认识往往只是从某一角度、某一侧面进行的，因而最初形成的词素意义都是片面的、局部的、肤浅的、并不全面、深刻。随着对自身、外界的人及事物接触次数的不断增多，对人或事物认识角度的增多，对其中的内部本质规律的认识不断加深，对事物特征属性的认识也逐渐丰富、全面，词素的语音形式所反映的意义内容也就日益丰富，词素意义也就随之不断丰富、完善、深化和发展。一般地，人们对客观事物的认识开始时总是以色彩意义（主要是形象色彩）成分居多，而理性的成分则相对少一些。但由于人们的认识不会总是停留在形象思维阶段，总要由形象思维阶段上升到理性思维阶段。因而认识发展的方向就表现为：理性成分逐渐占主导地位，形象特征退居次要地位。比如，对"水"的认识，一开始人们也只是感到它的一些表面现象：在通常情况下，是一种无色无味无臭的透明液体；冷却到一定程度，就会结成冰，变成固体；加热到一定程度，又会沸腾，变为气体。存在于江河湖海之中。随着科学的发展，认识的加深，人们最终认识到水的本质属性：在标准大气压下，冰点为0℃，沸点为100℃，4℃时密度最大，比重为1。是由氢氧两种元素所组成的，化学式为H_2O。这些认识成果表明人的认识已由表面现象逐步深入到事物的本质规律了。与此相适应，词素意义也更加丰富深刻。

根据以上分析，我们认为，词素意义是由特定的语音形式表现出来的人脑对客观事物、现象、人类自身及其各种关系的总体或部分属性的最一般的本质的概括性认识和反映。简言之，词素意义是特定语音系统的语音形式所包含的全部意义内容。

以上谈的是词素意义的本质问题。下面再分析一下词素意义的主要特征。

词素意义的特征归结起来，主要有以下几点：社会性、客观性、主观性、概括性、模糊性、民族性、发展性、多元性。下面就每一项特征作些说明。

1. 社会性

词素是语言中用于构词造词的材料，是语言静态系统中的一种现成的备用单位。作为语言单位的一种，词素的意义内容跟语言社会有着天然的依赖关系。任何一个词素的意义都是一定时期一定条件下语言社会的产物，并在一定程度上受到语言社会的影响和制约。

首先，一定时期的语言，它所含有的全部词素的意义内容都不是人们的脑子凭空想象臆造出来的。而是这一特定时期的社会中各种各样的事物、现象、人、自然界及其各种关系的认识和反映。这些被认识和反映的对象，正是词素意义内容的直接来源。当然，这并不是说自然界、人类社会中的全部事物、现象都已经包罗无遗，无一例外地被反映到人们的认识中来了。恰恰相反，能够被反映到人们的认识中，并被语言固定下来，最终成为词素的意义内容的，也仅仅是作为人们认识对象的客观世界里无穷无尽的事物现象的一部分。之所以只选择一部分客观事物现象反映到人们的认识中来，形成语言词素的意义内容，这完全取决于语言社会，取决于语言社会的需要，取决于特定历史发展阶段的人们的认识水平和认识能力。不仅如此，人们面对纷繁复杂，变化多样的客观世界，究竟应该对哪些事物现象关系进行认识，并将这种认识成果反映到词素的意义内容中来，这也是语言社会作出判断并进行选择的结果。

其次，由于充当词素意义的内容本身就是一个比较复杂的体系，而用于表示意义内容的全部词素本身也是一个系统，这个系统内部的成员较多，因此，理所当然地就会产生这样一系列问题：某一个具体的词素应该用来表达怎样的意义内容，或者说，某一具体的意义内容应该选用哪一个具体的词素来表现；需要选择哪几个词素来表达某一方面彼此相关的意义内容才能做到在表达意义方面各有侧重，又同中有异；某一种语言中的全部意义内容一共需要选择多少个词素来分别表示；应该选择什么样的词素来表现什么样的意义内容，以便做到语言的全部意义内容能够在全部词素之间的合理有效的分布配置。所有这些也都是由特定的语言社会来决定的。从某种意义上说，语言社会对于词素的意义内容在词素表现形式之间的配置与结合方面，客观上起到了积极的宏观调节制约作用。

再次，在一定时期的语言社会里，词素的语音形式和词素的意义内容的结合完全是约定俗成的。某一个词素一旦被用于表示某种特定的意义内容，那么，这种形式和意义的结合也就会在语言中相对稳定地保留下来，用于人们的构词造词活动。词素形式与内容结合上的这种约定俗成具有一定的强制性和规定性，它要求语言社会的全体成员在选择词素进行构词造词时共同遵守，不能变更。否则，所构造的词的意义就不能正确地表达语言的意义，使不同层级的语言意义变得无法理解，最终影响到交际，使交际无法进行。从人们选词说话造句这个角度看，离开了这种约定俗成，词素的形式和意义的关系随意变化调整，把握不定，必然会导致生造词和不规范词的出现，导致语言系统和语义系统的紊乱。因此，词素的意义内容从一开始形成的时候起就跟语言社会有着天然的紧密的联系，并始终受到语言社会的约束。这是词素意义内容具有社会性的集中表现。

2. 客观性

词素意义根源于人们对客观事物、现象及其关系的认识，是对人们在一定时期所获得的认识成果的不同程度的反映。人类认识客观事物、现象及其关系的特殊性使词素的意义内容不可避免地带有客观性。

首先，语言中词素的意义内容都离不开人们对客观世界的认识，而人们的认识实践活动又总是以一定的现实事物为特定的对象，没有明确具体对象的认识活动是难以想象的。从这个意义上讲，词素的意义内容与其所反映的客观对象之间存在着不可分割的联系，正是这种联系使得词素的意义具有客观性。正因为现实世界中存在各种各样的"酒"，如葡萄酒、白酒、啤酒，人们才得到关于"酒"的认识：一种含有酒精的饮料，可以用粮食、水果等含淀粉或糖的物质发酵制成。由这种认识形成的词素意义，正反映了客观世界中的具体事物"酒"，并随之而带有客观性的特点。同样的道理，20世纪由于人类科学技术的巨大进步，科学家研究发现，生物体通过体细胞进行无性繁殖，也可以复制出遗传性状完全相同的生命物质或生命体。这项生物技术被命名为"克隆"（clone）。这一重大发现反映到语言中，就形成了"克隆"的词素意义。很明显，没有这一客观事实，没有对这种客观事实的认识和反映，也就不会产生"克隆"的词素意义。因而，以客观事实为基础的词素意义不可能不具有客观性的特点。

其次，在一定的社会历史条件下，人们对客观世界的认识也有可能是片面的，甚至是错误的。这种情况的出现很大程度上是由于人们的认识能力和水平有限，对客观对象的认识受到现实生活中某些制约因素影响的结果。现实生活中并不存在的事物如"龙"、"凤"、"鬼"、"神"、"妖"等，都是在生产力水平极低，认识范围比较狭窄的条件下，面对种种无法解释的客观现象，人们运用自己的幻想虚拟出来的。尽管这种认识带有许多虚拟的、不科学的成分，可是最终还是被反映到语言中，形成了词素的意义内容。这表明，即使词素意义所反映的人们的认识成果存在着某种不合理，甚至缺乏科学性，归根到底也还是有其客观原因，也还是离不开以一定的客观现实作基础。

3. 主观性

词素意义既然是人脑对自身、客观事物、现象及其各种关系的总体或部分属性的认识和反映，就不可避免地带有了主观色彩。

首先，从认识的角度讲，作为认识成果的词素意义与被反映的人类自身、客观世界的人、事物、现象及其各种关系应该是性质完全不同的两个范畴，词素意义自然不会是人类自身、客观事物、现象及其关系本身。因为人类自身、客观世界的人、事物、现象及其各种关系属于物质范畴，而作为词素意义内容的人们的认识成果却是属于意识范畴。意识范畴脱离不了主观性，词素意义自然也就带有主观性。

其次，客观世界中实际不存在的事物、现象及关系也可以形成人们的认识成果反映在语言中成为词素的意义内容。比如：

神：宗教指天地万物的创造者和统治者，迷信的人指神仙或能力、德行高超的人物死后的精灵。

鬼：迷信的人所说的人死后的灵魂。

仙：仙人、神仙。

龙：我国古代传说中的神异动物。

凤：古代传说中的百鸟之王，羽毛美丽，雄的叫凤。

一般认为，"神"、"鬼"、"仙"、"龙"、"凤"在语言的词素系统中出现是人们对客观世界歪曲反映的结果。这种歪曲反映恰好证明词素意义是人们主观认识活动的结果。现实世界中并不存在的事物出现于词素意义之中，正是人的主观世界对客观世界的臆造，是一种歪曲的反映。即使是对客观现实直接的正确的认识和反映，其认识成果中仍然含有与客观现实不尽符合之处。因为人们的认识只能无限制地接近客观现实但永远不能等同于客观现实。"因为即使在最简单的概括中，在最基本的一般观念（'桌子'一般）中，都有一定成分的幻想。"① 所谓"一定成分的幻想"，也就是指主观的产物。尽管是幻想也还是有客观事实为基础，然而作为基础的客观事实本身还不是语义本身，所以不能用幻想的客观事实基础来否认词素意义的主观性。

再次，相同的客观事物，在不同的语言中反映出来的词素意义不尽相同。由共同的客观事物作基础形成的词素意义存在差别的现象，根源并不在于客观事物本身，而在于认识的主体，也就是人本身。民族不同，社会阶层不同，生活习俗不同，文化传统、心理意识、历史发展过程不同，都会使人们对共同的客观事物或现象产生不同的或不完全相同的认识成果。比如，同样是日光的光谱，汉语社会切分为红、橙、黄、绿、蓝、靛、紫七色，而英语社会则切分为 red（红）、orange（橙）、yellow（黄）、green（绿）、blue（蓝）、purple（紫）六色，而 Shona 语言社会只有四种，Bassa 语中只有两种。② 分出的结果不同，反映出来的词素意义自然也不会相同。汉语中有词素"红"，英语中有词素 red，但"红"与 red 各自的词素意义并非全部相同。汉语"红"除了表示"像鲜血或石榴花的颜色"之外，同时还有"喜庆"、"胜利"、"成功"、"革命"（红军）、"利润"（分红）、"政治觉悟高"（又红又专）、"得宠"（红人）、"受欢迎"（红歌星）、"妇女作业"（女红）等词素意义，这些词素意义都是 red 所不具

----

① 列宁：《哲学笔记》，中共中央党校出版社 1990 年版，第 414 页。

② 黄景欣：《试论词汇学中的几个问题》，《中国语文》1961 年第 3 期。

有的。另一方面，red 中具有"凶险"、"暴力"等词素意义，汉语中的"红"并不具有。汉语中的"红茶"在英语中则译成了 black tea。这表明，同样的客观事物，反映在不同的语言社会中，经过人们的认识形成的词素意义也不完全相同，而这正是人们的主观方面作用的结果，这正体现了词素意义带有主观性的色彩。

最后，从事物运动变化发展的规律来看，客观事物有时表现为相对静止的状态，变化并不明显，可以近似地认为没有什么变化。可是随着社会的进步与发展，或者由于人们认识问题的能力、方法、角度发生了变化，或者由于人类思维能力的提高，或者由于人们对客观事物的认识进一步加深，总之，人在主观方面的这种种变化最终都有可能引起词素意义的变化。词素意义由于人的主观方面的变化而发生的这种演变也同样体现出主观性的特点。比如，"鲸"，从早期的文献资料来看，人们认为它是一种鱼类动物。随着科学的不断发展，人们已经认识到，"鲸"实际上并不是鱼类，而是哺乳动物，所谓"鲸鱼"实际上是一种错误的说法。人们对"鲸"这种动物的认识发生变化的结果使词素意义也理所当然地产生了新的变化。这种情况也同样表明，词素意义是随着人的主观认识的变化而不断变化、不断深入、不断完善的。

必须注意的一点是，尽管词素意义也具有一定的主观性，但这种主观性又不是因人而异的。词素意义根本不会因为某一个人的认识不同而随意改变。词素意义的主观性仍有其一定的社会性，是经过语言社会的约定俗成以后而形成的，它也必然受社会性制约，所以它与语言的社会性是一致的，因而词素意义的主观性在整个语言社会中又具有普遍性。

4. 概括性

词素意义不仅具有主观性的特点，还同样具有概括性的特点。

词素意义的概括性指的是，任何一个词素的意义内容，都不是对客观世界的某一个人、个别具体事物、个别现象及其关系的具体反映或具体认识，而是对同类客观事物、现象、关系中的共同属性特征的反映或认识。在词素意义的形成过程中，在人们的认识过程中，人们必须撇开、舍弃事物所具有的具体的个别的特征属性，而综合该同类事物所具有的共同特征。只有这样，才能获得反映某一类事物、现象、关系的本质特点的词素意义。例如，"鱼"这一词素的意义就概括了所有种类的鱼的每一个体的共同的本质特征："生活在水中的脊椎动物，用鳃呼吸，用鳍游泳。"这样就抛开舍弃了每一类具体的鱼的特点，即不论青鱼、草鱼、鲢鱼、鳙鱼、鲫鱼、鳜鱼、鲇鱼；不论形体的大小和颜色；也不论是淡水鱼，还是咸水鱼；也不论是江河湖海中的鱼还是池塘中人工放养的鱼，或者鱼缸里养的小金鱼，它们都有一个本质特点，"生活在水中，用鳃呼吸，用鳍游泳的脊椎动物"。这一本质特点就概括了所有种类鱼的所有个体的普遍特性，而把"鱼"和其他的动物区别开来。这是词素意义概括性具体发生作用的结果。汉语所有词素的意义，也都有这种概括性的特点。所有的词素意义都是对被反映的事物现象的一般的普遍性特点的概括。

　　汉语词素意义的概括性特征也还可以从词素所具有的特定的色彩意义上得以体现。客观现实世界中，门、窗、桌、椅、书、砖、纸、箱等具体客观事物都表现出这样的特点：四个角都是90°。这一共同的形体特点被人脑反映出来，就形成了以这些事物共同具有的外部形象特征为主要内容的形象意义。形象意义是一种色彩意义。可见，形象意义也是人们对一类事物的共同形体特征（或曰综合的表象）加以概括，并经过物化，固定在一定的语音形式中的结果。这就是说，作为色彩意义的形象意义也同样具有概括性。当然，其他类型的色彩意义也都如此。

　　汉语词素意义的概括性也同样体现在词素的语法意义上。词素的语法意义表现为词素作为独立的单位在构词上表现出来的一些特征。比如，汉语的词素"人"、"民"、"车"、"水"、"户"、"木"、"葡萄"、"啤"等一般多用于构造名词，所以能看成是一种名词性的词素。"阿～"则可以附着在"姨"、"哥"、"姊"、"爸"、"妈"等词素的前面构成一系列表示亲属称谓的名词，突出一种亲昵的感情色彩。"初～"也可以附着在"一"、"二"、"三"、"四"、"五"、"六"、"七"、"八"、"九"、"十"这十个词素的前边构成序数词，表示日期，即农历每月前十天。由于"阿～"、"初～"这类词素只能附着于别的词素上而被称为附加词素或词缀。像"名词性词素"和"词缀"这类名称都反映了同类词素共同具有的语法性质和构词特点，也都是人们对同类词素的语法性质和构词特点的概括性的认识。不仅如此，通常所说的"名词性后缀"，"动词性后缀"实际上也都是对词素的语法性质和构词特点概括的结果。这些都是体现词素语法意义概括性的比较明显的例证。

　　5. 模糊性

　　词素的意义内容所反映的是人们对客观现实的认识成果，而人们的认识成果与被反映的客观对象本身又不完全对等。人的认识活动只不过是人们在特定的条件下对客观事物、现象以及各种关系的概括性反映，这种反映过程是抽出认识对象的本质特征、舍弃其非本质特征并加以概括的过程，是对认识对象的一种比较近似的反映。这就决定了词素的意义内容在反映客观对象时总是带有一定程度的不确定性，也就是说，由于人类认识活动的这种近似性和概括性，词素的意义内容就具有了一定的模糊性。

另一方面，现实世界中的某些事物或现象本身具有不确定性，或者彼此之间界限难以确定，这种情形反映到词素的意义内容之中，也同样会形成词素意义的模糊性。比如，"寒"、"温"、"热"这三个词素的意义内容，就存在界限不明的问题，人们很难一下子说清楚到底多少度算是"寒"，多少度算是"温"，多少度才算"热"。这就有点像地球上不同地区的人对于"冷"、"暖"的感觉不同，界定的标准不同，理解的意义也就不一样。

语言中意义内容带有模糊性的词素是比较多的。像平常用于表示空间方位的"上"、"中"、"下"，"高"与"低"，用于表示速度的"快"与"慢"，用于表示时间的"早"与"晚"，用于表示人的相貌的"美"与"丑"，等等。这些词素的意义所反映的客观对象彼此之间往往前后相接，具有一种连续性，因而词素意义的边缘就很模糊。

词素意义的模糊性特点对于语言是有意义的。事实上，如果一定要对上述词素的意义内容以精确量化的方式进行严格的界定，那也没有必要。那样做只会给人们的造词构词带来不便。从语言造词构词的角度看，词素意义内容的模糊性更有利于人们根据具体情况对词素作出选择，以满足构词造词的需要。

6. 民族性

词素意义既然是反映人们对客观事物、现象、关系等的认识成果，具有客观性和概括性的特点，这就决定了词素意义必然具有民族性的特点。因为不同民族的人们由于历史发展过程不同，文化背景不同，社会习俗不同，必然会导致思维方式的不同。这种思维方式的不同又决定了人们认识事物的方法、角度、水平诸方面都无一例外地存在差别。决定了人们对客观事物、现象和关系进行反映时，概括的具体内容不会完全相同，反映的认识成果也不一定完全一致。这种差异反映到词素意义之中，就成为词素意义的民族性特点。

词素意义的民族性特点还突出地表现在色彩意义方面。比如，汉语中的词素"狗"在构词造词时，通常具有贬义的感情色彩。像"哈巴狗"、"走狗"、"看家狗"、"癞皮狗"、"落水狗"、"狗屁"、"狗屎"、"狗腿子"、"狗熊"中的"狗"，词素意义无不显示贬义色彩。可是在英语中，与"狗"相对应的词素"dog"却是一个褒义的词素。英语社会说人幸运用"a lucky dog"，说忠于主人用 dog-like，说军官的传令兵是 dog-robber，说"人不时惊醒的睡眠"用 dog-sleep，说人累极了用 dog-tired，说夜班（尤指最后一班）用 dog-watch，说士兵（尤指步兵）时用 dog-face，说摔跤时双方同时倒地平局用 dogfall，小步跑则用 dogtrot，老练的水手是 sea-dog。可见即使是同一客观事物，不同民族的人们对它们认识反映的主观态度也是不同的，带有的感情色彩也明显不同，这就使得词素意义显示出鲜明的民族性特点。

词素意义具有民族性也可以从音义结合的任意性上得到反映。同一事物、现象和关系，不同民族的人们在反映其本质规律形成词素意义之后，所选用的语音形式是完全不同的。汉语中反映意义内容"装订成册的著作"时，选用的语音形式是"书"（shū），而英语中反映这一意义内容的语音形式却是 book；汉语表达意义内容"书信"用词素"书"（shū）的形式，而英语则用 letter。汉语表示"在体积、面积、数量、力量、强度等方面不及一般的或不及比较的对象（跟'大'相对）"，都可以用词素"小"的语音形式 xiǎo，而在英语中，除了"在体积、面积上不及一般或不及比较的对象（跟'大'相对）"可以用 small 这一形式以外，其余像"力量、强度"上的不及一般或不及比较的对象就不是 small 的词素意义了，而分别成为 weak（弱）、low（低）的词素义了。相对于汉语来讲，词素 small 的意义所概括的事物对象的范围就要小一些。词素意义反映事物对象的范围在不同民族的语言系统中是不尽一致的，这也体现出词素意义具有民族性的特点。

7. 发展性

语言是不断发展的，词素作为语言的单位，它的意义内容和语音形式一旦结合成为最小的语言符号，也就会在语言中相对稳定下来，用于语言的造词构词。

所谓"相对稳定"，是说在某一特定的历史时期或者一定的社会历史阶段，词素的意义内容具有稳定性。而从语言发展史的角度看，词素意义又不是一成不变的，而是变化发展的。语言与社会相互依存、相互影响，语言随着社会的发展而发展。社会的进步与发展促使人们的认识能力得以提高，人们的认识不会总是停留在原有的水平上，人们也不会满足于已有的认识成果。他们总是要将不断获得的生产经验和科学知识当作新的认识成果吸收反映到语言中来，作为人们进一步认识客观世界的工具。由此而来，语言中的词素也需要对已有的意义内容及时做出调整，以便于构词造词，适应语言的需要，反映客观事物日新月异的变化发展。

以词素"人"的意义演变为例，就可以证明这一点。上古时期，人们对于"人"的认识突出地反映在许慎的《说文解字》中，认为人是"天地之性最贵者也"。旧版《辞海》则解释为"动物之最灵者"。《现代汉语词典》又进一步，把"人"表述为"能制造工具并使用工具进行劳动的高等动物"。不同的阶段，人们对"人"的认识不一样，所形成的词素意义也就不同。随着人们对"人"的认识的不断提高，词素的意义内容也不断完善，其内涵也更加丰富、全面。此外，古代汉语中经常说到的古今词义的不同，词义的扩大、缩小和转移，词的义项的增加、减少等，这些发生在语言的历时发展过程中的词义演变现象，实际上也同样都是词素意义发展性的具体表现。

词素意义的发展变化不仅存在于语言的历时演变过程中，也同样可以发生在语言的共时状态中。比如，前面举的"克隆"，其原来的词素意义就是指"生物体通过体细胞进行无性繁殖，复制出遗传性状完全相同的生命物质或生命体"。由于这一词素自产生以来，一直有着较高的使用频率，所以，尽管出现的时间较短，但很快又增加了一个新的意义："比喻复制（强调跟原来的一模一样）。"类似这种发生在当代汉语里的例子也同样表现出词素的意义内容具有发展性的特点，都很值得重视。

8. 多元性

词素意义从其内容的构成来看，包含了多种要素在内，是多种要素融合在一起的一个完整的整体。这些因素主要包括：逻辑要素、附着要素、功能要素。

逻辑要素是指人们用语音形式来表现的反映在词素意义中的人们对客观事物、现象、关系等的本质特征属性的概括认识的那一部分成果。逻辑要素构成了词素意义的核心，是词素意义的基础部分。

附着要素是指包含在词素意义之中的概括了的人们对事物、现象等的外部形态特征、所由产生的时代、地域、适用的语言环境等的联想性的认识，以及反映出来的人们对事物、现象的主观印象或情感。附着要素这一部分内容可以看做是词素意义的外附成分，也是很容易使人产生联想的意义成分。

功能要素是指词素意义中包含的反映其构词特点及规律的那一部分意义内容。

下面以"虎"为例，具体说说以上三个要素在构成"虎"的词素意义时的表现。

逻辑要素：动物的一种，脊椎动物门，哺乳动物纲，听觉和嗅觉都很敏感，性凶猛，力气大，善跳跃扑腾。夜间出来捕食，有时伤害人。这些都是逻辑要素。

附着要素：毛呈黄色，有黑色的斑纹，虎爪牙锋利，虎尾长而硬，很有力。这些外部形体特征构成了"虎"的形体肖像，很容易激发人们对"虎"的外形特征产生直观而形象的联想，是附着要素的内容。

功能要素："虎"可以用做构词成分，作为修饰性附加成分对另一词素充当的中心成分进行修饰或描写、构成一系列偏正式复合词，如："虎穴"、"虎符"、"虎势"、"虎步"、"虎将"、"虎劲"、"虎口"、"虎气"、"虎牙"；也可以用做主要成分构造出如"老虎"、"剑齿虎"、"纸老虎"、"东北虎"等复合词。比较而言，"虎"用做修饰性附加成分构成的词在数量上远比用做中心成分时构成的词要多。或者说，"虎"用做修饰性附加成分构词，比用做中心成分构词，能力更强。

必须注意的是，词素意义的各种构成要素中，并非完全分离、互不相干的，而是融合为一个整体的。我们逐一分析只是为了说明问题的方便。当然，在不同的词素意义中，各种要素的主次地位是不一样的。有的词素意义只有一种要素占主要地位，其他要素则居于次要地位；有的词素意义则是两种要素占主要地位，另外某种要素居于次要地位。此外，各种构成要素在能否单独呈现这一点上也不尽相同：在一定的情境中，逻辑要素和附着要素都可以单独出现，构成词素意义，而功能要素如果不与逻辑要素结合为一个整体，一般是不能单独出现的，也就是说，功能要素一般不能单独构成词素意义。

第二节　词素意义的基本类型及其再分类

一　词素意义的基本类型

客观世界中的人、事物、现象、关系多种多样，种类繁多，异彩纷呈。人们对客观世界的认识和反映又可以从多个角度、多个方面进行。而且，随着社会的发展、科技的进步，人们对客观世界的认识能力也在不断提高。这样，人们观察、分析事物、现象及其关系也就愈益细密、深入，所取得的认识成果自然也就更加丰富、更加精湛。与此相联系，反映了人们认识成果的词素意义也就变得多样化、复杂化了。

概括地讲，词素意义基本上可以分为三个类型：词汇意义、色彩意义和语法意义。

词汇意义是人们对客观事物、现象及其关系的本质规律的认识和反映，是从事物、现象和关系中抽象出来的最一般的普遍的内在本质。词汇意义是由词素意义中的逻辑因素形成的。比如，"葫芦科植物、茎蔓生、叶子像手掌，花多呈黄色，果实可以吃，种类很多，如西瓜、南瓜、冬瓜、黄瓜等"，这是"瓜"这一词素的词汇意义，是对于客观世界的事物的认识和反映。"把女子接过来成亲"，这是词素"娶"的词汇意义，是对于客观存在的现象的认识和反映。"表示加合并列"，这是词素"和"的词汇意义，是对客观世界中的事物之间的一种关系的认识和反映。

无论是反映客观事物，还是现象，或者是现实世界中事物间的关系，这些被反映的对象都是客观存在的，都是通过人们的认识，形成逻辑基础。再通过人们的思维和社会的约定俗成，形成人们共同的认识成果，进而成为词素意义的一个部分，即词汇意义。

色彩意义是包含在词素意义之中的体现客观事物现象的时代、地域、形态等特点的，表现人们对事物的主观感情、态度及评价，显示词素所在构词语境的各种意义内容。从一定意义上讲，客观事物和现象出现的时代、存在的地域、表现的形态、人们对客观事物的感情、态度以及词素赖以体现的构词语境等也都是语言社会中的客观存在。人们对此进行认识和反映，形成的认识成果，便转化为词素的色彩意义内容。因此，词素意义的这一部分内容主要是人们由客观事物产生的联想、主观态度等心理要素以及词素经常使用的场合来决定的。比如，"汉"是反映中国历史上的一个朝代的名称，由于这个朝代出现于历史上特定的时期，因此，以表现这一朝代出现于历史上特定的时期为意义内容的词素里面就不可避免地带有了显示秦以后一直到魏蜀吴三国这四百多年历史时代的意义内容。相对于词汇意义"高祖刘邦及光武帝刘秀建立的政权，国号"来讲，这种显示其历史年代的意义内容就成了词素"汉"的时代色彩意义。这种时代色彩意义突出地表现在反映这一时代产生的客观事物的名称上。如："汉简"、"汉隶"、"汉墓"。同样是由"汉"字代表的另一个词素，"汉"，作为中国境内最大的一个民族的名称，在表现其词汇意义的同时，也同样显示出这个种族的其他特点，在政治、历史、经济、文化等方面不同于其他种族，因而就带有民族的色彩内涵。这一点在反映该民族独有的一些事物的名称中也可以更清楚地看到，如："汉人"、"汉民"、"汉奸"、"汉字"、"汉语"、"汉文"、"汉学"等。其他如"丑"，在表示"相貌难看"的词汇意义之时，也已经很明显地渗透了人们主观上的厌恶情感。所有这些附着在词素的词汇意义外围的意义内容，也都是人们的认识成果。因此，色彩意义也都有自己的客观现实作基础。

　　语法意义是反映词素在构词中所起语法作用的那一部分意义内容。这部分意义内容是语言系统中具有共同的构词能力的词素形成一个聚合之后，对聚合体进一步抽象概括而形成的，所以是一种范畴化了的意义。平常所说的"词根词素"，"附加词素"；"构词词素"，"构形词素"等实际上就是从词素在构词中的地位和作用产生出来的范畴化了的聚合体。因此，无论是充当词根词素，附加词素；还是充当构词词素，构形词素，都是词素的语法意义。任何词素也都不会超出这两对聚合体之外。其次，从能否独立构词的特点考虑，不同的词素情况不一，有的词素可以并且只能独立构词，如："俩"、"肮脏"、"兹"；有的词素通常不能独立成词，但在某些特殊情况下可以单独成词，如："民"（为民除害）、"视"（视而不见）、"劳"（劳而无功）；有的词素干脆任何情况下都不能单独构词，如："~子"、"~头"、"初~"、"阿~"；有的词素则既可以独立成词，也可以与其他词素组合成词，如："在"、"写"、"笔"。可见，在构词的能力上，不同的词素灵活性不尽相同，有明显的差别。从构词能力上看，汉语的词素可以分属于不同的聚合体。而属于同一聚合体中的词素，在构词上又都体现出某些共同的特点，将这些共同特点进一步概括出来，就是词素的语法意义。就汉语的词素而言，如果我们把可以独立构词的词素概括为构词上有独立性的可成词词素，而把不能独立构成词的词素概括为构词上无独立性的不成词词素，那么，这样得到的"可成词词素"和"不成词词素"就是汉语词素的语法意义。

再进一步看，大部分汉语词素都可以充当词根构词，少数词素只能充当词缀，对这两部分构词功能不同的词素形成的两个聚合体可以概括为词根词素和附加词素。而词根词素又能进一步划分为若干个聚合体，可以概括为名素、动素、形素，等等。附加词素中也因为包括了不同的词素聚合体，可以再次进行归纳综合，从而又有了词缀词素、词尾词素。词缀词素又可以分析出更小的聚合体，可以概括为前缀、中缀、后缀。凡此种种，无论是对哪一个层级上的同功能词素的聚合体概括，所得到的范畴化了的意义内容都是词素的语法意义。

就单个具体的词素来讲，其完整的意义内容都应该包括这样三个部分。只有词汇意义、色彩意义和语法意义互相关联、形成一个有机整体时才构成了词素的全部意义内容。现行的《新华字典》、《现代汉语词典》因编排体例、编纂原则的限制，对词素的释义不大可能同时兼顾这三个部分。总的看来，绝大多数词素只注释了词汇意义；也有很少一部分词素只注释了语法意义；而相当一部分词素则在注释词汇意义的同时，顺带涉及了色彩意义。这就很容易让人产生错觉，以为有的词素只有词汇意义、色彩意义和语法意义中的某一种或两种，而不是同时具有这三个部分。这一点很值得我们注意。

二　各类词素意义的再分类

既然词素意义包括了词汇意义、色彩意义和语法意义三个部分的内容，那么，这三种不同的词素意义是否可以进一步分析出更小的类呢？从根本上说，各类词素意义之中也都可以分出各自的子系统。

（一）词汇意义的再分类

客观世界是一个完整而独立的系统，词素意义又反映了人们对客观世界进行认识的成果，因此，这种以认识成果为反映内容的词素意义自然也就有了系统性。

首先，从哲学上看，客观世界可以分为自然界和人类社会两大部分。自然界是客观存在的物质世界，这一世界中的物质的存在方式又是运动、变化和发展的。物质的运动总是在一定的时间和空间中进行的。数量和性质则是物质世界各个方面内部的属性。整个物质世界的各个方面又是互相联系、互相影响的。因此，客观物质世界的各个方面都有内在的逻辑联系。作为反映人们认识成果的词素意义，一方面由于其中包含了这样的逻辑要素，自然也就使得词素与词素之间存在意义上的联系，使之成为一个完整的子系统；另一方面，也使词素意义，主要是词汇意义的再分类具有了逻辑基础和客观依据。据此，我们可以用逻辑的方法，参照上述分析，将反映人们对客观世界的认识成果的词汇意义进行再分类，主要有以下四个小类。

1. 名物意义

从哲学上看，客观世界可以包容的任何具体的人、事物、现象都是在特定的时间和空间中存在的。这些事物、现象、人、时间、空间作为人的认识对象，其本身都要形成一定的概念内容，并作为人们的认识成果，借助于特定的语音形式在词素意义中反映出来。词素意义中反映这种概念内容的意义成分就是词素的名物意义。例如：衣、板、时、年、东、左、臂、骨、泪、街、灯、货、礼、诗、腺、寺、魂、班、法、军……由这类词素表示的意义内容都是名物意义，人们一接触到这类词素，便很容易通过其概念内容而联想到各自所反映的客观世界的人、事、物、现象。这正是名物意义起作用的结果。

2. 性状意义

客观世界中的人、事物、现象都有一定的性质和属性，并表现出一些特征，以此与其他非同类的人、事、物、现象相互区别。也有的事物、现象存在于客观世界时还表现为一定的状态和方式。词素意义在反映客观事物现象本身的同时，必然要对事物的性质、属性、数量、状态、方式等特征做出反映，由此而形成的词素的意义内容就是性状意义。例如：脆、坚、娇、俏、三、半、双、倦、躁、敏、楞……由这类词素表示的意义内容都是直接描写人或事物、现象的数量、性质及状态，因此，这类词素的词汇意义就是性状意义。

3. 行动意义

客观世界中的人、事物、现象都是以一定的方式存在着的，静止与运动，变化与发展，存在与消亡，都是存在的具体表现形式。此外，作为个体的人，都还有一定的感知、情感与认识活动。词素意义在对这部分内容进行认识反映时，也体现为一定的意义范畴，可以称之为行动意义。如：凝、发、消、厌、闻、看、欺、耕、赔、恨、嫁……这类词素反映的意义内容或以叙述客观事物和现象存在、发生与发展变化的表现形式为主，或以述说人的内心情感与思维活动方式为主，也都形成了一定的意义范畴，概括起来，就可以确定为行动意义。

4. 关系意义

客观世界的事物、现象及具体的人都不是彼此孤立的，而是与其他事物、现象及具体的人相互联系在一起的。它们相互依存、相互影响，形成了各种各样的相互联系。这些不同的相互联系的方式也同样作为人们认识世界的成果的一部分反映到词素的词汇意义中，由此而成为词素的关系意义。比如，汉语词素的"和"、"并"、"且"、"跟"、"也"、"的"等，就是这种情况，这些词素的词汇意义表示的都是事物与事物、现象与现象或者人与人、人与事物之间的各种各样的关系，所以是关系意义。

综合以上分析，就可以大致整理出一个现代汉语词素的词汇意义的再分类系统：

$$
现代汉语词素的词汇意义分类系统
\begin{cases}
1.\ 名物意义 \\
2.\ 性状意义 \\
3.\ 行动意义 \\
4.\ 关系意义
\end{cases}
$$

需要指出的是，这个意义分类系统还只是初步的、尝试性的构拟，完全是为了说明问题，因而带有举例的性质，远非全面。事实上，词素的词汇意义分类系统还可以作更进一步的补充和更加深入细致的研究。关于这个问题，本书将在第五章第三节作比较详细的分析，为了避免重复，这里暂且不作赘述。

（二）色彩意义的再分类

就现代汉语的词素所具有的色彩意义来看，大致可以包括以下几种类型。

1. 时代色彩

词素意义中含有的表示客观事物或现象所依附、存在的时代的意义内容，便是词素意义的时代色彩。比如："臣"、"爵"、"侯"、"妃"、"奴"、"妾"、"辇"、"婢"、"诏"，这些词素所表示的事物现象仅仅存在于中国古代社会，到现代社会则已经消亡了。因此，这些词素意义已明显地带有了历史的陈迹。现代人一见到这些词素，便立刻通过词素意义回想起古代社会中存在的这些事物和现象。所以如此，正是由于这些词素意义中的色彩意义起了作用。与上面这些例证不同，词素"沙拉"、"拷贝"、"尼龙"、"氢"、"艾滋"、"啤"、"托福"、"保龄"、"雪碧"、"可乐"、"迪斯科"、"麦当劳"、"肯德基"等，则体现出浓郁的现代生活气息。这些词素所反映的事物现象都只是现代社会才出现的。所以一提到这些词素，便立刻感觉到它与前面所举的词素如"妃"、"妾"等有明显的时代差异。

不难看出，汉语中确实有一部分词素，所带有的时代色彩是显而易见的。

2. 地方色彩

词素意义中用于揭示客观事物现象存在的大致地理方位和区域的内容，便是词素意义的地方色彩。比如，"俺"这一词素，只存在于北方话区，因此通行的范围也只限于北方话区，其中山东省境内用得就比较广。至于北方话区以外的人则是不大用的，比如南方人就很少用到这个"俺"。又如"埋汰"这一词素，也只是限于东北地区，初到东北的外地人见到这个词素时不一定能马上明白是什么意思。这种情况也正好说明了其使用范围上有一定的局限性。这些词素由于只在某一局部地区通行而附带显示了该地区的方言特色。这种方言特色，正是词素意义中地方色彩的一种。

词素意义中保留地方色彩的另一种类型是：词素意义所反映的客观事物现象赖以生存的环境具有一定的地域性。这些事物现象所依赖的地域环境也被反映在词素意义之中，而成为词素意义中的地方色彩。比如，"菱"、"荸荠"，这些水生植物主要生长在南方，北方人对此就不一定很熟悉了。由于这种事物生长于特定的自然环境，这就使人一接触到这些词素意义时，便很容易把这些词素所反映的事物与其生长的地域条件联系起来，从词素意义推及到所反映的客观事物，又从客观事物联想到其存在的地域范围。这就是说，反映这些事物的词素也因此都带上了一定的地域色彩。

3. 民族色彩

民族色彩就是包容在词素意义之中的体现事物现象从属于某种民族或具有某种民族特点等的意义内容。比如："哈达"这一词素实际是指代用以表示敬意或祝贺的一种长丝巾。因为这种礼仪方式久为藏族和部分蒙古族所习用，因此，在现代汉语中，只要涉及"哈达"，人们便会不由自主地将它与藏族人民和蒙古人民日常生活中的礼仪活动紧密结合起来。久而久之，就在其词素意义之中增加了"藏族和部分蒙古族"这一意义内容，从而体现出"哈达"这一词素的民族色彩。再比如，人们一提到"篆"、"楷"、"儒"、"丝"、"绸"、"瓷"、"茶"这些词素，立刻就会想到这是汉民族汉语社会的产物，从而把词素意义所反映的这些事物与汉民族汉语社会联系到一起，这样也就使汉语词素的意义带上了民族色彩。

　　民族色彩在不同的词素意义中表现的明晰程度是不一样的。在现代汉语里，也并非每个词素的意义中都具有民族色彩。有的词素意义的民族色彩比较浓郁，有的词素意义的民族色彩就比较淡薄。

　　4. 外来色彩

　　外来色彩是指词素从非汉民族语言移植到汉语中以后，随之而来的体现非汉民族语言特点的一种情调和意韵。比如，"啤"、"巧克力"、"沙发"、"佛"、"芭蕾"、"克隆"、"麦当劳"、"肯德基"、"高尔夫"、"弥撒"等，这些词素都是从英语、梵语中移植过来的，无论从语音结构形式上看，还是从意义内容上看，都体现出不同于汉语原生词素的一些显著特色，都带有一种不同于汉语原生词素的情调和意味。这是由于词素所反映的客观事物、现象也并非汉民族社会原来就有的，而是汉民族以外的某一语言社会所特有的。与此相关，词素意义除了反映这种带有民族特点的事物之外，同时还在词素意义的外围附着了一定的外民族语言的韵味和情调。这样的词素在进入汉语系统之后，这种不同于汉语的情调和韵味便充分显现出来，最终在汉语系统中稳定下来成为汉语词素意义中的外来色彩。

　　5. 感情色彩

　　感情色彩就是体现在词素意义之中的表现人们对客观事物现象的主观态度与评价的一部分意义内容，包括人们的主观好恶、爱憎、褒贬、是非等诸多方面。平常所说的"真"、"善"、"美"就具有明显的褒义色彩，而"假"、"恶"、"丑"又具有了明显的贬义色彩。"恭"、"敬"、"尊"表现出人们的喜爱、尊敬、赞美之情，"恨"、"怨"、"憎"又表现出人们的不满、指责的情绪。

　　关于感情色彩，人们讨论得很多，也很深入。这类色彩意义也一直受到人们的重视。在此无须多谈。

6. 形象色彩

　　形象色彩是包含在词素意义之中的体现人们对客观事物的外部特征、形象特点的认识的那一部分意义内容。形象色彩实际上是人通过感觉、知觉、表象反映事物的外表形象和特征而得出的认识成果。所以，客观事物的外部形象特征是词素的形象意义产生的客观基础。比如，足球、篮球、排球、乒乓球、珠子等客观事物都给人"圆"的形象，硬币、圆圈、门环、耳环、圆桌等实物也都给人以"圆"的形象，这些不同的事物在作用于人脑之后，都会给人以几何图形圆周的直观感觉，这种直观感觉正是词素"圆"的形象色彩意义得以产生的客观基础。而当"圆"的词素意义产生之后，只要人们一用到这个词素，那么其意义内容中所包含的事物的外表形象特征又会立刻从人的脑子里浮现出来。这时所产生的关于事物外表特征综合的联想内容，便是形象色彩。汉语中有形象色彩的词素也比较多，常用的如："疤"、"卵"、"饼"、"泡"、"窗"、"环"、"针"等词素意义中也都带有一定的形象色彩。

7. 语体色彩

　　语体色彩是包含在词素意义中的显示该词素在长期语言运用中适用于各种不同文体的氛围而凝固下来的某种风貌和格调。

　　仅就现代汉语词素来看，一部分词素多用于书面语之中，口语中则少用。这样的词素，有的表现出古奥、典雅、庄重的特点，例如："若"、"乎"、"故"、"兹"、"遂"、"而"、"凡"、"概"、"本"、"何"、"彼"、"此"、"如"、"乃"、"未"、"则"、"以"、"且"、"所"、"囹圄"、"滥觞"。有的则又表现出准确、简明、严谨的风格色彩，例如，用于科技语体中的"安培"、"欧姆"、"伏"、"加"、"减"、"乘"、"除"、"商"、"腺"、"胰"。

　　另有一部分词素则又多用于口语语体，表现出平实、通俗的特点。例如，"喽"、"哈"、"哼"、"啥"、"嘛"、"甭"、"孬"、"搞"、"～头"、"～子"、"阿～"、"～家"、"～鬼"。

　　色彩意义的类型大致有以上这几种。需要注意的是，我们把色彩意义分列七类，是为了说明问题时更方便一些。其实，就现代汉语中的某一个具体的词素来讲，也可能同时含有不止一种色彩意义。如："孬"、"甭"是从方言系统移用到现代汉语普通话系统的词素，这两个词素同时都带有地方色彩、感情色彩和口语色彩。"腺"是从日语中移植到汉语普通话之中的一个词素，同时具有外来色彩和科技语体的书面色彩。某一词素同时兼有多种色彩意义，其原因是多方面的：有时与汉语词素的主要历史来源有关，比如说，移植词素就具有外来色彩，移用词素就具有地方色彩；有时与语言社会对词素的使用有关，如对词素使用的语体范围的限制，便形成词素的语体色彩，而对词素在汉语社会中使用的地域范围的限制便形成了词素的地方色彩；有时与人们的主观认识也有关系，比如，在词素的意义内容上附带了人们的主观感情、评价及态度便有了词素意义的感情色彩；而在词素的意义内容上附带了人们对被反映事物现象的知觉表象等内容之后，便形成了词素意义的形象色彩。由于以上种种原因，现代汉语词素的色彩意义就变得丰富多彩、纷繁复杂。

通过以上分析，我们可以得到现代汉语词素的色彩意义的再分类系统：

$$
现代汉语词素的色彩意义分类系统
\begin{cases}
1.\ 时代色彩 \\
2.\ 地方色彩 \\
3.\ 民族色彩 \\
4.\ 外来色彩 \\
5.\ 感情色彩 \\
6.\ 形象色彩 \\
7.\ 语体色彩
\end{cases}
$$

（三）语法意义的再分类

所谓语法意义，就词素而言，就是指词素在构词造词时所表现出来的功能属性。汉语词素可以根据其不同的构词功能和属性从各个不同的角度进一步再分类。这样分类的结果是，功能、属性相同的词素，形成一个聚合体，功能、属性不同的词素，则各自分属于不同的聚合体。这样，汉语中的所有词素就可以依据其构词功能、属性的差异，分列出大大小小的聚合体，而每一个聚合体内部的词素又因为都具有共同的构词功能与属性，因而可以对这种共同的构词功能与属性做进一步概括，从而形成词素的语法意义。这样看来，语法意义实际上也就是一种范畴意义。一般说来，分类的角度不同，所分出的词素聚合体当然也就不同。这样再从不同的聚合体中概括出来的语法意义当然也就各不相同，因此，每一个聚合体所含有的特定语法范畴也就各不相同。这就为词素的语法意义的再分类提供了理论依据。以下是从两个不同角度得出的词素语法意义的类集。

1. 实素和虚素

如前所述，最早对词素按构词功能的不同进行分类的是陈望道先生。陈先生早在 20 世纪 40 年代的文法革新时期就提出过这种主张，晚年在他的《文法简论》中，陈先生继续坚持了这种主张。后来，张寿康先生也在其所著的《构词法和构形法》一书中专门探讨了自 1956 年以后构词成分分为实素和虚素的具体情况。也正因此，汉语构词成分划分为实素和虚素两大类型的主张已逐渐为人接受。事实上，汉语词素从构词法上分为虚实二类也确实有它的价值。

实素与虚素是根据汉语词素在构词中的功能属性划分出来的两个最大的类集。一般地说，实素的构词功能在于构造语法上的实词，虚素的构词功能主要在于构造语法上的虚词。实素既可以与实素一起构造实词，也可以带上虚素构成词。单独由虚素构成的词以及虚素与虚素构成的词都是虚词。比如，"膀"、"架"、"本"这些实素都可以与其他实素构成如"肩膀"、"书架"、"版本"等复合词；也可以与虚素"～子"构成如"膀子"、"架子"、"本子"等派生词。可是单独的"～子"却不能成词。虚素可以单独成词的如"而"、"则"、"并"、"与"。由虚素与虚素结合起来构成的词如"而且"、"并且"、"所以"、"因而"，等等。

根据词素构词功能分出的实素和虚素，在意义上也都有各自的特点。实素的词汇意义比较明显、具体，语法意义主要体现为一种功能意义，部分词素的色彩意义具有鲜明性，多样性的特点。相对而言，虚素的词汇意义就比较隐晦、抽象、模糊一些，语法意义主要体现为一种关系意义，色彩意义比较单一。如果是在由实素和虚素组合成的合成词中，整个词的词汇意义则主要由实素来体现，语法意义则主要由虚素来体现。上面举的"膀子"、"架子"、"本子"等的词义中，实素"膀"、"架"、"本"决定了整个词的词汇意义的全部内容，虚素"～子"则主要体现整个词的语法意义。

2. 词根词素与附加词素

与实素、虚素的划分不同，词根词素与附加词素则是根据词素在它所构成的词中充当的结构成分分出的类。因而，这是从另一个角度对词素语法意义的再分类。

一般说来，凡是在词中能独立地充当词的主干成分，体现词的基本词汇意义的词素，便是词根词素；凡是在词中不能独立充当词的主要成分，也不能体现词的基本词汇意义，而只能充当词的附加成分，并附带地体现词的某些意义内容的词素都是附加词素。因此，词根词素与附加词素是对合成词做结构划分而得出的词素类型。

　　大致说来，在一个由实素和虚素组合的词中，实素在词中充当的都是词根词素；虚素在词内充当的都是附加词素。光有词根词素可以成词，可是光有附加词素就不能成词。就一个合成词来看，可以没有附加词素，但是不能没有词根词素。没有词根词素的词是不存在的。比如，"鞋子"、"苦头"、"读者"这几个词中的"鞋"、"苦"、"读"都是由实素充当的词根词素，这些词素构成了词的主要部分；而"～子"、"～头"、"～者"是由虚素充当的附加成分，充当了词缀。很显然，实素更倾向于和词根词素有一致的对应关系，而虚素则更容易与附加词素有一致的对应关系。

第三节　汉语词素的意义类型

　　根据词素所含义项数量的多少，可以将现代汉语中的词素分成单义项词素和多义项词素。在共时平面上，只含有一个义项的词素为单义项词素；含有两个或两个以上义项的词素为多义项词素。

　　汉语词素的一个重要特点是语音上的单音性。据尹斌庸先生《汉语语素的定量研究》[①] 的统计，汉语中双音节词素数量极少，只占全部词素的3%左右。而且大部分是一些动植物的名称（如"蝙蝠"、"芙蓉"、"蝴蝶"、"苜蓿"）和双声、叠韵式联绵词（如"吩咐"、"肮脏"、"伶俐"、"玲珑"、"犹豫"、"葡萄"）。如果不计入一般的移植词素（如"坦克"、"沙龙"、"沙发"），而只计入一些早就移植到汉语中并已被汉语完全同化了的词素（如"菩萨"、"琉璃"），那么这些双音节词素的出现频率就极小极低，仅0.0028，不到千分之三。况且双音节词素构词能力非常弱。双音节词素中构词能力强的如"葡萄"，所构造的词最多也不会超过10个，和单音节词素的构词力相比，简直是望尘莫及。汉语中生命力最强的，起决定作用的是单音节词素。

---

　　① 尹斌庸：《汉语语素的定量研究》，《中国语文》1984 年第 5 期。

为了便于分析研究，我们根据上述原则，统计分析的材料仍以单音节词素为准。

《汉字信息字典》①表明，在它所收的 7785 个汉字中，有 593 个字是不单独表意义的，如"葡"、"萄"、"窈"、"窕"、"咖"、"啡"等，这些字必须与别的字合在一起才有意义。除掉这 593 个汉字以外，其余的 7192 个汉字就都有意义了。从它们与单音节词素的对应关系来看，这 7192 个汉字也可以说是至少有 7192 个单音节汉语词素（因为有的汉字可以同时代表不止一个词素）。统计结果可以显示如下表：

义项数	1	2	3～4	5～8	9 项以上	合计
词素数（字数）	4139	1622	1023	351	57	7192
占统计词素的百分比（%）	57.55	22.55	14.22	4.88	0.793	100

据上表统计，单义项词素至少有 4139 个，而多义项词素不到 3053 个（义项为 2 的汉字有些实际上是单义项词素，只是这两个词素都用同一个汉字表示罢了）。用这两个数字作比较，那么，汉语中单义项词素与多义项词素的比例就是 1∶0.738。由此，可以大致看出现代汉语词素中单义项与多义项的分布情况。

现代汉语中的词素，在其刚刚产生之初，都是单义项的。单义项词素在人们的长期语言实践与应用中，引申繁衍出新的义项，便成为多义项词素。尽管如此，在现代汉语中，从共时平面看，仍有相当一部分词素是单义项的。这些单义项词素从其意义内容来看，以下几种情形较为突出，也最为常见。

1. 日常生活用品和食品名称，如：

鞋：穿在脚上，走路时着地的东西，没有高筒。

粥：用粮食或粮食加其他东西煮成的半流质食物。

糕：用米粉、面粉等制成的食品。

纸：写字、绘画、印刷、包装等所用的东西。

2. 动物、植物的名称，如：

蚕：家蚕，柞蚕等的统称，通常专指家蚕。

虾：一种节肢动物，可以吃。

---

① 李公宜、刘如水：《汉字信息字典》，科学出版社 1988 年版。

　　鸽：鸽子，一种鸟。

　　莲：一种多年生草本植物，也叫芙蓉、芙蕖。

3. 表示人或动物机体组织中器官的名称，如：

　　颈：颈项。

　　肘：上臂和前臂相接处向外面突起的部分；胳膊肘。

　　肝：人和高等动物的消化器官之一。

　　腮：两颊的下半部。

4. 表示专科术语的概念，如：

　　氢：气体名称，符号为 H。

　　卡：计算热量的单位，是卡路里的简称。

　　分贝：计量声音强度或电功率相对大小的单位。

5. 表示人的姓名或地名，如：

　　褚：姓。

　　姚：姓。

　　沪：上海的别称。

　　皖：安徽的别称。

　　当然，以上几类也还只是举例性质的，远非全面。更全面更细致的语义类型，将在本书第六章第二节中详细论列。

　　如果结合语法属性来看，现代汉语的单义项词素则以名素居多，动素、形素、虚素则不大见到。因为现代汉语的动素、形素和虚素等都以多义项居多。这从上面的举例中可以看到。

　　在现代汉语共时系统中，凡是含有两个或两个以上义项的词素就是多义项词素。从多义项词素的几个义项之间有没有明显的联系看，多义项词素可以分为两个类型。

　　一类是各义项之间有明显的联系，而且各个义项都是在共同语系统中产生的。例如：

亭：①亭子；

　　②形状像亭子的小房子（书亭/邮亭）。

义项②是通过比喻方式在义项①的基础上演化而来。

室：①屋子；

　　②机关、工厂、学校等内部的工作单位（档案室/图书室）。

义项②是在义项①缩小了词素所指对象的范围后演化而来的。

锦：①有彩色花纹的丝织品；

②色彩鲜明华丽。

义项②是义项①所指事物对象的特征。

另一类的情况则不同，尽管词素的各个义项之间也有共同的语义联系，但这些义项并非都在共同语系统中产生，而是部分义项本为原生词素所有，部分义项原为移用词素所有。当移用词素进入共同语系统之后，与之有同形同音关系的原生词素凭借语义上的联系对它加以整合归并，最后成为共同语中的一个多义项词素。例如：

挂：

①借助于绳子、钩子、钉子等使物体附着于某处的一点或几点；

②把耳机放回电话机上使电路断开；

③钩（钉子把衣服挂住了）；

④指交换机接通电话，也指打电话；

⑤（内心）牵挂；

⑥（物体表面）蒙上；糊着（脸上挂了一层灰土）。

以上六个义项中，①②③为原生词素"挂"的义项，存在于共同语系统之中；④⑤⑥本为移用词素"挂"的义项，存在于现代汉语方言系统之中。在移用词素"挂"进入共同语系统之后，不仅与原生词素"挂"同音同形，而且它们各自所具有的义项都因为有一个共同的语义特征［＋使附着］而形成了稳定的语义联系。这一共同的语义特征正是词素意义得以引申发展的重要线索，也是理清以上各义项间内在逻辑联系的关键。

由于汉民族共同语与现代汉语方言本来都有共同的历史渊源，因此，如果结合汉语由古到今的发展演变过程，追溯到古代汉语或近代汉语，在更为广阔的历史背景中考察"挂"的义项之间的逻辑关系，就比较容易看出其间的引申关系。

"挂"的最早的义项，《玉篇》、《辞源》、《辞海》中均列为"悬挂"。也就是以上所列的义项①。因为"悬挂"时总是"使某物依附或附着于另一物"，所以，"挂"的词素意义便由此引申开来：当提开的电话耳机重新放回，并附着于电话机上时，就会使电话中断，这便是义项②。当交换机连接电话机，使发话人与受话人相互通话时便产生了义项④。如果某物的某一点附着于另一物上并受到约束，便产生了义项③。当"挂"用于抽象的思维活动，表示将某人或某事牢记在心时，便有了义项⑤。当"挂"用于指称某物依附于另一物体的表面时，便产生了义项⑥。可见，尽管"挂"的前三个义项原产生于共同语系统内部，后三个义项原产生于现代汉语方言系统，但在移用词素"挂"进入共同语以后，它们之间意义上的引申关系仍然可以很清楚地勾画出来，因而完全可以视为多义项词素。

以上两类多义项词素，目前一般人只承认第一类；至于第二类，则至今未见有人提及。我们的看法是，第二类实际上也是一种多义项词素。

最后需要说明的一点是，单义项词素与多义项词素由于各自所含的义项数量不等，反映出来的各自的造词情况也不相同。单义项词素静态存在时，只有一个义项；进入动态造词时，无论它所造的词有多少，词素意义都可以连同词素一起直接进入构词，而无须经过选择词素意义的过程。在构成词以后，它在任何一个具体的词中显示的都是整个词素的全部义项。因而单义项词素在静态存在与动态构词中，义项保持了一对一的关系。多义项词素则不然，这类词素在造词之前，即在静态中，同时有多个义项，而在进入动态的构词时，每一次构词中只能允许使用它的一个义项，因此，就有了一个义项选择与确定的过程。在由某一个多义项词素构成的同族词中，不同的词就有可能保留不同的词素意义。从数量上说，每一个具体的词所保留的只是整个词素的某一个义项。因而多义项词素在静态存在与动态的构词中，义项之间体现出多对一的关系。

第四节　汉语词素意义形成词义的方式

词素意义是词素的意义内容，词义是词的意义内容，二者的区别是很明显的。可是另一方面，词素和词之间的相互依存相互联系也决定了词素意义和词义必然有着复杂的联系。

就现代汉语来讲，词的内部结构是繁还是简，词内所含词素数是多还是少，都直接关系到词素意义转化为词义的方式。

对单纯词而言，由于词的内部结构简单，词内所含词素只有一个，词素意义在由静态进入动态转化为词义时一般都采用比较直接的方式。这种情况下，原先的词素意义与动态构词中的词义都比较容易保持最大程度的一致性。如，"拈"当作静态的构词词素时，义为"用两三个手指头夹取

（东西），捏"；当它单独构成一个词时，仍是这个意义，如"拈阄儿"。可见，"拈"的词素意义直接实现为词义。这种方式可以称为直接实现式。

有一种观点认为，"很"、"谁"、"呸"、"坎坷"等"单纯词的意义仅仅是作为词义而存在"，并由此而得出这样的看法："喜"与"忧"，一为"欢乐"、"高兴"，一为"忧愁"、"忧虑"，两种意义毫无疑问截然相反，但在现代汉语中，"喜"之义依然是词义，而"忧"之义一般情况下已不成词义，只作语素义，因此两者不能构成反义词，只表现为词和语素的反义关系。此外，还以现代汉语里的"生"为例，认为语音形式相同，书写形式相同，而意义毫无关联的"生"共有四个，不能笼统地说生^1、生^2、生^3、生^4 互为同音词，应该认为生^1 和生^2 是同音词，生^3 与生^4 则为同音语素，生^1、生^2 与生^3、生^4 分别形成同音词和同音语素的关系。①

我们认为，肯定单纯词的意义是词义，这并没有错。问题在于，强调单纯词的意义仅仅是作为词义而存在，忽略并否认单纯词的词义也是由词素意义构成，不承认单纯词的词义也是由词素意义通过直接实现式形成词义，这又未免有点过头。因为这实际上等于说单纯词就是单纯词，其内部结构具有不可分析性，或者说不能由词素构成。这在语言理论上是说不通的，与词素构成词的观点明显不一致。

前面说过，词素可以根据其构词能力分为成词词素和不成词词素两类。无论是成词词素还是不成词词素，它们都有各自的意义内容，即词素意义。语言中不存在没有意义内容的词素。成词词素、不成词词素在静态语言中的意义仍然是词素意义，在动态的构词语境中则构成词义。据此，应该认为，"很"、"谁"、"呸"、"坎坷"等单纯词，因为是由成词词素构成的，静态的词素意义可以通过直接实现的方式形成词义，所以词义与词素意义虽然处在不同的层次上，但是内容完全一致。据此，可以肯定，在现代汉语里，成词词素"喜"的意义"欢乐"、"高兴"既可以是静态的词素意义，又可以是单纯词的词义。而不成词词素"忧"的意义"忧愁"、"忧虑"仅仅是静态的词素意义，一般情况下，不会形成单纯词的词义。很明显，"喜"与"忧"的静态词素意义正好相反，所以是反义词素。同样道理，生^1、生^2、生^3、生^4 尽管各自的意义内容互不相关，但由

---

① 杨振兰：《试论词义与语素义》，《汉语学习》1993 年第 6 期。

于它们都有意义，加上语音形式和书写形式完全相同，因而，可以认定它们都是同音词素。

对于合成词而言，由于词的内部结构比单纯词复杂，词内所含词素不止一个，所以词素意义在由静态进入动态转化为词义时，所采用的方式就不可能很单一了。常见的就有直接实现式（如"道路"、"消灭"），直接加合式（如"医护"、"气温"），直接增补式（如"攻势"、"留言"），直接减损式（如"窗户"、"忘记"），间接转移式（如"染指"、"弄瓦"）。在这些变化方式中，词素意义与词义关系最远的是间接转移式。

下面，我们将就此作一具体分析。

从数量上看，汉语的词有单素词与复素词之分。所谓单素词，就是只含有一个词素的词，也就是单纯词。所谓复素词，就是含有不止一个词素，即由两个或两个以上的词素结构而成的词，也就是合成词。

从静态平面上看，单素词的词义就是它所由构成的词素的意义。单素词的词义是由构成它的词素意义直接通过实现关系形成的。例如：

喝：①把液体或流食咽下去；

　　②特指喝酒：爱喝/喝醉了。

巴士：公共汽车。

很：表示程度相当高。

拷贝：用拍摄成的电影底片洗印出来供放映用的胶片。

以上几个例子中，词义是由词素意义直接实现的。可以说，词义是对词素意义的直接认同。

由于复素词内部不止一个词素，因此，整个复素词的意义与它所由构成的几个词素的意义之间就存在着比较复杂的关系。

一般说来，复素词中的词素意义形成词义的方式有以下几种。

1. 直接实现式

汉语中有这样一部分复素词，其所由构成的任何一个词素的意义都与整个复素词的词义有相近或相似的意义。这种意义相近或相似不仅表现为词汇意义相近或相似，而且也同样表现为色彩意义和语法意义的相近和相似，因而可以认为词素意义直接实现为复素词的词义。例如：

（1）道路　　声音　　牙齿

（2）消灭　　制造　　别离

（3）自从　　按照　　依照

（1）（2）（3）三组词中，词素与它们构成的复素词在词汇意义、语法意义、色彩意义上都有一致的对应关系。

词素意义与词义有直接实现关系的复素词，主要表现为并列式结构关系的合成词。从造词构词的角度看，选用意义相同、相近或相似的词素用并列关系构成复素词，主要有两个原因：一是受汉语词汇双音化发展规律的制约。现代汉语中，双音节词占绝大多数，人们的构词造词自然也服从这一总的规律。二是由并列关系组合在一起的词素，由于受到特定构词环境的制约，它们的意义内容可以相互参照，便于从各自具有的多个义项之中确定选择一个义项，使多元化的词素意义变为单一化的词义，从而使词义明确清晰起来，便于人们选词造句。

2. 直接加合式

直接加合式是指复素词的词义是所由构成的各个词素的意义经过相加拼合而构成的。具有直接加合关系的复素词，其内部所含的任何词素的意义都是整个词义所不可缺的一个部分或一个侧面，因为只要把各个词素意义直接加合起来就成为整个复素词的意义。比如：

（1）品名　　红旗　　长期　　军纪　　大事
（2）退职　　分清　　说明　　洗澡　　平分

上例中，整个复素词的语法意义都是由其中的一个词素决定的。这个词素可以称之为主要词素。与此相对，另外一个词素也就可以称之为次要词素。主要词素与次要词素在意义上是一种相加相关的关系。就"品名"而言，词义是"物品的名称"，是由词素"品"的意义直接加上词素"名"的意义构造而成的。同样，"平分"的词义就是"平均分配"，也是由"平"的词素意义"平均"直接加上"分"的词素意义"分配"构造而成。

当然，直接加合关系中也有以下这种情况，即复素词中各个词素之间的地位平等，无主次之分。也就是说，处于平列地位，不分主次的词素也可以依照直接加合关系形成复素词。例如：

（1）品德　　沉郁　　陈腐
（2）狂暴　　宽恕　　尖刻

"品德"的词义由"品"的词素意义"品质"直接加上"德"的词素意义"道德"并列构成。"狂暴"的词义"猛烈而凶暴"是由"狂"的词素意义"猛烈"和"暴"的词素意义"凶暴"直接加合而成。

3. 直接增补式

直接增补是指复素词的词义除了包含有内部各个词素本身的意义内容之外，还包含有词素意义所不具备的某些内容。相对于词素意义来讲，词义的内容因有所增补而显得更为丰富。比如：

攻：进攻；势：形势；/攻势：向敌方进攻的行动或形势。

家：家庭；信：书信；/家信：家庭成员间彼此往来的信件。

饥：饿；色：神色；/饥色：因受到饥饿而表现出来的营养不良的脸色。

合：共同（跟"分"相对）；击：进攻；/合击：几路军队共同进攻同一目标。

留：保留、遗留；言：话；/留言：离开某地时用书面形式留下要说的话。

逃：逃避；婚：婚姻；/逃婚：为逃避不自由的婚姻，在结婚前离家出走。

可以看出，以上这些复素词的词义与所由构成的词素的词素意义相比，都明显地增补了一些内容。"逃婚"除了词素意义的内容"逃避婚姻"之外，还另有"婚姻不自由"、"在结婚前离家出走"之意。"留言"除了有词素意义"留下话"之外，还有留话的场合（离开某地时）、方式（用书面形式）。"合击"不仅仅是词素意义"共同进攻"，更有进攻的主体（几路军队）及客体（同一目标）。

增补关系也是词素意义成为词义的比较直接的方式。

4. 直接减损式

直接减损式是指复素词的词义比起它所由构成的各个词素的意义内容来，显得少而单一，其中有的词素的意义已经消失，这样，就出现了以下的情形：整个复素词的词义内容只与一部分词素意义的内容相对应。例如：

窗：窗户；户：门；/窗户：墙壁上通气透光的装置。

忘：遗忘；记：把印象保持在脑子里；/忘记：①不记得；②没有记住。

干：没有水分或水分很少；净：清洁、干净；/干净：没有尘土，杂质等。

"窗户"一词仅保留了词素"窗"的意义，而没有词素"户"的意义；"忘记"一词也只有"忘"的词素意义，而没有"记"的词素意义；"干净"只保留了词素"净"的意义，没有词素"干"的意义。这些由直接减损关系形成的复素词，它们的词义内容只能反映部分词素意义的语义内容。而被减损的词素，由于暂时减损并隐匿了其原有的意义内容，虽不再体现词义，不再成为复素词词义的一部分内容，但它可以在这种特定的构词语境中起到标记提示作用，有助于人们对另一个非减损的表词义词素的意义作出选择并予以确定。同类的例子还有："动静"中的"静"，"国家"中的"家"，也都是被减损了意义内容的词素。

从汉语的历史发展来看，词素意义由直接减损方式形成词义的现象并非在造词之初就是如此。由以上所举的这些例子可以看到，词素意义通过减损关系形成词义的词多为并列式复合词。这种并列式复合词在其构造之初，其中的每个词素都是有意义的。在现代汉语里，这些被减损了意义的词素在其他词里仍然保留并可以继续显现它原有的词素意义。所以，词素意义由直接减损关系形成汉语的词义也正是汉语历史演变的结果，是词素意义组合为词义的一种特有的变化形式。

5. 间接转移式

顾名思义，间接转移是指词素意义与复素词的意义之间无直接的关系，而是经过词素意义的曲折转移变化才形成复素词的词义。一般说来，有间接转移关系的复素词的词义往往要经过词素意义的进一步融合才能形成。这一融合过程又表现为以词素意义为基础，并以更抽象的思维方式进一步概括，因而词素意义与词义之间的联系就不如直接实现、加合、增补、减损那么明显，有的甚至很模糊，使人很难借助于联想加以理解领会。例如：

染：沾染；指：指头；染指：比喻分取非分的利益。

"染指"的词义似与"染"、"指"的词素意义无直接的联系。其实这还是有据可查的。《左传·宣公四年》记载：春秋时期，郑灵公请大臣们吃甲鱼，故意不给子公吃，子公很生气，就伸指向盛甲鱼的鼎里蘸上点汤，尝尝滋味走了。由这个典故才生发引申出现在的比喻义。又如：

弄：耍、玩弄；璋：一种玉器；瓦：原始的纺锤；

弄璋：指生下男孩子（古人把璋给男孩子玩）；

弄瓦：指生下女孩子（古人把瓦给女孩子玩）。

推：向外用力使物体或物体的某一部分顺着用力的方向移动；

敲：在物体上面打，使发出声音；

推敲：比喻斟酌字句，反复琢磨。

比较一下，不难发现，以上这些复素词的词义与词素意义之间存在明显的差异。不仅如此，这些词素意义还都通过一种间接的较为曲折的方式形成了复素词的词义，并与词义形成了稳定的语义联系。同类的例子还有：

吃醋　饭桶

"吃"和"醋"的词素意义分别为"吞咽"、"调味用的有酸味的液体"；"吃醋"的词义则是"在男女关系上产生嫉妒情绪"。"饭桶"的词义也并非词素"饭"和"桶"之原有意义的简单相加，而是"比喻只会吃饭而不会做事的人"。

可见，以上这些复素词中，词素意义与词义都不是一对一的关系。从词素到词，意义上都要发生一种"言此意彼"的变化。当然，这种变化都是以词素意义为根据，借助于典故或引申、比喻等特定的方式完成的，因而可以视为间接转移式。

第五章

现代汉语词素的聚合系统

现代汉语词素系统的各个成员，都是语言的结构单位。语言是一个系统，这个系统又是由组合关系和聚合关系交互作用形成的。词素是语言的单位，有语音，有语义，有构词造词的功能，这些复杂的因素使汉语的词素与词素之间可以有各种各样的联系，凭借着这些不同的联系方式，汉语的词素系统内部最终形成一个多角度，多层次的复杂的网络聚合。

为了能够比较清楚地显示词素与词素之间的聚合关系，有必要首先确定形成词素的聚合关系的各项标准，然后再具体剖析依据各种具体标准所形成的不同的聚合系统，从而全方位地描述整个现代汉语词素的聚合系统的构成规律。

第一节　确定现代汉语词素聚合关系的具体标准

词素作为语言的单位，首先表现为具有特定的语音形式。词素语音形式的具体表现就是音节。任何一个词素，不论是原生词素，移植词素，还是移用词素，它首先都要表现为一定的音节形式。不同的词素所包含的音节数量是不一定相等的。

就现代汉语的大多数词素而言，通常只包含一个音节，但其中也不乏少量的词素，包含了几个音节，这便是通常所谓的单音节词素、双音节词素和多音节词素的划分。由此而来，现代汉语便有了单音节词素集、双音节词素集和多音节词素集。所以，音节数量的多少早已成为人们划分现代汉语词素，确定现代汉语词素聚合系统的一条重要标准。

其次，不同的词素之间很可能在音节形式上具有某些相同的特点，表现为声母、韵母、声调方面存在的异同关系。一般地说，声母、韵母、声调都完全相同的词素就是同音词素；声母、韵母、声调不完全相同的词素是异音词素。按照这种语音形式异同的标准，可以将现代汉语词素集合划分为同音词素集和异音词素集。

词素作为语言符号，除了语音形式以外，还有意义内容。和语音形式标准一样，词素的语义内容也可以成为人们划分词素聚合系统，确定词素之聚合关系的另一条重要标准。

从汉语的现有词素在意义内容之间的联系来看，现代汉语词素和词素之间的关系也很有规律性。这种联系也从一个非常重要的角度把现代汉语的词素系统划分为一个又一个很有特色的聚合系统。由于词素和词素之间在语义内容上存在着相同、相近、相反、相对、相关等各种关系，据此也可以将现代汉语词素集合划分为同义词素集、近义词素集、反义词素集、上下位词素集、类属词素集、关系词素集、序列词素集等各种不同关系的聚合体。

另外再换一个角度，如果从词素所含有的意义内容的数量多少和丰富程度来观察，不同词素的情况也各不相同。有的词素的意义内容较为单一，简单具体；有的词素的意义内容又较为多样，复杂抽象，且互有联系，形成一个较为封闭的语义网络。根据词素意义内容上的这一特征，又可以将词素划分为单义词素和多义词素两个聚合体。

词素的语言功能在于构词和造词。词素的构词和造词也使得不同的汉语词素有可能在语法功能方面存在某种程度上的相似性；也同样可以使得词素和词素在语法功能和构词方面表现出一定的差异性。比如，有的词素可以用于构造名词，但不能用于构造其他类别的词，如："腮"、"爸"、"湘"、"子"。有的词素只可以用于构造代词，而不能用于构造其他类别的词，如："谁"、"我"、"它"、"们"、"怎"。有的词素只可以用于构造副词，而不可以用于构造其他类别的词，如："甭"、"很"、"勿"、"岂"等。由此，我们可以把这种能构成相同类别的词的所有词素按照它们所构成的词的语法类别分别归结为一个个词素集合。这样，现代汉语的词素中，凡只能构造语法上一类词的词素都可以聚合为一个更大的集合，而能够构造语法上不同类的词素则另外聚合为一个词素集合。

另外，还应该看到：现代汉语中除了以上这些只能用于构造某一特定类别词的词素以外（比如，"甭"只能用于构造副词）；还存在着相当多的词素，他们一方面可以构造甲类词，另一方面，又可以构造乙类词。也就是说，这样的词素实际上是可以同时构造两类或两类以上的词。例如，现代汉语里的原生词素"奔"既可以构造动词"奔"，也可以构造介词"奔"；移用词素"煲"既可以用于构造名词"煲"，也可以构造动词"煲"。这说明，现代汉语的词素集合中至少还包含了这样两个集合：单类词素集、多类词素集。

　　现代汉语的词素为数不算少，在构词的灵活性方面也千差万别，有的词素通常情况下只能构造单纯词，不能构造合成词，如"吗"、"甭"、"的（de）"；而有的词素在通常情况下只能构造合成词，如"视"、"民"、"础"；另外一部分词素则既可以用于构造单纯词，又可以用于构造合成词，如"写"、"好"、"人"。词素的这一构词特征表明：完全可以根据某一词素是构造单纯词还是合成词的情况把现代汉语词素集分为单用词素集，非单用词素集，可单用也可不单用词素集。

　　最后，从词素构词的频率考虑，有的词素的构词频率很高，如"水"、"电"、"～子"；也有的词素的构词频率则很低，如"们"、"谁"、"它"；而绝大部分词素的构词频率则介于词素"～子"类和"它"类之间，如"把"、"词"、"官"。据此，又可以根据词素的构词频率的高低把词素分为高频词素、中频词素和低频词素。

第二节　现代汉语词素的语音聚合系统

　　词素的外在表现形式是语音。语音是由人类的发音器官发出的被语言用于表达一定意义的声音。语音有大大小小的各级单位：音素、复合音、音节、音节组合。而在现代汉语里，绝大部分词素是与语音的音节单位相对应的，只有少数是与音节组合相对应。因此，分析现代汉语词素的语音聚合系统，实际上就是探讨词素在音节层面上的聚合情况。

　　词素根据音节数量的多少首先可以分出三个较大的类聚：单音节词素、双音节词素和多音节词素。所谓单音节词素，就是只含有一个完整的音节形式的词素。如："必"、"唇"、"哄"、"习"、"追"、"矮"、"氨"、"另"、"俩"、"眶"、"太"、"虽"、"狮"、"吗"、"摹"。统计研究表明：现代汉语使用的单音节词素大约有 5000 个。[①] 在单音节词素集合里，有

---

　　①　尹斌庸：《汉语语素的定量研究》，《中国语文》1984 年第 5 期。

三种较为特殊的情况值得注意，这里做一点简单的探讨。

一是有的词素如"盆"、"棍"、"亮"、"门"、"根"、"眼"等后面可以接上一个"儿"，构成一个词，于是就认为"儿"是一个后缀。这个"儿"是有意义的：或表示微小（如：盆儿），或表示词性变化（如：亮儿、片儿、塞儿），或表示具体事物抽象化（如：门儿），或用于区别不同事物（如：白面—白面儿），或改变词义（如：火—火儿，头—头儿）。问题在于，此种状况下的"儿"，在人们通常的口语或朗读时并不能作为一个完整的音节存在，因为它实际上已经与前面的"盆"、"棍"、"亮"、"门"、"根"、"火"、"头"等的读音合成为一个音节了。在书面语中有时"儿"也不出现；注音时，也只写成代表发音动作的符号 r，并没有韵腹；并且也不具有完整的声调。从一定意义上说，这种意义上的"儿"在语音上实际上仍然缺乏汉语音节必不可少的两个基本特征——韵腹和声调，最多也只是一个音节形式不自足的语言成分，也就不具备词素的基本条件：词素都有特定的语音形式——音节。所以，最好不把这种"儿"视为一个词素。比较好的办法是将带有这种"儿"的语言形式看成是不带"儿"的词素的一个特有的变体，或者说是语音变化形式，即："花儿"是"花"的音变形式，"好儿"是"好"的音变形式，如此等等。当然，如果"儿"有自己的完整的语音形式，也有一定的意义内容，同时具备了词素的其他几个条件，那就应该视为一个独立的词素，如："幼儿"、"婴儿"、"健儿"、"男儿"中的"儿"。

二是现代汉语里有少数几个语言成分如"嗯"、"嗯"、"哼"、"呒"等，它们都可以独立构词，也都有一定的意义内容。但在语音形式上却有一点儿与其他词素明显不同。这就是：这些语言成分在语音形式上都只有辅音音素和声调两个部分，却缺乏元音音素。按照现代汉语的惯例，一般认为，汉语的音节中，可以没有辅音，但不能没有元音。因为汉语语音的音节结构的一个很重要的特点是元音占优势。对此，我们的看法是，可以认为这些单由辅音和声调两个要素构成的成分是一些较为特殊的音节形式。这些特殊的音节形式一般仅限于鼻辅音的 m、n、ng 几个。与英语语音相比较可知，英语的辅音 [m]、[n]、[l] 在后面没有元音的情况下，可以与前面的另一个辅音构成一个音节，所以这三个音称为成节音。例如：

Marxism [ˈmɑːksizm]　　　lesson [ˈlesn]　　　little [ˈlitl]

据此，可以认为在现代汉语里，"咳"、"嗯"、"哼"、"呒"的音节也全部是由辅音和声调构成，就是说，他们也有自己的特定的语音形式。

三是在现代汉语里，有少数几个语言成分如"甭"、"咱"、"俩"、"仨"、"叵"等，有人认为这其中包含了两个词素。例如：一部很有影响的大学现代汉语教材这样认为："有一种情况是一个汉字竟能包括两个语素，如'俩''仨'虽然念起来只有一个音节（俩 liǎ，仨 sā），但它们实际上分别都包含了两个语素——'俩'即'两个'，'仨'即'三个'。"①持这种意见的还有邢福义主编的中学教师培训教材《现代汉语》② 和张志公主编的中央广播电视大学教材《现代汉语》。

对此，我们认为，"甭"、"咱"、"俩"、"仨"、"叵"虽然从来源上讲都是合音词，但毕竟在现代汉语里都已经成为一个音节了。在只有一个音节的条件下，只能认为它们是一个词素。而不可认为现代汉语里存在没有完整音节形式的词素，同样也不可认为同一个音节形式所表示的意义的两个直接构成成分都可以分别独立为一个词素。因为按照词素的特点和条件，词素必须是用来构造词的最小的相对独立的语音语义的结合体。这里的"语音"就是指音节形式，而不是指音位。音位只有区别意义的作用，而不能单独表示意义。

再有，如果将"甭"、"咱"、"俩"、"仨"、"叵"都看成了两个词素，那就会在构词法上出现问题。因为任何一个语言成分，只要其中同时含有两个或两个以上的构成成分，那就必然存在着结构关系和结构规则。很难想象语言中存在着这样的结构体：包含有多个结构成分，彼此无任何结构关系，能相对独立地并存。事实上，如果肯定或坚持认为"甭"、"俩"、"仨"、"叵"分别包含了两个词素'不用'、'两个'、'三个'、'不可'，按照这种逻辑推理，就必然得出这样的结论：因为'不用'、'两个'、'三个'和'不可'都是偏正关系的组合体，所以"甭"、"俩"、"仨"、"叵"也理应分析为偏正关系的复合词。可是这种结论目前还是无法被认可。

另外，从来源上看，现代汉语的单音节词素既有原生词素集合的元素（如：一、及、水、立、子、学），又有移植词素集合的元素（如：泵、

---

① 北京大学中文系现代汉语教研室：《现代汉语》，商务印书馆 1993 年版，第 265 页。

② 邢福义：《现代汉语》，高等教育出版社 1986 年版，第 219 页。

磅、吨、胎、佛)、同时也有移用词素集合的元素(如:孬、煲、嘘、海、套)。

现代汉语的双音节词素也很有特点,这一部分词素从来源上看,又可以分为两个聚合系统:原生词素集合和移植词素集合。

原生词素集合的这一部分也很有特色,还可以进一步划分出几个更小的子集:或者属于双声的(两个音节的声母相同,如:吩咐、参差、仿佛、秋千、蜘蛛、尴尬),或者属于叠韵的(两个音节的韵母都相同或相近,如:逍遥、馄饨、窈窕、苗条、徘徊、蹉跎),或者属于既非双声、又非叠韵(如:芙蓉、蝙蝠、蝴蝶、玛瑙、垃圾、蜈蚣),或者表现为叠音形式(如:饽饽、蛐蛐、猩猩、蝈蝈)。

移植词素集合中的双音节词素也相对独立,可以自成一个集合体(如:吉普、芭蕾、坦克、沙发、卡通、拷贝)。

至于现代汉语多音节词素,从来源上说,只有原生词素集合和移植词素集合。移用词素集合的元素在多音节词素集合里则基本上是没有的。原生词素集合的成员其意义则又是较多地以摹写声音为主要内容的(如:哗啦啦、噗噜噜、丁零当啷、叽叽喳喳、叽里咕噜、叽里呱啦、叽叽嘎嘎)。而移植词素集合的成员则较多地表现为音译成分(如:蒙太奇、巧克力、布尔乔亚、布尔什维克、英特纳雄耐尔)。

最后,从词素的语音表现形式——音节来看,词素与词素之间也可以区分出一系列大大小小的同音聚合群。这些同音聚合群是由一个个同音聚合体构成的。同音聚合体的共同特点是其内部成员都具有相同的音节形式;不同点则是不同的聚合体内部所含有的词素的数量多少是不等的。在现代汉语中,同音聚合体中的成员最少的只有两个词素,最多的则可以达到几十个词素。因而差别是很明显的。

举例来说,"簸"和"跛"的语音形式都是 bǒ,因而可以形成一个同音关系的聚合体。由于这个聚合体的内部也只有这么两个词素,再没有别的词素了,因而是现代汉语词素集合里最小的同音聚合体之一。而"夫"、"弗"、"伏¹"、"伏²"、"凫"、"扶"、"刜"、"芾"、"孚"、"拂"、"苻"、"莆"、"服¹"、"服²"、"佛"、"宓"、"绂"、"绋"、"袚"、"枹"、"氟"、"俘"、"郛"、"洑"、"袯"、"荸"、"栿"、"浮"、"桴¹"、"桴²"、"符"、"涪"、"袱"、"舺"、"幅"、"辐"、"福¹"、"福²"、"幞"、"黻"等的语音形式都是 fú,所以也照样可以形成一个同音关系的聚合体。不过，由于这个聚合体内部的成员竟然达到了四十个之多，因而是现代汉语词素集合中最大的同音关系的聚合体之一。

　　以上所举的以"bǒ"和"fú"为表现形式的同音词素的集合系统，可以说是现代汉语词素集合中最有代表性的两个同音词素集合体。

　　如果再进一步观察，还可以发现，在同音词素集合里，有些同音词素不仅语音形式相同，而且书写形式也相同。根据这一特点，还可以将同音词素集合分为同音同形词素集和同音异形词素集。由语音形式和书写形式都完全相同的全部词素组成的集合体就是同音同形词素集；由语音形式相同，书写形式不同的全部词素形成的集合就是同音异形词素集。例如："草^1（植物）"，"草^2（马虎、粗心、不细致）"，"草^3（初稿）"这三个词素，音节形式都是 cǎo，书写形体也都一样，这样它们就可以形成一个同音同形词素集。而"曾"和"层"，"孟"和"梦"这两组词素，它们的语音形式相同，书写形式却各不相同，因而也只能各自聚集，分别形成两个同音异形词素集。

　　一般说来，在现代汉语里，同音同形词素集所包含的成员数量相对较少，而同音异形词素集所包含的成员在数量上则要占绝对优势。这一特点比较突出地表现在某些成员较多的同音词素集合体中。从前面所举的音节形式为 fú 的同音词素集合体中可以看到，这个集合体中含有四十个词素，其中"伏^1"、"伏^2"，"服^1"、"服^2"，"福^1"、"福^2"这三组词素又都可以相对独立，各自聚合，形成三个更小的同音同形词素集，每个小子集的内部元素都只有两个。比较而言，另外的三十四个词素则形成一个内部元素相当多的同音异形词素集。这说明，一个较大的同音词素集中有可能划分出更小的子集：同音同形词素集和同音异形词素集。从集合体中所含有的内部元素的数量多少来看，同音异形词素集要明显地优于同音同形词素集。

　　总之，现代汉语词素的语音形式可以使词素按照音节数量的多少形成不同的聚合体，也可以使词素按照词素具有相同的语音表现形式——音节形成一系列大大小小的、内中所包含的词素在数量上有着显著差异的同音聚合体。在每一个同音聚合体中又可以进一步划分出更小的子集：同音同形词素集和同音异形词素集。每一个聚合体中所包含的词素还可以结合词素的历史来源归并为一个个更小的聚合体。无论是哪一种聚合体，无论某一个聚合体内部所含有的词的数量有多少，它在整个现代汉语词素全集中都有一定的地位，都是处在某一特定的层次关系之上的。可见，仅仅从语音形式来看，现代汉语词素的聚合就显得很有规律，既有层次性，又有一定的相互关系，很值得探讨。

第三节　现代汉语词素的语义聚合系统

现代汉语的词素除了具有语音形式以外，还具有一定的意义内容。和词素的语音形式一样，词素的意义内容也同样可以作为划分词素聚合关系的重要标准。从语义学上看，词素甲与词素乙可以有各种各样的关系：相同，相近，相关，相反，相对。相应地，汉语的词素与词素之间也存在着不同关系的聚合体。

首先，由于汉语的词素与词素之间具有相同的语义关系，所以，这样的词素可以凭借着它们彼此在意义上的相同关系形成汉语的同义词素集合。例如：现代汉语里表示不满或不同意的感叹意义的词素"哎"和"嗳"，不仅读音形式一样，都读 ǎi，意义内容也完全一样。形容断裂、撞击等声音的拟音词素"吧"（bā）和"叭"（bā），表示数字的"八"和"捌"，表示排除、放弃意义的词素"屏"（bǐng）和"摒"（bìng），都是同义的词素。它们两两配对，各自聚合，成为一个个只含有两个元素的同义词素集。并列关系的词素"和"、"跟"、"同"、"与"、"及"，表示转折关系的"而"、"但"、"却"、"可"，表示程度高的"很"、"挺"、"蛮"、"怪"，表示数量少的"寡"、"少"，表示动作行为的"瞧"、"瞅"，表示推测、估计的"约"、"概"、"许"，这样一来，可以发现，在现代汉语里的同义词素的聚合可以有很多个，只是每一个聚合体中各自所含有的词素的数量还是有多少之别的。

上面所谈到的同义词素聚合体还只是其中的一个方面。严格说来，现代汉语里的这种意义绝对相同的同义词素还只是很少的一部分。比较而言，现代汉语里还更多地存在着一些词素，它们之间在意义上的关系只能说是相近的。意义内容上具有这种相近关系的词素形成的聚合可以称之为近义词素集合。这些近义词素之间，在意义上总保持着一定的内在联系，存在着一定的相同之处，然而在使用过程中也会表现出一定的差异。这就使得各近义词素之间能够在意义上形成一种既相互联系又相互区别的关系。例如："看"、"窥"、"盯"、"瞅"、"瞧"、"观"、"望"、"睹"、

"瞪"、"视"、"察"、"见"、"瞄"、"瞥"、"瞟"、"睨"都是表示动作行为的意义，都隐含了"用眼睛看"的意义在内，这是它们的共同点。但是从另一方面来看，这一组词素在表现动作行为"看"的内容、方式、情状以及它们各自使用的范围等诸多方面却又不尽相同，各有侧重，而且这种不同还非常明显："看"一般是指行为主体主动使自己的视线接触客观对象；"窥"则专指从孔隙、隐蔽处偷偷地察看，"盯"则是指目光久久地集中在一点上，比较注意地看；"瞅"则是口语中通用的词素；"瞧"也是一个口语化程度较高的词素；"观"则是带有一定目的性地看或仔细地看，可以是近距离地看，也可以是远距离地看；"望"则着重强调远距离地看；"睹"则更强调动作行为看的结果是能够见到；"瞪"主要是强调因为生气或不满意而睁大眼睛直视；"视"则是近距离地看；"察"则强调非常仔细而有辨析性地看；"见"是强调动作行为"视"和"望"的结果；"瞄"是强调看的时候把目光集中在一个目标上，是一种带有注视性的看；"瞥"则是用眼睛略略地一看；"瞟"是强调斜着眼睛看；"睨"是一个文言中较常使用的词素，强调斜着眼睛看。另外，若从现代汉语这个层面来看，这一组词素在使用的自由程度上也有明显的差别："看"、"盯"、"瞅"、"瞧"、"望"、"瞪"、"见"、"瞄"、"瞥"、"瞟"在使用时显得很自由，可以单独构造动词；而"窥"、"观"、"睹"、"视"、"察"、"睨"一般不能单独构造一个词，必须与其他词素结合构造为合成词，因而它们使用的自由度就显得稍差一点儿。

　　近义词素由于在表现客观事物、动作行为或者状态诸方面有同有异，因此当两个近义词素互相并列成为一个合成词时，两个词素的意义内容往往可以互相补充，由具体明确变得抽象概括，由特指变为泛指，并由此形成合成词的词义，指称事物的类名。例如："肌"本来仅指人的肌肉，"肉"则可以兼指禽兽的肌肉，二者的区别很明显。构造为并列式复合词"肌肉"之后，两个词素的意义所指称的范围进一步扩大，可以指人和动物的肌肉组织。"牙"原来专指牙床后面的大牙，"齿"原来专指排列于唇前的门牙，意义和指称对象的分工很明确，而在构成复合词"牙齿"之后，意义变成人类和其他高等动物咀嚼食物的器官的通称。"哭"本是有声有泪的哭，"泣"则是无声有泪的哭，"哭泣"则兼指有声和无声的哭。"言"是自动地跟人说话，"语"则是指回答别人的问话，或是与别人谈论一件事情，"言语"则是指说话的行为和所说的话。

　　由近义词素自相组合形成的这类并列式复合词很多，常见的还有：书写、容貌、澄清、坟墓、道路、路途、路径、思想、戏弄、拂拭、筵席、睡眠、恐惧、寻觅、完全、书籍、意志、居住、美丽、法律、锐利、完备、计谋、图谋、英俊、反复、勤劳、疾病、饥饿、忧患、盗窃、恭敬、年岁。[①]在现代汉语中，这些复合词绝大部分都已经成为基本词汇的成员。基本词汇由于其全民常用性、稳固性、用做构造新词的基础等特点，因而又促使其中所包含的近义词素被语言社会反复使用，并获得了较高的使用频率。由此，近义词素在汉语构词中的地位日益巩固和加强。从某种意义上说，这类并列式复合词正是这些近义词素在汉语发展史中得以存在、延续并不断变化发展的语言内部条件之一。

　　跟同义词素、近义词素不同，现代汉语的反义词素也很有特点。所谓反义词素，就是意义内容完全相反的词素。所谓意义内容相反，是指词素意义中的词汇意义而言的。如前所述，词素的意义内容包括了三个部分：词汇意义、语法意义和色彩意义。通常情况是，词素的语法意义无所谓相反。至于色彩意义上的褒贬、爱恶、显隐、雅俗、明暗等，虽然也或多或少地在某种程度上表现出相反的特点，但这些意义特点至今都还没有成为人们判定反义词素的客观依据和标准。目前词汇研究者还是完全依据词汇意义来判定两个词素是不是反义词素。甚至可以这么说，在现阶段的汉语词汇和语义研究中，人们仍然是把词汇意义看作判定反义词素和反义词的唯一标准。究其原因，主要是由于人们的观念所致。相当多的研究者认为，汉语词的意义内容中只有词汇意义和色彩意义，没有语法意义。而在词汇意义和色彩意义中，词汇意义才是主要的，是词义的核心内容；色彩意义则是次要的，是附加在词汇意义之上的。

　　与同义词素、近义词素不同的是，反义词素在意义上的相反总是在相互依存、相互矛盾、相互对立的某两个词素上表现出来的。这就是说，作为同义词素和近义词素，只要意义内容相同或相近，就可以形成同义词素聚合或近义词素聚合，而无须考虑这类聚合中所包含的词素在数量上的多少。这样也就可以明确：由同义词素、近义词素形成的大大小小的聚合体，为什么会在所包含的词素数量上有这么大的区别，有的多，甚至可以多到十多个；有的少，少到只有两个。而由反义词素形成的反义词素聚

<hr />

　　①　王力：《古代汉语》第一、二、三、四册之《常用词》，中华书局 1984 年第 2 版。

合，每一对聚合体中都只包含两个词素。

根据词素意义内容之间的关系，可以把反义词素聚合划分为两个类型：一类是绝对反义词素；一类是相对反义词素。用逻辑思维的方法来分析，绝对反义词素的意义所表示的概念就是一种非此即彼的矛盾关系，是对同一范畴中的客观事物本身及其矛盾关系的一种反映。处于这种绝对反义词素聚合关系中的两个词素，彼此之间互相排斥，肯定甲方就必然否定乙方；反之，否定甲方也就必然肯定乙方，两者之间绝不允许有第三者存在。例如：表示生命存在、运动和变化形式的"死"和"活"，"生"和"死"就属于这种情形，它们两两配对，分别构成了两个绝对反义词素聚合。

同样的道理，相对反义词素的意义所表示的概念之间是一种非此并非一定即彼的对立关系。这是对属于同一意义范畴的相互对立的客观事物本身及其某一方面对立属性的反映。处于相对反义词素聚合中的两个词素，因为二者之间允许出现第三者、第四者的情形，肯定甲方，就必然否定乙方，而否定甲方，则可能肯定乙方，也可能肯定丙方或者丁方。例如：表示事物所处的空间位置的"上"与"下"、"高"与"低"，就属于这种情况。无论是"上"与"下"，还是"高"和"低"，它们之间都存在一种不上不下、不高不低的中间状态——"中"，因而它们两两配对，分别构成了两个相对反义词素聚合。

现代汉语的反义词素聚合，所包含的成对的反义词素可以独立成词的较多，这也是现代汉语反义词聚合的主要来源。例如：

有——无　　好——坏　　对——错　　出——入　　进——出
里——外　　喜——忧　　来——去　　祸——福　　软——硬
粗——细　　老——少　　肥——瘦　　升——降

此外，还有一些反义词素聚合体的各个词素，可以两两配对，互相并列，组合为一个并列式复合词，例如：

动静　忘记　左右　反正　好歹　长短　冷热　开关　敌友　厚薄
多少　买卖　呼吸　早晚　方圆　得失　深浅　松紧　宽严　始终　雌雄
男女　老少

现代汉语词素集合中，另一类比较有特点的词素集合就是上下位词素集合。所谓上下位词素集合，如果要从逻辑上看，就是词素和词素的意义之间具有一种属和种的关系。这种"属"和"种"的关系事实上也就是哲学意义上的普遍性和特殊性、共性和个性、一般和个别的关系。例如："树"是"木本植物的通称"，是一个类属名称，体现出一般，有普遍的共性。而"杨"则是杨属植物的统称，"柳"是柳属植物的统称，"槐"是槐属植物的统称，"松"也是松科植物的统称。尽管如此，与词素"树"相比，"杨"、"柳"、"槐"、"松"仍然是"树"中的各个特殊类型，都是"树"中的个别，因而它们都同属于上位词素"树"的下位词素。同样的原因，可以视为词素"树"的下位词素的还有：　"杉"、"枫"、"柑"、"柘"、"柏"、"栎"、"柃"、"柿"、"柊"、"桂"、"栲"、"桤"、"柏"、"桦"、"桧"、"桃"、"枸"、"桉"、"楝"、"梅"、"桉"、"梓"、"楎"、"梨"、"槻"、"椰"、"械"、"橌"、"楛"、"槲"、"楝"、"棪"、"椐"、"槟"、"椿"、"楷"、"楸"、"椵"、"梗"、"榆"、"楷"、"桦"、"榛"、"槌"、"槙"、"槚"、"榕"、"槭"、"槗"、"枞"、"橡"、"槲"、"樟"、"橦"、"橙"、"橘"、"檀"、"檗"、"檽"、"檫"、"栌"、"櫰"、"栾"。

以上这些词素与"杨"、"柳"、"槐"、"松"等一起，共同充当词素"树"的下位词素，并且最终形成了一个上下位词素集合。当然，就这个上下位词素集合体本身而言，其中的上位词素只有一个"树"，而下位词素却相当多。从理论上说，这其中的每一个下位词素也都可以分别与上位词素"树"形成一个最小的上下位词素集合。因而，可以把现代汉语里以"树"为上位词素的最大的集合体看成是由一系列以"树"为上位词素的最小的集合体组合起来形成的。

属于上下位词素集合的成员，其间往往可以两相组合，构造一类较为特殊的复合词。构词时词素的先后排列顺序是：下位词素在前，上位词素在后。如："杨树"、"柳树"、"槐树"、"松树"等等。又如："鲤鱼"、"鲫鱼"、"鳜鱼"、"鲢鱼"、"鳙鱼"等等。按照这种方式所构成的复合词，从语义关系上看，上位词素对下位词素的意义起到了补充说明或解释的作用，可以视为补充关系。[①] 至于整个复合词的意义，则是和下位词素的意义相一致。

类属词素集合是现代汉语词素集合体中的又一个较大的聚合体。类属词素集合体中的每一个具体的词素一方面相互依存，各自独立，另一方面

---

① 葛本仪：《现代汉语词汇学》，山东人民出版社 2001 年版，第 102、106 页。

又可以经过抽象概括而同属于一个较大的语义范畴。如："车——船"都属于交通工具范畴，"柴——米——油——盐"均为人们的日常生活必需品范畴，"油——盐——酱——醋"均为调味品范畴，"煎——炒——烹——炸"均属于烹调法范畴，"酸——甜——苦——辣——咸"都同属于味道范畴，"心——肝——脾——肺——肾"同属于人体的内脏，"纸——墨——笔——砚"均属于文具范畴，"琴——棋——书——画"均属于文化艺术范畴，"赤——橙——黄——绿——青——蓝——紫"、"红——黄——蓝——白——黑"均属于颜色范畴，"喜——怒——哀——乐——悲——恐——惊"均属于人的表情范畴。

　　事实上，这种类属词素集合体中的全部成员所涵盖的事物范围，要超出这些词素本身所列举的事物的范围。比如，"吹拉弹唱"实际上可以代表一切艺术表演技巧，"眼耳鼻舌身"实际上可以代表人体的一切感觉器官，"金银铜铁锡"事实上也可以代表各种金属。不过，类属词素集合的划分主要是根据词素所反映的事物同人类的关系进行的，很大程度上反映了人们的某种思想观念和生活习惯，因而有时这种词素集合的划分并不一定符合科学分类的要求。例如，上面例子中的"琴棋书画"是对人们所爱好的文体活动的总的概括。若是从现代各门具体学科划分的角度看，"琴"、"书"、"画"则属于艺术类，而"棋"应是体育类。

　　其次一类比较有特点的词素集合是关系词素聚合体。属于这个聚合体中的词素一般都是两两配对，互相依赖，相辅相成的，二者共存于某种特定的关系之中，并形成一种相对稳定的联系。例如："教"和"学"是人类实施教育过程中的两种完全不同的特定行为。教育是教师和学生的双边活动，对于教育的主导者教师而言，主要就是"教"；而对于教育的主体学生而言，主要就是"学"，只有师生双方密切配合、相互合作，才能保证教育过程的有效实施，教育目的才能得以实现，这样才能水涨船高，达到真正意义上的教学相长。这就是说，由于有了人类特有的教育关系，词素"教"和"学"就有了一种稳定的联系，二者相互依赖，处于"教育"行为的两端，形成了一个特定的关系词素聚合体。这种由于教育关系而形成的关系词素的聚合体还有"师"和"生"，"师"和"徒"。

　　再如："夫"和"妻"是人类实施婚姻关系而形成的两种相互依赖的行为主体，因而也形成一个关系词素聚合体。"哥"、"姐"、"弟"、"妹"则是在人类的同胞关系的基础上形成的彼此互相对待的一组关系词素，因而也同样可以形成一个关系词素集合。

又比如："将"与"帅"都是军队的指挥员，"兵"与"卒"都是军队的战斗员，"将"和"帅"对"兵"与"卒"拥有绝对的领导权和指挥权，"兵"和"卒"必须绝对服从"将"和"帅"的领导，听从其指挥。由于他们之间的这种领导与被领导、指挥与服从的关系，就使得"将"、"帅"和"兵"、"卒"之间建立起一种特定的关系，也一同形成了一个关系词素聚合体。

由于人类社会中的人与人之间、人与客观事物之间、事物与事物之间存在着各种各样的千差万别的关系，这些不同的关系差不多涉及人类日常工作和生活的方方面面，与人类的语言交际息息相关，又进一步反映到彼此相互联系的词素的意义内容之中，这样，就使得现代汉语的词素集中有相当多的词素能够按照这种具体事物或人类之间的特定关系形成一个又一个关系词素聚合体。现代汉语词素集合内部各成员分布上的系统性和规律性，由此可见一斑。

处于关系词素聚合体中的词素两两配对，组合形成并列式复合词的情况也很多，常见的例子如：教学、师生、师徒、官兵、夫妻、兄弟、姐妹、父子、母子、母女、将士。从研究方法上看，这些双音节复合词为我们寻求这些词内部的词素之间相互依存的关系和纽带，借以发现现代汉语中潜藏的关系词素集合，进而描写现代汉语词素的聚合规律，无疑都提供了极有价值的线索。

最后再来分析一下序列词素聚合体。所谓序列词素是指语言中由于意义内容所反映的客观现实世界中的事物和现象彼此之间存在着一定的先后、层次、等级、次序、数量等方面的差别，因而能够依照某种固定的次序进行排列的词素。语言中全体序列词素形成的集合体，就是序列词素集合。在这个最大的集合中，又包含了一些较小的聚合体，他们的规模大小不一，内部所包括的成员在数量上存在较大的差别：最少的也要有三个词素，较多的可以达到十个以上。

比较常见的例如：奖牌中代表奖励等级的"金——银——铜"；职称中表示级别的"高——中——初"；表示行政区划层次等级的"国——省——区——市——县——乡——村"；表示行政机关级别层次的"部——厅（司）——局——处——科"；表示季节更替顺序的"春——夏——秋——冬"；表示货币单位的"元——角——分"；表示时间单位

的"年——月——日——时——分——秒";表示度量衡单位的"丈——尺——寸";表示数的顺序的"零——一——二——三——四——五——六——七——八——九";表示数的位数的"个——十——百——千——万——亿";表示军衔等级的"军——师——旅——团——营——连——排——班";传统表示次序天干的"甲——乙——丙——丁——戊——己——庚——辛——壬——癸";表示地支的"子——丑——寅——卯——辰——巳——午——未——申——酉——戌——亥";表示历史上朝代顺序的"夏——商——周——秦——汉——魏——晋——隋——唐——宋——元——明——清"。

这类词素集合的元素与前面几类词素集合的元素有所不同：前面几类词素集合的成员很多都可以两两组合，形成复合词；而处在序列词素集合中的词素差不多都可以各自单独构造一个词，并且所构造的单纯词在很多情况下都是单独使用的，只有少量的词素可以两两并列，组合为一个复合词，如："春秋"、"尺寸"、"秦汉"、"魏晋"、"唐宋"、"明清"、"军旅"、"乡村"、"区县"。

以上我们从词素意义内容的角度对现代汉语词素的聚合系统进行了初步的划分。通过分析，勾画出同义、近义、反义、上下位、类属、关系、序列词素集合的基本情况，从中可以得出这样的规律：现代汉语词素并非一盘散沙、毫无规律地存在于语言之中；相反，它们总是以词素意义内容上的这种或那种联系，首先由单个的词素相互关联，形成一系列较小的集合体，较小的集合体又进一步形成较大的集合体，这样一层一层地联系聚集，最终形成了整个现代汉语词素集。

上面我们所分析的七种词素集都是就词素的某一个特定的意义内容来考虑的。所以如此，一方面固然是为了陈述的方便；另一方面，也是更为重要的一方面，只有当我们把词素的意义内容严格限制在某一特定的意义范畴之中的时候，不同的词素之间才真正具有内容上的可比性；也只有通过这样的比较，划分出来的词素集合才具有说服力。

严格说来，现代汉语词素的意义内容反映的实际情况是很复杂的。通常情况下，作为语言静态系统中存在的词素，彼此之间在内容丰富与否方面还是有着较大的差别。据此，我们还可以根据词素所含意义内容的多少，将它们划分为两个较大的集合系统：单义词素集合和多义词素集合。

单义词素就是在静态的语言系统中只含有一种意义的词素。根据单义词素表示的意义内容，又可以大致分出几个较小的意义类型的聚合体。例如，表示名物、地名及人体器官等意义的"盆"、"楼"、"隧"、"庐"、"滇"、"肺"、"脾"，表示动作行为意义的"嚼"、"抨"、"黾"、"罚"、"搐"、"炊"，表示性质状态意义的"黪"、"雌"、"歹"、"癫"，表示计量单位意义的"服（fù）"、"打"、"沓"，表示感叹意义的"呸"、"嘘"，表示模拟声音形象的"啪"、"刺（cī）"、"嗒"、"呱"等等，都可以各自分类聚合，形成单义词素集合中的更小的聚合体。

多义词素就是在静态的语言系统中同时含有两种以上意义的词素。例如：表示名物意义的"膀"，既可以表示"人体的肩膀、胳膊和躯干相连的部分"，也可以表示"鸟类等的飞行器官"，因而具有两种意义。表示动作行为意义的"捅"，有时相当于"戳、刺"，有时相当于"（用手或其他东西）碰；触动"，有时相当于"戳穿、揭露"，因而具有三种意义。而表示性质状态意义的"薄"，既可以用于表示"扁平物体的厚度小"，又可以用于表示"（土地）贫瘠；不肥沃"，也可以用来表示"（感情）冷淡；不深厚"，还可以用来表示"（味道）淡；不浓"，因而就有四种不同的意义。

不过，在一个相同的词素形式之下，尽管有时能同时出现两三个意义，甚至四五个意义，但这并不一定就说明它是一个多义词素。要成为多义词素还必须具备另外一个重要条件，即同时依附于某一个词素的各种意义之间要有明显的语义联系。这种语义联系可以是内容上有相似之处，也可以是内容上的相关性的引申。如果不具备这个条件，那也只能视为几个同音同形的词素，而不能认为是多义词素。上面所举的词素"膀"、"捅"、"薄"各自所包含的几个意义之间都有明显的相似性的联系，因而都是多义词素。而表示"嘴的周围长的毛"的"胡"，表示"说话做事没有根据、不讲道理、任意非为"，相当于"瞎"、"乱"的"胡"，表示"询问原因或理由"，相当于"为什么"的"胡"，以及表示"我国古代北方和西方的民族"的"胡"，就很难看出它们之间有什么相似性的意义联系，因而这四个"胡"都只能看成是同音同形词素，而不应当看成是多义词素。[1]

---

[1] 李行健：《现代汉语规范字典》，语文出版社 1998 年第 2 版，第 204 页。

第四节　现代汉语词素的语法聚合系统

　　词素是最小的语言符号，也是语法的单位。词素的功能在于构造各种各样的词，通过构造出来的词反映客观现实中的事物和现象，反映现实生活，以满足人类社会的语言交际需要。在语法研究的范围内，词素是最小的单位，是最基本的构词造词成分。因此，研究分析现代汉语词素的语法聚合系统内部的构成规律，也就必然要从词素的构词情况开始。

　　首先，从词素构成的词所属的词类来看，情况就比较复杂。大致可以分为以下几种情况：

　　一、专门用于构造名词的词素，如：

　　爸：爸爸、爸妈、老爸；

　　坝：大坝、拦河坝、坝基、堤坝、坝田、坝塘、坝子、丁坝；

　　茄：茄子；

　　稻：稻子、稻谷、水稻；

　　龙：龙凤、恐龙、水龙头、龙袍；

　　鲢：鲢鱼、鲢子、白鲢；

　　樟：樟树、樟脑、樟油、香樟、樟木；

　　湘：湘江、湘绣、湘剧、湘菜、湘西、湘妃竹、湘帘、湘语。

　　以上所举的词素"爸"、"坝"、"茄"、"稻"、"龙"、"鲢"、"樟"、"湘"，尽管构词的能力不同，所构成的词的数量多少不等，但它们所构造的复合词都是名词。由此，我们把现代汉语中类似于"爸"的这种只能构造语法上的名词的词素单独规定为一类。由于这类词素的意义内容都是与事类、物类、地点的名称有关，因而可以定名为名物类词素。

　　二、专门用于构造动词的词素，如：

　　捋：捋虎须；

　　吠：狂吠、犬吠；

　　瞧：瞧见、小瞧；

　　遣：遣送、遣返、派遣、调遣、驱遣、差遣、消遣；

　　睬：理睬；

　　搀：搀扶；

　　颁：颁发、颁布、颁奖、颁行；

求：求教、求救、求生、求实、求学、求证、求知、求职、求援、供求、力求、恳求、探求、寻求、谋求、请求、强求、要求、征求、推求、祈求、追求。

以上所举的词素"捋"、"吠"、"瞧"、"遭"、"睬"、"搀"、"颁"、"求"，有的差不多只能构造单纯词，如："捋"、"睬"；有的虽然可以构造复合词，但构造的复合词数量非常有限，表明它们的构词能力较弱，如："吠"、"搀"、"颁"、"瞧"；有的构造复合词的能力较强，如："遭"、"求"。不管它们的构词能力怎样，也不管构造的是单纯词还是复合词，有一点是相同的，即由这类词素所构造的词都是语法上的动词。这样，我们可以把类似于"捋"、"求"的这种只能构造语法上的动词的词素单独列为一类。由于这类词素的意义内容都是与具体的动作、行为活动密切相关，因而可以定名为行动类词素。

三、专门用于构造形容词的词素，如：

愕：愕然、惊愕、错愕；

澈：清澈、明澈、澄澈；

怅：怅恨、怅然、怅惘、怅惋、惆怅、怅怅、怊怅；

惆：惆怅；

淳：淳厚、淳美、淳朴；

惶：惶惶、惶惑、惶恐、惶遽、惶然、惶悚、惊惶；

袅：袅袅、袅娜、袅袅婷婷；

沛：充沛、丰沛、颠沛。

以上所举的"愕"、"澈"、"怅"、"惆"、"淳"、"惶"、"袅"、"沛"这些词素所能构造的复合词都是语法上的形容词。我们也可以把类似于"愕"、"澈"、"怅"的这种只能构造语法上的形容词的词素单独列为一类。从意义内容来看，这类词素都用于表示事物的性质和状态，因而可以名之为性状类词素。

四、专门用于构造代词的词素，如：

咱：咱们；

谁：谁边、谁个、谁人、谁谁；

我：自我、大我、小我、故我、我们；

它：它们、其它；

们：我们、你们、他们、她们、它们、咱们、人们、哥儿们、姐儿们、爷儿们、娘儿们、爷们、爷们儿；

　　怎：怎地、怎的、怎么、怎么样、怎么着、怎样；

　　某：某人、某地、张某、某些；

　　彼：彼此。

　　以上所举的"咱"、"谁"、"我"、"它"、"们"、"怎"、"某"、"彼"等词素所构造的复合词都是语法上的代词。像"谁"、"它"这一类只能用于构造语法上的代词的词素也可以单独列为一类。从意义内容来看，这类词素都是用来指称、代替或指示人、事和物的，因而可以名之为称代类词素。

　　五、专门用于构造副词的词素，如：

　　很；

　　甭；

　　别（不要）：别价；

　　勿；

　　岂：岂但、岂非、岂敢、岂可、岂止；

　　更：更加、更其；

　　都：全都；

　　又；

　　越：越发；

　　还。

　　像"很"、"甭"、"别"、"勿"、"岂"、"更"、"都"、"又"、"越"、"还"这一类只能用于构造语法上的副词的词素也可以单独列为一类。从意义内容来看，这些词素主要是用来表示程度、否定、范围、语气等；从功能上看，主要是在构词造词时对与之组合的行动类词素或性状类词素的意义内容进行限定、制约和补足，使之更趋于准确、严密和完整，因而可以名之为制约类词素。

　　六、专门用于构造助词的词素，如：

　　的　地　得　着　了　过

　　这类词素都是构造语法上的助词，因此也可以自成一类。它们的意义内容没有具体的指物性质，与客观事物和现象之间也缺乏直接的内在联系，相对于前面几类词素而言意义较为空灵，主要是使与之组合的语言单位获得一种带有补充性质的附加意义，这种附加意义或者是领属关系意义，或者是动作行为及性质的状态意义。从功能上看，它们或者起连接作用，或者显示动态变化。这类词素可以名之为辅助类词素。

七、专门用于构造叹词的词素，如：

啊（ā、á、ǎ、à）　喂（wéi）　嗬　唉　哎

噢　哦　呃　哟　哼唷　嗨哟　咳（hāi）　嚯

这类词素所能构造的都是语法上的叹词，并且都可以单独构造单纯词，独立成为叹词句。从意义内容上看，这类词素主要是用于表达人在惊讶、赞叹、醒悟、招呼、应答时的各种神情，抒发人们的感情，因而可以名之为感叹类词素。

八、专门用于构造拟声词的词素，如：

砰　嘭　咚　喔　哐　哐当　哐啷　嘣　噌（cēng）　喀嚓　咔

咔哒　咔吧　咯噔　咯吱　咯咯　噼啪　噼里啪啦　唧唧　刺（cī）

叽叽喳喳　叽里咕噜

这些词素都是单独用于构造语法上的拟声词，所构成的拟声词也都是单纯词，因而可以单独列为一类。从意义内容上看，这一类词素都是对各种声音的模拟，表现的都是声音的形象意义，因而可以名之为音响类词素。

九、专门用于构造语气词的词素，如：

吗（ma）　吧（ba）　呢（ne）　啊（a）　　哇（wa）　呀（ya）

哪（na）　　啦（la）　嘛（ma）　呗（bei）　　嘞（lei）　喽（lou）

这一类词素所能构造的都是语法上的语气词。从意义上看，这些词素都是表示陈述、疑问、祈使、感叹等各种不同的语气，因此可以名之为语气类词素。

经过以上分析讨论，我们一共归纳出来九类词素：名物类、行动类、性状类、称代类、制约类、辅助类、感叹类、音响类、语气类。

一方面，这九类词素都可以各自聚合为一个集合体，这样就得到九个集合体；另一方面，由于这九类词素都有着共同的特点，都只能构造语法上的特定的某一类词，因而它们也还可以共同聚合为一个更大的集合体：单类词素集。也就是说，在现代汉语的单类词素集合中，一共包括九个更小的由各类词素形成的子集。

跟上面这些词素的情况不同，现代汉语中还有相当多的词素能够同时构造语法上的几类词，它们在构词时显示的各类词的构造能力都比较强，

并且还有可能是构造某一类词的能力特别强。请看下面这些词素的构词情况：

居：可以构造动词：居多、居功、居积、居家、居间、居留、居奇、居丧、居心、居于、居中、居住、卜居、定居、分居、共居、寄居、家居、聚居、旅居、姘居、迁居、侨居、群居、散居、孀居、同居、温居、闲居、移居、隐居、寓居、杂居、蛰居、住居、自居；

也可以构造名词：故居、旧居、邻居、起居、蜗居、新居、居留权、居民、居民点、居士、居室、居所。

条：可以构造量词：条；

可以构造名词：条案、条播、条幅、条规、条款、条例、条令、条目、条文、条形码、条子、粉条、封条、金条、面条、油条、枝条。

美：可以构造名词：美差、美餐、美称、美德、美感、美工、美景、美酒、美貌、美梦、美名、美女、美人、美食、美事、美术、美谈、美味、美学、美意、美育、美誉；

可以构造动词：美发、美化、美容、美言、掠美、媲美、审美、赞美、专美、作美；

可以构造形容词：美观、美好、美丽、美满、美貌、美美、美妙、美气、肥美、丰美、甘美、华美、健美、精美、俊美、甜美、完美、鲜美、谐美、秀美、优美、壮美。

三：可以构造数词：第三、初三、三；

可以构造副词：再三；

可以构造动词：洗三、三思、三不知、三不管；

可以构造名词：封三、三废、三国、三节、三轮车、三朝、三夏、三峡、三军、三角形、三联单、三脚架、三九。

于：可以构造连词：于是；

可以构造介词：对于、关于、基于、由于；

可以构造动词：便于、濒于、长于、处于、等于、甘于、敢于、归于、急于、鉴于、居于、苦于、乐于、利于、忙于、善于、属于、位于、限于、陷于、易于、勇于、寓于、在于、终于、忠于、至于。

何：可以构造副词：何必、何不、何曾、何尝、何啻、何妨、何故、何苦、何其、何须、何以、为何；

可以构造连词：何况；

可以构造动词：何谓、何在、何止、如何、若何、奈何。

以上这些词素都可以构造语法上的不同类的词，少则构造两类词，如："居"可以构造名词和动词；"条"可以构造量词和名词；多则构造三类词，如："美"可以构造名词、动词和形容词；"于"可以构造连词、介词和动词；"何"可以构造副词、连词和动词；甚至可以构造四类词，如："三"可以构造数词、副词、动词和名词。从意义上看，这些词素内容都很丰富，都含有多个义项，都是多义词素。可以说，这与它们能同时构造语法上几类不同的词存在着或多或少的联系。

根据上述词素在现代汉语中能同时构造语法上几类词的特点，可以将这样的词素划归另一个较大的词素集合：多类词素集。这样，根据词素构造的词分属的语法功能类型，就可以得出现代汉语的两个相对较大的词素集合：单类词素集和多类词素集。

词素的构词功能还使词素在所构成的词的结构方面表现出一些差异。从所构成的词的内部结构来看，有的词素所构造的词都是单纯词，比如上面所举的感叹类词素、音响类词素和语气类词素都是这一方面的例子。其他如制约类词素的"很"、"勿"、"又"、"别（不要）"、"甭"，辅助类词素的"的"、"地"、"得"、"着"、"了"、"过"，双音节的"参差"、"徘徊"、"吩咐"、"窈窕"、"逍遥"、"蝙蝠"、"哈达"、"吉他"、"拷贝"，多音节的"巧克力"、"蒙太奇"、"盘尼西林"、"盖世太保"、"布尔什维克"、"宾夕法尼亚"，等等。由于这类词素在通常情况下都只能构造单纯词，因而可以汇聚为一个聚合体，可以称之为单用词素集。

跟单用词素不同，有的词素在现代汉语里所构成的词都是合成词，这是因为这些词在一般情况下都不能独立地用来构词，必须和其他词素组合在一起才能构词造词。例如："劳"、"丐"、"阀"、"袄"、"雹"、"卑"、"帀"、"滨"、"苍"、"莽"、"悚"等等。由于这一类词素在通常情况下都不能单用，因而也可以单独列为一类，形成一个词素集合体，可以称之为非单用词素集。

单用词素集和非单用词素集是两个界限较为明显的词素聚合体，这其中的每一个词素的构词情况相对而言还比较单一。实际上，在现代汉语中，有相当一部分词素的构词情况相对复杂一些，兼有单用词素和非单用词素的构词特点。一方面，它们可以单独构词造词，具有单用词素的性质；另一方面，它们又可以与其他词素一起构造合成词，具有非单用词素的特点。这样的词素还是很多的。例如："山"、"傻"、"乱"、"改"、"发"、"亮"等等，除了能独立成词，还可以构造出"山峰"、"傻瓜"、"乱子"、"篡改"、"发令"、"明亮"等一系列合成词。考虑到这些词素在构词上兼有单用和非单用两种特点，也可以将它们单独列出，作为一类，名之为可单用也可不单用词素集。

最后，再从现代汉语词素在构词时的使用频率来看，有的词素，例如"子"、"不"、"大"、"心"、"人"、"一"、"头"、"气"、"无"、"水"、"地"、"色"、"天"、"花"、"生"等词素，所构造的词数量极大，表明这些词素的构词能力强，使用频率极高。根据我们对《倒序现代汉语词典》① 的调查统计，作为词缀的"～子"所构成的词就有 1003 个，足见其在现代汉语构词中的使用频率之高。由此我们把以上这些与词缀"～子"相类似的在构词时使用频率极高的词素称为高频词素。由这些词素所形成的聚合体称之为高频词素集。

跟高频词素相反的，是以下这样一些词素："刈"、"鲢"、"漪"、"潦"、"鎏"、"琼"、"叨"、"茹"、"卯"、"诳"、"匦"、"铐"、"偌"、"殒"、"旌"、"柏"、"帙"、"恁"、"谧"、"泯"。这种词素在现代汉语里所能构造的词的数量非常有限，一般都只能构造一两个合成词，因而构词的频率极低，可以称之为低频词素。由这些词素所形成的聚合体称之为低频词素集。

排除了高频词素和低频词素之后，剩下的所有词素，在构造的词的数量方面，构词的使用频率方面，都介于高频词素和低频词素之间，这样的词素可以称之为中频词素。例如，"忌"、"聘"、"禽"、"卸"、"押"、"寡"、"贩"、"宾"、"悟"、"访"、"彻"、"艰"、"研"、"庭"、"搜"、"寸"、"猜""霜"、"痕"、"醉"、"奉"等词素，② 它们在构词时的使用频率稍稍高于低频词素，却又比高频词素要低一些，一般每个词素都可以构造几个到一二十个合成词。由这样一类词素所形成的聚合体可以称之为中频词素集。

以上经过讨论得出的单类词素集和多类词素集，单用词素集、非单用词素集和可单用也可不单用词素集，高频词素集、中频词素集和低频词素

---

① 中国社会科学院语言研究所词典编辑室：《倒序现代汉语词典》，商务印书馆 1987 年版。

② 北京语言学院语言教学研究所：《现代汉语频率词典》，北京语言学院出版社 1986 年版。

集都是根据现代汉语词素的构词情况，依据三个不同标准划分出来的聚合系统。标准不同，划分的词素集合系统的层次关系也不同。这表明，从词素的语法构词功能来分析，现代汉语的词素仍然是一个有一定层次的复杂的聚合系统，其内部的结构规律很值得我们进一步探索。

第六章

现代汉语单义词素研究

词素是现代汉语五级语法单位中的一级语法单位，本身具有客观实在性。而并非像有的学者所说的那样，是由于对词的结构作出分析后从"词"中分离出来的。语言事实表明，词素的存在不仅具有客观性，而且还具有系统性和整体性。描写并揭示词素的系统性，阐明词素与词素之间的内在关系，对于词素这一级最基本的语法单位的研究有着积极的理论意义和实际应用价值。

本章所讨论的主要是根据词素的意义内容而划分出的一个特定的类集，单义词素集。意在结合定量分析方法，从宏观上确定单义词素的数量范围，描写现代汉语全部单义词素的不同类型的特点、分析其构词能力上的差异，试图揭示词素意义和构词能力的内在关系。

为使问题的讨论有一个明确的范围，同时也便于操作。在下文的讨论中，我们所用到的单义词素的语例将主要取自李行健（1998）主编的《现代汉语规范字典》（以下简称《字典》），必要时也适当参考了《现代汉语词典》（以下简称《现汉》），以期适当弥补《字典》的不足。

第一节 现代汉语单义词素的确定

研究单义词素，第一步工作就是要确定哪些语言单位是，哪些不是。也就是要依据一定的标准逐个判断，进而筛选出全部研究对象，然后加以分类概括统计。为了使研究过程和最后的数据和结论更为准确可靠，在判定识别单义词素时，我们首先确定并坚持了以下几条原则。

1. 确定单义词素应该坚持以词汇意义为标准。就是说，凡是《字典》列出的条目中只出现了一个词汇意义的，都一律算作单义词素。如：

捡：⬚动⬚拾取。

眯：⬚动⬚灰沙等细小的东西进入眼睛，使眼暂时不能睁开或看不清东西。

泪：⬚名⬚眼内泪腺分泌的无色透明液体。

佳：⬚形⬚好的；美的。

以上几个词素，"捡"、"眯"、"泪"、"佳"都是单义词素。

2. 如果《字典》中由单字出列的条目因为没有意义，转为双音节或者多音节的整体释义时，将根据实际情况来分析确定这一双音节或者多音节的整体是否是单义词素。如：

佗：［佗傺］⬚形⬚〈文〉形容失意的样子。

憔：［憔悴］⬚形⬚瘦弱，面色不好；花木枯萎。

睽[1]：［睽睽］⬚形⬚形容睁大眼睛注视的样子。

茯：［茯苓］⬚名⬚一种真菌。一般寄生在松树根上，外形与甘薯相似，大小不等，表面有深褐色皮壳，内部粉粒状，可以加工制作食品，也可以做药材。

以上几个条目中，我们将"佗傺"、"憔悴"、"睽睽"、"茯苓"等确定为单义词素，即只分析双音节形式的"佗傺"、"憔悴"、"睽睽"、"茯苓"，而不考虑"佗"、"憔"、"睽[1]"、"茯"。

荞：［荞麦］⬚名⬚一年生草本植物，茎绿中带红，直立分枝，叶戟形，互生，开白色或淡红色小花。子实磨粉后可以制作食品。荞麦，也指这种植物的子实。

芪：［黄芪］⬚名⬚多年生草本植物，主根直而长，圆柱形，奇数羽状花叶，开淡黄色花。根可以做药材。

在上面两个例子中，"荞麦"有两个词汇意义，一指草本植物本身；二指这种植物的子实。虽然《字典》将"荞麦"作为单义词来处理，但实际上，"荞麦"应该算作多义词。在"荞麦"这个词里，"荞"虽然也可以在提取出词素"麦"以后而成为一个有区别意义作用的剩余词素，但我们不再认为它是单义词素了，所以不在我们的统计分析范围之内。同样不应视为单义词素。类似的例子还有"苹果"里的"苹"等。而"黄芪"则不同，整体上看是个单义词，"黄芪"与"芪"也不同，所以能够把"芪"看成是一个在提取出词素"黄"之后有区别词汇意义作用的单义词素，也就是说"芪"可以作为一个特定的单义词素，属于本文的讨论对象。

［荸荠］名多年生草本植物，生在池沼或水田里。地下茎呈扁圆形，皮赤褐色，肉白色，可以食用，也可以制淀粉。荸荠，也指这种植物的地下茎。

单个音节形式的"荸"和"荠"，都没有意义，只有双音节形式的"荸荠"才表示意义，是一个独立的成词词素。但是同样由于"荸荠"可以表示两种词汇意义：一指多年生草本植物；二指这种植物的果实，所以也仍然是多义词素。因而不是我们要讨论的单义词素。

3. 对于《字典》明确标注为音译用字的条目，我们将根据该条目下列出的整个音译词来确定单义词素。如：

吡：音译用字，用于"吡啶"（bǐdìng，有机化合物，化学式 C_5H_5N，无色液体，有臭味，可作溶剂和化学试药）、"吡咯"（bǐluò，有机化合物，化学式 C_4H_5N，无色液体，可制药品）。

哔：音译用字，用于"哔叽"（一种密度较小的斜纹纺织品）等。

吗：mǎ［吗啡］名由鸦片制成的有机化合物，白色结晶质粉末，味苦，有毒。医药上用做镇痛剂。

啡：音译用字，用于"咖啡"（kāfēi，见"咖"）"吗啡"（mǎfēi，见"吗"）等。

在上面几个例子中，我们将"吡啶"、"吡咯"、"哔叽"、"吗啡"等都算作单义词素。不过，"咖啡"的情况有些不同。"咖啡"在《字典》中虽然只列出了下面这一种词汇意义：

咖：kā 音译用字，用于"咖啡"（一种热带植物，种子炒熟磨成粉，可以做饮料），可是在《现汉》中，"咖啡"同时列出了三种词汇意义，并且这些词汇意义之间存在着明显的联系。

咖啡：①常绿小乔木或灌木，叶子长卵形，先端尖，花白色，有香味，结浆果，深红色，内有两颗种子，种子炒熟制成粉，可以作饮料。产在热带和亚热带地区。○②咖啡种子制成的粉末。○③用咖啡种子的粉末制成的饮料。

显然，根据《现汉》，"咖啡"的三种词汇意义互有联系，是个多义词素，而不应该是单义词素。所以分析单义词素时，类似于"咖啡"这样的语例应该依据《现汉》予以排除。

也有以下的特殊情况，即在《字典》中未出现，但已经可以明确肯定是现代汉语的单义词素，今据《现汉》增补，如："色拉"、"吉他"、"尼龙"、"芭蕾"、"分贝"、"尼古丁"等。

4. 对于《字典》中某些单义词素同时兼有几个不同书写形体的情况，根据确定词素的同一性原则，分析统计时一律算作一个词素。如："蛤蟆"和"虾蟆"，"脉脉"和"脈脈"，"彬"和"斌"，"喀嚓"和"咔嚓"，"嘡"（拟声 形容敲锣、撞钟等的声音）和"镗"（tāng），"欤"（助 〈文〉表示疑问语气，相当于"呢"或"吗"）和"与"（yú，古同"欤"），"叽"（拟声 形容小鸡、小鸟的叫声）和"唧"（同"叽"），"嗬"（叹 表示惊讶）和"呵³"（同"嗬"）"嗃²"（同"嗬"）等，由于这几组词素都是同素异形关系，在实际使用中都以第一种形式最为常见，所以在统计分析时每一组都分别以前一个为准，算作一个单义词素，后者都不再重复计算。

5. 对于《字典》中那些同时列出了多种词汇意义的条目，我们会根据词汇意义给以严格的区分。如果列出的各条词汇意义之间存在着一定的内在联系，那么，就将本条处理为多义词素；如果这几种词汇意义之间缺乏一定的内在联系，那么，我们便将这些失去了或缺乏内在联系的单条意义提取出来，并据以确定为单义词素。如：

煞：shà① 名 迷信指凶神。○② 副 表示程度高，相当于"很""极"。

熵：① 名 热力学中，用热能的变化量除以温度所得的商来表示不能利用来作功的热能，这个商叫做熵。○② 名 科学技术上泛指某些物质系统状态的一种量度，或者可能出现的程度。

掸：① 名 古代称傣族。○② 名 缅甸民族之一，大部分居住在缅甸的掸邦。

壬：① 名 天干的第九位。○② 名 姓。

蹁：①形走路姿态不正。○②［蹁跹］形〈文〉形容旋转起舞的样子。

从《字典》的释义中可以看出，"煞"的①和②两条意义之间并不存在联系，因此，根据意义，"煞"并不是一个多义词素，而应该看成是两个各自独立的单义词素。"熵"、"掸"和"壬"的①和②两条意义也各自有着不同的来源，说不出意义之间有什么联系，所以，应该区分为两个不同的单义词素。同样，"蹁"下列出的两项词汇意义之间也因为各自依存的形式完全不同，一是独立的单音节形式"蹁"，一是叠韵的连绵形式"蹁跹"，彼此之间又缺少内在的语义关联，自然更应该确定为两个形体不同的单义词素"蹁"和"蹁跹"。

总之，在分析探讨单义词素的系统性时，我们虽然要利用《字典》的研究成果，但是又不能不加区别地照搬照抄，在进行统计分析时，首先必须对其中不同语料的处理情况逐个摸清，再作具体分析，然后依次一一确定。在确定一个具体的词素是不是单义词素时，我们要自始至终地坚持词素是集中了语音、语义和语法三种属性于一体，同时还必须具有同一性的基本理论原则。也就是说，既要立足于语义，结合词素的语音和语法属性，又要兼及形体，分析并揭示词素之间存在的相互关联。

第二节　现代汉语单义词素类型系统

确定现代汉语单义词素的类型系统，主要根据语义，这有两条标准。一是词汇意义标准，主要看单义词素的词汇意义所属的语义范畴。二是语法意义标准，主要看词素的语法属性和类别。

一　词汇意义类型

总的说来，现代汉语单义词素的数量还是有限的。就我们所掌握的材料来看，根据以上确定的几条原则，经过统计分析，共有 5082 个。从其词汇意义所属的语义范畴来看，这 5082 个单义词素主要有以下 21 种。

1. 表人，如：媪、嫒、爸、伯、姒、婢

2. 表人的姓氏，如：卞、柏[1]、晁、仉、佟、万俟、隗、荀、郇、郜、姜[1]、范[1]、贲、闵、袁

3. 表地名或地理条件，如：陬、嶅、岙、澳[2]、瑷珲、灞、浜、塝、

瀑、邶、碚、沘、泌

4. 表动物名，如：葵、鳌、鹌鹑、犯、鲃、貔貅、鲅、蟾蜍、蚌、豹、鹁、鳊、狴犴、鲂、鲱、貂、豺

5. 表植物名，如：桉、柏、蒡、稆、枹、椑、荜拨、蘩、蕉

6. 表微生物或疾病名，如：孢、瘢、癌、瘫、痱、瘊、趼、疥、疬

7. 表动物或人体器官名，如：膊、胲、鳌、蹯、腓、髀、鬃、髆、骶、腔、肚（dǔ）、肛、膈、骼、龟、喉

8. 表植物器官名，如：芰、苞[1]、麸、稃、荸、秆、竿、秸

9. 表化学元素与化合物名，如：锕、镱、砹、氨、胺、铵、钯、钡、苯、铋、钚、吡啶、吡咯

10. 表古代事物名，如：璇、厩、盒、鞯、畚、祊、瑋、褉襖、馎饦、瓲[1]、甗鬲

11. 表其他无生命的事物，如：袄、笆、靶、摆[3]、梵呗、钣、坂、垰、桦、鼋、堡、褛、塝、镑、泵、币、陛、楗柘

12. 表动作行为，如：眯、踩、搭、颤、阐、徜徉、嘲、抻、炊、捶、彻、坼、嗤、辍

13. 表属性状态，如：参差、憔悴、澈、匆、歹、酩酊、婀娜、谔、灏、涸、惶、浑、艰、皎、愧、褴褛、斑斓、伶俐、丽、烂漫、胖

14. 表计数，如：八、佰、佰、廿、仟、叁、卅、壹、亿、柒、捌

15. 表计量，如：巴、楅、亩、抔、仞、坰、艘、瓦[2]、咫、幢、铢、撮、畹、锚

16. 表声音或音响，如：嘣、噔、哐、轰隆、哞、砰、怦、嘁嘁喳喳、嚓、嗵、啪、呜、嘭

17. 表感情，如：咦、噫、喳、呦、哼唷、阿、嚯、呸、嘘、哎、嗬、啊、唉

18. 表情态，如：甫、亟、稍、倏、数、忒、偕、只、最、勿、斯

19. 表指称，如：俺、咱、您、吗（má）、偌、吾、予、怎、这

20. 表关联，如：迨、乎[2]、以[2]、自[2]、苟、倘、爰

21. 表语气，如：啦、哩、呀、邪、哉、哇、喽、呃、兮

可以看出，单从语义内容上看，单义词素的各种语义类型所包含的词素数量有较大差别。比较而言，表人或事物类所占的比例最大。第 1 到 11 类大体上都可以划归此类。此外依次是表示动作行为类，性质状态类，

表声音或音响类，表情态类，计量类，计数类，语气类，指称类，数量最少的是表关联类。

二　语法意义类型

从语法属性上看，单义词素可以根据其经常构成的词在语法上的词性，一一定性并归类。根据《字典》所标注的语法属性特征，我们在观察分析了全部的单义词素之后，用定量统计的方法得出了下面的结论。

1. 名素性的，2948 个，如：皿、脾、瓢、鸟、妞、藕、妮、稻、岛、苏打、蝉、船、窗

2. 动素性的，1133 个，如：揣、辍、跺、掸、唤、诫、聚、教、溅、唠叨、瞄、瞒、觅

3. 形素性的，640 个，如：胖、牝、悄、晴、忐忑、倜傥、崎岖、韧、瘸、渚、旺、逶迤

4. 数素性的，29 个，如：八、捌、佰、京^2、玖^2、○、卅、四^1、卌、亿、兆^2、许^3

5. 量素性的，44 个，如：巴^4、安^3、石（dàn）、法^2、牛^2、抔、通、饨、宿、泡^2、帕^2

6. 代素性的，22 个，如：俺、卬、该^3、己^2、厥^2、吗、您、渠^2、若^2、偌、啥、甚、乌、吾、许^2、予、咋、怎、这、诸^2

7. 副素性的，55 个，如：甫、亟、稍、审^2、倏、数（shuò）、厮、忝、忒、委^5、勿、偕、胥^2、欻、业^3、亦、只、最

8. 介素性的，5 个，如：迨、乎^2、为（wéi）、以^2、自^2

9. 连素性的，5 个，如：苟、况^2、矧、倘、爰

10. 助素性的，26 个，如：呃、耳^2、家、啦、来^2、嘞、哩、喽、嚜、似的、哇、兮、呀、邪、繄、攸、与、聿、哉

11. 叹素性的，38 个，如：咦、噫、喳、啊（á）、啊（ǎ）、呔、哇、呃、嚯、嗯、喂^2、呸、嘘、喔

12. 拟声素性的，130 个，如：玎玲、哐啷、当啷、嗖喋、咕隆、喵喵、啪、砰、噼啪、呸、窸窣

13. 词缀性的，7 个，如：边、家、如^2、为^3、有^2

从以上的统计分析结果来看，单义词素中，各种语法属性上都有分布，只是分布的比例有较大的差别。

《字典》释义原则明确指出：随义项逐条标注词性。一个字在一个义项下，既能独立成词，又能作语素的，按词的语法功能标注词性；只能作语素的，比照类似的词标注词性。语素义的词性，只表示它在合成词中的性质，并不表示由它组成的合成词都具有这种性质。

按照一般的划分词类的办法，将词分为名词（包括时间词和方位词）、动词（包括助动词）、形容词、数词、量词、代词、副词、介词、连词、助词（包括语气词）、叹词、拟声词等 12 类，分别用 名 、动 、形 、数 、量 、代 、副 、介 、连 、助 、叹 、拟声 表示①。

由此可见，《字典》在给每一个条目的不同义项标注语法属性时，是立足于词的标准来定性的，所以对词素也使用了词性。即使该条目难以独立成词，只能作构词成分的，也要根据它在合成词中的性质来定词性，就是说，《字典》所标注的"词性"有两层意思：一是语法上讲词类时的词性，这是从句法层面得出的；一是词素的语法属性，这是从构词层面得出的。这是两个不同层面的语言单位，原本就存在着质的区别，那么都一律用词性标注，就有界限模糊不清的缺陷，从理论上说，这样的体系自然不严密。不过，从另一个角度看，由于词素有的可以独立成为单纯词，这样的单纯词中，词素和由它独立形成的词又都能与汉字字形三位一体，自然也就不会影响我们的分析统计。另外，考虑到词素在合成词中的语法属性与词在句子中的语法属性毕竟有着本质上的不同，用"词性"来指称词素的语法性质并不科学，所以，为了做到二者兼顾，我们主张用名素性、动素性、形素性、数素性、量素性、代素性、副素性、介素性、连素性、助素性、叹素性、拟声素性等名称来指称不同类别的单义词素的语法属性，这样处理既可以有效地区分两类不同性质的语法单位，同时也可以体现出两级语法单位之间在语法属性上的某些对应性。

第三节　现代汉语单义词素的构词能力分析

在这一节里，我们主要根据由词素的语法意义归纳出的类型，依次分析各类词素的构词情况，比较各类词素在构词能力上的差异；同时还结合

---

① 李行健：《现代汉语规范字典》，语文出版社 1998 年第 2 版，第 10—11 页。

词素的词汇意义，阐述词汇意义与词素的构词能力的内在关系。

一　现代汉语单义词素构词分析

在根据语法意义归纳出的 13 类词素中，各种单义词素的构词情况是有差别的。即便是在同一类词素中，也同样存在不同的词素构词能力不同的情况。比较而言，名素性、动素性和形素性的单义词素的构词情况显得比较复杂一些，而其他单义词素的构词情况就显得简单一些。以下分别具体讨论各类单义词素的构词情况。

1. 名素性的单义词素

这一类词素由于数量大，语义内容丰富，语义范畴类型较多，有些单义词素的使用频率高，因此，构词情况最为复杂。

总起来看，这一类单义词素中能够单独成词的可成词词素数量大。主要表现为：表人的姓氏的单义词素，表化学元素及化合物的单义词素，都可以单独构词。表动物名称的单义词素也有相当多的一部分可以独立成词。

表人、表地名、表植物名、表人体器官名、微生物名、疾病名的词素，大部分都不能单独构成词，只能构造复合式合成词，能够单独成词的只是很少量的一部分。特别是有一些单义词素，构造的合成词在结构类型上也显示出一定的倾向性。比如，表地名或地理条件的单义词素所构造的合成词主要是以注释型补充式和偏正式为主，像"瑷珲县"、"郓城"、"沘江"、"亳州"、"儋县"、"灞河"、"浐河"、"郴州"、"汾河"、"滁州"、"涪江"、"漯河"等都是注释型补充式，而"薛岙"、"岜关岭"、"嗸阳"、"珊瑚坝"、"北碚"、"沙家浜"、"张家塝"、"瓦窑堡"、"白洋淀"等均为偏正式。

表古代事物名的单义词素，一般都以独立成词最为常见，并且在现代汉语里很少与其他词素组合。如：囹圄。当然，这类词使用的频率很低。

表其他无生命的事物的单义词素，构词情况与音节数量有关系。单音节的一般要与其他词素组合，构成合成词，如："冰雹"、"棉袄"。而多音节单义词素通常都可以独立成词。如："梵呗"、"椐栌"。

表动植物、人体器官、微生物、疾病名的单义词素，少量较常用的一部分可以独立成词；如："苞[1]"、"龟"、"鳖"、"蟹"、"猹"、"蝉"、

"鹅"、"发"、"肺"、"肝"、"癌",大部分则要构造成合成词,但是构造的合成词数量非常有限,很多只是构造一两个合成词。如:"骶"一般只用于构造"骶骨"一词,"麸"只用于"麦麸"等词中,"秸"可以构造的词稍多一些,通常使用的有"秫秸"、"秸秆"、"麦秸"、"豆秸"等。

表人的单义词素,主要用于构造合成词,少量的可以独立成词。如"爸"。

总体上看,名素性的单义词素的构词能力都不强,构造出来的词的总数也比较有限。其中有的单义词素在与其他词素组合为合成词时,只能选择某一特定的词素,因此这些词素实际上就是"一用词素"。

2. 动素性的单义词素

动素性单义词素的构词能力,相对活泼,各种情况都具备。一部分动素性的单义词素一般情况下独立成词,间或也可以与其他词素结合构成复合词,如:教(jiāo)、瞒、唠叨、扛、磕、咳、啃、哭、捋、裸、迈、瞟、瞥;一部分则只能与其他词素组合构成复合词。如:咀、惧、镌、诀、戡、瞌、瞰[1]、犒、吭、控[2]、会(kuài)、扩、睐、罹。

两类词素相比较而言,后一类较多一些。

3. 形素性的单义词素

形素性的单义词素中有很大一部分是双音节的,或双声、或叠韵,作为联绵结构;或者是重叠形式,这样的双音节单义词素都只是独立成词,而不与其他词素组合成为复合词。如:缤纷、参差、踟蹰、婀娜、邂逅、肋肌、磊落、愣怔、迤逦、伶俐、伶仃、褴褛、囫囵、憔悴、崎岖、彬彬、搴搴、皑皑、兢兢、伾伾、狉狉、萋萋。

单音节词素中,少数一部分既可以独立成词,也可以充当构词成分构造合成词。如:雌、绿、贫[2]、晴、瘸、臊、帅[2]。

另外很大一部分不能独立成词,只能充当构词成分,与其他成分构造复合词。如:刺、婪、赢、丽、孑、娈、莽[2]、盍、惭、愕、涸、谧、缅、朴、谦、倩、缛、韶。

比较而言,第三类词素的比例最大。

4. 数素性的单义词素

数素性的单义词素,一般可以独立成为一个词。如:"八"、"佰"、"〇"、"亿"。

5. 量素性的单义词素

都可以独立构词。如："巴^4"、"安^3"、"牛^2"、"卡"。

6. 代素性的单义词素

都可以独立构词。也可以作为构词成分，与其他词素构成合成词。如："您"、"干吗"、"怎"、"怎样"。

7. 副素性的单义词素

大部分可以独立构词，一部分可以独立构词，也可以用做构词成分，构造复合词。如："甭"、"只"、"最"、"勿"、"稍"、"稍微"、"稍稍"。

8. 介素性的单义词素

"迨"、"乎^2"、"为（wéi）"、"自^2"都只是独立作为一个介词用。"以^2"则只作为一个构词成分，构造出诸如"以上"、"以下"、"以东"、"以远"、"以内"、"以南"等复合词。

9. 连素性的单义词素

连素性的单义词素一共只有5个。"苟^2"、"况^2"、"矧"、"倘"、"爰"都能独立成词，不过，这主要还是古汉语用法的保留，现代汉语里较少用到。"况^2"和"倘"还可以构造复合词"况且"、"何况"、"倘若"、"倘使"等合成词。比较而言，双音节合成词"况且"、"何况"、"倘若"、"倘使"等才是现代汉语的常用形式。

10. 助素性的单义词素

助素性的单义词素在现代汉语里共有26个。表示语气的单义词素一般都可以独立成为一个词。如："嘞"、"嚦"、"喽"、"哇"、"似的"。其中"哉"、"聿"、"兮"、"繄"等所构造的词主要用于古代汉语中。

11. 叹素性的单义词素

叹素性的单义词素都可以独立成词，并且所形成的词可以独立成句。叹素性的单义词素，一般不能充当构词成分与其他词素构造合成词。如："啊（á）"、"咦"、"呔"、"喂^2"。

12. 拟声素性的单义词素

《字典》所收录的130个拟声性的单义词素，全都可以独立成词，一般不与其他词素构造成复合词。如："哐啷"、"咕隆"、"噼啪"、"哐"、"哗"，等等。

13. 词缀性的单义词素

《字典》共列出了7个词缀性的单义词素。每一个词缀都可以用附加的方法，构造出较多的合成词。如：

边：前边、左边、南边、后边

家：小孩子家、姑娘家、女人家、学生家

如^2：突如其来、应用自如、空空如也

为^3：广为流传、大为不妥、极为痛苦、颇为得意、深为感动、尤为重要

们：我们、你们、他们、咱们、孩子们

阿：阿姨、阿妹、阿婆、阿大、阿 Q

有^2：有殷、有周、有苗、有汉

与其他类型的单义词素相比，这一类词素虽不能单独成词，但由其所构造的合成词的数量应该说还是比较多的。这类词素的构词能力在单义词素系统中是比较强的。

二　单义词素的构词能力与词素单义性的关系

由以上分析结果可以看出，现代汉语的单义词素的构词能力总的看来还是比较弱的，主要表现为：要么独立成词，要么只能与很有限的词素互相组合成合成词，而且词素在组合时，由单义词素充当构词成分，其与其他词素的组合位置相对固定，其所由构成的合成词的数量也非常之少。在全部的单义词素中，构词能力最强的要算词缀性的单义词素。即便是这样，能够构造的词的数量也还是很有限。况且，全部现代汉语的单义词缀的数量也只有 7 个，在全部单义词素中占的比例极低。

单义词素的构词能力不强与词素的单义性之间有着相互影响相互制约的关系。

首先，从构词来看，由于词素的构词能力弱，构成的词的数量也就较少，所以，词素随着所构造的词在语言中出现的频率和使用的概率也就相对较低，这样，其所获得的发展变化的可能性也就相对较小，词素意义也就更容易在语言的发展变化中倾向于保持稳定不变，产生新义的条件就受到了很大限制，因此，更容易使之保持单义的状态。

其次，从词素意义的角度看，单义词素与多义词素比较，在语言使用中，在构词中出现的频次明显要低，自然所构成的词的数量明显少于多义词素，因为多义词素比单义词素有更多的使用场合。如果说单义词素只有一种意义条件参与构词造词的话，那么多义词素则明显有多倍于单义词素

的意义条件参与构词造词。所以跟多义词素相比,单义词素的构词能力显得比较弱一些,所能构造的词的数量明显少一些。

一方面,单义词素的构词条件受到比较严格的限制,所能搭配组合的其他词素数量很受限制;不像多义词素的组合条件那么宽松,可以有较多的其他词素与之组合。这样,词素在语言使用中变化发展的可能性和提供变化发展的空间就受到了严格的制约。其原有的单义性相对而言更有可能在语言的发展中得以延续。这就是单义词素的单义性与单义词素的较弱的构词能力之间所存在的双向依赖和互相制约的两重关系。

第七章

现代汉语多义词素研究的
几个原则性问题

关于现代汉语的多义词素，近年来学界在这一领域的研究并不常见，系统的研究则更是少之又少。针对这样的研究情况，本章拟从现代汉语词汇研究的现状出发，结合目前词素研究中的一些实际问题，确立现代汉语多义词素研究的几条基本原则，以期为多义词素的系统研究奠定基础。

本章探讨现代汉语多义词素系统研究中面临的六个原则性问题：如何利用辞书研究的既有成果，如何与单义词素划清界限，多义词素与同音词素的区分问题，多义词素的意义与单纯词词义的关系，多义词素的同素异形以及同形异素问题。因为只有对以上六个方面的问题都逐一解决了，才能准确判断识别现代汉语的多义词素，才能获得对现代汉语多义词素系统的全面认识，进而给以精确的描写。

第一节　多义词素研究中如何利用辞书研究成果

关于词汇的研究，无论是现代汉语词汇研究，古代汉语词汇研究，抑或是训诂研究，很大程度上都借鉴和利用已有的辞书，像《现代汉语词典》、《现代汉语规范词典》、《汉语大词典》、《汉语大字典》、《现代汉语规范字典》、《辞源》、《辞海》、《新华字典》、《说文解字》等，都是学者们选取语料的常用工具书。至于从这些辞书中选取一些成系统的词例作专门系统研究的，就更是学者们首选的也是最通常的做法。从近些年硕士博士研究生的毕业论文选题来看，就更容易清楚地看到这一点。

正确充分地吸收借鉴利用学术界已有的研究成果是探索解决学术问题的必由之路，应该说这是必然的。这不仅可以尽量避免无意义的重复劳动，同时也是尊重学界前辈的起码要求。从这个层面上来审视现代汉语词汇研究，直接将辞书中反映出来的成果加以综合利用，是完全应该的。因为辞书编纂过程中无疑也已经直接吸收继承了前人的研究成果，参考辞书的有关材料显然可以更加有助于推进问题的进一步解决；相反，如果对于有价值的辞书材料不加以分析和研究利用，这样的研究肯定是不系统的。从方法论上看，这样的研究会由于缺乏大量语料的支撑，相应地缺乏科学性。

然而，如果只是一味地引用辞书的内容和材料，或是直接加以利用，缺乏对语料进行有效的甄别和取舍，这对于词汇研究而言，就在无形中隐含着不小的问题。这些不易察觉的问题对于研究结论和理论观点的准确性都有不同程度的影响。

原因很简单。虽然词汇研究和辞书编纂有很多的联系，但毕竟这是两种性质不同的问题。从辞书编纂的角度看，不同的辞书，编写者的主观意图，辞书的服务对象和用途等都各不相同，大到辞书的性质、规模和类型，比如是语文类辞书还是百科类辞书，是中型语文辞书还是对外汉语教学用辞书，是字典还是词典，辞书收集语料的侧重点和词的数量也每每各不相同。古汉语词典和现代汉语词典，新词词典和虚词词典等，从释义的方式和内容，一直到义项数量的多少，义项的分合等都会有很大的出入。多义词素的研究在利用词典的语言材料时，要是对这些客观事实视而不见，随意选取某一词典的材料进行分析、概括和总结，所得出的观点的片面性就已经可想而知了。

比方说，如果我们要研究现代汉语的多义词问题，想对现代汉语里的多义词作量的统计分析，进行定量研究，就直接根据《现代汉语词典》中的各条目的内容不加分析地放到一起，分析研究得出数据。这样的研究就很成问题了。这样的数据肯定是不可靠的。就拿"卡"这个条目来说，《现代汉语词典》依次列了以下四个义项：①卡路里的简称。②卡片。③录音机上放置盒式磁带的仓式装置。④卡车。如果因为词典列出了四个义项，就据此认定现代汉语里的"卡"就是一个多义词，那肯定不对。错误的原因很清楚，就是处理这类复杂问题时太过于简单化了。

仔细分析一下，就很容易明白。义项①是源于法语词的 calorie，义项②是源于英语词的 card，义项③又是源于英语词的 cassette，义项

④则是源于英语词的 car。就是说，这几个不同的义项是分别对应于法语和英语的四个不同的词，也就是说，从来源上讲，不同的义项对应的各是一个外来词。也就是说，这几个义项在外语里都各自对应一个词，这样形成的几个外来词进入汉语系统之后，只是由于选择了同样书写形式和语音形式而恰好成了同音同形的音译外来词了。就现代汉语中关于"卡"目前的使用情况看，除了义项③不可以独立成为一个词以外，其余三个义项①②④都可以而且应该各自算是一个独立的词了，因为这三个义项之间毫无意义关联。这样看来，不仅"卡"是词，而且还是三个不同的词，外加一个非词词素。可问题是这三个"卡"又都是单义词（当然，也都分别是一个单义词素），所以最终正确的处理方法应该是"卡"并非多义词，也并非多义词素。这种处理意见与直接依赖《现代汉语词典》依次排列的四个义项，不加分析地将"卡"视为一个多义词的看法是截然不同的。可见借鉴辞书的研究成果来研究汉语词汇问题，简单化的做法是不可取的。词汇研究在利用辞书的成果时关于这一点不可以不慎重。

　　辞书中类似于"卡"这样处理的例子还有许多，在研究语言问题时，稍有不慎，就有可能因为辞书的材料使用不当而产生偏颇。曾有学者因为系统考察词典所收的词例而提出关于多义词定义需要重新修订的观点就很能说明问题。

　　《现代汉语词典》中大量收录了下面这样一些双音节和多音节的合成词，如"班次"、"拔丝"、"强人"、"中人"、"一阵风"、"驴打滚"等，这些词每个条目下都同时依次列有两三个义项。比如，"班次"列有两个意义：①指（学校）班级的次序；②定时往来的交通运输工具开行的次数。"驴打滚"也有两个义项：①高利贷的一种。放债时规定，到期不还，利息加倍。利上加利，越滚越多，如驴翻身打滚，所以叫驴打滚。②一种食品。用黄米面夹糖做成，蒸熟后，滚上熟黄豆面。类似这样的其他词也还很多，不下 300 个。由于这些词在《现代汉语词典》中都列出了两个不同的义项，可是这两个义项之间又的确缺乏内在的语义关联，不同于一般多义词意义之间的关系，所以有学者提出将这样的词命名为"义项平行的多义复合词"的观点，以此来扩大多义词的范围，修正多义词的定义，并由此进一步划分出多义词的两种类型：义项有联系的多义词，即一般所说的多义词；义项平行的复合词，也就是义项之间没有意义联系的复合词。①

从分析材料的整个过程看，作者并没有分析方法和操作的失误问题，可结论缺乏科学性。问题的根源就在于，作者没有考虑《现代汉语词典》中编者的编纂意图，丝毫没有怀疑《现代汉语词典》的权威性，以为只要是经过《现代汉语词典》处理了的义项同时属于同一个词条之下，那它就是多义词。可见是研究者采集语料的源头上出现了偏差。

分析到此，不难明白，使用辞书里的语料，如果不加选择，所得出的观点和结论肯定是不太可靠的。原因是什么呢？

辞书编纂的意图不同，编者有时为了避免出现同音同形词条太多的情况，而有意将有些同音同形的字词加以合并。从辞书编纂角度看，为了减少辞书所收条目的数量，控制辞书的规模，而将同音同形的语言成分加以归并，这也没有什么不可以。可是从语言研究角度看，就不可以这么做了。因为这会跟语言事实相差太远。

第二节　形式和意义上的划界

确定现代汉语的多义词素，需要进一步明确多义词素跟相关语言单位应该如何划界。多义词素是语言的符号，凡是符号，都有形式和意义两个方面，因此多义词素跟其他语言单位的划界问题，就既有来自语言形式方面的，也有来自意义上的；甚至还有一些语言成分与多义词素既有形式上的关联，也有意义上的关联，两方面都需要划清界限。下面依次分析。

一　关于多义词素与单义词素的划界

单义词素和多义词素的划界，是词素的意义划界问题。

单义词素就是在现代汉语里只有一个词汇意义的词素。多义词素则是在现代汉语里有几个互有联系的词汇意义的词素。从历史发展过程看，都是先有单义词素，在单义词素的基础上通过比喻、借代、引申、特指等方式可以产生出新的意义，由此而形成多义词素。二者在理论上的界限是很容易说清楚的。可是在实际语言中，个别词素究竟属于单义词素还是多义

---

① 朱景松：《现代汉语中义项平行的多义复合词》，《语文建设》1992 年第 1 期；
朱景松：《汉语研究论稿》，安徽大学出版社 1997 年版，第 132—138 页。

词素，也是不太容易说清楚的。

举例来说，现代汉语的前缀"阿~"就是个很好的例子。《现代汉语词典》列出了两个义项：①用在排行、小名或姓的前面，有亲昵的意味：~大｜~宝｜~唐。②用在某些亲属称谓的前面：~婆｜~爹｜~哥。而在《现代汉语规范字典》中，"阿~"则只有一个义项：词的前缀。附着在姓、名、排行或某些亲属称谓的前面，常具有亲昵的意味，多用于方言：~王｜~毛｜~大｜~婆｜~姨｜~哥｜~妹。显然，仅仅从这两部词典的释义内容来看，是大体一致的，表述没有什么两样。不过，在要不要分列不同的条目表述前缀"阿~"的词汇意义这一点上，二者意见有分歧。《现代汉语词典》拆分处理为多义词素，而《现代汉语规范字典》却归并处理为一个单义词素。表面上看，似乎仅仅就是词素意义内容的分合问题。从宏观上分析，我们并不排除不同辞书因为编纂者编纂意图有所不同的可能，但从词汇研究的微观上看，不妨认为这是从深层次上折射出学者对这类词素的单义多义性质的认定并没有达成共识。换句话说，这是由于意义密切而难以切分的问题。这与下面要讨论的意义关系疏远而难以联系起来需要考虑是多义词素还是同音词素的问题，正好是两个极端。由此也可以看出多义词素的研究同样也存在两头划界的问题，说明多义词素的研究同样很复杂。

又比如，"俸"，《现代汉语词典》立了两个义项：①俸禄：薪~。②（Fèng）姓。而在《现代汉语规范字典》里，却只立了一个义项：名旧时官吏的薪金：~禄｜~钱｜薪~。可以看到，前者将"俸"处理为多义词素，后者则认为是单义词素。意见明显不同。

当然，我们也注意到，《现代汉语规范字典》没有注意到"俸"有姓氏的用法，列为单义词素是必然的。不过，这并不能掩盖单义词素与多义词素之间的模糊界限。

类似这样的例子还有许多。在《现代汉语词典》中，大凡一个词素既有其他词汇意义，同时又可以表姓氏，那么表姓氏的用法都一律列为该词素的最后一个义项。这很容易让人理解为表姓氏的义项，只要不是专表姓氏用字的意义，那它就一定是作为多义词素的一个义位存在的。比如，"仇""佟""邓"都专表姓氏，所以无疑是个单义词素。而像"俸""逢""户""典""东"虽然也都可以表姓氏，但这些因为都还有其他词汇意义，所以都只能列为多义词素。

比较而言，《现代汉语规范字典》的处理就显得谨慎一些。虽然像"逢""户""典""东"也都在最后一个义项的位置上注明表姓氏，但在《凡例》中特别作了说明："同前面义项没有引申关系的义项，原则上分立字头，但为了避免分立字头过多，将姓氏义等酌情放在其他义项之后，序号前用'○'隔开。"这表明，编纂者还是倾向于认为表姓氏的词素是单义词素。

的确，汉语社会的姓氏的确很多，如果将表姓氏的词素都视为单义词素的话，的确会使现代汉语词素中增加大量的同音同形词素。辞书编纂者为了避免这种情形的出现，可以采用上述方法予以合并。特别是一些字典，既然坚持以收字为原则，那么在同一字头下为了求得适当减少条目数量的目的而特意将同音同形的词素的义项加以归并，置于同一个字头之下，也是可以的。但必须清楚的是，这种合并原则上并不能取代表姓氏的词素的单义性质。分析研究现代汉语的多义词素，应该将上述情形都充分地考虑进去，如此，"俸"和"逢"就都应该是两个同音同形的单义词素。而不应该视为多义词素。如此则多义词素系统将会更趋于合理统一，更有科学性。

还有一种情形也会影响到单义词素和多义词素的区分。具体请看例子"孤"：《现代汉语词典》列出了三个义项：①幼年丧父或父母双亡的：～儿。②单独；孤单：～雁｜～岛｜～掌难鸣。③封建王侯的自称。若是单单从词典的释义来看，各个义项之间的联系是很明显的，看成多义词素没有什么问题。但是仔细分析起来，就会发现，其中的义项③只是在古代汉语或是近代汉语里使用，发展到现代汉语阶段已经不用了。现代汉语中使用的只是整个词素在辞书中的全部义项中的个别义项。从这个意义上讲，这样的词素虽然仍可以算是多义词素，但必须注意到现代汉语里的"孤"只有两个义项，而不是三个义项。因为多义词和多义词素的判断标准应该坚持以共时为原则，而不应该坚持以历时为原则。

类似的例子还有书面语中常用的助词"之³"。《现代汉语词典》在"之³"的条目下注了两个义项：①用在定语和中心词之间，组成偏正词组。a）表示领属关系：赤子～心｜钟鼓～声｜以子～矛，攻子～盾。b）表示一般的修饰关系：光荣～家｜无价～宝。②用在主谓结构之间，取消它的独立性，使变成偏正结构：中国～大｜战斗～烈｜大道～行也，天下为公。其实从现代汉语的使用情况看，"之³"主要是义项①保留，义项②则是文言的用法，属于历时的现象。因此"之³"实际上应该是单义词素，而不应该算成多义词素。

可见，面对含有多个词汇意义的词素，还应该结合共时与历时分析，排除那些只在古汉语或是近代汉语中出现和使用，而在现代汉语中已经不用的词汇意义，然后根据剩下的能在现代汉语系统中继续使用的词素，看它们现时是否还有意义上的内在关联，这样才能够最终真正确定多义词素。

二 关于多义词素与同音词素的区分

多义词素与同音词素的区分，既有形式的划界问题，也有意义的划界问题。但实际上主要还是词素的意义要不要划界的问题。通俗地说，凡是意义有联系，也就不需要划界；凡是意义没有联系，自然也就等于划界了。比较起来，虽然牵涉到同音词素有同形异形两种类型，但由于和多义词素容易相混淆的只有同形同音词素一种，异形同音词素和多义词素没有关联，所以形式划界问题也就位居其次了。

确定多义词素的主要依据就是词素的词汇意义。具体说来，不仅要考虑词素词汇意义的量，还要考虑词素词汇意义的质。所谓"量"，就是在同一个语音形式下至少要有两个以上的词汇意义。所谓"质"，就是这些不同词素的词汇意义之间本质上应该有一定的内在联系。这种联系反映在词汇意义经过义素分析后一定可以找到一部分相同的语义特征（也可以叫义素）。不同义项之间正是由于这种相同的语义特征，才形成了一定的语义关联。当然，不同的义项所以有差别，还在于彼此各自具备一定数量的不同的语义特征。这样，就可以保证各个不同的词汇意义之间都保持一种既有联系又有区别的关系。

比如：词素"耙"的词汇意义有两项：①耙子：钉~｜粪~。②用耙子平整土地或聚拢、散开柴草、谷物等。进行语义特征分析后分别是①［+农具］［+有齿］［+长柄］，②［+使用］［+农具］［+有齿］［+长柄］［+生产劳动］。显然，两个义项之间都有共同的语义特征［+农具］［+有齿］［+长柄］。也有差异，义项②还另外具有［+使用］和［+生产劳动］这样的语义特征，这两个义项既相联系又互相区别，成为一个相互联系的有机整体，共同隶属于词素的同一个形式

"耙"，所以词素"耙"肯定是个多义词素。

又如"媒"的两个义项：①媒人：作～｜～妁之言。②媒介：～质｜触～。如果用义素分析这两个义项，同样可以得到共同的语义特征〔＋使发生关联〕〔＋人或事物〕，同时也各自有不同于对方的特征。证明"媒"也同样具备多义词素的特征条件。

实际处理多义词素需要面对的语料更加复杂。如果要利用辞书的成果，就要考虑到不同的辞书对于同样的条目有时会处理得各不一样。比如同样是"花"，在《新华字典》里，"用掉""耗费"的词汇意义是与"种子植物的有性繁殖器官"等放在一起的。而在《现代汉语词典》中，词汇意义为"用掉""耗费"的是作为一个单义词素单独出条的。《现代汉语词典》的处理方法就比较科学，而《新华字典》的处理效果相对而言就差一些。所以，在确定多义词素时，对辞书中所列的全部条目逐条分析，是完全有必要的。只有这样，才会使多义词素和单义词素的区分更加准确。

三　关于多义词素的意义与单纯词词义的划界

这也还是意义的划界问题，是意义在不同层级上的划界问题。

多义词素的确定理论上还有一个词汇意义数量的问题需要考虑。最简单的多义词素，其所含有的词汇意义数量应该不少于两个。这是确定多义词素的第一个基本要件，很容易理解，似乎不是问题。可是在实际操作中，问题并不简单，学界意见很不一致。

有一种观点认为，类似于"很""谁""呸""喷""叛""胖""您"这样的单纯词的意义仅仅是作为词义而存在的。并且进一步认为，"喜"与"忧"，一为"欢乐"、"高兴"，一为"忧愁"、"忧虑"，两种意义毫无疑问截然相反，但是考虑到在现代汉语中，"喜"之义依然是词义，而"忧"之义在一般情况下只能是语素义，而不再是词义，因此两者不再构成反义词，只表现为词和语素的反义关系。持这一观点的学者同时还就现代汉语里的"生"进行了分析，根据《现代汉语词典》对"生"分出的四个条目的不同解释，认为现代汉语里的语音形式相同、书写形式相同、而意义毫无关联的"生"一共有四个："生^1""生^2""生^3""生^4"，不能笼统地说，它们都互为同音词，应该认为"生^1"和"生^2"是同音词，"生^3"和"生^4"则为同音语素。"生^1""生^2"与"生^3""生^4"分别形成了同音词和同音语素的关系。①

　　这里有两个问题值得进一步讨论。一是单纯词的意义是否因为是词义，就不含词素意义了。如果含有词素意义，那这样的词素意义的性质是怎样的。二是对于单纯而同时含有多个词汇意义的词，内中有无词素意义，词素意义的性质应该怎样确定。下面围绕这两个问题逐一分析。

　　首先，确认单纯词的词汇意义是词义，这一点并没有错。但是不能因此就认为单纯词只有词义，而没有词素意义。因为从构词法来看，单纯词事实上就是只有一个词素构成的词，这个词素当然是语言的符号，也是语法单位，同样也是由语音形式和语义内容两个部分形成的音义结合的定型结构。作为语言的符号，缺少语音形式或者语义内容中的任何一个部分，都不再是语言符号了。这样，认为单纯词只有词义，而没有词素意义的观点实际上就等于否认了构成单纯词的唯一成分是词素这样的语言符号单位，再进一步，也就等于说这类单纯词的内部结构具有不可分析性，这当然是对汉语构词法的否定，是对词素构成词这一基本理论的歪曲。所以，单纯词内部的构词成分仍然是有词素意义的，只是词素意义和整个单纯词的词义在形式上虽然取得了完全一致，但二者在语言系统中所处的层次是不同的。这又一次说明了词素意义和词义既有联系又有区别。也正因为如此，我们把单纯词中由静态的词素义形成动态的词义的方式确定为直接实现式。而这样的词素意义根据其语言性质可以确定为能够成为词义的词素意义。

　　根据以上讨论就可以这样认为，"喜"和"忧"在现代汉语里，即使不能够成为反义词，至少也还是一对反义词素。"生¹""生²"与"生³""生⁴"在语音形式、书写形式上都相同，虽然意义各不相同，但首先可以肯定它们是同音词素。当然"生¹""生²"因为又都可以各自独立成词，所以还可以根据词素意义形成的词义确定为同音词，而"生³""生⁴"都因为是不成词义的词素意义，故而只能是同音词素的关系。

　　其次，对于一些同时含有多个词汇意义的单纯词来讲，不同的词汇意义之间即使存在着共时的语义联系，那也不一定就能证明每一个单纯词具有的全部词汇意义都是词义，而不是词素意义。比如，"学"这是一个很常用的单纯词，但在现代汉语中，它至少有以下几个义项：①学习：～技

---

　　①　杨振兰：《试论词义与语素义》，《汉语学习》1993 年第 6 期。

术。②模仿：他~杜鹃叫，~得很像。③学问：治~。④指学科：数~。⑤学校：大~。在这几个词汇意义中，只有义项①②是可以直接形成词义的，而义项③④⑤在现代汉语里并不能单独使用，是不能直接实现为词义的。对于这样的词素，应该说从词素层面来看，它是含有五个词汇意义的多义词素。可是从词层面来看，它却是只含有两个义位的多义词。

又比如，"折（shé）"，在现代汉语里有两个义项：①断（多用于长条形的东西）：树枝~了｜桌子腿撞~了。②亏损：~本儿｜~耗。这两个义项之间的联系是很明显的。从词素层面看，是含有两个义项的多义词素。可是从词层面看，就只有前一个词素意义可以成为词义，后一个词素意义不能成为一个单纯词，因而虽是多义词素，也只能算是个单义词。

可见，词义与词素意义之间经常出现相混淆的情况。只有仔细深究，确定了单纯词内的词素意义和单纯词的词义在形式上具有同一性，在语言系统内部所处的层级关系不同，明确了这样的差异之后，才有可能真正识别什么是多义词素，才有可能准确地理解到每一个多义词素所具有的全部的词汇意义。

四　关于多义词素的同素异形问题

关于多义词素的同素异形问题，是说某些词素，虽然同时具有不止一种书写形式，但是若从语音形式和词汇意义上看，又都完全相同，并无二致。简言之就是，一个多义词素在共时的层面上同时具有不止一种汉字书写形式，就叫做同素异形。多义词素的同素异形的判定实际上是多义词素形式上的又一个划界问题。

同素异形的问题在古代汉语中最为常见。古汉语中的文字异形，繁简字古今字通假字等实际上有相当大一部分可以处理为同素异形的情况。现代汉语中，没有异文，没有古今字和通假字，因此同素异形的数量肯定没有古汉语那么多，但仍然有一些。

首先单义词素中出现同素异形的情况相对更多一些，如叹词的"哎"和"嗳"，甚至语气词素的"啊"还有语音形式发生变化的各种变体，"哇""呀""哪"等，其他如"脉脉"和"眽眽"，这些词素只是汉字书写形式不同，词汇意义都一样，因而都是词素的同素异形现象。在统计词素数量的时候，应该视为同一词素的不同变体形式。这样最后才比较容易得到准确的词素数量。

又如："呢"是个多义助词素，①构造助词，用在特指问句的末尾，表示强调：你问谁～？②构造助词，用于选择问句或正反问句的末尾表示强调：咱们是今天去～，还是明天去～？｜你们去不去～？至于构造的助词"呢"放在陈述句末尾，用来表示确认事实，使对方信服（含有指示而兼夸张的意味），或者表示动作或情况正在继续，这两种情况可以看成与之不同的另一个词素"呢"。仅就"呢"在疑问句末尾的意义和用法，就是一个多义词素。而这种多义词素的"呢"有时也还用"呐"来表示。因此词素"呐"与"呢"完全构成了同素异形的关系，在统计汉语词素的数量时，显然只能算一个词素，而将另外的形式看成是一个变体。就"呢"和"呐"来看，"呢"就是常用形式，可以作为这个同素异形体的标准形式，"呐"也就是个变体形式，不再重复计算。

再如，动词素"尿"是个多义词素：① 名 人或动物体内、由肾脏滤出、从尿道排泄出来的液体：撒～。② 动 排尿：～尿｜～床。多义词素"尿"也可以用"溺"（niào）表示。这表明"尿"和"溺"是同素异形，可以确定"尿"是标准形式，"溺"是变体形式，因此这两个不同形体的词素也只能算作一个多义词素。

五 关于多义词素中的同形异素问题

关于多义词素中的同形异素问题，是指相同的书写形式，同时表示了两个或两个以上的词素。也就是说原本不同的两个或两个以上的词素却同时采用了同样的书写形式。现代汉语中的同形异素问题，实际上涵盖了两种情况：一种是不仅书写形式相同，连语音形式都完全相同。另一种是书写形式相同，语音形式不同。前一种实际上就是上面已经讨论过的同音同形词素的问题。这里要讨论的是后一种情况。在这里，多义词素的形式和意义都存在划界的问题。两相比较，形式在划界上的作用超出了意义。

异音同形的多义词素如：传 chuán：①递交；由上代交给下代：～递｜遗～。②把知识、技能等教给别人：祖～秘方｜家～。③广泛散布；宣扬：宣～｜～播｜～颂。④命令别人来：～票｜～讯｜～唤。⑤表达；流露：～神。⑥热或电在导体中流通：～热｜～导。⑦传染。传 zhuàn：①古代注解、阐述经文的著作：经～。②记载人物生平事迹的文字：立～｜～记｜自～。③描述人物故事的文学作品（多用做小说名称）《水浒~》《儿女英雄~》。这样的多义词素"传"和"传",各自的词汇意义都完全不同,显然是两个词素,而不是一个。

再看,号(háo):①拉长声音大声呼叫:呼~│~叫。②(风)呼啸。③高声哭叫:哀~│~哭。号(hào):①呼唤;召唤。②传达(命令)。③发出的命令:口~。④古代军队传达命令用的管乐器,后来泛指军队或乐队里所用的西式喇叭:~角│~手。⑤用军号吹出的表示特定意义的声音:冲锋~│集合~。⑥名称:国~│年~│称~。⑦别号,旧时人们在名和字以外另起的别名,后来也泛指在名以外另起的字。⑧以……为号。⑨标记;信号:记~│句~│暗~。⑩次序的记号;排定的次序:番~│~码。⑪表示不同的等级或种类:中~│型~。⑫出现某种特殊情况的人员:病~。⑬构造量词,相当于"个",用于人。⑭划上记号(表示归谁使用或所有)。⑮旧作店名,也指商店:商~│宝~│分~。

号(háo)和号(hào)这两个词素都有多个词汇意义,语音形式不一样,词汇意义的数量及内容也不同。虽然二者的词汇意义之间可以有一定的演变联系,但这种演变关系与多义词素内部各个词汇意义之间的基本意义与派生意义之间的关系在性质上是不同的,因而二者是彼此不同的相互独立的异音同形词素,是整个汉语词汇系统中的两个独立单位,应该严格加以区分。

第八章

现代汉语多义词素研究(上)

现代汉语的多义词素，比较通行的理解就是，在现代汉语共时层面上，同时具有两个或者两个以上的词汇意义，并且这些不同的词汇意义之间确实存在着一定的语义联系的词素。学界现阶段在现代汉语词汇研究中讨论较多的与多义词素有关的一个重要问题就是多义词素和同音词素的划界问题。除此以外，对于多义词素的系统研究根本就谈不上了。到目前为止，现代汉语中究竟有多少多义词素？不同的多义词素，其义项数量究竟有多少，内部有多大差别？不同的多义词素在语法意义上究竟有些什么不同，其间是否有内在联系，是否可以据此建立起多义词素的内在聚合关联系统？多义词素的不同义项之间究竟有多少种不同的语义联系方式？现在大家公认的比喻、引申方式是否就可以涵盖多义词素义项的全部语义联系？所有这些问题目前都还没有人做过详细的专门研究。

21 世纪以来，随着词汇研究的不断深入，学者们越来越觉得研究这一问题具有重要的现实意义。鉴于此种现状，本章选择意义标准，从意义出发，根据现代汉语多义词素所具有的词汇意义和语法意义，用定量统计和定性分析相结合的研究方法，从宏观上全面描写现代汉语多义词素的总体特点和语法属性，试图宏观再现现代汉语中多义词素聚合系统的结构组织特点。

本章的讨论分以下两个部分：一、用定量统计的分析方法，宏观上确定现代汉语多义词素的总量，划定现代汉语多义词素的范围。二、根据词素的语法意义和属性特点，穷尽分析现代汉语里全部多义词素的语法属性特征，划分现代汉语多义词素的全部语法类集，进而描写并呈现现代汉语多义词素在语法层面上不同聚合系统的面貌。

本章讨论分析现代汉语多义词素所依据的材料是《现代汉语规范字

典》，必要的时候也依据《现代汉语词典》做一些相应的补充和调整。

关于现代汉语多义词素的判定识别及研究中应该考虑到的相关问题，比如，如何利用辞书研究的既有成果，如何与单义词素划清界限，多义词素与同音词素应该如何区分，多义词素的意义与单纯词词义的关系，多义词素的同素异形以及同形异素问题。这些在上一章《现代汉语多义词素研究的几个原则性问题》中已经有详细论述。我们认为，只有对以上六个方面的问题都逐一解决了，才能准确判断识别现代汉语的多义词素，才能获得对现代汉语多义词素系统的全面认识，进而给以精确的描写。所以上一章的研究是本章研究的前提和基础，为避免重复，这里将不再就上述问题作重复论证。

第一节　现代汉语多义词素的总量及其范围

根据现代汉语共时平面上一个词素内部所具有的词汇意义的数量在两个及两个以上，以及这些词汇意义之间必须具有一定的语义联系的基本原则，就可以确定现代汉语里的多义词素。我们对《现代汉语规范字典》中全部语料进行了逐一分析和统计。定量研究的结果，共得到 3329 个多义词素。现在按照音序排列如下：

A（25）

哀　挨　矮　爱　隘　安^1　安^2　庵　鞍　埯　岸　按^1　按^2　案^1　案^2　暗　黯　肮　脏　昂　凹　熬　傲　奥^1　骛　澳^1

B（166）

巴^1　巴^3　疤　拔　把^1（bǎ）　坝^1　坝^2　把（bà）　耙　罢　霸　吧　白　百　摆^1　摆^2　败　拜　稗　辅　扳　班　般　斑　搬　板^1　版　办　半　伴　绊　瓣　帮　梆　绑　榜　膀　棒　傍　磅　包　胞　煲　薄　饱　宝　保　鸨　报　刨　抱　暴^2　爆　陂　杯　卑　背（bēi）　悲　北　贝　孛　备　背（bèi）　倍　被　辈　鞁　奔（bēn）　锛　本　坌　奔（bèn）　笨　崩　绷（bēng）　绷（běng）　迸　逼　鼻　比　彼　秕　笔　鄙　必　毕^1　毕^2　闭　毖　毙　庳　敝　跸　裨　碧　蔽　箅　壁　避　璧　臂　璧　襞　边　砭　编　鞭　贬　弁　变　便　遍　辫　杓　标^1　标^2　彪　镖　表^1　表^2　裱　摽　鳔　憋　别^1　别^2　别^3　滨　濒　髌　冰　兵　秉　柄　饼　炳　屏　禀^1　禀^2

并² 病 拨 波 玻璃 剥 播 伯 驳² 驳³ 泊¹ 勃 脖 博¹
博³ 箔 薄 簸 逋 卜 补 哺 不 布 步¹ 部 埠

C（229）

擦 猜 才¹ 才² 材 裁 采 彩 菜 餐 残¹ 残² 惨 掺
璨 苍 藏 操 糙 槽 草¹ 草² 草³ 册 侧 测 策¹ 策² 层
蹭 叉 差（chā） 插 馇 茬 茶 查 碴 察 岔 差（chà）
拆 差（chāi） 柴 谗 婵娟 馋 禅 缠 廛 蟾蜍 躔 镵 产
铲 忏 长 场（cháng） 肠 尝 常 偿 厂 场（chǎng） 敞
畅 倡 唱 抄¹ 超² 巢 朝¹ 潮 吵 炒 秒 车 扯 撤 嗔
臣 尘 辰 沉¹ 沉² 沉³ 陈 谌 衬 称（chèn） 俦
称²（chēng） 撑 成¹ 丞 呈 诚 承 城 乘 盛 程 惩 澄
橙 逞 骋 掌 吃² 痴 池 弛 驰 迟 持 墀 尺 齿 侈
耻 斥 赤 翅 敕 冲¹（chōng） 充 虫 重 崇 冲¹（chòng）
冲³（chòng） 抽¹ 抽² 俦 酬 稠 愁 筹 雠 丑 臭 出¹ 初
刍 除 厨 锄 雏 处（chǔ） 杵 楮 储 楚 处（chù） 怵
触 搐 揣 川 穿 传 舛 喘 串 创（chuāng） 疮 床 幢
闯 创（chuàng） 吹 垂 棰 锤¹ 锤² 春 纯 唇 鹑 醇 蠢²
戳 啜 词 瓷 辞¹ 辞² 慈 此 跐 次¹ 次² 刺 赐 聪 从¹
从² 丛 凑 粗 促 醋 簇 蹙 蹴 汆 镩 蹿 篡 爨 催
脆 萃 啐 粹 翠 村 皴 存 寸 磋 撮 矬 挫 厝 措 锉
错¹ 错²

D（184）

搭 达 怛 笪 答 打¹ 打² 大¹ 大² 代 带 殆 贷 待¹
待² 怠 袋 逮 戴 黛 丹 担 单 胆 疸 旦¹ 但 担 诞²
啖 淡 弹 蛋 瘅 当¹（dāng） 裆 挡 党 当（dàng） 荡¹
荡³ 档 刀 捯 导 捣 倒¹ 倒² 祷 蹈 到 倒 盗 悼 道
得（dé） 的 得（de） 得（děi） 扽 灯 登 簦 蹬 等¹ 等²
戥 澄 磴 瞪 低 滴 敌 涤 笛 嘀 嫡 抵¹ 底 砥 地
弟 帝 递 娣 第¹ 第² 蒂 缔 颠 典 点¹ 点² 电 店 玷
垫 钿 奠 靛 凋 雕 吊¹ 吊² 钓 调² 掉¹ 掉² 爹 跌
迭 垤 谍 堞 叠 丁²　钉（dīng） 顶 鼎 订 钉（dìng） 定
锭 丢 东¹ 董 懂 动 冻 栋 洞 都 兜 蔸 斗 抖 陡

斗 豆² 逗 痘 窦 都 督 毒 独¹ 渎 牍 赌 堵 肚 度¹
度² 渡 蠹 端¹ 端² 短 段 断 煅 堆 队 对 兑² 憨 吨
墩 蹲 逛 馄 饨 炖 砘 钝 盾 顿 遁 多 夺 躲 驮 垛
舵 堕

E（18）

阿¹ 娥 额 恶（ě）厄 扼 垩 恶（è）饿 阋 恩 儿
而 尔 耳 饵 二 贰

F（105）

发 乏 伐 垡 阀 法¹ 帆 番² 幡 藩 翻 凡¹ 凡² 烦
蕃 燔 繁 反 犯 饭 泛 范² 贩 畈 梵 方 芳 防 房
仿 访 纺 放 飞 非 扉 霏 肥 翡 废 费 分（fēn）粉
分（fèn）份 奋 粪 愤 丰 风 封 疯 峰 锋 蜂 讽² 奉
缝 佛 缶 否 夫（fū）肤 趺 敷 夫（fú）伏 扶 拂 服¹
服² 绋 俘 袯 跗 浮 符 幅 福¹ 父（fǔ）抚 斧 府 俯
釜 辅 脯 腐 父（fù）付 负 妇 附 阜 赴 复¹ 复² 副
赋² 赋³ 傅¹ 傅² 富 腹 覆

G（160）

籴 籴 乇 该¹ 改 丐 盖¹ 概 干² 干⁵ 甘 尴 尬 杆 赶
敢¹ 感 干¹ 干² 旰 赣 刚¹ 刚² 纲 缸 岗 港 杠 钢 高
羔 膏（gāo）搞 缟 稿 告 膏（gào）圪 疙 瘩 哥 搁 割
歌 革 阁 格¹ 格² 葛 隔 合 个¹ 各 给 根 跟 哏 艮
庚 耕 埂 哽 梗 鲠 更 工¹ 弓 公¹ 公² 功 攻 供 肱
宫 躬 拱¹ 拱² 共 贡 供¹ 供² 勾¹ 沟 钩 苟¹ 狗 构
诟 垢 够 彀 媾 沽² 孤 姑¹ 轱 辘 酤 觚 箍 古 谷²
股¹ 骨 贾 蛊 鼓 瞽 固¹ 固² 故¹ 故² 顾 雇 锢 痼 瓜
刮 剐 寡 卦 挂 乖¹ 乖² 拐¹ 怪 关 观（guān）官 冠
倌 馆 管 观（guàn）贯 冠 掼 惯 灌 罐 光 广 桄 归
圭¹ 规 轨 庋 鬼 晷 柜 贵 桂¹ 桂² 绲 滚 磙 棍 锅
国 果¹ 裹 过（guò）过（guo）

H（159）

哈 还 孩 骸 海 醢 害 嗐 酣 憨 含 函 寒 喊 汉
汗 旱 悍 夯 行 航 薅 号 毫 豪 壕 嚎 好（hǎo）号

好（hào）耗 浩 皓 喝¹ 禾 合¹ 何 和¹ 和² 河 曷 核¹
阖 翮 吓 和 荷 褐 壑 黑 嘿 痕 狠 哼（hēng）恒 横
衡 哼（hng）轰 哄（hōng）弘 红 宏 泓 洪 鸿
哄（hǒng）蕻 鲎² 侯 猴 吼 后¹ 后² 厚 候 呼¹ 恍惚
弧 胡¹ 斛 湖 糊¹ 虎 户 冱 护 怙 戽 花¹ 华¹ 华² 滑
化 划 画 话 怀 坏 欢 还 环 缳 缓 幻 宦 换 患 焕
荒 皇 黄 簧 恍 晃 谎 幌 灰 诙 挥 辉 麾 回 毁
汇¹ 汇² 会¹ 会² 讳 荟 诲 绘 贿 彗 晦 秽 惠 喙 昏
荤 阍 婚 浑² 混（hún）魂 诨 混（hùn）劐 豁（huō）活
火 伙 或 货 获 祸 惑 豁（huò）镬

J（253）

　　击 机 奇 剞 劂 积 笄 屐 姬 基¹ 赍 畸 箕 稽²
齑 激 羁 及 岌 级 极 即 笈 急 疾 棘 集 蒺 藜 辑
嫉 瘠 籍 几 挤 给 脊 掎 计 记 伎 齐 纪 忌² 际
妓 季¹ 季² 剂 迹 济² 既 祭 悸 寄 寂 绩 霁 暨 稷
骥 加 夹 家¹ 嘉 铗 甲¹ 甲² 假 价 驾 架 嫁 稼 尖
奸¹ 坚 间（jiān）浅 浅（jiānjiān）肩 监² 兼 笺² 湔 缄
煎 减 剪 简¹ 简² 碱 蹇 见¹ 见² 件 间（jiàn）建¹ 建²
贱 健 楗 践 鉴 键 槛 江 将¹ 浆 僵 疆 讲 奖 匠
降 将 弶 酱 交 浇 娇 胶 焦 角（jiǎo）绞 矫 脚 缴
皦 叫 校 较 教¹ 教² 窖 醮 阶 接 揭 嗟 节 劫¹ 劫²
杰 洁 结 捷² 截 竭 姐 解 介¹ 介² 戒 届 界 借¹ 借²
藉 今 金¹ 津¹ 津² 筋 禁（jīn）襟 尽¹（jǐn）紧 锦 谨
尽（jìn）进 近 妗 劲 晋² 浸 禁（jìn）噤 茎 京¹ 经
荆 旌 惊 晶 精 井¹ 颈 景 警 径 净¹ 竟 竟¹ 靓 敬
靖 静 境 镜 扃 窘 纠¹ 纠² 究 九 久 旧 臼 咎 救
就 舅 鹫 拘 居 局² 局³ 矩 举 句 拒 具 炬 据 距²
锯 踞 遽 醵 捐 圈 朘 鹃 卷（juǎn）卷（juàn）倦 狷
眷 决¹ 决² 诀² 抉 角³（jué）觉 绝 谲 镢 军 均 君
钧 俊 峻

K（77）

　　开 楷 刊 看（kān）堪 坎¹ 砍 看（kàn）康 糠 亢

抗 炕 考¹ 考² 烤 铐 靠 苛 科 颗 可¹ 渴 克² 刻 客
课 肯² 垦 揩 坑 空（kōng） 孔 恐 空（kòng） 控³ 抠 扻
口 叩 扣 寇 枯 堀 窟 苦 库¹ 酷 夸¹ 侉 垮 挎 跨
块 快² 宽 款 匡 狂 旷 矿 框 亏¹ 亏² 盔 魁 馈 溃
襟 聩 坤 捆 阃 困 括 阔 廓

L（190）

拉 落 腊 蜡 辣 来¹ 莱 赖¹ 赖² 癞 籁 兰 拦 栏
蓝 篮 揽 缆 罱 嵝 懒 烂 滥 郎² 锒 铛 朗 浪¹ 浪²
捞 劳 牢 醪 老 姥 姥 潦 烙 涝 耢 酪 乐 泐 勒 了
累²（léi） 雷 磊 耒 诔 垒 累（lěi） 类 累（lèi） 棱 冷
厘² 离¹ 犁 礼 里¹ 里² 俚 理 醴 力 历 厉 立 吏 利
沥 例 戾 隶 轹 俪 栗² 砺 粒 里 俩 连 怜 联 敛
脸 练 炼 恋 良 凉 梁 量（liáng） 粮 粱 两¹ 亮
量（liàng） 晾 撩 蹽 聊¹ 僚 寥 燎 了¹ 料 撂 列 劣
烈 猎 裂 邻 林 临 淋 嶙 峋 鳞 凛 廪 灵 玲 铃 凌²
陵 零¹ 零² 龄 岭 领¹ 领² 另 令¹ 令² 溜（liū） 留 流
旒 溜（liù） 龙 砻 笼 隆 窿 陇 拢 垄 搂（lōu） 娄 楼
搂（lǒu） 陋 漏 撸 卤 虏 掳 鲁² 陆 录 赂 鹿 路 辘 轳
露 间 捋 旅¹ 缕 履 律 虑 镥 脔 銮 卵 乱 略³ 伦
沦 纶 轮 论 啰嗦（啰唆） 罗 逻辑 螺 络 落 摞

M（128）

姆妈 妈 麻¹ 麻² 马 码 骂 吗 嘛 埋 买 卖 脉 颟
顸 蛮 鞔 满 蔓 漫 慢 芒 忙 盲 尨 氓 茫 莽 蟒
毛¹ 毛² 卯¹ 铆 茂 冒¹ 帽 貌 瞀 没 眉 媒 霉 每 美¹
美² 妹 昧 媚 魅 闷（mēn） 门 闷（mèn） 蒙² 萌 蒙 盟
艋 懞 朦胧 猛 孟 梦 眯 弥 迷 谜 縻 米¹ 靡² 秘 密¹
密² 幂 蜜 眠 绵 免 眄 勉 面¹ 面² 苗 描 杪 渺¹ 妙
庙 乜斜 灭 民 缗 抿 闽 敏 名 明¹ 鸣 冥 铭 暝 命
谬 摸 模 膜 摩¹ 磨 嬷嬷 魔 抹 末¹ 没 抹 沫 陌 莫
秣 墨 默 磨 礳 谋 某 模 母 木 目 幕 慕 暮

N（72）

拿 哪 那 纳¹ 衲 捺 乃 奶 奈 耐 男¹ 南 难 喃喃

囊 孬 脑 闹 呢 馁 内 恁 嫩 能 泥 拟¹ 拟² 你 泥
逆 腻 溺 蔫 年 捻 撵 碾 念¹ 念² 娘 酿 尿 捏 臬
镊 蹑 孽 蘖 宁 拧 凝 拧 佞 牛 扭 纽 钮 农 浓 秾
酽 弄 耨 奴 孥 驽 努 怒¹ 女 暖 挪 诺

O（8）

讴 瓯² 噢 怄 偶 耦 沤 恧

P（99）

趴 扒¹ 爬 耙 怕 拍 俳 排¹ 排² 徘徊 牌 派 攀
爿 盘 判 盼 畔 襻 庞¹ 旁² 磅礴 抛 刨 庖 跑 泡¹
泡² 炮 培 赔 沛 佩 配 旆 霈 烹 朋 棚 蓬 篷 捧
碰 批² 批³ 纰 坯 披 砒 铍 劈（pī） 皮 疲 匹 否
劈（pǐ） 屁 僻 譬 片（piān） 偏 篇 翩 骈 片（piàn） 骗²
剽 漂 缥 票 撇（piē） 撇¹（piě） 撇³（piě） 贫 频 品 聘
平 评 坪 凭 帡 屏 坡 颇 婆 迫 破 魄 剖 掊 扑¹
扑² 铺 仆 匍匐 璞 谱 蹼

Q（151）

七 栖 凄 期 漆 曝 齐¹ 其 奇 歧 祈 脐 骑 琦
棋 旗 企 启 起¹ 起² 绮 气 讫 迄 泣 契 砌 葺 碛
器 掐 卡 洽² 恰 千 扦 迁 牵 悭 签¹ 签² 愆 钤 前
钱 钳 乾 箝 潜 黔 浅 遣 谴 欠 茜 茜 椠 歉
抢（qiāng） 枪 戗（qiāng） 腔² 强（qiáng） 抢¹（qiǎng）
抢²（qiǎng） 强（qiǎng） 戗（qiàng） 炝 悄 跷 敲 橇 侨
翘 樵 瞧 巧 俏 诮 峭 窍 鞘 切（qiē） 且² 切（qiè）
妾 怯 窃 挈 惬 侵 亲 衾 秦 琴 禽 勤 寝 吣 青 轻
倾 卿 清 情 晴 擎 黥 顷² 请 庆 磬 馨 穷 穹 筇
琼 丘 秋¹ 求 虬 酋 球 赇 区 曲¹（qū） 驱 屈 胠 趋
黢 鮶 曲（qǔ） 取 去¹ 趣 圈 权 全 诠 泉 拳 铨 劝
缺 阙 却 雀 阕 宨 裙 群

R（52）

然 燃 染 嚷嚷（rāngrang） 瓤 壤 嚷（rǎng） 让 饶¹
扰 绕 惹 热 人 仁¹ 仁² 忍 稔 刃 认 任¹ 任² 纫 纴
扔 仍 日 戎 茸 荣 绒 容¹ 容² 榕 融 冗 柔 揉 肉

如 儒 乳 辱 入 阮 软 锐 瑞 瞤 润 若^{1} 弱

S（256）

撒^{1}（sā） 洒 撒（sǎ） 塞 赛^{1} 三 伞 散（sǎn） 散（sàn） 嗓 丧 骚^{2} 扫 嫂 埽 色 涩 森 杀 沙^{1} 纱 砂 铩 煞 傻 厦 筛^{1} 晒 山 芟 衫 扇 煽 闪 钐 扇 善 缮 擅 赡 伤 殇 商^{1} 商^{4} 晌 赏 上^{1} 尚^{1} 尚^{2} 上^{1} 上^{2} 烧 梢 筲 艄 勺 少（shǎo） 少（shào） 绍 捎 哨^{1} 哨^{2} 潲 奢 舌 折 舍 设 社 舍 射 涉 摄 谁 申^{1} 伸 身 参 绅 深 什 神 审^{1} 哂 婶 肾 甚^{1} 瘆 升^{1} 升^{2} 生 声 牲 绳 省^{1} 省^{2} 眚 圣 胜 盛 尸 失 师 施 湿 酾 十 什 石 时 识 实 拾^{1} 食 蚀 史 使 始 驶 屎 士 氏 世 市 式 势 事 饰 试 视 是 适^{1} 适^{2} 恃 室 逝 莳 释 誓 收 手 守 首 寿 受 狩 授 售 兽 瘦 书 纾 枢 叔 姝 殊 梳 舒 疏^{1} 疏^{2} 输 孰 赎 熟 暑 属 署 蜀 数 术 束 树 竖 恕 庶 腧 数 刷 耍 摔 甩 率^{1} 率^{2} 闩 栓 涮 双 霜 孀 爽 水^{1} 睡 顺 瞬 说 铄 朔 司 丝 私 思 厮^{1} 死 寺 似 伺 姒 驷 嗣 松^{2} 㞞 耸^{2} 讼 送 诵 颂 搜 馊 飕 瞍 嗾 薮 苏^{4} 苏^{5} 酥 俗 夙 诉 肃 素 速^{1} 宿 塑 溯 酸 算 虽 绥 随 髓 岁 遂 碎 燧 穗 邃 孙 损 笋 蓑 缩 所 索^{2} 索^{3} 琐 锁

T（133）

他 它 她 塌 塔^{1} 踏 蹋 胎 台^{1} 抬 太 态 泰^{2} 贪 摊 滩 瘫 坛^{1} 谈 弹 坦 袒 叹 炭 探 汤 堂 塘 搪^{1} 樘 膛 糖 烫 趟^{1} 趟^{2} 涛 掏 韬 逃 桃 陶 淘^{1} 淘^{3} 讨^{1} 讨^{2} 套 特 疼 腾 滕 剔 梯 擿 提 啼 题 醍醐 体 屉 涕 替^{2} 天 添 田 恬 甜 填 觍 挑^{1} 挑^{2} 祧 条^{1} 条^{2} 调^{1} 调^{2} 挑（tiǎo） 跳 帖（tiě） 贴^{1} 帖（tiè） 铁 厅 听^{1} 廷 亭^{1} 庭 停 挺 梃（tǐng） 颋 梃（tìng） 通 同 童 统 捅 筒 痛 偷 头（tóu） 投^{1} 透 头（tou） 秃 突^{1} 突^{2} 图 荼 徒 涂 屠 土^{1} 吐（tǔ） 吐（tù） 湍 团 推 颓 腿 退 蜕 褪 吞 屯 氽 托^{1} 托^{2} 拖 脱^{1} 坨^{2} 驼 妥 唾

W（98）

洼 娃 瓦¹ 歪 外 弯 湾 蜿 蜓 丸 完 玩 顽 挽¹ 晚
碗 万 腕 汪¹ 亡 王 网 枉 罔 往 妄 忘 望 危 威
微 煨 韦 为 违 围 闱 惟² 维¹ 伟 伪 尾 纬 玮 委¹
委² 萎 卫 为 未² 位 味 畏 谓 尉 喂¹ 蔚 慰 魏 温
瘟 文 纹 闻 吻 稳 问 翁 涡 窝 我 沃 卧 握 渥
蝘 蜒 兀 突 乌¹ 圬 污 屋 无 芜 吴 午 伍 迕 庑 武¹
武² 舞 务 坞² 物 误 婺 鹜 雾 鋈

X（196）

夕 西 吸 析 息 悉 惜 稀 栖 嘻 醯 习 席 袭¹
媳 檄 洗 喜 饩 系 细 隙 瞎 侠 遐 辖 黠 下 吓 夏
罅 下 仙 先 纤 掀 鲜 闲 贤 弦 挦 衔 嫌 显 险
现 限 线 宪 陷 馅 献 乡 芗 相¹ 香 厢 湘 箱 骧
详 降 享 响 飨 想 向¹ 向² 项² 相 相² 象² 像 枭²
削 消 销¹ 销² 箫 霄 小 晓 筱 孝 笑 些 楔 歇 协
邪 挟 斜 谐 携 写 泄 泻 绁 卸 屑 械 亵 谢 瀣 心
芯 辛 新 薪 信 兴 星 腥 刑 行 饧 形 型 硎 省 醒
幸 性 姓 凶 兄 汹 胸 雄 敻 休 修¹ 羞¹ 鸺 鹠 朽 秀
岫 臭 袖 绣 锈 吁 盱 须¹ 须² 虚 墟 需 嘘 许¹ 湑
糈 醑 序² 序³ 叙 恤 绪 续 絮 婿 蓄 轩 萱 喧 玄
悬 旋（xuán）选 炫 眩 旋（xuàn）渲 楦 碹 削 穴 茓
学 趐 雪¹ 血 勋 熏 曛 旬 寻 巡 恂 恂 训 讯 汛 驯
逊 殉

Y（271）

丫 压 押¹ 牙¹ 芽 崖 涯 哑 雅¹ 雅² 轧¹ 烟 焉
崦 嵫 阉 淹 嫣 燕 延 严 言 岩 炎 沿¹ 沿² 研 盐 筵
颜 檐 俨 衍 剡 掩 眼 偃 罨 演 厌 艳 宴 验 焰 餍
殃 秧 扬¹ 阳 洋 仰 养 痒 样 幺 妖¹ 妖² 要 腰 邀
窑 谣 遥 瑶 咬 窅 药 要¹ 要² 要³ 鹞 曜 耀 掖 噎
爷 也² 野 业² 叶 页 腋 一 伊² 衣 医 依 仪 夷¹ 夷²
宜 贻 姨 移 遗 颐 疑 彝¹ 已¹ 以¹ 矣 迤 倚 义 义¹
艺 忆 艾 议 异 邑 佚 役 译 易¹ 易² 诣 绎 轶 奕

益¹　益²　埸　勘　逸　翊　裔　意　溢　嫛　臆　翼　因　阴　音
姻　殷¹　喑　愔　裡　吟　银　淫　引　饮　隐　印　荫　英　莺
缨　鹰　膺　迎　盈　营　赢　颖　影　瘿　应　映　硬　媵　佣　拥
壅　饔　甬¹　咏　勇　涌　用　优¹　忧　幽　耰　尤　由　邮　犹
油　游　輶　友　有¹　莠　又　右　囿　祐　诱　淤　瘀　于　邘
余²　鱼　异　娱　渔　隅　逾　腴　虞²　愚　舆　与²　宇　羽¹　语
圄　窳　玉　驭　芋　郁　育　昱　狱　预　欲　阈　谕　遇　喻　御
寓　裕¹　愈　誉　豫¹　智　鸳鸯　冤　渊　元　园　员　垣　原　圆
援　缘　源　辕　远　苑　怨　院　愿²　曰　约　彟　月　岳　钥
阅　悦　越¹　越²　粤　爝　晕（yūn）　匀　筠　孕　运　晕（yùn）
酝　韵　蕴

　　Z（299）

匝　咂　杂　砸　灾　栽　仔　宰¹　崽　再　在　载¹　傲　簪
咱　拶　暂　錾　赞　赃　臧　脏　葬　藏¹　藏²　遭²　糟　凿　早
藻　皂¹　灶　造¹　造²　造⁴　噪　燥　则¹　则²　责　泽　箦　仄¹
贼　赠　甑　扎¹　咋　揸　渣　札　闸　炸　铡　拃　鲊　乍　诈
炸　榨　醡　斋　摘¹　窄　债　寨　沾　粘　盏　展　崭　辗　转
栈　战　站¹　站²　绽　张　章¹　章²　彰　长　掌　丈　仗　杖　账
胀　涨　障　招¹　招³　昭　着（zhāo）　朝　着（zháo）　找²　兆
诏　棹　照　罩　肇　折　辄　蛰　谪　磔　辙　者　褶　这　浙
着（zhe）　珍　帧　真　蓁　斟　箴　枕　畛　畛　阵¹　阵²　鸩
振　朕¹　震　镇　争　征¹　征²　峥嵘　蒸　整　正　证　政　之²
支¹　支²　只　枝　知　织　脂　执　直　值　职　絷　植　跖　止
旨²　纸　指　趾　至　志²　识　帜　制　质¹　质²　炙　治　栉　陟
致　鸷　铚　智　滞　置　锧　稚　踬　中　终　钟¹　钟²　衷　种
踵　中　仲　众　重　州　周¹　洲　轴　肘　咒　皱　甃　骤　朱
珠　株　潴　竹　逐　烛　斸　主　属　褚　嘱　麈　住　注¹　注²
驻　柱　炷　祝　著　蛀　抓　爪　专　砖　转　传　转　赚　篆　妆
庄²　装　壮¹　状　撞　追　锥　坠　缀　赘　迤　遭　准　拙　捉　桌
灼　卓　浊　酌　着¹　着²　擢　吱　咨　姿　兹　资　辎　滋
子¹（zǐ）　仔　梓　自¹　字　渍　子（zi）　宗¹　总　纵¹　纵²　鲻
走　奏　揍　租　菹　足¹　足²　卒¹　卒²　族　组　俎　祖

钻（zuān） 钻（zuàn） 嘴 罪 醉 尊 昨 左 佐 作 坐¹
座 做

关于上面多义词素的音序排列，特作如下几点说明：

1. 字母后括号里的数字表示按照音序分出的每一组多义词素的总数，比如"P（99）"表示字母 P 下的一组共有 99 个多义词素。

2. 以上所列的多义词素中，有些是同音同形的，为了避免混淆，特别在右上角标注 1、2、3……数字以示区别。比如，"安¹"和"安²"就分别表示了不同的多义词素。

3. 有些同形不同音的多义词素，用加注汉语拼音的方法以示区别。比如，"钻（zuān）"和"钻（zuàn）"读音不同，也是不同的多义词素。

第二节　多义词素语法意义的类型系统

根据词素的语法意义的特点，我们可以划分多义词素的类型，进而确定现代汉语多义词素在语法层面上的聚合系统。

多义词素在语法意义上最为显著的区别在于属性特征是否稳定单一。有的多义词素构词时功能稳定，性质特点单一；有的多义词素则构词时功能多样，性质特点灵活多变。例如："涤"有两个义项：①清洗。②清除。这两个义项在使用中，都会使得"涤"在构造复合词时表示一种动作行为，具有动词素的语法属性特征。同样，"笛"也有两个义项：①笛子。②响亮尖锐的发音器。这两个义项保证了"笛"在构造合成词时都作为事物名称来用，具有名词素的语法属性特征。因而"涤"和"笛"的属性特征都是稳定的单一的。由类似于"涤"和"笛"这样的语法属性特征稳定而单一的多义词素聚合而形成的集合，我们称之为单类集合。

又如："善"有八个义项：①美好；良好。②善良；心地好（跟"恶"相对）。③善良的行为；慈善的事。④友好；和睦。⑤办好；做好。⑥擅长。⑦易于。⑧好好地；妥善地。这八个义项在用于构词时所表现出来的语法属性特点是不一样的。①②④表现出一种性质状态意义，使得"善"具有形容词素的语法属性特征。⑤⑥⑦表现为一种动作或者倾向的意义，使得"善"具有了动词素的属性特征。③则表现出具有"慈善，善良"特征的一类事的名称，因而使得"善"具有了名词素的语法属性特征。⑧则表现为一种情状，使得"善"具有修饰动作的功能，因而

"善"又具有了副词素的语法属性特征。综合起来可以看到，"善"在不同的构词条件下，其语法属性特征并不完全一致，是随着使用义项的变化而变化的。"善"既可以是形素、也可以是动素，还可以是名素和副素，具有构词功能多样，性质特点不单一，灵活多变的语法属性特征。由类似于"善"这样的构词功能多元化，语法属性特征灵活多变的多义词素聚合而形成的集合，我们称之为多类集合。

由此，我们根据语法属性特征，就可以将现代汉语多义词素划分为两大系统：单类集合和多类集合。凡是属于单类集合的多义词素，其语法功能都只有一种，性质比较稳定单纯，不会因为使用义项的变化而变化。凡是属于多类集合中的多义词素，其语法属性会因为所使用的义项的变化而有所不同。当然，总的来看，多类集合中的多义词素的语法性质也是有差别的，有的变化小一些，所涉及的全部义项只有两种语法属性的变化，如"赡"可用做形素，表示"丰富；充足"。也可以用做动素，"供给；供养"之意。而"善"却有四种语法属性的变化。甚至还有极少量的多义词素更有五六种语法属性的变化，例子可以参见后面多类集合中所包含的各个多义词素。下面我们用定量统计的方法，按照上述原则穷尽性地描写多义词素中单类集合和多类集合这两大结构系统。

一　单类集合

在我们所统计出来的 3329 个多义词素中，属于单类集合中的多义词素共有 1591 个，占全部多义词素总量的 47.8%。具体又包括名、动、形、数、量、代、副、介、连、助、叹、拟声、词缀等共 13 类，其中主要以名、动、形三类为主，共有 1522 个，占全部单类多义词素的 95.66%。如果再加上代、副、助，那么这 6 类多义词素就有 1572 个，就可以占到现代汉语的全部单类多义词素的 98.8%。以下就是这 13 个单类集合中多义词素的具体分布情况。

名素类（681）

庵　鞍　案^2　案^3　澳^1　巴^1　疤　坝^1　坝^2　把（bà）　鏯　版　榜　膀　胞　鸨　陂　杯　贝　孛　辈　鼻　毕　壁　臂　璧　襞　辫　杓　标^1　镖　表^2　鳔　兵　饼　波　玻璃　伯　脖　箔　埠　才^1　材　彩　菜　槽　茬　茶　禅　尘　蟾蜍　肠　厂　巢　潮　臣　尘　辰　沉^1　沉^2　城　程　埕　池　墀　翅　虫　帱　楮　楚　处　川

疮　幢　锤¹　春　唇　鹑　词　瓷　辞¹　次²　醋　笪　大²　胆　疸
旦¹　弹　蛋　裆　荡　档　刀　灯　箪　笛　嫡　底　地　弟　帝
娣　蒂　典¹　店　调　爹　垤　牒　丁²　东¹　豆²　痘　窦　渎　肚
端²　盾　舵　额　恩　耳　阀　帆　幡　藩　梵　扉　翡　分　锋
蜂　缝　佛　缶　夫　绋　蚨　福　父（fǔ）　斧　府　釜　脯　父（fù）
妇　腹　朵　朵　干¹　赣　纲　缸　岗　港　羔　稿　圪　疙瘩　哥
阁　格²　葛　庚　埂　功　肱　宫　沟　狗　姑　觚　谷²　骨　瓜
卦　官　冠　倌　馆　观　罐　圭　轨　暑　柜　桂¹　桂²　棍　锅
国　孩　骸　函　汉　壕　禾　河　核　翮　壑　痕　鸿　侯　后¹
后²　弧　胡¹　湖　户　华²　簧　幌　慧　喙　阍　魂　货　镬　屐
姬　箕　墼　笈　蒺藜　籍　脊　伎　纪　妓　季¹　季²　迹　稷　骥
铗　甲²　价　笺　简　建　楗　键　槛　江　疆　脚　阶　姐　介²
津¹　筋　襟　妗　劲　晋　京　荆　井　劲　景　境　镜　臼　舅
鹫　局²　矩　鹃　诀　角³　军　君　楷　坎　苊　窟　库¹　矿　盔
魁　坤　阃　腊　蜡　莱　兰　栏　篮　郎²　浪¹　醪　姥姥　酪　雷
耒　诔　棱　礼　里²　醴　吏　脸　梁　粮　梁　僚　林　铃²　陵
龄　岭　旒　龙　笼　窿　陇　垄　鲁²　陆　鹿　辘轳　间　銮　卵
纶　逻辑　螺　姆妈　妈　码　脉　芒　氓　蟒　卯¹　帽　貌　眉
美　妹　孟　谜　米¹　苗　杪　庙　民　闽　膜　嬷嬷　沫　陌　模
男　南　囊　脑　内　泥　年　娘　枭　孽　蘖　奴　孥　女　瓯　牌
畔　疱　泡¹　炮　旆　棚　篷　坯　砒　铍　片（piān）　票　坪　婆
魄　蹼　脐　棋　旗　碛　签²　乾　胈　茨　椠　枪　腔²　橇　窍
鞘　妾　衾　秦　琴　禽　卿　情　磬　筇　秋　酋　球　氍毹　曲
泉　裙　壤　仁²　日　戎　绒　容²　榕　儒　阮　伞　嗓　嫂　埽
色　沙¹　纱　砂　厦　山　衫　商¹　响　上²　梢　筲　艄　舌　社
参　绅　姊　肾　牲　省²　石　史　屎　士　氏　世　式　势　室
枢　叔　蜀　术　腧　栓　朔　斯　寺　姒　驷　薮　苏⁴　苏⁵　髓
燧　穗　孙　襚　塔¹　态　滩　坛¹　炭　汤　塘　膛　糖　涛　桃
梯　题　醍醐　屉　涕　田　厅　廷　亭¹　庭　梃　腿　娃　瓦¹　碗
腕　韦　闱　纬　尉　魏　纹　翁　涡　屋　吴　午　庑　坞　物　婺
雾　夕　西　栖　媳　隙　夏²　罅　仙　弦　宪　馅　乡　厢　湘
箱　箫　霄　械　心　芯　薪　星　刑　型　兄　胸　鸺鹠　岫　须²

墟 糈 醑 绪 婿 萱 穴[1] 血 勋 旬 汛 丫 牙[1] 芽
崖 涯 崦 嵫 燕 岩 盐 筵 颜 檐 焰 殃 秧 腰 窑 谣
鹞 爷 叶 腋 衣 仪 夷[1] 姨 彝 邑 埸 裔 音 姻 莺
璎 鹰 瘿 饔 甬[1] 邢 鱼 隅 舆 宇 羽[1] 芋 狱 阈 鸳 鸯
园 垣 源 辕 苑 院 月 岳 钥 越 粤 筠 韵 灾 仔 崽
脏 藏[1] 藏[2] 藻 灶 簪 甑 渣 札 鲊 债 寨 栈 站[2] 章[1]
章[2] 杖 账 招[3] 朝 辙 褶 浙 轸 畛 阵[1] 鸩 政 脂 职
旨 趾 锧 钟[1] 州 洲 肘 珠 竹 麈 柱 爪 砖 传 庄[2]
姿 辎 足[1] 卒[1] 俎 祖 钻 (zuàn) 嘴 罪 昨

动素类 (678)

挨 爱 按 熬 拔 罢 摆[1] 拜 报 搬 绑 傍 爆 奔
崩 绷 迸 闭 毙 蔽 避 贬 裱 摽 憋 别[2] 濒 秉 屏
禀 剥 播 泊 博 逋 卜 擦 猜 采[1] 测 蹭 插 馇 查
察 拆 馋 缠 倡 抄[1] 超[2] 炒 扯 撤 撑 盛 惩 逞 骋
吃[2] 弛 驰 持 抽[1] 抽[2] 出[1] 处 怵 触 搋 端 传 闯
吹 辞[2] 趿 凑 蹴 蹿 篡 催 啐 蹉 挫 厝 措 搭 答
打[1] 待[1] 待[2] 逮 戴 担 啖 荡[1] 捯 导 捣 倒[1] 倒[2] 祷
蹈 到 悼 得 (dé) 得 (děi) 扽 登 蹬 戥 澄 瞪 涤 嘀
缔 奠 吊[1] 钓 掉[1] 掉[2] 跌 叠 订 钉 丢 懂 抖 斗 督
读 赌 煅 兑 蹲 炖 遁 夺 躲 恶 扼 乏 伐 翻 燔 访
放 奋 愤 讽 敷 扶 拂 服[1] 抚 付 附 赴 傅[2] 覆 该[1]
改 干[2] 搞 告 膏 (gào) 搁 割 隔 耕 哽 攻 供 拱[2] 媾
沽[2] 酤 雇 刮 刽 掼 灌 裹 含 喊 薅 号 嚎 喝[1] 和
哄 吼 呼 冱 护 还 换 挥 毁 会[2] 诲 绘 劐 豁 获
击 赍 稽 嫉 挤 掎 忌 祭 悸 加 嫁 湔 减 见[2] 建[1]
践 讲 降 浇 矫 缴 校 醮 接 揭 劫[1] 借[1] 借[2] 禁 浸
噤 惊 纠 救 拘 拒 踞 酿 圈 脧 决[1] 抉 看 堪 砍
抗 烤 靠 克 肯[2] 垦 揩 控[3] 抠 叩 夸[1] 垮 挎 匡 亏[1]
亏[2] 馈 溃 括 拉 落 赖[2] 揽 漤 捞 烙 泐 累 离[1] 轹
怜 敛 炼 恋 量 晾 撩 蹽 燎 撂 猎 裂 淋 凌[2] 零[1]
领[2] 留 拢 搂 撸 掳 将 虑 沦 骂 埋 买 铆 萌
蒙 (méng) 眯 眠 眄 勉 描 乜 斜 灭 抿 鸣 摸 摩[1] 磨

没　抹　默　慕　纳¹　奈　耐　拟¹　拟²　溺　攇　念²　捏　蹑

拧（níng）凝　拧（nǐng）扭　弄　努　挪　烌　沤　怄　趴　扒¹

爬　排¹　徘徊　攀　盼　抛　刨　跑　泡²　培　赔　烹　碰　披　疲

劈　骗²　剽　漂　撇（piē）撇³（piě）聘　剖　掊　扑²　匍匐　栖

祈　企　启　起²　讫　葺　迁　签¹　箝　遣　谴　欠　抢（qiāng）

戗（qiāng）抢¹（qiǎng）抢²（qiǎng）戗（qiàng）炝　敲　瞧　诮

切　挈　侵　吣　赇　擎　黥　请　求　驱　屈　趋　取　铨　劝　燃

染　嚷嚷　嚷　绕　惹　忍　认　刃　扔　融　揉　暃　撒¹　洒　撒²

散　丧　杀　煞　晒　芟　扇　煽　缮　擅　上¹　捎　潲　折　舍

射　涉　摄　申¹　伸　哂　升　省¹　施　酾　拾　蚀　驶　饰　试

视　适¹　逝　莳　释　收　守　受　狩　授　售　输　赎　数　恕

耍　摔　甩　率¹　涮　睡　铄　伺　笤²　讼　送　诵　搜　诉　溯

缩　索²　塌　踏　蹋　抬　贪　瘫　弹　袒　叹　搪¹　掏　逃　淘

讨¹　讨²　疼　腾　滕　剔　摘　啼　添　填　舰　挑²　调²　跳　听¹

捅　投¹　屠　吐（tǔ）吐（tù）推　退　褪　吞　佘　托²　拖　脱

亡　忘　煨　为　违　畏　喂¹　迕　鹜　吸　析　惜　袭　吓　下

掀　挦　嗛　献　骧　降　享　飨　想　削　消　销¹　携　写　泄

泻　卸　谢　瀣　省　旰　须¹　恤　续　蓄　炫　渲　削　趐　熏

殉　轧¹　淹　延　研　衍　掩　偃　演　餍　扬¹　仰　要（yāo）邀

咬　要²（yào）掖　噎　贻　移　佚　译　易¹　绎　轶　迎　赢　应

映　拥　壅　咏　涌　有¹　祐　诱　舁　渔　虞　驭　喻　援　怨

曰　阅　咂　砸　载¹　葬　造¹　造²　赠　扎¹　咋　揸　炸（zhá）

诈　炸（zhà）摘¹　沾　粘　辗转　占　站¹　胀　涨　障　着　找

肇　蛰　谪　斟　振　争　征¹　征²　蒸　支¹　织　陟　置　颐　中

逐　属　住　驻　祝　抓　转　撞　追　缀　捉　着　擢　走　奏　揍

钻　做

形素类（163）

矮　黯　肮脏　棒　薄　笨　庳　驳　勃　残　惨　糙　畅　迟

侈　冲¹　稠　臭　蠢　脆　怠　淡　端　钝　惰　乏　尴尬　刚¹　艮

瞽　痼　寡　乖²　酣　憨　悍　浩　皓　恍惚　秽　炭　瘠　寂　塞

贱　僵　曒`　洁　遽　倦　狷　谲　峻　康　亢　苛　侉　聩　阔　朗

冷　俚　厉　寥　劣　嶙峋　凛　玲　令²　隆　娄　陋　麻²　颟顸

慢 盲 尨 茫 毛² 茂 瞀 朦胧 密² 渺¹ 妙 敏 孱 馁
嫩 蔫 佞 浓 秾 酼 庞¹ 沛 僻 凄 歧 浅 峭 怯 惬
荣 软 弱 涩 森 傻 奢 盛 瘦 熟 爽 邃 索 琐 坦 恬
甜 颏 秃 妥 蜿蜒 顽 妄 伟 伪 龌龊 兀突 细 遐 黠
谐 辛 夐 修 玄 恂恂 哑 嫣 艳 妖² 遥 窅 忆 易² 勘
殷 愔愔 淫 腴 窳 智 窄 蓁蓁 峥嵘 仲 迤遭 拙 卓
浊 仔

代素类（20）

彼 此 各 曷 某 那 恁 你 其 谁 什 孰 他 它 她
我 伊² 咱 这 朕¹

副素类（19）

必 别³ 才² 都 否 刚² 更 固² 还 聊¹ 尚² 泰² 未²
相¹ 向² 也² 又 乍 辄

助素类（11） 吧 的 得 过 了 吗 嘛 呢 矣 者 着

数素类（4） 百 几 千 三

量素类（4） 吨 厘² 趟² 些

介素类（2） 打² 于

连素类（4） 而 且² 虽 要³

叹素类（2） 嗜 哼（hng）

拟声素类（1） 喃喃

词缀（2） 头 子

二 多类集合

在全部 3329 个多义词素中，属于多类集合的一共有 1738 个，占
52.2%。这些多义词素，根据它们的语法属性，可以进一步归并为以下 5
种子集：2 类集合，3 类集合，4 类集合，5 类集合，6 类集合。这 5 种子
集所含的多义词素在数量上有很大的差距。下面具体描述。

第一种：2 类集合

属于 2 类集合的多义词素，共有 1335 个，占全部多类词素的 76.8%；
占全部多义词素的 40.1%。这一类集合中，以名动兼类、名形兼类、动
形兼类、名量兼类、动副兼类这 5 种情况为主，共有 1188 个多义词素，
占整个 2 类集合全部词素的 88.99%。

以下是 2 类词素中包括的 33 种不同情况的集合分布。

名、动兼类（610）

巴[3] 耙 霸 摆[2] 办 伴 绊 磅 煲 保 报 刨 北 鞁
锛 垄 绷 踌 裈 篦 婆 砭 编 鞭 标[2] 表[1] 滨 髌
禀[2] 病 驳[3] 簸 补 哺 布 裁 餐 掺 藏 操 侧 策[1]
策[2] 叉 碴 差 谗 躔 镵 产 铲 忏 偿 唱 秒 车 倀 称[2]
丞 呈 承 齿 耻 敕 冲[1] 酬 愁 筹 雏 厨 锄 杵 储
创 棰 锤[1] 戳 刺 赐 丛 佘 镩 爨 萃 敠 存 锉 错
代 带 贷 诞[2] 瘅 挡 党 盗 抵 砥 颠 点[2] 电 玷 垫
钿 雕[2] 谍 钉 董 冻 兜 渡 蠹 墩 砘 阿[1] 垩 阆 饵
垡 犯 饭 范 贩 防 仿 纺 粪 跌 伏 服[2] 浮 被 符
辅 赋[2] 赋[3] 傅[1] 丐 盖 感 杠 歌 革 格[1] 鲠 贡 供[1]
供[2] 钩 构 诟 彀 轱辘 箍 贾 蛊 鼓 关 观 冠 归 规
庋 绲 磙 醢 汗 夯 航 耗 荷 候 糊 怙 戽 划 画 话
怀 缳 宦 患 辉 麾 汇[1] 汇[2] 会[1] 海 贿 婚 诨 祸
剞 劂 笄 羁 棘 集 辑 计 齐 际 济[2] 绩 夹 甲[1] 驾 稼
肩 监 缄 剪 碱 见[1] 鉴 浆 奖 将 弶 胶 教[1] 窖 结
解 介 戒 界 藉 津[2] 禁 旌 扃 纠[1] 咎 居 举 炬 距[2]
锯 捐[3] 眷 觉 镢 刊 炕 考[1] 铐 科 课 坑 扣 寇 堀
框 褦 缆 罱 涝 耢 勒 累[2] 礌 垒 类 犁 理 沥 例
隶 砺 联 量 邻 廪 令[1] 砻 漏 卤 虏 录 赂 露 履
律 铝 窝 伦 罗 络 落 鞔 蔓 媒 霉 魅 盟 骈 蠓 梦
迷 縻 幂 铭 命 模 秣 磨 糖 谋 目 衲 捺 捻 碾
念[1] 酿 尿 镊 纽 钮 农 耨 讴 耙 拍 派 襻 佩 配
朋 批[2] 纰 譬 评 骈 屏 扑[1] 谱 漆 骑 气 泣 契 砌
器 卡 扦 牵 愆 钤 钳 跷 侨 樵 寝 丘 赇 区 肷 圈
诠 拳 宨 刃 纴 入 塞 赛 铩 筛[1] 闪 伤 殇 商 赏
绍 哨[1] 哨[2] 绳 售 尸 失 师 识 食 市 事 恃 誓 书
梳 疏[1] 属 署 刷 闩 孀 瞬 说 司 思 嗣 颂 塑 锁
谈 探 韬 陶 提 体 桃 挑 桯 统 筒 突[2] 图 荼 涂
蜕 屯 托[1] 坨 唾 湾 玩 挽[1] 网 威 维 委[1] 委[2] 卫 谓
吻 卧 握 圬 舞 务 鍪 息 檄 洗 饩 系 辖 衔 嫌 限

陷　响　相¹　相²　象²　销²　晓　孝　楔　歇　继　形　硎　姓　臭
袖　绣　锈　需　序²　叙　絮　选　楦　碹　芎　学　寻　训　讯
压　押　烟　阉　言　沿²　罨　宴　验　药　曜　业²　医　遗　颐
艺　议　役　诣　奕　翊　意　翳　翼　裸　吟　引　饮　印　膺　营
影　媵　佣　忧　糯　邮　游　囿　语　圉　育　谕　遇　御　寓　誉
愿　濩　爞　孕　运　晕　酝　蕴　栽　宰　傲　簪　拯　鉴　赞　凿
责　泽　闸　铡　榨　醉　斋　展　战　绽　掌　招¹　着　兆¹　诏
棹　罩　礫　箴　枕　震　证　知　执　絷　植　跖　志²　识³　制
质¹　炙　柿　铚　钟²　踵　咒　皱　甃　潴　烛　属　褚　嘱　注²
蛀　赚　篆　妆　装　状　锥　坠　酌　着¹　咨　资　滋¹　梓　字
渍　宗¹　租　菹　族　佐　作

名、形兼类（233）

隘　岸　奥¹　骜　秭　斑　宝　秕　碧　弁　彪　璨　苍　草¹
草²　差　柴　婵娟　橙　痴　丑　雏　醇　聪　粗　粹　翠　村　黛
丹　靛　鼎　洞　混沌　娥　厄　恶　凡²　芳　丰　肤　阜　复²　盰
高　膏　缟　哏　公²　垢　孤　古　鬼　寒　旱　褐　黑　恒　红
洪　蕻　猴　虎　花¹　华¹　欢　皇　黄　谎　灰　荤　机　奇　基¹
畸　商　奸¹　坚　匠　焦　杰　金　锦　晶　久　旧　钧　俊　糠
考²　癫　籁　蓝　牢　潦　戾　俪　凉　烈　灵　鳞　麻¹　马　莽
闷（mèn）　密¹　蜜　面²　冥　魔　末¹　母　木　暮　牛　驽　偶
俳　旁²　霈　缥　坡　璞　琦　绮　茜　巧　勤　青　穹　琼　虬
趣　雀　瓢　仁¹　茸　冗　肉　锐　瑞　骚²　钐　少　神　圣　湿
寿　兽　姝　暑　庶　霜　屎　瞍　酥　俗　夙　速¹　酸　笋　体
天　铁　童　土¹　湍　驼　外　晚　王　玮　瘟　乌¹　芜　武　醯
侠²　纤　鲜　闲　贤　芗　香　枭²　筱　邪　屑　腥　凶　雄　序³
轩　曛　严　阳　洋　幺　妖¹　瑶¹　要　野　义¹　益¹　臆　阴　银
英　颖　勇　辅　友　莠　右　瘀　玉　渊　元　赃　皂¹　燥　仄¹
质²　鸷　智　稚　衷　众　米　子¹　纵¹　鲰　左

动、形兼类（218）

哀　安¹　昂　凹　傲　败　饱　暴²　卑　悲　逼　毖　敝　炳
博¹　薄　残¹　差　敞　吵　嗔　沉³　陈　称　澄　斥　赤　充　崇
舛　创　啜　促　蠢　炸　达　怛　低　凋　逗　憝　逴　饿　烦　蕃

繁 泛 飞 霏 疯 浮 甘 钢 拱¹ 勾¹ 锢 乖¹ 惯 贵 滚
和¹ 阖 弘 宏 滑 缓 幻 焕 晃 诙 荟 浑（hún）
混（hùn） 惑 激 给 寄 霁 嘉 简² 健 捷² 竭 近 靓 敬
靖 静 窘 渴 枯 跨 旷 困 辣 赖¹ 懒 滥 浪² 栗² 溜³
啰嗦（啰唆） 漫 忙 冒¹ 美¹ 昧 闷（mēn） 蒙²（mēng） 秘
难 闹 泥 怒 暖 判 磅礴 否（pǐ） 翩 骈 贫 迫 破 曝
洽² 悭 强 翘 俏 轻 倾 清 馨 饶¹ 扰 柔 扫 赡 审¹
瘆 纾 舒 死 馊 肃 绥 碎 损 烫 淘³ 调¹ 帖 停¹ 透
颓 歪 完 危 萎 蔚 慰 稳 沃 渥 显 详 笑 协 斜 亵
兴 醒 诇 羞¹ 朽 淆 渲 悬 炫 驯 逊 剡 厌 养 痒
夷 倚 义 艾 异 逸 溢 暗 荫 盈 优¹ 娱 愚 郁 昱
裕¹ 豫¹ 远 悦 晕 匀 杂 臧 噪 彰 昭 滞 专 壮¹ 赘
灼 醉

名、量兼类（84）

瓣 册 场（cháng） 场（chǎng） 尺 床 袋 担 磴 栋 蔸
堵 度¹ 队 驮 畈 房 份 峰 幅 杆 合 股¹ 斛 级 间
件 角 劫² 茎 局³ 句 卷 颗 口 块 款² 里¹ 粒 溜 楼
路 门 缙 幕 爿 篇² 撇¹ 钱 扇 勺 身 升² 丝 岁 胎
台¹ 堂 樘 趟¹ 帖 丸 尾 位 武¹ 席 线 项² 眼 样 页
员 造⁴ 盏 帧 阵² 枝 纸 帙 种 轴 株 桌 座

动、量兼类（29）

背 拨 撮 吊² 度² 发 番² 挂 回 煎 绞 截 届 进
开 搂 撅 卖 抹 捧 铺 起¹ 掐 阙 束 巡 遭 柞 转

动、副兼类（43）

毕² 尝 谌 垂 递 迭 动 断 奉 俯 复¹ 好 觕² 竞
究 可¹ 恐 累 了¹ 没 靡² 免 乃 怕 迄 潜 却 仍 适²
算 遂 痛 突¹ 罔 瞎 许¹ 已¹ 益¹ 犹 逾 愈 止 卒²

动、介兼类（18）

奔 冲³ 等 赶 将 教² 拦 临 拿 让 随 替² 为 问
沿¹ 依 迤 坐¹

形、副兼类（23）

暗 诚 纯 殆 陡 苟¹ 恍 谨 均² 酷 狂 烂 谬 颇 恰

悄 率² 太 俨 硬 预 暂 崭

名、副兼类（9）　边 都 凡¹ 概 果¹ 径 旅¹ 顷² 雅²

名、代兼类（5）　今 屁 仆 人 兹

形、量兼类（6）　遍 泓 批³ 双 匦 只

动、连兼类（6）　及 暨 任² 若¹ 设 纵²

数、名兼类（5）　九 两¹ 七 数 伍

数、形兼类（3）　半 二 十

数、动兼类（1）　贰

名、介兼类（1）　缘

名、连兼类（1）　故¹

副、代兼类（6）　安² 何 另 每 莫 哪

数、副兼类（1）　万

数、介兼类（1）　从²

副、连兼类（3）　但 第² 惟²

量、助兼类（1）　般

动、助兼类（1）　看

副、助兼类（1）　不

助、代兼类（3）　夫 焉 之²

介、连兼类（1）　以¹

动、叹兼类（4）　吓 嗟 喏 吁

名、拟声兼类（2）　梆 锵锵

形、拟声兼类（1）　浅浅（jiānjiān）

动、拟声兼类（7）　哼（hēng）轰 哄 飕 嗦 嘘 吱

叹、拟声兼类（4）　哈 嘿 欻 嘻

名、词缀兼类（3）　第¹ 里 性

代、词缀兼类（1）　尔

第二种：3 类集合

属于 3 类集合的多义词素，共有 313 个，占全部多类词素的 18%；占全部多义词素的 9.4%。这一类集合中，以名动形兼类、名动量兼类、动形副兼类、名形副兼类、名动介兼类这 5 种情况为主，共有 259 个多义词素，占整个 3 类集合全部词素的 82.75%。

以下是 3 类词素中包括的 25 种不同情况的集合分布。

名、动、形兼类（125）

板¹ 鄙 变 背 草³ 岔 长 衬 成¹ 刍 穿 慈 从¹ 错²
敌 毒 短 法¹ 肥 废 费 分 粉 风 腐 负 富 干² 梗
工¹ 公 故² 拐¹ 广 害 豪 横 衡 厚 坏 荒 晦 昏 火
豁 积 急 疾 尖 间 酱 娇 经 警 空 宽 廓 来¹ 劳
乐 利 练 亮 流 媚 绵 暝 墨 奶 能 腻 宁（níng）耦
皮 品 平 前 歉 庆 曲¹ 缺 阙 热 稔 乳 润 散 尚¹
烧 疏 竖 松² 宿 洼 弯 温 闻 污 误 喜 信 行 饧
秀 炎 耀 疑 隐 幽 油 淤 余² 冤 圆 糟 长 珍 镇
整 治 致 中 重 主 著

名、动、量兼类（58）

埯 班 帮 包 抱 笔 柄 步¹ 部 串 簇 道 滴 点
锭 段 堆 垛 封 弓 贯 桄 行 号 环 伙 记 剂 架 节
具 卷 捆 料 领¹ 轮 排² 盘 蓬 期 任¹ 声 树 水¹ 摊
套 挑¹ 贴¹ 围 味 窝 则¹ 丈 支² 指 注¹ 炷 组

动、形、副兼类（41）

倒 定 多 敢¹ 够 固¹ 狠 兼 紧 尽 净¹ 竟¹ 决² 苦
立 乱 满 猛 弥 偏 奇 强 切 穷 全 容¹ 少 甚¹ 始
殊 枉 悉 习 幸 休 旋 宜 越¹ 骤 总 足²

名、形、副兼类（21）

常 初 大¹ 独¹ 海 精 快² 良 蛮 频 深 时 私 素
特 稀 险 小 雅 早 真

名、数、形兼类（2）　零² 什

名、量、形兼类（12）寸 斗 个¹ 毫 家 孔 缕 毛¹ 群
舍 条¹ 条²

名、动、介兼类（14）被 比 朝¹ 乘 除 当 据 论 劈
凭 向¹ 用 由 仗

名、动、副兼类（12）躬 交 力 窃 去¹ 权 辱 偷² 习
像 旋 欲

动、副、介兼类（5）　较 尽 连 似 在

动、形、介兼类（3）　叫 顺 往

形、动、量兼类（2）　挺 张

动、量、副兼类（2）　倍　重

名、量、副兼类（1）　根

名、动、连兼类（1）　使

动、副、连兼类（3）　并　既　无

动、介、连兼类（2）　如　与[2]

动、介、助兼类（1）　给

代、副、连兼类（1）　或

数、副、动兼类（1）　再

名、形、助兼类（1）　等

名、量、助兼类（1）　所

连、副、助兼类（1）　则[2]

动、名、词缀兼类（1）　化

名、形、词缀兼类（1）　儿

副、代、词缀兼类（1）　自[1]

第三种：4 类集合

属于 4 类集合的多义词素，共有 79 个，占全部多类词素的 4.55%；占全部多义词素的 2.4%。这一类集合中，以名动形副兼类、名动形量兼类这 2 种情况为主，共有 54 个多义词素，占整个 4 类集合全部词素的 68.4%。以下是 4 类词素中包括的 19 种不同情况的集合分布。

名、动、形、副兼类（39）

白　备　便　反　干[5]　共　怪　光　好　惠　活　极　绝　空　历　略[3]　明[1]　逆　齐[1]　亲　善　上[1]　生　胜　实　徒　汪[1]　微　现　新　虚　尤　原　约　贼　正　直　至　终

名、动、形、量兼类（15）

次[1]　副　过　刻　客　名　匹　片　通　团　文　下　折　周[1]　尊

名、动、形、介兼类（3）　当　望　值

名、动、形、代兼类（2）　别[1]　是

名、动、形、连兼类（1）　假

名、动、量、代兼类（1）　列

名、动、量、副兼类（3）　层　顶　顿

名、动、量、介兼类（1）　把[1]

名、动、量、连兼类（1）　管

名、动、副、连兼类（1）　顾

名、形、连、副兼类（1）　单

名、动、介、连兼类（3）　跟　和^2　因

动、介、副、连兼类（2）　就　同

名、动、副、介兼类（1）　照

数、形、代、副兼类（1）　一

名、形、量、副兼类（1）　方

动、形、副、量兼类（1）　合^1

名、动、副、词缀兼类（1）　非

代、连、形、词缀兼类（1）　然

第四种：5 类集合

属于 5 类集合的多义词素，只有 8 个，包括以下 7 种不同情况的集合分布。

名、动、形、副、量兼类（2）　手　先

名、动、形、副、介兼类（1）　准

名、动、形、介、量兼类（1）　对

名、数、形、介、量兼类（1）　头

名、动、副、介、连兼类（1）　即

名、动、副、量、词缀兼类（1）　面^1

名、动、形、副、词缀兼类（1）　老

第五种：6 类集合

属于 6 类集合的多义词素，只有 2 个，包括以下 2 种不同情况的集合分布。

名、形、副、代、介、量兼类（1）　本

名、动、形、数、副、词缀兼类（1）　首

另外，1 个特例

不能确定而无法标注语法意义（1）　俩

三　小结

以上分析研究结果表明，现代汉语多义词素的数量范围是可以确定的；从意义和功能上将多义词素划分不同的类型也是完全可能的。这种分析使我们很清楚地看到了这样一种语言事实：现代汉语中，单类集合和多

类集合中的多义词素，在总的数量上大体接近：各自所占的比例是1591：1738 = 0.92：1。但是另一方面，在各个子集内部，多义词素的数量差异就很大了。就单类集合来看，名素类681，动素类678，形素类也就163，而数素类4，量素类4，连素类4，介素类2，叹素类2，词缀2，拟声素类只有1。数量上的这种差距以及多义词素在功能分布上出现的不均衡现象也同样存于多类集合中，比如，总共才1738个多类多义词素，仅仅2类集合中就占了1335个多义词素，比较起来，3类集合313个，4类集合79个，5类集合8个，6类集合仅仅2个，就显得少而又少。而同样是2类集合中，不均衡的分布也再一次表现得非常突出：名动兼类的多义词素达到610，名形兼类233，动形兼类218，动副兼类43，名副兼类只有9个，名介兼类1，数动兼类1。其他如3类集合和4类集合内部也都是这样。这说明多义词素内部功能分布存在差异的同时又表现出某种相同的分布规律，呈现出一种常态的分布趋势。

　　以上根据多义词素的语法属性特征确定的大大小小的聚合系统，已经初步显示了多义词素系统特有的结构规律。不过，这仍然只是从一个角度研究所看到的全部多义词素聚合中的一部分规律，远非全部。换句话说，多义词素的聚合系统也还可以从其他角度考虑，比如，从多义词素的词汇意义的角度进行研究也同样会发现一些有意思的现象和语言规律。这个问题，我们将在下一章中详细讨论，这里暂且就不说了。

第九章

现代汉语多义词素研究（下）

在汉语词汇研究中，多义词素是和单义词素并列使用的一个术语。这两个术语所概括的对象是根据词素所含义项数量的多少（也就是词汇意义的数量多少）以及义项之间有无语义联系（也就是词汇意义间客观上是否存在相互联系）的特点划分出来的两种不同类型的语言单位。在现代汉语共时平面内，只含有一个词汇意义的词素就是单义词素；而同时含有两个及两个以上的词汇意义，并且所含有的词汇意义之间有一定的语义联系的词素是多义词素。

关于现代汉语的多义词素，上一章我们已经用定量研究的方法确定了其总量，划定了其范围；并根据其语法属性特征确定了其复杂多样的类型系统。如果稍微再深入一步追问，根据多义词素的定义，我们已经知道，每一个多义词素的义项至少要有两个，那么最多则可以有多少？类似这样的在一个多义词素之中同时含有很多个义项的，在现代汉语里大约又有多少？这中间有没有什么语言规律可循？再有，我们是否可以根据义项数量即多义词素具有的词汇意义的数量多少划分现代汉语里全部多义词素的不同类型，进而描写多义词素在语义上的聚合系统？多义词素的不同义项之间的语义联系方式，除了目前大家公认的比喻和引申方式以外，是否还有其他的语义联系方式？一些学者在讨论多义词的义项的产生手段时，曾经提到了借代和特指等方法。① 以上所说的多义词产生新的义项的这些方法，对于我们分析多义词素义项的产生手段同样有参考价值。然而，多义词素和多义词毕竟还不是同一级语言单位，这种性质上的差异会引发我们思考下面的问题：多义词素义项产生的方式是否也正好就是上面说的多义

---

① 葛本仪：《现代汉语词汇学》，山东人民出版社 2004 年第 2 版，第 180—183 页。

词义项的产生方式这几种？如果不是的话，还另有哪些不同于多义词义项的产生方式？诸如此类的问题，都不得而知。检索一下词汇学界现有的研究成果，就会发现，以上这些问题至今都悬而未决，甚至尚未见有学者进行研究。

鉴于此种现状，本章拟就多义词素的上述问题进行探讨。研究目的是使人们对于多义词素的认识更加理性化，科学化；同时也为了能够使多义词素的语义系统的面貌得以展现出一个初步的轮廓，并力求多义词素义项之间的各种语义关联系统趋于完善。

在上一章《现代汉语多义词素研究》中，我们已经用定量分析的研究方法，确定了现代汉语的多义词素的总量为 3329 个，并根据多义词素在构词中所表现出来的语法属性特征，详细描写了多义词素的语法类型系统，划分了单类集合和多类集合两个大类，区分了这两个大类下各自所包含的不同的子集，从而揭示了不同的多义词素在语法属性特征上所具有的差异性和一致性，显示了这些语言单位之间的对立统一关系。①

本章的研究对象仍是这 3329 个多义词素，所用的研究方法也仍然是定量分析和定性研究的相互结合。这样做，既是为了更便于研究，使之能够整合为一个有机体或者一个完整的系列；也是为了能够和上文的研究结论相互比较，以便显示出从不同角度研究同样的对象，会得出更全面系统的认识，从更深的层次上去揭示语言单位的内部规律。当然，通过研究，最终也还可以发现并印证，尽管每个具体的多义词素的属性特征有着比较鲜明的个体差异，但这并不能排除它们在整体上宏观上也还是有一定的内在联系的。

第一节　多义词素义项数量的类型系统

根据多义词素义项数量，也即多义词素所具有的词汇意义的数量多少，可以将现代汉语多义词素划分为 11 个子集：2 义集合，3 义集合，4义集合，5 义集合，6 义集合，7 义集合，8 义集合，9 义集合，10—14 义集合，15—19 义集合，20 义以上集合。以下是这 11 个子集合中全部多义

---

①　孙银新：《现代汉语多义词素研究》，［日］《京都外国语大学研究论丛》第 76 号，2010年，第 193—210 页。

词素的具体分布情况。

第一类：2 义集合（共 1488 个）

这一类多义词素，在现代汉语里各自都只含有 2 个义项，因而是多义词素中义项数量最少的一类。这一类共有 1488 个多义词素；占全部多义词素的 44.7％。具体分布如下：

哀 挨 隘 安² 庵 鞍 按¹ 按² 黯 肮脏 凹 熬 鳌
澳¹ 巴¹ 疤 坝¹ 坝² 把（bà）耙 百 摆² 稗 辅 扳 般
斑 绑 榜 膀 棒 傍 煲 鸨 杯 悲 贝 孛 鞍 锛 笨
绷（běng）迸 鼻 彼 秕 必 毕¹ 毕² 毖 毙 庳 跸 裨
碧 蔽 篦 避 壁 襞 遍 辫 杓 标¹ 镖 裱 鳔 憋 别³
滨 濒 髌 秉 饼 炳 屏 禀¹ 禀² 玻璃 播 驳² 驳³ 泊¹
勃 博³ 簸 逋 猜 才¹ 餐 残¹ 残² 惨 掺 璨 苍 糙 草²
侧 测 插 馇 察 拆 逸 馋 禅 缠 廛 蟾蜍 躔 镶 铲
敞 畅 倡 抄¹ 潮 吵 炒 撤 嗔 沉² 谌 称（chèn）倀
丞 呈 诚 惩 澄 橙 逞 骋 掌 迟 墀 侈 耻 敕 虫 崇
抽² 帱 稠 愁 雠 雏 楮 储 楚 怵 触 搋 踹 川 喘
创（chuāng）疮 幢 棰 锤¹ 唇 鹑 蠢² 啜 瓷 辞¹ 跐
次² 醋 蹙 蹴 氽 镩 蹿 篡 爨 催 萃 啐 村 磋 矬
挫 厝 措 锉 怛 笪 答 大² 殆 待² 怠 袋 逮 黛 担
疸 旦¹ 但 诞² 弹 瘅 裆 荡³ 刀 祷 盗 悼 扨 簦 等²
戥 澄 磴 瞪 涤 笛 嘀 砥 递 娣 第² 蒂 点² 玷 钿
奠 靛 凋 钓 掉¹ 爹 迭 垤 谍 牒 钉（dìng）董 懂 蔸
陡 豆² 痘 窦 督 牍 赌 堵 蠹 端¹ 煅 兑² 憝 吨 蹲
趸 馄饨 炖 砘 钝 盾 遁 躲 驮 舵 惰 阿¹ 娥 厄 扼
垩 饿 阏 恩 贰 乏 伐 垡 阀 帆 番² 幡 凡² 蕃 燔
贩 畈 梵 纺 扉 霏 粪 愤 讽² 缝 缶 肤 绂 俘 被 趺
福¹ 斧 釜 辅 脯 父（fù）付 阜 赴 复² 赋² 赋³ 傅¹
傅² 尜尜 乍 该¹ 丐 干² 尴尬 杆 干¹ 旰 赣 刚¹ 纲 羔
缟 圪 格¹ 葛 隔 合 各 哏 艮 庚 耕 哽 鲠 更 供
肱 拱² 供¹ 供² 狗 诟 垢 彀 沽² 轱辘 酤 舥 箍 蛊
瞽 固² 故¹ 痼 瓜 剐 卦 乖¹ 乖² 冠 倌 观（guàn）掼
惯 罐 圭¹ 庋 柜 桂¹ 桂² 绲 磙 棍 锅 裹 哈 孩 骸

醢 嗐 憨 函 喊 悍 航 薅 壕 嚎 好（hào） 浩 皓 喝¹

禾 何 阖 翮 吓 褐 壑 嘿 痕 哼（hng） 轰 哄（hōng）

弘 宏 泓 洪 鸿 哄（hǒng） 蕻 訽² 侯 猴 后¹ 恍惚 弧

斛 虎 冱 护 怙 戽 华² 话 幻 换 焕 簧 恍 谎 幌

诙 挥 辉 麾 汇² 荟 海 绘 彗 喙 阍 婚 混（hún） 诨

劐 豁（huō） 祸 惑 镬 奇 剞 劂 笄 屐 赍 稽² 蒿 墼

岌 笈 蒺藜 辑 嫉 瘠 给 脊 掎 伎 妓 季¹ 季² 济²

祭 悸 寂 绩 暨 稷 骥 嘉 铗 甲¹ 嫁 稼 浅浅（jiānjiān）

肩 监² 笺² 湔 简¹ 简² 碱 塞 见² 建 楗 践 江 浆

僵 弶 缴 暾 校 教¹ 教² 窖 醮 阶 嗟 劫¹ 劫² 杰 洁

届 借¹ 借² 藉 锦 谨 妗 晋 浸 京¹ 颈 竞 靓 靖 镜

纠² 久 臼 咎 救 鹫 句 拒 距² 锯 踞 遽 醵 圈 朘

鹃 倦 狷 眷 决¹ 诀² 抉 谲 镢 军 均 钧 峻 楷

看（kān） 堪 糠 炕 考² 铐 苛 颗 垦 掯 控³ 扤 叩 寇

堀 窟 夸¹ 侉 挎 块 匡 亏² 盔 魁 馈 禳 聩 坤 籁

拦 罱 嵝 锒铛 朗 浪¹ 浪² 捞 醪 姥姥 潦 烙 涝 耢

酪 潦 累²（léi） 雷 礌 耒 诔 类 棱 厘² 犁 里² 俚 醴

厉 吏 沥 戾 轹 俪 栗² 粒 里（li） 俩 怜 敛 恋

量（liáng） 粮 梁 晾 撩 嘹 聊¹ 僚 寥 燎 猎 裂 邻

淋 嶙峋 鳞 廪 玲 铃 陵 零¹ 领² 另 令² 旒 砻 窿

陇 娄 搂（lǒu） 搌 鲁² 陆 鹿 辘轳 捋 虑 铝 脔 銮

卵 逻辑 螺 摞 姆妈 麻² 马 码 骂 吗 嘛 埋 买 颟顸

蔓 忙 盲 龙 氓 茫 蟒 卯¹ 铆 茂 帽 瞀 没 眉 霉

美² 魅 蒙² 萌 甍嵘 朦胧 孟 眯 谜 縻 靡 密¹ 眠 眄

描 杪 渺¹ 乜斜 缗 抿 敏 谬 膜 抹 沫 陌 秣 默 糖

模 慕 暮 奈 耐 男¹ 南 喃喃 囊 孬 呢 馁 恁 泥 拟¹

拟² 泥 溺 捻 撵 碾 念² 娘 尿 镊 蹑 孽 蘖 拧 凝

秾 酿 耨 孥 驽 怒¹ 暖 挪 诺 讴 瓯² 怄 偶 沤 怄

趴 扒¹ 爬 耙 俳 排¹ 爿 盼 畔 庞¹ 磅礴 抛 刨 庖

泡¹ 培 沛 旆 霈 烹 朋 篷 批³ 纰 砒 铍 疲 否

劈（pǐ） 譬 片（piān） 翩 骈 骗² 剽 漂 缥 撇¹（piě）

撇³（piě） 贫 评 坪 姘 坡 颇 魄 剖 掊 铺 仆 匍匐

璞 蹼 七 栖 曝 歧 祈 脐 琦 棋 企 绮 讫 迄 泣 砌

茸 碛 洽² 恰 千 迁 悭 签¹ 愆 钤 钳 乾 箝 欣 遣

谴 荛 茜 抢（qiāng） 戗（qiāng） 抢²（qiǎng） 强（qiǎng）

戗（qiàng） 炝 悄 敲 橇 侨 翘 诮 峭 鞘 切（qiē） 妾

挈 惬 衾 秦 琴 禽 吣 赇 擎 黥 顷² 磬 罄 穹 筇

琼 虬 酋 赇 胠 氍 毹 诠 铨 劝 阒 窀 裙 燃 染

嚷嚷（rāngrang） 嚷（rǎng） 饶¹ 惹 仁² 忍 纫 纤 扔 戎

绒 榕 融 揉 儒 阮 瑞 眴 洒 撒（sǎ） 三 伞 嗓 嫂

埽 森 砂 铩 煞 傻 厦 晒 芟 衫 扇 煽 钐 缮 赡 殇

商⁴ 晌 尚² 上¹ 梢 筲 艄 捎 哨¹ 哨² 潲 奢 折 舍 涉

摄 申¹ 伸 参 绅 哂 婶 肾 瘆 升¹ 牲 省² 眚 湿 酾

十 拾¹ 驶 屎 试 适¹ 适² 恃 逝 莳 誓 狩 授 售 兽

姝 梳 疏¹ 孰 赎 署 术 腧 率¹ 闩 栓 涮 孀 爽 睡

瞬 铄 司 厮¹ 伺 姒 驷 嗣 屎 耸 讼 搜 馊 飕 瞍

薮 苏⁴ 苏⁵ 夙 诉 速¹ 塑 溯 虽 绥 燧 邃 笋 蓑 索³

琐 它 她 塔¹ 踏 态 泰² 滩 瘫 谈 袒 搪 樘 膛 趟¹

涛 掏 韬 逃 陶 淘¹ 淘³ 疼 滕 梯 摘 啼 题 醍 醐 涕

替² 添 田 舰 挑² 调² 帖（tiě） 帖（tiè） 廷 亭¹ 颋

梃（tìng） 突² 荼 屠 吐（tù） 湍 吞 余 坨² 驼 妥 娃

瓦¹ 湾 蜿 蜓 碗 腕 冈 忘 威 煨 韦 违 闱 惟² 伟 伪

玮 委² 萎 为 未² 畏 尉 喂¹ 慰 纹 涡 沃 渥 龌 龊

兀 突 乌¹ 圬 屋 迕 庑 武¹ 坞² 婺 鹜 雾 鋈 夕 析

粞 嘻 醯 袭¹ 媳 檄 侠 遐 辖 黠 吓 夏 罅 纤 挦

嗛 嫌 宪 馅 献 芗 相¹ 湘 箱 骧 降 飨 向² 象² 削

销² 箫 霄 筱 些 楔 斜 携 泻 绁 屑 瀣 芯 薪 刑

硎 姓 汹 胸 夐 鸺 鹠 岫 臭 袖 绣 吁 盱 须¹ 须² 墟

需 湑 糈 醑 序² 序³ 恤 婿 萱 喧 炫 眩 渲 碹 荥

趔 雪¹ 勋 旬 寻 巡 恂 恂 汛 驯 殉 芽 崖 涯 雅²

轧¹ 崦 嵫 阉 嫣 燕 岩 沿² 研 盐 筵 檐 俨 剡 罨 艳

宴 焰 餍 殃 痒 幺 妖¹ 妖² 要 邀 谣 遥 瑶¹ 宭 要¹

要³ 鹞 掖 页 伊² 贻 移 颐 彝¹ 已¹ 矣 迤 义 忆 艾

邑 佚 译 易¹ 易² 诣 轶 奕 益¹ 益² 埸 勚 翊 臆 姻

喑 愔愔 禋 吟 莺 鹰 膺 迎 瘿 媵 佣 拥 饔 甬[1] 咏
勇 涌 耰 犹 輶 莠 囿 祐 瘀 邗 鱼 舁 娱 渔 隅 逾
腴 虞[2] 羽[1] 圉 窳 驭 芋 昱 狱 预 阈 谕 裕[1] 誉 豫[1]
眢 鸳鸯 渊 垣 园 源 辕 苑 怨 曰 獲 钥 悦 越[2] 粤
爚 晕（yūn） 筠 酝 韵 蕴 匝 灾 宰[1] 崽 载[1] 儎 簪 咱
拶 暂 錾 赃 臧 脏 葬 藏[1] 藏[2] 皂[1] 造[2] 造[4] 燥 箦
仄[1] 赠 甑 扎[1] 咋 揸 渣 炸 铡 拃 鲊 乍 醡 债 粘
辗转 站[1] 站[2] 绽 彰 杖 障 招[3] 昭 朝 找[2] 兆[1] 诏 肇
辄 蛰 谪 磔 者 褶 浙 帧 蓁蓁 斟 轸 畛 阵[1] 阵[2] 鸩
朕[1] 征[1] 峥嵘 蒸 证 只 枝 脂 跖 旨[2] 趾 帙 质[1] 栉
陟 鸷 铚 智 置 锧 稚 踬 衷 中 众 州 洲 肘 甃 朱
珠 潴 竹 劚 属 褚 嘱 麈 注[2] 驻 柱 祝 蛀 爪 砖
转 缀 赘 迍邅 拙 捉 桌 卓 着[2] 擢 吱 咨 姿 辎 仔
子（zi） 鲰 揍 菹 卒[1] 俎 昨 佐

第二类：3 义集合（共 716 个）

这一类多义词素，都含有 3 个义项，是多义词素中义项数量偏少的一类。这一类共有 716 个多义词素；占全部多义词素的 21.5%。具体分布如下：

矮 堌 岸 案[1] 案[2] 昂 傲 奥[1] 巴[3] 罢 霸 吧 搬 版
伴 绊 梆 磅 胞 刨 爆 陂 背（bēi） 北 倍 辈 坌 闭
敝 臂 璧 砭 贬 彪 别[2] 病 剥 伯 脖 博[1] 卜 哺 埠
藏 册 策[1] 差（chā） 茬 查 差（chāi） 柴 婵娟 忏
场（cháng） 肠 偿 厂 唱 巢 耖 扯 臣 尘 沉[1] 陈 城
盛 池 弛 翅 重 冲[1]（chòng） 冲[3]（chòng） 抽[1] 筹 刍 厨
锄 杵 处（chù） 舛 闯 创（chuàng） 锤[2] 纯 醇 辞[2] 慈
此 赐 聪 丛 凑 促 簇 粹 翠 皴 寸 错[1] 打[1] 打[2] 待[1]
戴 胆 担 啖 挡 捯 导 捣 蹈 得（de） 得（děi） 灯 蹬
弟 帝 缔 店 雕[2] 吊[1] 跌 叠 丁[2] 锭 丢 东[1] 栋 逗 都
肚 垛 恶（ě） 恶（è） 耳 饵 二 藩 凡[1] 饭 仿 访 翡
费 份 奋 峰 蜂 否 趺 敷 夫（fú） 服[2] 幅 父（fǔ） 抚
俯 腐 妇 附 改 甘 刚[2] 缸 港 钢 搞 稿 膏（gào）
疙瘩 哥 搁 割 歌 革 格[2] 个[1] 埂 梗 攻 躬 贡 苟[1]

构　媾　谷² 雇　锢　刮　观（guān）　灌　瞀　国　果¹ 过（guo）

酤　汗　夯　号　耗　河　曷　核¹ 和　哼（hēng）恒　吼　呼¹

胡¹ 湖　欢　还　缳　宦　皇　晃　汇¹ 讳　贿　秽　荤　或　获

姬　基¹ 箕　羁　棘　籍　几　齐　忌² 霁　价　坚　兼　缄　煎

减　件　建¹ 健　槛　疆　奖　匠　降　将　浇　矫　较　捷² 竭

姐　介¹ 介² 今　津¹ 禁（jīn）襟　噤　茎　荆　旌　惊　晶

井¹ 境　扃　纠¹ 究　九　矩　炬　据　捐　角³（jué）君　俊　坎¹

砍　康　亢　抗　烤　渴　克¹ 肯² 孔　恐　空（kòng）抠　库¹ 酷

垮　款² 矿　亏¹ 捆　阃　括　落　腊　蜡　辣　莱　赖² 癞　兰

蓝　篮　缆　懒　滥　勒　垒　累（lèi）砺　炼　良　两¹ 了¹ 撂

劣　林　凛　凌　零² 龄　岭　溜（liū）笼　撸　赂　间　缕　伦

沦　纶　啰嗦（啰唆）络　脉　鞔　漫　慢　芒　莽　貌　媒　每

妹　昧　闷（mèn）梦　弥　米¹ 密² 幂　免　勉　妙　庙　闽

鸣　铭　暝　模　嬷嬷　魔　磨　捺　乃　难　蔫　念¹ 臬　拧　佞

牛　农　浓　努　女　耦　徘徊　攀　襻　旁² 泡² 炮　赔　佩　棚

蓬　捧　批² 坯　披　屁　僻　篇　撇（piē）频　迫　扑¹ 凄　漆

启　扦　潜　欠　橥　歉　腔²　抢¹（qiǎng）跷　樵　瞧　俏　窍

且² 怯　侵　青　庆　丘　区　曲（qǔ）取　趣　拳　雀　瓢　壤

扰　仁¹ 稔　刃　任² 仍　茸　容² 冗　锐　若¹ 撒¹（sā）塞

赛¹ 散（sàn）丧　骚² 涩　沙¹ 筛¹ 擅　赏　尚¹ 勺　少（shào）

绍　舌　审¹ 升² 省¹ 尸　施　什　识　蚀　史　始　视　纾　枢

舒　输　暑　蜀　数　恕　庶　甩　率² 霜　朔　寺　似　诵　嗦

肃　岁　遂　穗　索² 他　塌　蹋　抬　贪　坦　叹　塘　糖　烫

趟² 桃　讨² 剔　屉　恬　甜　填　挑¹ 祧　条² 调¹ 厅　童　捅

痛　突¹ 吐（tǔ）颓　腿　褪　屯　托¹ 唾　洼　歪　弯　丸　万

妄　维¹ 纬　卫　谓　蔚　瘟　吻　翁　握　无　芜　吴　午　伍

武² 务　物　吸　惜　饽　瞎　下　仙　掀　显　限　乡　详　享

枭² 晓　孝　协　挟　谐　卸　械　袭　辛　腥　饧　形　省　兄

雄　朽　续　蓄　轩　旋（xuàn）楦　熏　曛　讯　逊　丫　牙¹ 焉

淹　延　言　沿¹ 偃　厌　秧　曜　噎　也² 腋　衣　医　夷¹ 夷²

姨　倚　艺　绎　裔　意　溢　翳　音　银　淫　荫　英　盈　映　壅

优¹ 忧　邮　友　诱　愚　舆　与² 玉　郁　遇　喻　御　寓　愈

员 援 岳 阅 匀 孕 晕（yùn） 咂 杂 砸 仔 遭² 藻 灶
造¹ 噪 闸 诈 榨 摘¹ 窄 盏 崭 占 栈 战 章² 丈 账
胀 涨 着（zhāo） 棹 这 箴 枕 振 争 征² 织 纸 识 炙
滞 钟² 踵 仲 咒 皱 骤 株 逐 烛 炷 专 传 转 赚
篆 妆 壮¹ 锥 坠 灼 浊 着¹ 兹 滋¹ 自¹ 纵² 奏 足¹
足² 卒² 祖 钻（zuàn） 醉

第三类：4 义集合（共 418 个）

这一类多义词素，都含有 4 个义项，是多义词素中义项数量不算少的一类，共有 418 个多义词素；占全部多义词素的 12.56%。具体如下：

爱 暗 摆¹ 瓣 薄 饱 暴² 卑 奔（bēn） 奔（bèn） 逼
鄙 壁 弁 变 摽 冰 兵 波 箔 薄 采¹ 菜 槽 草³
差（chà） 尝 超² 辰 衬 痴 驰 尺 斥 丑 臭 床 春 戳
词 贷 丹 荡¹ 档 倒¹ 倒² 到 的 登 滴 敌 嫡 第¹ 垫
钉（dīng） 鼎 订 冻 洞 都 渎 度² 渡 夺 额 而 尔 烦
繁 范² 芳 防 分（fèn） 疯 夫（fū） 扶 服¹ 符 富 腹
覆 概 敢¹ 干² 公² 功 拱¹ 沟 够 孤 骨 故² 寡 怪 官
贯 冠 桄 规 滚 含 旱 毫 和² 狠 衡 后² 糊¹ 滑 缓
患 毁 昏 浑² 魂 货 豁（huò） 击 积 畸 级 集 挤 纪
剂 迹 既 夹 甲² 间（jiān） 贱 键 讲 酱 胶 脚 揭 截
津² 筋 尽¹（jǐn） 近 景 径 竟¹ 敬 静 窘 舅 局²
卷（juǎn） 卷（juàn） 觉 刊 可¹ 坑 枯 跨 狂 溃 廓 赖¹
郎² 牢 乐 了 累（lěi） 离¹ 礼 里¹ 隶 连 联 脸 练 梁
量（liàng） 龙 隆 拢 垄 搂（lōu） 卤 虏 录 露 旅¹ 律
略³ 妈 蛮 毛² 冒¹ 美¹ 蒙 秘 蜜 绵 面² 冥 命 摸
摩¹ 抹 莫 谋 某 幕 哪 那 衲 奶 脑 内 嫩 你 酿
捏 宁 扭 纽 奴 噢 怕 牌 判 碰 票 聘 凭 婆 扑²
其 奇 骑 起² 契 器 牵 签² 枪 巧 寝 卿 请 求
曲¹（qū） 趋 圈 全 泉 群 然 荣 容¹ 柔 肉 辱 散（sǎn）
扫 纱 山 扇 商¹ 上² 社 射 谁 什 神 甚¹ 绳 石 氏
寿 受 叔 殊 束 树 竖 刷 耍 双 思 颂 酥 俗 宿 髓
碎 孙 缩 太 炭 探 讨¹ 腾 条¹ 跳 听¹ 庭 停 挺
梃（tǐng） 筒 偷 头（tou） 秃 蜕 托² 脱¹ 汪¹ 亡 枉 往

围　委¹　魏　我　西　悉　隙　闲　贤　厢　想　项²　相¹　相²　像
销¹　笑　歇　邪　泄　谢　星　型　羞¹　锈　叙　絮　玄　选　削
血　哑¹　炎　颜　衍　掩　演　验　扬¹　洋　仰　窑　药　耀　叶
依　宜　议　逸　殷¹　缨　赢　颖　尤　油　右　淤　余²　宇　育
欲　冤　院　愿²　月　运　赞　凿　则¹　泽　札　炸　寨　沾　章¹
辙　珍　真　政　之²　支¹　知　絷　植　止　至　志²　质²　钟¹　住
注¹　著　庄²　撞　酌　梓　渍　租　组　钻（zuān）　嘴　罪

第四类：5 义集合（共 247 个）

这一类多义词素，都含有 5 个义项，是多义词素中义项数量比较合适的一类，共有 247 个多义词素；占全部多义词素的 7.42%。具体分布如下：

办　半　帮　被　绷（bēng）　笔　标²　表²　拨　补　不　擦
草¹　策²　层　蹭　叉　磋　产　长　朝¹　沉³　称²（chēng）　撑　承
齿　赤　充　除　处（chǔ）　吹　垂　次¹　从²　脆　撮　代　蛋　倒
低　典¹　电　掉²　兜　斗　独¹　端²　短　段　堆　队　儿　泛　丰
锋　佛　拂　复¹　岗　膏（gāo）　跟　弓　共　勾¹　姑¹　古　贾
拐¹　广　轨　贵　豪　和¹　荷　户　怀　坏　黄　灰　会²　晦　惠
混（hùn）　及　极　寄　奸¹　剪　间（jiàn）　鉴　娇　结　戒　劲
禁（jìn）　警　旧　拘　局³　具　决²　靠　刻　空（kōng）　宽　旷
框　困　阔　揽　凉　烈　溜（liù）　楼　陋　履　媚　闷（mēn）
盟　猛　迷　灭　民　末¹　没　母　木　纳¹　钮　弄　拍　派
劈（pī）　匹　屏　谱　旗　掐　卡　勤　秋¹　驱　屈　缺　却　绕
认　乳　润　弱　色　杀　闪　少（shǎo）　设　舍　式　势　饰　释
守　瘦　书　摔　丝　送　酸　损　胎　坛¹　汤　特　贴¹　铁　同
统　透　图　涂　拖　顽　王　网　为　尾　位　稳　卧　污　舞　误
稀　习　席　弦　衔　现　响　消　写　醒　休　秀　嘘　许¹　绪
旋（xuán）　穴　训　押¹　严　样　腰　爷　业²　仪　疑　以¹　义¹
异　翼　饮　隐　印　应　缘　远　越¹　栽　糟　早　责　斋　仗
招¹　罩　震　执　职　制　终　重　轴　纵¹　族　尊　座

第五类：6 义集合（共 148 个）

这一类多义词素，都含有 6 个义项，是多义词素中义项数量稍多的一类，共有 148 个多义词素；占全部多义词素的 4.45%。具体分布如下：

宝 保 备 表¹ 柄 并² 布 才² 材 茶 岔 常 车 乘
程 持 酬 初 穿 传 搭 达 党 底 颠 吊² 抖 毒 断
墩 犯 房 飞 奉 府 感 杠 告 宫 股¹ 还 寒 行 黑
红 划 环 激 疾 计 记 加 驾 焦 绞 金¹ 进 净¹ 举
考¹ 快² 栏 烂 力 历 例 列 临 灵 令¹ 乱 轮 罗 麻¹
卖 毛¹ 闹 腻 排² 跑 期 钱 窃 球 阙 让 任¹ 日 软
伤 圣 食 使 市 事 室 熟 数 松² 随 所 锁 摊 弹
挑（tiǎo） 投¹ 退 完 挽¹ 危 微 味 温 闻 问 洗 喜 先
鲜 险 向¹ 新 兴 幸 凶 学 雅¹ 咬 遗 役 因 营 硬
游 元 在 则² 贼 展 长 着（zháo） 着（zhe） 支² 致 抓
状 追 宗¹

第六类：7 义集合（共 110 个）

这一类多义词素，都含有 7 个义项，是多义词素中义项数量偏多的一类，共有 110 个多义词素；占全部多义词素的 3.3%。具体分布如下：

拔 败 拜 崩 边 编 鞭 便 别¹ 步¹ 部 裁 彩 操
场（chǎng） 从¹ 错² 淡 当（dàng） 等¹ 抵¹ 调² 定 斗
法¹ 翻 封 伏 副 赶 阁 固¹ 馆 鬼 害 汉 合¹ 厚 候
荒 即 际 假 架 接 界 就 扣 苦 劳 冷 理 利 亮
领¹ 留 漏 论 满 磨 墨 拿 能 年 盘 偏 前 浅
切（qiè） 倾 清 情 如 入 声 胜 失 士 世 疏² 水¹ 说
私 素 台¹ 徒 土¹ 晚 息 陷 心 性 修¹ 烟 眼 用 又
于 语 原 再 掌 镇 值 指 治 周¹ 资 总 作

第七类：8 义集合（共 74 个）

这一类多义词素，都含有 8 个义项，是多义词素中义项数量居多的一类，共有 74 个多义词素；占全部多义词素的 2.22%。具体分布如下：

板¹ 吃² 冲¹（chōng） 串 刺 存 大¹ 得（dé） 动 反
非 废 分（fēn） 高 公¹ 钩 鼓 顾 挂 归 海 横 画 回
会¹ 活 伙 急 见¹ 将¹ 尽（jìn） 居 绝 课 路 苗 目 逆
配 片（piàn） 品 齐¹ 强（qiáng） 权 善 烧 身 深 盛 实
收 首 属 死 算 堂 外 玩 细 信 悬 野 影 幽 有¹
圆 约 张 整 种 准 字 左 做

第八类：9 义集合（共 48 个）

这一类多义词素，都含有 9 个义项，是多义词素中义项数量非常多的一类，共有 48 个多义词素；占全部多义词素的 1.44%。具体分布如下：

安¹ 班 背（bèi）粗 单 顿 多 肥 粉 浮 盖¹ 干⁵ 根 工¹ 华¹ 火 机 尖 角（jiǎo）叫 解 紧 看（kān）科 客 拉¹ 来¹ 立 料 名 亲 轻 穷 人 师 提 体 系 线 香 小 压 阳 要² 引 由 直 走

第九类：10—14 义集合（共 67 个）

这一类多义词素，含有 10—14 个义项不等，是多义词素中义项数量极多的一类，共有 67 个多义词素；占全部多义词素的 2%。具体分布如下：①

把¹（bǎ）（10）　白（14）　包（10）　报（10）　抱（10）
本（14）　比（11）　成¹（10）　出¹（13）　带（12）　当¹（dāng）（10）
道（14）　地（14）　度¹（12）　方（12）　风（10）　负（10）　给（10）
关（14）　管（14）　光（12）　过（guò）（10）　好（hǎo）（11）
化（11）　家¹（11）　交（10）　节（14）　经（12）　精（11）
口（14）　流（10）　落（11）　门（11）　面¹（12）　明（10）
皮（12）　平（10）　破（11）　起¹（11）　气（12）　去¹（10）
热（10）　时（11）　是（12）　手（10）　顺（10）　天（10）　通（11）
头（tóu）（12）　团（10）　推（10）　望（12）　文（13）　窝（11）
行（11）　虚（10）　养（10）　一（10）　阴（11）　照（12）折（13）
正（13）　中（10）　主（11）　装（10）　子¹（zǐ）（12）　坐¹（10）

第十类：15—19 义集合（共 9 个）

这一类多义词素，15—19 个义项不等，是多义词素中义项数量特别多的一类，共有 9 个多义词素；占全部多义词素的 0.27%。具体分布如下：

顶（15）　对（17）　发（16）　放（15）　号（15）　花¹（15）　开（18）　老（16）　套（17）

---

① 第九—十一类，这 3 个集合下所列出的每一个多义词素后面所附的括号里的数字是该多义词素在现代汉语里所包含的全部义项的数量。例如："道（14）"表示多义词素"道"有 14 个义项；"下（22）"表示多义词素"下"有 22 个义项。其余依此类推。

第十一类：20 义以上集合（共 4 个）

这一类多义词素，都含有 20 个以上的义项，是多义词素中义项数量最多的一类，共有 4 个多义词素；占全部多义词素的 0.12%。它们是：

点^1（25）　上^1（20）　生（20）　下（22）

第二节　多义词素义项间的语义联系

关于多义词素的义项之间的语义联系方式，学界目前还没有什么研究。研究多义词素的义项之间的联系，很容易让人联系到多义词的义项之间的联系方式。

关于多义词的义项之间的联系方式，或者说多义词产生新的义项的方法，目前学界公认的就是引申和比喻，这两种方法早就被作为一种共识写入大学《现代汉语》教材中了①。此后，葛本仪先生在她所著的《汉语词汇研究》和《现代汉语词汇学》中又增加了借代和特指两种方式②。葛先生新增的这两种方式，对于解释一些多义词的义项之间的语义联系很有帮助，也很有应用价值。

研究发现，上述多义词的义项之间的四种联系方式引申、比喻、借代和特指也同样适用于分析和解释多义词素义项之间的语义联系。可以说，这四种方式也是多义词素义项中比较常见的联系方式。但是就多义词素而言，义项的关联方式尤其复杂；比起多义词的义项关联，要复杂得多，还不仅仅限于上述这几种情况。下面我们分出 22 类不同的情况，一一进行具体分析。

1. 动作与对象

现代汉语中，有不少多义词素，其所含的某一个义项表示动作行为的意义，而另一义项则表示动作行为所关涉的对象，这样的两个义项之间就

---

①　例如，北京大学中国语言文学系汉语教研室：《现代汉语》，商务印书馆 1962 年版，第 102—104 页。此后五十年，胡裕树主编，黄伯荣、廖序东等主编的各种《现代汉语》教材也都继承并沿袭了这样的观点，认为引申和比喻是多义词产生新的义项的两种方法，一般也都没有再提到是否还有其他方法。这种现象表明学界在这一问题上的认识在较长的一段历史时期内大体趋于停滞的态势，并没有实质性的突破。

②　葛本仪：《现代汉语词汇学》，山东人民出版社 2004 年第 2 版，第 180—183 页。

形成了动作与对象（或者叫受事）的语义关联。例如①：

餐：①动吃；吃饭。②名饭食。

呈：①动恭敬地献上（一般用于下级对上级）。②名下级递交给上级的文件。

俘：①动作战时擒获（敌人）。②名作战时擒获的敌人。

警：②动注意并防备（可能发生的危险情况）。⑤名危急的情况、事件或信息。

囚：①动拘禁。②名被囚禁的人。

以上五个多义词素的后一个名义项都表示特定的人或者事物对象，而前一个动义项都正好表示以这类人或者事物为受事对象的特定动作行为。动和名两个义项之间是动作行为和动作对象的关系。

2. 动作与工具

也有相当一部分多义词素，既有表示动作行为的义项，又有表示该动作行为所凭借的特定工具的义项，两个义项之间就形成了动作与工具的语义关联。例如：

煲：①名壁较为陡直呈圆筒状的锅。②动用煲在小火上慢煮或熬。

磅：②名磅秤，一种金属制成的有承重底座的秤，因最初以磅为计量单位而得名。③动用磅秤称重量。

铲：①名铲子，用来撮取或清除东西的器具，有长柄，末端像簸箕或像平板。②动用锹或铲子削平、撮取或清除。

锄：①名间苗、除草、培土等用的农具。②动用锄除草等。

垫：①动用东西支撑、铺衬或填充。②名用来铺垫的东西。

以上这些多义词素中，一个义项标有名，表示具体事物名称的意义；另一义项则标有动，表示以该事物为工具的动作行为意义。从而使动和

---

① 以下所引用的多义词素的义项序号和释义内容，如未作特别说明，均根据李行健《现代汉语规范字典》，语文出版社 1998 年第 2 版。

名 两个义项之间产生了动作与工具的语义联系。

3. 动作与主体

一些多义词素的义项中，一个表示动作行为；另一个则表示了动作行为所依赖的主体，也就是施事。两个义项之间自然也就形成了动作与施事的语义关联。例如：

盗：① 动 偷窃；抢劫。② 名 抢劫、偷盗财物的人。

谍：① 名 秘密刺探敌方或别国情报的人。② 动 秘密刺探敌方或别国情报。

贩：① 名 买进货物再卖出以获取利润的行商或小商人。② 动 购进货物出卖，也单指买进货物。

侨：① 动 寄居国外。② 名 寄居国外的人。

蛀：① 名 蛀虫，指咬食树干、衣服、书籍、谷物等的小虫，如天衣、衣蛾、衣鱼、米象等。② 动 （蛀虫）咬。

这些多义词素里的 动 表示动作行为意义； 名 表示人或者事物的名称意义，所指称的人或事物都是动作行为意义所关涉的主体和施事。 动 和 名 两者之间存在动作与施事主体的语义关联。

4. 动作与结果

有些多义词素，一个义项表示的是动作行为的意义，另外一个义项则表示事物名称的意义，并且这样的事物正好是由该动作行为产生出来的，因此，这样的两个义项之间就形成了动作与结果的语义联系。例如：

别[1]：② 动 区分，分辨。④ 名 按照不同特点区分出的类。

雕[2]：① 动 在玉石、象牙、竹木等材料上刻写。② 名 指雕刻成的艺术作品。

堆：② 动 累积；聚集在一起。③ 名 堆积在一起的东西。

结：① 动 用条状物绾成疙瘩或用这种方法制成物品。② 名 条状物绾成的疙瘩。

作：⑤ 动 创作；写。⑥ 名 创作的作品。

以上所举的多义词素，前一个标有 动 的义项都是表示动作意义，后一个标有 名 的义项所表示的事物都是由该动作行为直接产生的结果， 动 和 名 之间都有动作与结果的语义联系。

5. 动作与处所

一些多义词素中，有一个义项表示动作行为意义，另外一个义项则正好表示了该动作行为发生时的处所的意义，这样的两个义项之间就具有了动作与处所的语义关联。

埯：① 名 为点种瓜豆等作物而挖的小土坑。② 动 挖小坑点种（瓜、豆等）。

厨：① 名 烹调食物的房间。③ 动 指烹调工作。

窖：① 名 为贮藏物品在地下挖的洞或坑。② 动 把物品贮藏在窖里。

居：① 动 住宿。② 名 住所。

寝：① 动 睡觉。② 名 古代指君王的宫室；泛指居室，睡觉的地方。

以上这些多义词素中，标有 动 的都表示动作行为意义，而标有 名 的则又都表示了动作行为发生时的处所。 动 和 名 两者并列于同一个多义词素中，形成了动作与处所的语义关联。

6. 动作与系事

有些多义词素，某一个义项表示了动作行为意义，另外有一个义项则是这种动作行为影响下所要系联的事物，所以这样的两个义项之间就形成了动作与系事的语义联系。例如：

愁：① 动 因遇到困难或不如意的事而忧虑苦闷。② 名 苦闷忧伤的心情。

辉：① 名 闪射的光。② 动 照射；闪耀。

诨：① 名 开玩笑的话。② 动 开玩笑。

奖：① 动 为了鼓励或表扬而授予（荣誉或钱物等）。② 名 为了鼓励或表扬而授予的荣誉或钱物等。

训：① 动 教导；开导；告诫。② 名 教导或告诫的话。

以上这些多义词素，凡是标有 动 的义项都是表示具体的动作意义，凡是标有 名 的义项所表示的都是受该动作行为影响而有特定关系的事物，这种特定关系既不是动作的施事，也不是受事对象、动作的工具、处所或结果，可以概括地称为动作的系事。以上这些多义词素内， 动 和 名 两个义项之间都具有动作与系事的语义联系。

7. 动作与动作对象的计量

也有不少多义词素，其中的某一个义项表示动作行为意义，另外又有一个义项表示了对动作行为对象的计量方法，因而这两个义项之间就具有了动作与动作对象的计量的语义关系。例如：

背：① 动 人用背（bèi）驮。③ 量 〈方〉用于背（bèi）上背的东西。

拨：③ 动 调配；分出一部分。④ 量 用于分批的人或物。

发：① 动 放射，把箭、枪弹、炮弹等射出去。② 量 用于枪弹、炮弹。

截：① 动 割断。③ 量 用于从长条形的东西上割取下来的东西。

捧：① 动 两手托着。② 量 用于双手可捧得下的东西。

以上这些多义词素，凡是标有 动 的义项都显示了具体的动作意义，凡是标有 量 的义项所表示的意义都是与该动作行为有特定关系的事物的计量单位，两者之间都有动作与动作对象计量的语义联系。

8. 施事动作与受事动作

有的多义词素，有两个以上的意义表示了动作行为：其中的一个是施事的动作意义；另一个则是受事的动作意义，两个义项之间分别是施事与受事的动作语义联系。例如：

禀[1]：① 动 赐与；赋与。② 动 承受。

雇：① 动 出钱让人做事。② 动 受人雇佣。

却：③ 动 推辞；拒绝。④ 动 用在某些单音节动词或形容词后面表示结果，相当于"去""掉"。

绕：④ 动 使不顺畅；⑤ 动 （问题、事情）纠缠不清。

闪：①动一晃而过；迅速侧身避开。⑤动因动作过猛而扭伤。

这样的多义词素，前一个动义项表示的是施事发出的动作行为的主动意义，后一个动义项则表示了受事产生的动作行为的被动意义。两个动共存于同一个多义词素中，相互对立，相互依赖关联，具有主动和被动的语义关联。

9. 两义相反或相对

也有一些多义词素，其含有的某两个义项所表示的意义正好具有相反或相对的语义关联。例如：

沽：①动买。②动卖。

酤：①动买酒。②动卖酒。

借¹：①动临时使用别人的财物，一定时间内归还。②动把自己的财物临时给别人使用。

进：②动呈上；奉上。③动由外边到里边（跟"出"相对）。④动接纳；收入。

纳¹：②动接受。④动交（税款等）。

两相比较可以发现，以上这些多义词素的前后两个动义项之间，具有两义相反或相对的语义关联。尽管此类多义词素从广义的角度看，也可以理解为施事动作和受事动作，似乎可以与上面的情况合并为同一类，但是毕竟它们的区别是很明显的：施事动作与受事动作更加突出了主动和被动的语义关联特点；而两义相反或相对，更加突出了动作行为的不同方向，具有互逆性或反向性的特点。这在"进"的义项中反映得非常明显："②动呈上；奉上"侧重于强调"由内而外"的特点，而"③动由外边到里边（跟'出'相对）；④动接纳；收入"更侧重于强调"由外而内"的特点，两个意思的方向性有很大差别。我们立足于二者的不同，所以分为两个不同的类别。

10. 质料与产品

在一些多义词素的义项中，一个义项表示了某种原材料的名称，另外又有一个义项则表示了利用这种原材料制造出来的产品的名称。于是在这个多义词素内，两个义项之间就有了质料与产品的语义关系。例如：

鳔：①名多数鱼类体内可以胀缩的辅助呼吸器官。呈长囊形，内部充有氧、二氧化碳和氮，收缩时鱼下沉，膨胀时鱼上浮，缺氧时可以辅助呼吸。鳔可以制鳔胶。②名用鳔或猪皮等熬制的胶，黏性大，过去多用来粘木器。也说鳔胶。

楮：①名构树，落叶乔木，树身高大，叶卵形，开淡绿色小花，果实球形，橘黄色。木材可制造家具，树皮是制造桑皮纸和宣纸的重要原料。也说楮或榖。②名〈文〉纸的代称（古代用树皮造纸）。

丹：①名古代指朱砂（一种含汞的红色矿物）。③名古代道家用朱砂等炼制的药。

铁：①名金属元素，符号 Fe。灰色或银白色，有光泽。质坚硬，延展性强，能迅速磁化或去磁，在潮湿空气中易生锈。用途极广，可用来炼钢，制造各种机械、器具，也是生物体不可缺少的物质。②名指刀枪等武器。

竹：①名多年生禾本科竹亚科植物的统称。有一千余种。常绿植物，茎中空，有节。茎弹性和韧性均佳，可用来建造房屋、制造器具、造纸；嫩芽叫竹笋，是鲜美的蔬菜。②名指箫、笛一类竹制管乐器。

这类多义词素，前一个名义项都是表示一种特定的事物名称的意义；后一个名义项则都表示以前面义项所表示的事物为原材料加工制作出来的某种特定产品的意义，二者同属于一个多义词素的不同义项，因而就构成了质料与成品的关系。

11. 特征与领属

还有相当数量的多义词素，某一个义项表示了事物本身的称谓意义，另一个义项则表示了该事物本来就具有的某种特征或者属性意义，这样的两个义项之间就具有了特征与领属的语义关系。例如：

碧：①名青绿色的玉石。②形青绿色的。

雏：①名幼鸟。②形幼小的。

橙：①名常绿小乔木，叶子椭圆形，果实圆形，红黄色，汁多，味道酸甜，是常见的水果。橙，也指这种植物的果实。②形由黄、红两色合成的颜色。

谎：①名假话；骗人的话。②形假；不真实。

险：①形地势复杂而恶劣，难以通过。②名险要而难以通过或到达的地方。

以上这些多义词素，标有名的都表示客观世界中的具体事物本身，具有称谓的意义；而标有形的则又都表示了一定的属性或特性，附属于特定的事物，并且为该类事物所领属；名和形这两种意义归结在同一个多义词素中，就形成了特征与领属的语义关系。

12. 本指与喻指

有的多义词素，一个义项表示了该词素本来指称的某一事物的意义，另一个义项则表示以该本指的事物为喻体而形成的新的意义，两个义项之间也就形成了本指和喻指的语义关联。例如：

鞍：①名鞍子，用皮革或木头等加衬垫物制成的器具，放在牲口背上供人乘坐或载物。②名形状像鞍子的（事物）。

柄：①名把儿，器物上便于握持的突出部分。⑤名喻指在言行上被人抓住的缺点或漏洞。

峰：①名山的尖顶。②名外形像山峰的事物。

鹿：①名鹿科动物的统称。一般雄的头上有角，个别种类雌的也有角，有的雌雄都无角，四肢细长，尾短，毛多为褐色，有的有白斑。听觉嗅觉灵敏，性温顺，善奔跑。②名喻指政权。

脊：①名脊椎动物背部中间的骨骼，由若干形状不规则的椎骨借助椎间盘、韧带互相连接而成。②名物体上像脊一样高起的部分。

以上这些多义词素，尽管都同时带有两个标有名的义项，但两个名所显示的意义却又有着本质上的区别。前一个名义项所表示的都是事物的称谓意义，是本指；后一个名义项所表示的则都是在前一个义项的基础上，通过一定的相似性联想关系，借助于修辞体现出来的喻体的意义。

由此，前后二者之间就具有本指和喻指的语义关系。

13. 通用与特指或专指

有的多义词素，一个义项表示了该词素通常使用的意义，另外一个义项则表示了该词素意义范畴中的某一特定对象的意义，两个义项之间就形成了通用意义与专指意义，或者通用意义与特指意义的语义关联。例如：

菜：①名 可以用做副食的植物。②名 专指油菜。

存：③动 积聚；储藏。④动 特指储蓄。

付：①动 交给。②动 专指给钱。

拐[1]：①名 走路时拄的棍子，手拿的一端一般有弯柄。②名 特指下肢患病或伤残的人拄在腋下帮助走路的棍子，上端有横木。

许[1]：②动 事先答应给予；献给。③动 特指许配。

以上所列的多义词素，或者都标有 名，或者都标有 动。无论是哪一种情况，其中都有一个义项是一般情况下较为通用的意义，而另外有一个义项则是在通用意义的基础上由于缩小该词素意义指称对象的范围，将其局限于某一具体的个别事物对象上而产生出特指意义或是专指意义，这就是通用与特指或专指的语义关联方式。

14. 本指与泛指

现代汉语中，还有这样一些多义词素，其中有一个义项表示了该词素原本具有的意义，另外一个词素则表示扩大该词素原有意义的使用范围之后新产生出来的意义，这样先后产生出来的两个义项之间就具有了本指和泛指的语义关系。例如：

璧：①名 古代一种中间有孔的扁平圆形玉器，用做礼器和饰物。②名 泛指美玉。

哺：①动 〈文〉（鸟）用口中含着的食物喂。②动 泛指喂养。

淡：①形 味道不浓。②形 泛指（液体或气体中）所含的某种成分少；稀薄（跟"浓"相对）。

葬：①动 掩埋尸体。②动 泛指依照特定的风俗习惯来处理尸体。

杖：①名 走路时拄的棍子。②名 泛指棍棒。

以上这些多义词素，有的都标有 名，有的都标有 形，有的都标有 动。无论是哪一种情况，其中都有一个义项是本指意义，另一个义项则是在本指意义的基础上，通过扩大词素意义的使用范围后产生出来的泛指意义。比较而言，本指意义更为具体，语义特征更加丰富，所反映的事物对象的个性化特点也更加鲜明；而后出现的义项则更加宽泛概括，一般只是反映该类事物对象的最一般的共同特征。

15. 本体与代称

也有一部分多义词素，某一个义项是表示该词素的原有的事物名称意义，另有一个义项则表示了以该事物为媒介所代称的另一种事物或与之有关的现象的名称意义。两个义项所反映的对象之间原本没有直接的关联，但是由于人们认识事物时思维上的关联作用，最终形成了本体与代称异体的语义关联。例如：

贝：① 名蛤、蚌等有介壳的软体动物的统称。② 名古代用贝壳做的货币。

春：① 名一年四季的第一季，我国习惯指立春到立夏的三个月，也指农历正月至三月。④ 名指男女情欲。

蒂：① 名花或瓜果与枝、茎相连的部分。② 名末尾。

肚：① 名肚子，人或动物的腹部。② 名指内心。

心：① 名人和脊椎动物体内推动血液循环的肌性器官。人的心形状像桃，大小相当于本人的拳头，位于胸腔中间偏左，分左右心房和左右心室四部分，通过舒张和收缩来推动血液循环。也说心脏。② 名古人认为心是思维的器官，所以沿用为脑的代称。

手：① 名人体上肢腕以下由指、掌组成的部分。⑥ 名指本领、技艺或手段。

胸：① 名人或高级动物躯干的一部分，在颈与腹或头与腹之间。② 名指内心。

以上这些多义词素，所列出的两个 名义项中，前一个 名都表示了原有事物的名称，是词素的本体意义；而后面的 名则都表示与之有相互关联的另一事物或现象，是对异体的称代意义。一般情况下，这种代称的异体以抽象概括的事物现象最为常见，当然也有少量被称代的异体是具体事物，例如："贝"用以表示"古代用贝壳做的货币"意义，就比较直接具体。

16. 整体与部分

某些多义词素的两个义项都各自表示了事物名称的意义，其中一个意义所表事物又是另一个意义所表事物的一部分，从结构上看，这两个事物具有同体关系。两个义项若从所反映的事物对象的范围来看，有大小的不同，客观上存在一种包含与被包含，整体和部分的语义联系。例如：

春：①名一年四季的第一季，我国习惯指立春到立夏的三个月，也指农历正月至三月。②名〈文〉指一年的时间。

旦¹：①名天亮的时候；早晨。②名指某一天。

栋：①名古代指脊檩；正梁。②名〈文〉指房屋。

帆：①名挂在船的桅杆上借助风力推动船行进的布篷。②名〈文〉指船。

翮：〈文〉①名鸟羽羽轴下段无毛而中空的部分。②名鸟的翅膀。

銮：①名古代安装在皇帝车驾上的铃铛。②名借指皇帝的车驾。

屋：①名房子。②名房间。

以上这些多义词素的两个名义项所反映出来的事物的整体与部分，包含与被包含的关系是显而易见的。传统修辞研究中，也一直倾向于把这一类看成是本体与借代的语义关系。我们考虑到现代汉语词素中这一类例子有很多，如果都统统不加区别地纳入代称一类，会使得多义词素中具有本体与代称的系统混乱繁杂，不容易精确描写多义词素的各种语义联系方式，所以还是将这一类具有整体和部分的语义联系方式的也单列为一类。

17. 本体与系事

有的多义词素，其中一个义项表示了该词素原本所具有的事物名称的意义，另一个义项则表示了与该事物有直接因果关联的其他事物或现象的名称意义，是为系事，于是两个义项之间就具有了本体与系事的语义关联。例如：

　　弁：〈文〉①名古代男子戴的一种帽子。②名指武官（古代武官戴皮弁）。

　　宸：〈文〉①名大而深的房屋。②名帝王的住所。

　　佛：①名佛教称佛教创始人释迦牟尼（梵语音译词"佛陀"的简称）。③名释迦牟尼所创立的宗教，为世界主要宗教之一，西汉末年传入我国。

　　矿：①名蕴藏在地层中有开发价值的物质。②名开发矿物的场所或单位。

　　腊：①名指农历十二月。②名腊月或冬天腌制后风干或熏干的（鱼、肉等）。

　　以上这些多义词素之间，两个名义项之间客观上存在一种因果关系。也就是说，我们可以把其中的某一事物现象看作原因，即本体；而把另一事物看成由此而产生的结果，也就是系事。本体和系事的关系，也有人从广义的角度视为一种本体和代称的关系。我们认为，具有这种因果关联的词素意义最好独立出来，与倾向于含有具体和抽象语义关联的本体和异体代称的类型单列，这样可以使多义词素内部不同的语义联系方式看得更清楚。

　　18. 本指与象征

　　一部分多义词素，其中有一个义项表示了该词素原本具有的意义，另一个义项则表示了以该词素的原有义为基础所产生出来的象征意义。两个义项之间就具有了本指与象征的语义关联。例如：

　　白¹：①形像霜雪一样的颜色（跟"黑"相对）。⑩形象征反动。

　　赤：①形红色。⑤形象征革命。

　　鼎：①名古代炊器，多为圆腹三足两耳，也有方形四足两耳的，用于煮、盛食物。②名象征王位或政权（相传夏禹铸九鼎，历商至周，都作为传国的重器）。

　　红：①形像鲜血一样的颜色。③形象征喜庆。④形象征成功或受到重视。⑥形象征革命。

　　黄¹：①形像小米或向日葵花瓣的颜色。④形象征色情的、淫秽的。

　　龙：①名传说中的神异动物，有鳞、爪，能上天入水，兴云降雨。②名封建时代用做帝王的象征，也指称属于帝王的东西。

　　以上的多义词素，原先都有一个本指意义，后来由于各自的语用场合不同，各自又都产生了特定的象征意义。甚至有的多义词素所产生的象征意义有多种，如："红"，现代汉语里就有三种象征意义。而大部分多义词素所含有的象征意义，往往只有一种，如："赤"，"鼎"。

　　19. 本体与功能

　　一些多义词素中，同时含有名和动两种义项。其中的名一般都表示一种具体事物的本体，而另一个动义项则在表示动作意义的同时，更加强调突出该具体事物的一种特定的功能意义，名和动之间也就产生了事物本体与其独具的功能的语义关联。例如：

　　羁：①〈文〉名马笼头。②动约束；拘束。

　　箍：①动用竹篾或金属条束紧；用带子或筒状物勒紧或套紧。②名用来套紧的圈状物。

　　蛊：①名古代传说中的一种由人工培育的毒虫。使许多毒虫在器皿里互相吞食，最后剩下不死的毒虫叫蛊，可以用来毒害人。②动毒害。

　　勒：①〈文〉名马笼头。②动拉紧缰绳不让牲口前进。

　　目：①名眼睛，人或动物的视觉器官。②动看；看待。

　　套：①名紧紧地罩在物体外面的东西。②动罩在物体的外面。

　　以上这些多义词素，其中的名义项都表示了事物的本体，动义项都可以看成是名义项所表事物的特定功能意义。

　　20. 器物与容量

　　有的多义词素中，某一个义项表示了一个具有一定容量的具体事物的名称；另外有一个义项则专门表示该事物用作容器时的容量单位，用以计算容量的大小和多少。这样两个义项直接就具有了器物和容量的语义关联。例如：

斗：③名旧时量粮食的器具，多为方形，口大底小，也有鼓形的。④量市制容量单位，10 升为 1 斗，10 斗为 1 石，1 市斗等于法定计量单位的 10 升。

斛：①名古代一种方形量器，口小底大。②量古代容量单位，1 斛原为 10 斗，南宋末年改为 5 斗。

房：①名供人居住或在其中活动的建筑物，古代指正室两边的房间，现在泛指房子或房间。⑤量用于妻室等。

勺：①名舀东西的用具，有柄，一般为空心半球形。③量市制容量单位，10 撮为 1 勺，10 勺为 1 合（gě），100 勺为 1 升。

堂：①名本指正室前面用门、窗同室隔开的厅堂，是古人平时行礼和待客的地方，后来泛指房屋。⑥量用于能摆满整间房屋的成套家具。

以上这样的多义词素，标名的义项都表示器物的意义，而标量的则都表示容量的单位。由于这样的器物也都有一定的空间和容量，故可用做被容纳或装载的事物对象的计量单位。两个义项之间的器物和容量的语义关系由此建立起来。

21. 基本义与使动义

多义词素的义项的产生并非仅仅是词汇意义上的，有的还跟语法有关。使动用法是古汉语中常见的实词活用现象之一，这种语法现象古汉语里比较普遍，由此就直接导致了一些词素产生新的义项，并一直延续到现代汉语里。这样，由使动用法而产生的义项跟原有的义项之间就具有了使动义和基本义的关系。例如：

毖：①形谨慎。②动使谨慎小心。

创：①名身体受外伤的地方。②动使受伤害；打击。

祸：①名对人危害很大的事；人或自然造成的严重损害（跟"福"相对）。②动使受害；损害。

惑：①形弄不明白；迷惑。②动使迷惑。

急：⑥动着急；焦躁不安。⑦动使着急。

灭：①动 停止燃烧或发光。②动 使熄灭。④动 不复存在。⑤动 使不复存在。

上面的例子还进一步表明，有的多义词素不仅有使动义，而且还不止一个使动义，比如"灭"就同时具有了"使熄灭"和"使不复存在"这样两个使动义；它们分别与基本义"停止燃烧或发光"和"不复存在"相对应。这也说明了使动用法是多义词素产生新义项的一种重要方法。

22. 基本义与意动义

和使动用法一样，意动用法作为古汉语中另外一种常见的实词活用现象，也同样使一些多义词素获得了新的义项，并在现代汉语中保存延续下来。这样产生的义项跟原先的义项也保持了一种意动义和基本义的关系。请看下面的例子：

沉²：①形 重；分量大。②动 感到沉重，不舒服。

贵：③形 值得珍视或珍爱的。④动 以……为可贵。

满¹：①形 里面充实，没有余地；达到容量的饱和点。②动 感到已经足够。

轻：④形 不重要；不贵重。⑤动 认为不重要；不重视。

重：③形 重要。④动 认为重要，看重。

上面这些多义词素中，标 形 的都是基本义，标 动 的都是意动义。所有这些标了 动 的都是由于古汉语中形容词的意动用法而产生出来的新的义项。这种意动义和基本义一起，延续并传承到现代汉语里。

第三节　关于多义词素的几点补充

本章研究讨论了现代汉语多义词素的语义聚合系统，分析了多义词素义项之间存在的各种语义关联方式。从中可以得到这样几点补充性的认识：

一、本章所研究的 3329 个词素，从定性的角度看，尽管都是多义词素；然而从定量的角度看，各自所含有的义项数量悬殊，有天壤之别。这说明多义词素也同样有常用与非常用的不同，我们完全可以根据义项数量划分若干个类集。一般地说，越是使用频率高的多义词素，其常用性也越强，其义项数量也就越多，现代汉语中这样的多义词素应该倾向于逐渐减少。反之，越是使用频率低的多义词素，其常用性越弱，其义项数量也就相对偏少，现代汉语中这样的多义词素应该倾向于逐渐增多。定量研究结果表明：从 2 义集合到 20 义以上的集合，这 11 个聚合系统内部各自所含的多义词素的数量依次递减，从最多含有 1488 个最终减少到仅有 4 个，所占的比例从 44.7% 下降到 0.12%，这种变化轨迹完全符合多义词素在现代汉语中的正态分布规律。这一规律对于分析研究不同的多义词素在构词能力上的差异也有重要的参考价值。

二、多义词素的不同义项之间的确存在各种各样的语义联系方式，如果我们还是仅仅用引申、比喻、借代和特指这几种有限的方式作笼统的概括，这样的看法就未免显得有些表面化和简单化了。上面揭示的多义词素义项之间 22 种联系方式，充分表明了多义词素的语义联系方式和多义词的语义联系方式既有共性，又有差异。两相比较，差异显然要远远大于共性。这完全是由多义词素和多义词这两种单位在语言中的性质和地位不同决定的。明乎此，就应该对不同性质的语言单位分别用不同的研究方法进行全面地系统地研究，以期求得对语言规律的正确认识。这正是我们研究这一课题的出发点和立足点。

三、以上所讨论的多义词素的不同义项之间的 22 种语义联系方式，是我们在对 3329 个多义词素的全部义项进行分析后归纳总结出来的。在分析每一种语义联系方式时，文中所列举的每一个多义词素的义项一般仅限于 2 条，只有个别地方同时列出了 3 到 4 条，举例比较单一简明，这样做的目的无非就是为了便于分析和阐述，把问题解释清楚；而绝不是意味着文中所胪列的每一个多义词素的义项之间只有这么一种简单的语义联系方式。事实是，每一个多义词素由于各自所含有的义项数量不同，其中的语义联系状况究竟是简单还是复杂，在程度上还是有着巨大的差别。就 2 义的多义词素而言，由于只有 2 条义项，语义联系就比较单一。例如："锅：①名烹饪用具，半球形或浅筒形，多用铁、铝或不锈钢等制成。②名形状像锅的东西。"这两条名义项之间就只有本指和喻指这样一种语义关联方式，简单明了。而含有 5 条义项的多义词素"灰"，其中的语义联系就明显复杂多了，这需要对 5 条义项逐条分析，经过比较之后，才可以描述清楚。我们分析的结果如下："灰：①名物体燃烧后残留的粉末状物。②⬜名像粉末状的东西。③⬜名特指石灰。④⬜形像灰一样介于黑白之间的颜色。⑤⬜形比喻消沉、沮丧。"这里共有 5 条义项：3 条⬜名义项，2 条⬜形义项。其中的⬜名义项①和⬜名义项②之间是本指和喻指的语义关系；⬜名义项①和⬜名义项③之间又是通用与特指的关系；⬜名义项①和⬜形义项④之间则是领属与特征的语义关系；⬜形义项④和⬜形义项⑤之间又是本指和喻指的语义关系。可见，依赖本指和喻指、通用与特指、领属与特征这三种语义关联方式，这 5 条义项被完整地、有条不紊地组织在多义词素"灰"的语义系统中，形成了一个条理清晰的语义网络。由此也可以推知，那些含有 10 条以上义项的多义词素，其间的语义联系方式就更是异常复杂多样了。要理清其中的语义联系方式，就非得很费一番周折才行。这些也正是我们下一步要继续深入研究的课题。

第十章

现代汉语多音节词素研究(上)

现代汉语词素，按照义项数量的多少，可以分为单义词素和多义词素。按照音节数量，可以分为单音节词素和多音节词素。关于单义词素和多义词素，本书第六、七、八、九章已经用定量统计和定性分析相结合的方法，对现代汉语里的全部单义词素和多义词素作了详细而全面的描写，直观地展示了词素这两个语义子系统的全貌①。而关于现代汉语的单音节、双音节或是三音节以上的词素，无论是哪一类特定的聚合系统，全方位的系统描写和分析，学者们至今也还都没有尝试过。

从现有的研究成果来看，学界对这些类型的词素所作的描写和阐述，都不外乎是先一般性地给出定义，说明只有一个音节的词素是单音节词素，含有两个以上音节的词素就叫多音节词素，然后再象征性地举几个例子，并略作说明。从已有的现代汉语词汇学论著到大学的《现代汉语》教材，都大体如此。显而易见，这还只是停留在单音节多音节词素问题的表面，远远没有触及单音节多音节词素深层次的本质，探索性的研究根本

---

① 孙银新：《现代汉语单义词素的确定及其类型系统》，载《词汇学理论与应用（五）》，商务印书馆 2010 年版，第 366—375 页。

孙银新：《现代汉语单义词素研究》，载北京师范大学民俗典籍文字研究中心编《民俗典籍文字研究》第六辑，商务印书馆 2009 年版，第 86—96 页。

孙银新：《现代汉语多义词素研究中的几个原则性问题》，载王宁主编《训诂学与词汇语义学论集》，语文出版社 2011 年版，第 55—66 页。

孙银新：《现代汉语多义词素研究》，[日]《京都外国语大学研究论丛》第 76 号，2010 年，第 193—210 页。

孙银新：《现代汉语多义词素的语义系统》，[日]《京都外国语大学研究论丛》第 77 号，2011 年，第 129—148 页。

就谈不上。由此，现代汉语单音节和多音节词素这两个子系统的面貌和内部规律依然模糊不清，也就直接影响了人们对语言规律的宏观掌握和微观理解。鉴于此种状况，本章将尝试对现代汉语里的全部多音节词素展开探讨，对多音节词素的聚合系统进行定量分析和全面描述，依据多音节词素的不同属性，定性地揭示多音节词素系统的内部规律。这不仅会有助于学界对现代汉语多音节词素系统获得一个正面的有深度的了解；更为重要的是，还可以就此将词素问题的研究再向前推进一步，便于下一步系统考察现代汉语单音节词素系统，最终获得的将是我们关于现代汉语单纯词素研究领域的全方位认识。

这里之所以提出现代汉语单纯词素这样一个术语，最重要的一个原因就在于：从定性的角度看，现代汉语里还客观地存在着一种新出现的构词成分，即类似于"教师节"里的"教师"，"地球仪""地球村""地球人"里的"地球"这样的成分。对于这一类多音节成分，葛本仪先生率先提出用"合成词素"的术语给以命名①。从术语名称上就可以看出，既然叫做合成词素，那肯定都是多音节的，所以也应该是多音节词素。理所当然，这些成分都应该是要探讨分析的对象。但是为了确保本章的研究对象更加简洁明确，分析过程更具有可操作性，所得出的数据更加精准，这里暂时将不把合成词素当作研究对象列入讨论的范围，而只是打算先就单纯词素中的全部多音节词素逐个地进行一番观察思考，并尽可能将其各种属性分析清楚，由此概括出关于这一部分多音节词素的各种特点，再得出一些规律性的认识。至于多音节合成词素的问题，比如合成词素的数量和规模在现代汉语里究竟是怎样的？合成词素的类型系统等一系列问题，我们将在第十二章详细讨论。

第一节　确定现代汉语多音节词素必先
解决的几个原则性问题

首先一个问题是，确定现代汉语多音节词素，我们应该依据怎样的

---

① 葛本仪：《现代汉语词汇学》（修订本），山东人民出版社 2004 年第 2 版，第 62—72 页。

语料。

在本章的讨论中，我们所涉及的全部多音节词素均取材于《现代汉语规范字典》，同时参考《现代汉语词典》。

《现代汉语规范字典》收录的条目，主要是单个汉字。因为大多数单个汉字都与汉语词素有着基本一致的对应关系。根据尹斌庸的研究，汉语中90%左右的汉字是一个字对应一个语素。将现代汉语约1300个音节联系起来考虑，尹先生认定，现代汉语大约有四分之一的音节是属于"一音一语素"①。另一方面，若单个音节没有实在意义，必须是几个音节连缀起来才有意义的时候，《现代汉语规范字典》为了满足释义的需要，将几个音节连缀成为一个不可分割的整体，并就这样的整体加以释义，很好地再现了多音节的语音形式和最小的语义内容究竟有着怎样的结合和关联统一。从语言理论上看，这与词素的定义正好相符。可见，《现代汉语规范字典》不仅将多音节词素涵盖于其中，并且还由于这样的处理方式和编纂体例完全具备深厚的语言理论根基。这使我们有着充分而可靠的理由，将该字典作为语料分析提取的对象，从中筛选归纳现代汉语的多音节词素。这样对整部字典的语料作穷尽性的封闭研究不仅是必要的，也是可行的；相应地，由此所得到的多音节词素聚合系统也将会具有更高的信度。

当然，在对《现代汉语规范字典》的少数语料存有疑虑时，也会参考《现代汉语词典》，相互比较，择善而从。

其次，必须明确界定现代汉语里的单音节低频词素与多音节词素。

所谓低频词素，就是指类似于"苹果"中的"苹"这样的词素。在现代汉语中，"苹"在构成"苹果"时不仅是构词成分，并且有区别意义的作用，说明了这是某一种特殊的水果，而并非"坚果""干果""浆果""沙果""青果"之类。但是另一方面，"苹"的构词能力却又非常有限，在现代汉语里，所能构造的词也仅限于"苹果"一个，而且位置固定，是一个不自由词素。而跟"苹"正好相反的是，"果"不仅构词数量多，而且构词时位置灵活，不仅可以构造"坚果""干果""浆果""沙果""青果"等词，同样还可以构造出"果皮""果肉""果酱""果树""果酒""果汁""果糖"等一系列合成词。为了显示"苹"这类词

---

① 尹斌庸：《汉语语素的定量研究》，《中国语文》1984年第5期。

素的这种构词特点，卞觉非先生管这一类词素叫做"剩余语素"①，石安石先生把布龙菲尔德《语言论》里"复合形式中独一无二的成分（unique constituent）"的提法改译为"一用语素"，用于指称只能与某一个特定的语素或语素组合相结合，结合指数为 1 的语素②。拙著《现代汉语词素研究》则将"苹"类词素称为"低频词素"，而将"果"类词素称为"高频词素"③，因为从语言发展的历史情况来看，"一用语素"的情况也还只是相对的，用"一用语素"的提法就显得过于绝对，"啤酒"的"啤"就是一个典型的例子。所以，为避免术语名称的提法显得太绝对，本书暂且仍然管这样的词素叫"低频词素"。

关于低频词素的识别问题，拙文《现代汉语单义词素的确定及其类型系统》《现代汉语单义词素研究》《现代汉语多义词素研究中的几个原则性问题》都已经有了比较详细的论述，可以参考④。这里不再赘述。

必需说明的是，有学者倾向于将"苹果"当成一个整体，看成是一

---

① 卞觉非在《略论语素、词、短语的分辨及其区分方法》的文末附注⑾中关于"剩余语素"给出了这样的解释："除了在特定的格式里出现之外，从不跟别的语素结合的语素叫剩余语素。如'啤酒'的'啤'，只能跟'酒'结合，由于'酒'是语素，而'酒'与'啤酒'不同，可见'啤'是有意义的，我们管它叫剩余语素。"参见《语文研究》1983 年第 1 期。

当然，在现代汉语里，"啤"已经发展成为一个构词能力非常强的词素，不再是所谓的"剩余语素"。因为"啤"现在还可以构造出诸如"干啤""扎啤""生啤""瓶啤"等一系列合成词。关于这一问题的论述，请参见孙银新《现代汉语词素研究》，中国文史出版社 2003 年版，第 91 页。

② 石安石：《论语素的结合能力与一用语素》，《语文研究》1993 年第 1 期。

③ 孙银新：《现代汉语词素研究》，中国文史出版社 2003 年版，第 196—197 页。

④ 孙银新：《现代汉语单义词素的确定及其类型系统》，载《词汇学理论与应用（五）》，商务印书馆 2010 年版，第 366—375 页。

孙银新：《现代汉语单义词素研究》，载北京师范大学民俗典籍文字研究中心编《民俗典籍文字研究》第六辑，商务印书馆 2009 年版，第 86—96 页。

孙银新：《现代汉语多义词素研究中的几个原则性问题》，载王宁主编《训诂学与词汇语义学论集》，语文出版社 2011 年版，第 55—66 页。

孙银新：《现代汉语多义词素研究》，［日］《京都外国语大学研究论丛》第 76 号，2010 年，第 193—210 页。

孙银新：《现代汉语多义词素的语义系统》，［日］《京都外国语大学研究论丛》第 77 号，2011 年，第 129—148 页。

个词素。按照这样的看法，低频词素"苹"和高频词素"果"就因为被捆绑在一起当成一个整体，而看成了一个多音节词素了。我们不同意这样的看法。因为现代汉语中，类似于"苹"这样的低频词素有很多，如果都因此而将"苹果"之类也看成一个多音节词素，那么现代汉语多音节词素的数量会大大增加。这当然不符合现代汉语的事实。在本书中，所有的低频词素都将与多音节词素严格区分。也就是说，"苹果"这样的组合体都一律加以排除，不作多音节词素看，都不在本章的讨论范围之内。

　　显然，根据这样的原则，以下这些组合体都不能算是多音节词素。因为它们都是两个词素的组合体。其中，画线的都是低频词素，没有画线的一般都是高频词素。

　　椋鸟　萑草　柸果（芒果）　蛲虫　颞骨　颧骨

　　涅石　胬肉　犏牛　朴刀　梧桐　豌豆　潿洲

　　洰川　荇菜（莕菜）　蕹菜　瘊子　瘜肉

　　鼹鼠　蠵龟　铣铁　苲草　槜李　岞山

　　下面的组合中，画线部分是多音节词素，也同样属于本文的讨论对象。这样的多音节词素，有的是一用词素，如"啦啦（队）"；有的不是，如"维吾尔（族）""维吾尔（语）"。类似这样的多音节词素，在我们分析过的语料中还是比较多的。为了便于分析和理解，我们特地将它构成的合成词列出来，并用添加括号的方法注明常常与之组合的高频词素。例如：

　　维吾尔（族）　夹肢（窝）　　　胳肢（窝）

　　啦啦（队）　拉拉（队）　　　澠淝堆

　　特别说明一下，下文为了印刷方便，所列出的多音节词素均省去下画线。

　　再次，多音节同音词素和多音节多义词素的分合处理问题。

　　同音词素和多义词素的分合，一直是词素研究中的一个难点，更是一个重点。第七章《现代汉语多义词素研究的几个原则性问题》对此已有很详细的讨论，这里不再赘述。

　　需要引起注意的是，这个问题，不光是单音节词素研究中普遍存在，多音节词素中同样也会碰到。对此，我们的处理原则，仍然是和单音节里同音词素与多义词素的处理原则相一致：坚持意义标准，也就是根据词汇

意义是否存在语义联系①。凡是词汇意义之间有联系的，就划为多音节多
义词素；词汇意义缺乏联系的，就视为多音节同音词素。例如："溁溁"
可以用于描写或形容"雨、汗、血、泪等不断流出或渗出的样子"；也可
以用于描写形容"天色阴沉"。这两个意义之间联系不上，就视为多音节
同音词素，分别标记为"溁溁¹"和"溁溁²"，算作两个不同的词素。而
"徘徊"可以指"在某一个地方走来走去"；也可以指"犹豫不决"；还
可以指"事物在某个界限上下浮动"。相对于"溁溁"而言，这几个意思
的内在联系就比较清楚，都有"在一定的幅度或者范围内变动"这一重
要的语义特征，因而可以视为同一个多音节多义词素的不同意义。这样，
"徘徊"就应该看作是一个多音节多义词素。这样的例子，在本章的研究
中也出现了很多，其他如"腌臜¹""腌臜²"，"嗷嗷¹""嗷嗷²"等处理
为多音节同音词素，而"肮脏""疙瘩"等处理为多音节多义词素，也都
是按照上述原则，用词汇意义为标准分析判断出来的。

第二节　现代汉语多音节词素的总量及其范围

　　依据上述原则，我们对《现代汉语规范字典》中的全部词素加以分
析和筛选，经过确认统计，一共得到以下 994 个多音节词素。具体按音序
分布如下，其中字母后括号中的数字是该字母下所列多音节词素的数量。
　　A（25）
　　阿昌（族）　阿訇　阿门　阿拉伯　阿司匹林　腌臜¹　腌臜²　砈砈
皑皑　欸乃　瑷珲　瑷瑷　瑷嫭　暧昧　鹌鹑　鮟鱇　狴犴　肮脏　嗷
嗷¹　嗷嗷²　聱牙　奥地利　奥林匹克　奥斯忒　澳大利亚
　　B（62）
　　芭蕉　菝葜　貏虥　厊厊　梵呗　老板（闆）　舢舨　蛞蝓　保安
（族）　柀多　蓓蕾　轞轠　胳臂　荸荠　荸荠　匕首　吡啶　吡咯　荜
拨　哔叽　铧锣　秘鲁　桲栖　觍颜　薜荔　觱篥（觱栗）　蝙蝠　瘭疽
瀱瀱　瘪三　别扭　彬彬　璘彬（璘玢）　缤纷　槟榔　玻璃　呼呼哼
趵趵　般若　饽饽　菠萝　吐蕃　柏林　袯襫　鹁鸽　鹁鸪　馎饦　胳膊

---

　　①　孙银新：《现代汉语多义词素研究中的几个原则性问题》，载王宁主编《训诂学与词汇
语义学论集》，语文出版社 2011 年版，第 55—66 页。

薄荷　萝卜　嘚啵　峬峭　卟吩　卟啉　布朗（族）　布依（族）　布尔什维克　布尔乔亚　布丁　布拉吉　唝吥　安瓿

C（69）

礓礤　缞繺　灿烂　鸧鹒　蛟蟛　参差　涔涔¹　涔涔²　峻嶒　喳喳　喀嚓　啪嚓　嵖岈　劈叉　佗傺　刹那　襜褕　单于　婵娟　偆偆　潺潺　潺湲　蟾蜍　菖蒲　阊阖　苌楚　徜徉（倘佯）　嫦娥　吵吵　朝鲜　咴嘘　砗磲　寒碜　琤琤　噌吰　鸥鶄　魑魅　踟蹰（踟躇）　彳亍　叱咤　瘛疭　芜蔚　憧憧　憧憬　艨艟　绸缪¹　绸缪²　踌躇　撦蒲（撦蒱）　鸰鸧　篷篠　阐闸　囊揣（囊膪）　龌龊　凫茈　龟兹　鸬鹚　糌粑　伺候　苁蓉　玒瑢　从容　淙淙　璀璨　憔悴　翡翠　蹉跎　嵯峨　痤疮

D（58）

奓拉　哒嗪　褡裢　苏打　达斡尔（族）　荙菜（菜）　駾駔　圪垯　纥繨　疙瘩　疙疸　蹦跶　蹓跶　骀荡　玳瑁　襁褓　眈眈　菡萏　笕笪　党项（族）　莨菪　叨叨　叨唠　忉忉　叨咕　德昂（族）　蹬蹬　提防　提溜　嘀嗒　嘀里嘟噜　嘀咕　玓瓅　钉铛儿　喋喋　嵽嵲　蹀躞　伶仃　玎珰　玎玲　耵聍　酊酊　嘧啶　东乡（族）　蝌蚪　独龙（族）　冒顿　髑髅　茳芏　混沌　咄咄　哆嗦　撺掇　掂掇　拾掇　直裰　吲哚　馉饳

E（12）

阿弥陀佛　婀娜　俄罗斯（族）　俄罗斯　莪蒿　恶心　呃逆　鄂伦春（族）　鄂温克（族）　谔谔　涟洏　鸸鹋

F（27）

酸酵　砝码　珐琅　璠玙（玙璠）　脂肪　仿佛　咖啡　吗啡　悱恻　蜚蠊　蕜芾　狒狒　吩咐　赛璐玢　沨沨　呋喃　瑜玞　芙蓉¹　芙蓉²　芣苢　茯苓　青蚨　莱菔　匍匐　蜉蝣　蚍蜉　嘱咐

G（59）

夹肢（窝）［胳肢（窝）］　旮旯儿　伽马（射线）　呷呷（嘎嘎杂杂）　咖喱　嘎嘎　噶伦　噶厦　嘎达娃（节）　尴尬　芥蓝（菜）　琅玕　坩埚　橄榄　高山（族）　桔槔　仡佬（族）　咯噔　咯咯　咯吱　饸饹　格格¹　格格²　袼褙　胳肢　蛤蚧　蛣螂　蛣蚕　膈应　毛莨　蜈蚣　高句骊　句践　佝偻　枸橘　岣嵝　勾当　呱呱　轱辘（轱辂毂辘）　骨朵儿　骨碌　鹘鸼　蟋蟀　蝼蛄　菁葵¹　菁葵²　汩汩　蝲蛄　鹘鸼　栝楼　拉呱儿　桄榔　膀胱　皈依　玫瑰　媧蝸　蝈蝈儿　潊潊

蜾蠃

H（69）

哈尼（族） 哈萨克（族） 蛤蟆（虾蟆） 哈巴（狗） 哈达 畲屯（屯） 哈士蟆（哈什蚂） 可汗 邯郸 絎絎 颉颃 沆瀣 诃子 契诃夫 摩诃婆罗多 回纥 饸饹 鞑靼 赫哲（族） 嚣嚣 膨脝 道行 杜蘅（杜衡） 箜篌 邂逅 於戏（呜呼 於乎） 唿哨（呼哨） 忽律 恍惚 滹沱 囫囵 狐狸 胡同 葫芦 猢狲 瑚琏 珊瑚 鹈鹕 蝴蝶（胡蝶） 醍醐 觳觫 琥珀 虎不拉 骅骝 徘徊 萑苻 阛阓 轘辕 瘫痪 漫漶 凤凰 喤喤[1] 喤喤[2] 遑遑 彷徨 锽锽 蚂蟥 惝恍 虺隤 咴儿咴儿 哕哕 翙翙 馄饨 霍霍 霍乱 嚄唶 藿香 尺蠖 貜伽狓

J（59）

垃圾 芨芨（草） 郦食其 剞劂 唧唧 基诺（族） 镃錤 佶屈 蒺藜 鹡鸰 济济 伽倻（琴） 茄克 雪茄 释迦牟尼 家伙 家什 袈裟 跏趺 蛱蝶 戋戋 浅浅（溅溅） 鹣鹣 秦艽 鸡鹊 僬侥 嶕峣 鷦鹩 侥幸 喈喈 湝湝 孑孓 拮据 桔梗 婕妤（倢伃） 兢兢 鼱鼩 景颇（族） 痉挛 炯炯 赳赳 啾啾 趑趄 睢鸠 枸橼 蒟蒻 龃龉 踽踽 莴苣 粔籹 飓风 杜鹃[1] 杜鹃[2] 驶騠[1] 驶騠[2] 鹍鸠 倔强 猖獗 矍铄

K（34）

佧佤（族） 咔叽 咔唑 剀切 坎坷 颇颔 轗轲 慷慨[1] 慷慨[2] 栲栳 坷垃 呵叻 柯尔克孜（族） 牂牁 砢碜 唠嗑 倥侗 崆峒 悾悾 倥偬 矻矻 骷髅 纨绔 库仑 喹啉 骙骙 睽睽 傀儡 昆仑 哮裩（塘） 锟铻 檃栝 蛞蝼 蛞蝓

L（127）

拉祜（族） 呼啦啦 哗啦啦 啦啦（队）［拉拉（队）］ 哩哩啦啦 呼喇 哇喇 邋遢 哈喇（子） 喇叭 喇嘛 拉拉蛄（蝲蝲蛄） 瘌痢（癞痢 鬎鬁） 蝲蛄 靰鞡 邛崃 招徕 褴褛 斑斓 当啷 哐啷 闶阆 琅琅 锒铛 蚂螂 蜣螂 螳螂 蟑螂 圹埌 唠叨 姥姥 肋脦 嘞嘞 萝艻 累累（儽儽） 累赘 磊落 扑棱 楞严 楞伽 色楞格 菠薐（菜） 睖睁 哩哩啰啰 蛤蜊 淋漓[1] 淋漓[2] 琉璃 嫠妇 鳗鲡 笊篱 迤逦 妯娌 葶苈（子） 呖呖 伶俐 瘰疬 茉莉 霹雳

猹猁　傈僳（族）　梿枷　潋滟　辒辌　踉踉　伎俩　裲裆（两当）　魍魉（蝄蜽）　踉跄　嘹亮　潦草　潦倒　咧咧（见于“大大咧咧　骂骂咧咧”）　咧咧（小儿哭）　猎猎　趔趄　琳琅　粼粼　嶙峋　辚辚　拂林　马蔺　蹂躏　令狐[1]　令狐[2]　囹圄　泠泠　玲珑　螟蛉　穆棱　鲮鲤　醽醁　嘌呤　浏览　逗遛（逗留）　飗飗　鸺鹠　碌碡　轰隆　咕隆　黑咕隆咚　葱茏　喉咙　珑璁　朦胧　曚昽　蒙眬　窟窿　喽啰（偻㑩）　噜苏　辘轳　油葫芦　（湿）渌渌［（湿）漉漉］　騄耳　氇氇　棕榈　团圞　啰嗦（啰唆）　啰唣　逻辑　猪猡　珂罗（版）　桫椤　骆驼　璎珞　珞巴（族）卓跞（卓荦）

M（54）

姆妈　摩挲　猛犸（象）　玛瑙　杩杈　蚂蜂　蚂蚁　蚂蚱　荳荬（菜）　霡霂　颟顸　埋怨　蔓菁　烂漫（烂熳）　硭硝　铓锣　漭漭　毛南（族）　斑蝥　峨嵋　门巴（族）　愦懑　龙茸　艋艨　曚曚　艨艟　蒙古（族）　懵懂　蚱蜢　舴艋　咪咪　猕猴　荼蘼（酴醾）[1]　荼蘼（酴醾）[2]　蘼芜　菥蓂　腼腆（靦覥）　缥缈　乜斜　蠛蠓　黾勉　蓂荚　纰缪　南无　幺麽　嬷嬷　万俟　脉脉　镆铘（莫邪）　蝤蛑　兜鍪　钴鉧　仫佬（族）　苜蓿

N（27）

呐喊　纳西（族）　腽肭　芋艿　喃喃　囔囔　呶呶　譊譊　懊侬　哪吒　比丘尼　呢喃　忸怩　狻猊　旖旎　薿薿　埤垸　茑萝　袅娜　杌陧　嗫嚅　颞颥　觥觞　叮咛　柠檬　孳孳　哝哝

P（40）

枇杷　琵琶　哌嗪　蒎烯　澎湃　涅槃　蹒跚　滂沱　彷徨　磅礴　螃蟹　鳑鲏　毰毸　蟛蜞　椪柑　伾伾　狉狉　噼啪　噼里啪啦　貔貅　睥睨　洴澼　鹏鹏　翩跹　便便　便宜　骈胝　蹁跹　螵蛸　漂亮　苤蓝　伶俜　娉婷　陂陀　笸箩　榅桲　菩萨　菩提　葡萄　普米（族）

Q（38）

萋萋　嘁哩咔嚓　嘁嘁喳喳　蹊跷　崎岖　蛴螬　鲯鳅　麒麟　稽首　秋千　芊绵　芊芊　缱绻　锵锵　蔷薇　跄踉（踉跄　跄踉）　翘棱　伽蓝　伽南（香）　砌末（切末）　骎骎　嵚崟　殷勤　林檎　蜻蜓　芎䓖　蘘茅　蚯蚓　犰狳　俅俅　蛐蛐儿　蛐蟮　鸲鹆（鸜鹆）　芙蕖　氍毹　蠼螋　屈戌儿　惓惓

R（10）

冉冉　荏苒　嚷嚷　蘘荷　娇娆　妖娆　桑葚儿　峥嵘　蝾螈　葳蕤

S（48）

撒拉（族）　飒飒　飒爽　噻唑　噻吩　毵毵　瘙痒　瑟瑟　挓挲　唼喋　姗姗　珊瑚　舢板　鄯善　汤汤　蠨蛸　芍药　阇梨　呻吟　诜诜　莘莘　什么　鸤鸠　莳萝　似的　钥匙　骨殖　蟋蟀　骕骦（骕骦）　鹔鹴（鹔鹴）　鹭鸶　偲偲　螺蛳　惺忪　怂恿　抖擞　苏维埃　耶稣　窸窣　缩砂密　簌簌[1]　簌簌[2]　蹜蹜　芫荽　恣睢　婆娑　摩挲　唢呐

T（35）

趿拉　踏实　塔吉克（族）　塔塔尔（族）　杂遝　啴啴　昙摩　澹台　忐忑　钖锣　耥耙　堂堂　倜傥（俶傥）　号啕（嚎啕　号咷）　梼昧　梼杌　体己（梯己）　嚏喷（喷嚏）　湉湉　苕峣　迢迢　窈窕[1]　窈窕[2]　婷婷　茼蒿　洪洞　曈昽　朣朦　於菟　土家（族）　陀螺　盘陀　鬖髿　落魄（落拓）[1]　落魄（落拓）[2]

W（21）

女娲　蜿蜒　芄兰　汍澜　逶迤（委蛇[1]）　委蛇[2]　唯唯诺诺　维吾尔（族）　娓娓　亹亹[1]　亹亹[2]　老挝　偓佺　兀突　乌兹别克（族）　咿唔　仵作[1]　仵作[2]　妩媚　鹦鹉　乌拉

X（36）

窀穸　栖栖　欷歔（唏嘘）　淅沥　锡伯（族）　熙攘　豨莶　蜥蜴　木樨　新潟　暹罗　猃狁（猃狁）　青葙　哓哓　逍遥　潇洒　潇潇　山魈　咆哮　哮喘　獬豸　躞蹀　炘炘　猩猩　匈奴　汹汹　咻咻　吁吁　颛顼　（黑）魆魆　歔欷（嘘唏）　栩栩　煊赫　荤粥（獯鬻）　恂恂　珣玗琪

Y（56）

哑哑　咿哑　琅玡　轧轧　猰貐　恹恹　胭脂　崦嵫　阏氏　蜒蚰　蚰蜒　扊扅　蝘蜓[1]　蝘蜓[2]　滟滪（堆）　泱泱　鸳鸯　喓喓　皋陶　飘飖　耶路撒冷　揶揄　盱眙　仡仡　林独　奕奕　薏苡　氤氲（细缊）　愔愔　狺狺　龂龂　憖憖　蘡薁　嘤嘤[1]　嘤嘤[2]　罂粟　汀滢　哼唷　雍容　臃肿　喁喁（yúyú）　须臾　茱萸　喁喁（yóngyóng）　觊觎　俣俣　偊偊　吐谷浑　裕固（族）　薯蓣　熨帖　篼箕　婵媛　沄沄　纭纭　纷纭

Z（28）

糌粑　慥慥　啧啧　咋呼　啁哳（嘲哳）　扎挣　迍邅（屯邅）　辗转（展转）　蓁蓁　獉狉（狉獉　榛狉）　丁丁　怔忡　怔忪　挣扎　狰狞　铮铮　月氏　蜘蛛　踯躅（蹢躅）　螽斯　啁啾　侏儒　天竺　髭髻（髭鬏）　谆谆　孜孜　琢磨　笮咯

关于本表，有以下几点说明：

1. 有些同音的多音节词素，有的用后附说明的方法区别，如：咧咧（见于"大大咧咧　骂骂咧咧"）、咧咧（小儿哭）；有的则用右上角添加数字的方法区别，如：芙蓉[1]、芙蓉[2]，格格[1]、格格[2]。下同。

2. 有的多音节词素，同时有多个不同的形体时，本表列出最常见的一种形式，而将其他异形也用添加括号的方法随后同时标出。如：倜傥（俶傥），逶迤（委蛇[1]），辗转（展转）。下同。

3. 多音节词素总量的确定，其意义还在于，由于已知现代汉语全部词素的总量为 8411 个，而多音节词素的总量为 994 个，所以全部单音节词素的总量也就是 7417 个。

第三节　现代汉语多音节词素的音节类型

多音节词素，在现代汉语里以双音节最为常见。比较而言，三音节和四音节以上的词素虽然也有，但还是少得多。具体统计分析结果如下。

（一）双音节词素

双音节词素，共有 943 个，占 94.87%。按音序排列如下，每一字母后括号中的数字表示该字母下双音节词素的总数。

A（19）

阿昌（族）　阿訇　阿门　腌臜[1]　腌臜[2]　硙硙　皑皑　欸乃　瑷珲　叆叆　叆叇　暧昧　鹌鹑　鮟鱇　狴犴　肮脏　嗷嗷[1]　嗷嗷[2]　聱牙

B（58）

芭蕉　菝葜　鲃鱍　屉屉　梵呗　老板（闆）　舢舨　蝂蝂　保安（族）　枧多　蓓蕾　鞴鞴　胳臂　莑莑　荸荠　匕首　吡啶　吡咯　荜拨　哔叽　饽饽　秘鲁　桲栌　赑屃　薜荔　觱篥（觱栗）　蝙蝠　瘭疽　瀌瀌　瘪三　别扭　彬彬　璘彬（璘玢）　缤纷　槟榔　玻璃　趵趵　般

若　饽饽　菠萝　吐蕃　柏林　袯襫　鹁鸽　鹁鸪　餺饦　胳膊　薄荷
萝卜　嘚啵　峬峭　卟吩　卟啉　布朗（族）　布依（族）　布丁　唝吥
安瓿

C（69）

礓磜　缞缲　灿烂　鸧鹒　蛴螬　参差　涔涔[1]　涔涔[2]　岑嶒　喳喳
喀嚓　啪嚓　嵖岈　劈叉　侘傺　刹那　襜褕　单于　婵娟　僝僽　潺潺
潺湲　蟾蜍　菖蒲　阊阖　苌楚　徜徉（倘佯）　嫦娥　吵吵　朝鲜　吨
嘡　砗磲　寒碜　琤琤　噌吰　鸱鸮　魑魅　踟蹰（踟躇）　彳亍　叱咤
瘛疭　茺蔚　憧憧　憧憬　艨艟　绸缪[1]　绸缪[2]　踌躇　挦蒲（挦蒱）
鹓鹐　篴篠　阛阓　囊揣（囊膪）　龌龊　凫茈　龟兹　鸤鸠　糍粑　伺
候　苁蓉　玑瑢　从容　淙淙　璀璨　憔悴　翡翠　蹉跎　嵯峨　痤疮

D（56）

奆拉　哒嗦　褡裢　苏打　莙荙（菜）　靼靶　圪垯　纥纮　疙瘩
疙疸　蹦跶　蹓跶　骀荡　玳瑁　襜襦　眈眈　菡萏　箪笪　党项（族）
苠荅　叨叨　叨唠　忉忉　叨咕　德昂（族）　蹭蹬　提防　提溜　嘀嗒
嘀咕　玓瓅　钉锛儿　喋喋　岽嵷　蹀躞　伶仃　玎珰　玎玲　耵聍　酩
酊　嚸啶　东乡（族）　蝌蚪　独龙（族）　冒顿　髑髅　茳芏　混沌
咄咄　哆嗦　撺掇　掂掇　拾掇　直裰　叾哚　餶饳

E（7）

婀娜　莪蒿　恶心　呃逆　谔谔　涟洏　鸸鹋

F（26）

酦醅　砝码　珐琅　璠玙（玙璠）　脂肪　仿佛　咖啡　吗啡　悱恻
蚍蠊　菔苉　狒狒　吩咐　汎汎　呋喃　玞珷　芙蓉[1]　芙蓉[2]　茯苴　茯
苓　青蚨　莱菔　匍匐　蜉蝣　蚨蜉　嘱咐

G（57）

夹肢（窝）[胳肢（窝）]　旮旯儿　伽马（射线）　呷呷（嘎嘎　杂
杂）　咖喱　嘎嘎　噶伦　噶厦　尴尬　芥蓝（菜）　琅玕　坩埚　橄榄
高山（族）　桔槔　仡佬（族）　咯噔　咯咯　咯吱　饹馇　格格[1]　格
格[2]　袼褙　胳肢　蛤蚧　蛞蝼　蛞蚤　膈应　毛茛　蜈蚣　句践　佝偻
枸橘　岣嵝　勾当　呱呱　轱辘（轱轳　毂辘）　骨朵儿　骨碌　鹘鸼
蟋蛄　蝼蛄　菁葵[1]　菁葵[2]　汩汩　蝲蛄　鹳鹆　栝楼　拉呱儿　桄榔
膀胱　皈依　玫瑰　娓婳　蝈蝈儿　灟灟　蜾蠃

H（63）

哈尼（族）　蛤蟆（虾蟆）　哈巴（狗）　哈达　畲畲（屯）　可汗
邯郸　衍衍　颉颃　沆瀣　诃子　回纥　恰恪　鞿鞴　赫哲（族）　嚣嚣
膨脖　道行　杜蘅（杜衡）　箜篌　邂逅　於戏（呜呼　於乎）　嗡哨
（呼哨）　忽律　恍惚　滹沱　囫囵　狐狸　胡同　葫芦　猢狲　瑚琏
珊瑚　鹈鹕　蝴蝶（胡蝶）　醍醐　觳觫　琥珀　骅骝　徘徊　萑苻　阛
阓　轘辕　瘫痪　漫漶　凤凰　喤喤¹　喤喤²　遑遑　彷徨　锽锽　蚂蟥
惝恍　魖魆　咳儿咳儿　哕哕　翙翙　馄饨　霍霍　霍乱　嚯喑　藿香
尺蠖

J（57）

垃圾　茇茇（草）　剞劂　唧唧　基诺（族）　镃錤　佶屈　蒺藜
鹡鸰　济济　伽倻（琴）　茄克　雪茄　家伙　家什　袈裟　跏趺　蛱蝶
戋戋　浅浅（溅溅）　鹣鹣　秦艽　鸡鸠　僬侥　嶕峣　鹪鹩　侥幸　嗜
喈　湝湝　子孒　拮据　桔梗　婕妤（倢伃）　兢兢　鶄鶄　景颇（族）
痉挛　炯炯　赳赳　啾啾　趔趄　雎鸠　枸橼　蒟蒻　龃龉　踽踽　苣苣
粔籹　飓风　杜鹃¹　杜鹃²　驮骥¹　驮骥²　鷐鸠　倔强　猖獗　蠼螋

K（33）

佧佤（族）　咔叽　咔唑　剀切　坎坷　颏颔　轲轲　慷慨¹　慷慨²
栲栳　坷垃　呵叻　牂牁　砢碜　唠嗑　倥侗　崆峒　悾悾　倥偬　矻矻
骷髅　纨绔　库仑　喹啉　骙骙　睽睽　傀儡　昆仑　哮褪（塘）　锟铻
轹栝　蛞蝼　蛞蝓

L（119）

拉祜（族）　啦啦（队）［拉拉（队）］　呼喇　哇喇　邋遢　哈喇
（子）　喇叭　喇嘛　瘌痢（癞痢　鬎鬁）　蝲蛄　靯鞭　邛崃　招徕　褴
褛　斑斓　当啷　哐啷　阆阆　琅琅　锒铛　蚂螂　蚱螂　螳螂　蟑螂
圹垠　唠叨　姥姥　肋胁　嘞嘞　萝艻　累累（儽儽）　累赘　磊落　扑
棱　楞严　楞伽　菠薐（菜）　睖睁　蛤蜊　淋漓¹　淋漓²　琉璃　嫠妇
鳗鲡　笭箵　迤逦　娌娌　蓼蓝（子）　呖呖　伶俐　瘰疬　茉莉　霹雳
猞猁　傈僳（族）　榴枷　溧滩　辚轳　趔趄　伎俩　褳褡（两当）　魍
魉（蝄蜽）　踉跄　嘹亮　潦草　潦倒　咧咧（见于"大大咧咧　骂骂咧
咧"）　咧咧（小儿哭）　猎猎　趔趄　琳琅　粼粼　嶙峋　辚辚　拂菻
马蔺　蹂躏　令狐¹　令狐²　囹圄　泠泠　玲珑　蜈蛉　穆棱　鲮鲤　醽

酥　嘌呤　浏览　逗遛（逗留）　飑飑　鸺鹠　碌碡　轰隆　咕隆　葱茏
喉咙　珑璁　朦胧　矇眬　蒙眬　窟窿　喽啰（偻儸）　噜苏　辘轳
（湿）渌渌［（湿）漉漉］　骒耳　氇毲　棕榈　团圞　啰嗦（啰唆）　啰
唝　逻辑　猪猡　珂罗（版）　桫椤　骆驼　璎珞　珞巴（族）　卓跞
（卓荦）

M（54）

姆妈　摩挲　猛犸（象）　玛瑙　杩杈　蚂蜂　蚂蚁　蚂蚱　苣荬
（菜）　霡霂　颟顸　埋怨　蔓菁　烂漫（烂熳）　碈硝　铓锣　漭漭　毛
南（族）　斑蝥　峨嵋　门巴（族）　愤懑　龙茸　帲幪　曚曚　朦朣
蒙古（族）　蒙懂　蚱蜢　舴艋　咪咪　猕猴　荼蘼（酴醾）¹　荼蘼（酴
醾）²　蘼芜　荠薴　膴腜（覙觍）　缥缈　乜斜　蟛蟓　黾勉　蕨薽　纰
缪　南无　幺麽　嬷嬷　万俟　脉脉　镆铘（莫邪）　蟛蚏　兜鍪　钴锛
仫佬（族）　苜蓿

N（26）

呐喊　纳西（族）　腽肭　芋艿　喃喃　曩曩　呶呶　诿诿　懊侬
哪吒　呢喃　忸怩　狻猊　旖旎　蔫蔫　坤圾　苨萝　袅娜　杌陧　嗫嚅
颞颥　馗魀　叮咛　柠檬　髯髻　哝哝

P（39）

枇杷　琵琶　哌嗪　蒎烯　澎湃　涅槃　蹒跚　滂沱　彷徨　磅礴
螃蟹　鳑鲏　琶瑟　蟛蜞　椪柑　伓伓　犰狳　噼啪　貔貅　睥睨　洴澼
鹏鹉　翩跹　便便　便宜　胼胝　蹁跹　螵蛸　漂亮　苤蓝　伶俜　娉婷
陂陀　筢箩　楄柠　菩萨　菩提　葡萄　普米（族）

Q（36）

萋萋　蹊跷　崎岖　蜻蛴　鲯鳅　麒麟　稽首　秋千　芊绵　芊芊
缱绻　锵锵　蔷薇　跄踉（踉跄　踉跄）　翘棱　伽蓝　伽南（香）
砌末（切末）　骎骎　嵌崟　殷勤　林檎　蜻蜓　芎䓖　蕲茅　蚯蚓
犰狳　俅俅　蛐蛐儿　蛐蟮　鸲鹆（鸜鹆）　芙蕖　氍毹　蠼螋　屈戌儿
惓惓

R（10）

冉冉　荏苒　嚷嚷　蘘荷　娇娆　妖娆　桑葚儿　峥嵘　蝾螈　葳蕤
S（46）

撒拉（族）　飒飒　飒爽　噻唑　噻吩　毿毿　瘙痒　瑟瑟　挓挲

唼喋　姗姗　珊瑚　舢板　鄯善　汤汤　蟏蛸　芍药　阇梨　呻吟　诜诜　莘莘　什么　鸤鸠　莳萝　似的　钥匙　骨殖　蟋蟀　骕骦（骕骦）　鹔鹴（鹔鹴）　鹭鸶　偲偲　螺蛳　惺忪　怂恿　抖擞　耶稣　窸窣　簌簌[1]　簌簌[2]　蹜蹜　芫荽　恣睢　婆娑　摩挲　唢呐

T（33）

趿拉　踏实　杂遝　啴啴　昙摩　澹台　忐忑　铴锣　耥耙　堂堂　倜傥（俶傥）　号啕（嚎啕　号咷）　梼昧　梼杌　体己（梯己）　嚏喷（喷嚏）　湉湉　苕峣　迢迢　窈窕[1]　窈窕[2]　婷婷　茼蒿　洪洞　曈昽　朣朦　於菟　土家（族）　陀螺　盘陀　鬓髻　落魄（落拓）[1]　落魄（落拓）[2]

W（18）

女娲　蜿蜒　芄兰　汍澜　逶迤（委蛇[1]）　委蛇[2]　娓娓　亹亹[1]　亹亹[2]　老挝　偓佺　兀突　咿唔　仵作[1]　仵作[2]　妩媚　鹦鹉　乌拉

X（35）

窀穸　栖栖　欷歔（唏嘘）　淅沥　锡伯（族）　熙攘　豨莶　蜥蜴　木樨　新潟　暹罗　猃狁（猃狁）　青葙　哓哓　逍遥　潇洒　潇潇　山魈　咆哮　哮喘　獬豸　躞蹀　炘炘　猩猩　匈奴　汹汹　咻咻　吁吁　颛顼　（黑）魆魆　歔欷（嘘唏）　栩栩　煊赫　荤粥（獯鬻）　恂恂

Y（54）

哑哑　咿哑　琅玡　轧轧　猰貐　恹恹　胭脂　崦嵫　阏氏　蜒蚰　蚰蜒　扊扅　蝘蜓[1]　蝘蜓[2]　滟滪（堆）　泱泱　鸳鸯　嘤嘤　皋陶　飘飖　揶揄　盱眙　仡仡　林独　奕奕　薏苡　氤氲（细缊）　愔愔　狺狺　龂龂　愁愁　蘡薁　嘤嘤[1]　嘤嘤[2]　罂粟　汀滢　哼唷　雍容　臃肿　喁喁（yúyú）　须臾　茱萸　喁喁（yóngyóng）　觊觎　俣俣　偊偊　裕固（族）　薯蓣　熨帖　筼筜　婵媛　沄沄　纭纭　纷纭

Z（28）

糌粑　馇馇　啧啧　咋呼　啁哳（嘲哳）　扎挣　迍邅（屯邅）　辗转（展转）　蓁蓁　獉狉（狉獉　榛狉）　丁丁　怔忡　怔忪　挣扎　狰狞　铮铮　月氏　蜘蛛　踯躅（蹢躅）　螽斯　啁啾　侏儒　天竺　髽髻（髽鬏）　谆谆　孜孜　琢磨　笮咯

（二）三音节词素

三音节词素一共 32 个，占 3.22%。

阿拉伯　奥地利　奥斯忒　呼呼哼　布拉吉　达斡尔（族）　俄罗斯（族）　俄罗斯　鄂伦春（族）　鄂温克（族）　赛璐玢　嘎达娃（节）高句骊　哈萨克（族）　哈士蟆（哈什蚂）　契诃夫　虎不拉　瞿狐狈郦食其　呼啦啦　哗啦啦　拉拉蛄（蝲蝲蛄）　色楞格　油葫芦　比丘尼苏维埃　缩砂密　塔吉克（族）　塔塔尔（族）　维吾尔（族）　珣玗琪吐谷浑

（三）四音节以上的词素

四音节以上的词素一共 19 个，占 1.91%。

阿司匹林　奥林匹克　澳大利亚　布尔什维克　布尔乔亚　嘀里嘟噜阿弥陀佛　摩诃婆罗多　释迦牟尼　柯尔克孜（族）　哩哩啦啦　哩哩啰啰　黑咕隆咚　噼里啪啦　喊哩咔嚓　喊喊喳喳　唯唯诺诺　乌兹别克（族）　耶路撒冷

第十一章

现代汉语多音节词素研究(下)

现代汉语的多音节词素，除了可以从其所含的音节数量上探讨其类型系统外，还可以根据其不同的历史来源、语义范畴和词素自身所包含的义项数量等划分出不同的类型系统。

本章将结合历史来源、语义范畴以及义项数量来分析现代汉语多音节词素的类型系统，揭示多音节词素的分布规律。

第一节　现代汉语多音节词素的来源类型

现代汉语多音节词素，从来源上看，主要有以下几种情况。最重要的一条途径还是得力于古代汉语。古汉语中继承下来的既包括连绵词，也包括一部分重叠形式。从古汉语联绵词中继承下来的，又可以更进一步分为双声、叠韵和既非双声又非叠韵的情形，这其中有多半属于现代汉语的原生词素。其次一条途径就是从其他民族的语言吸收借鉴过来的，也就是移植词素。至于移用词素，则少之又少①。另外再加上少量来源不明的不太好判断的词素。具体每一种情况的统计结果如下。

（一）双声（89），占8.94%

荜拨　缤缭　参差　侘傺　蟾蜍　袄楚　踟蹰（踟躇）　彳亍　踌躇　璀璨　骀荡　嘀嗒　玎珰　掂掇　仿佛　吩咐　尴尬　坩埚　恍惚　阃阈　剀剧　鸡鹘　孑孓　拮据　雎鸠　倔强　坎坷　辚轲　慷慨¹　慷慨²　瘌痢（癞痢　鬎鬁）　褴褛　萝芳　磊落　淋漓¹　淋漓²　琉璃　伶

---

① 关于原生词素、移植词素、移用词素，详细请参看孙银新《现代汉语词素研究》，中国文史出版社2003年版，第66—114页。

俐 瘰疬 嘹亮 琳琅 玲珑 鲮鲤 醽醁 浏览 喽啰（偻啰） 辘轳 姆妈 猛犸（象） 霡霂 蠛蠓 黾勉 呢喃 忸怩 袅娜 枇杷 琵琶 澎湃 鳑鲏 噼啪 洴澼 蹊跷 崎岖 蝤蛴 鲯鳅 秋千 芊芊 缱绻 荏苒 澹台 忐忑 倜傥（俶傥） 欷歔（唏嘘） 豨莶 歔欷（嘘唏） 咿哑 猰貐 蜒蚰 蚰蜒 扊扅 滟滪（堆） 揶揄 啁哳（嘲哳） 扎挣 迍邅（屯邅） 辗转（展转） 挣扎 蜘蛛 踯躅（蹢躅）

（二）叠韵（244），占24.55%

腌臜[1] 腌臜[2] 欸乃 叆叇 肮脏 菝葜 蓓蕾 赑屃 薜荔 觱篥（觱栗） 璘彬（璘玢） 缤纷 菠萝 馎饦 萝卜 灿烂 崚嶒 喀嚓 啪嚓 嵖岈 潺湲 徜徉（倘佯） 咗嗻 噌吰 艨艟 绸缪[1] 绸缪[2] 摴蒱（摴蒲） 籧篨 龌龊 苁蓉 瑽瑢 从容 翡翠 蹉跎 耷拉 褦襶 菡萏 莨菪 叨唠 蹭蹬 玓瓅 钌铞儿 嵽嵲 蹀躞 伶仃 玎玲 耵聍 酩酊 混沌 哆嗦 砝码 珐琅 匍匐 嘱咐 旮旯儿 琅玕 橄榄 佝偻 岣嵝 轱辘（轱轳 毂辘） 骨碌 菁葵[1] 菁葵[2] 桄榔 膀胱 蜾蠃 蛤蟆（虾蟆） 哈巴（狗） 畲坔（屯） 邯郸 饸饹 膨脝 於戏（呜呼 於乎）葫芦 觳觫 徘徊 镮辕 瘫痪 漫漶 凤凰 彷徨 惝恍 虺虺 馄饨 镃錤 蒺藜 僬侥 嶕峣 鹪鹩 龃龉 粔籹 颇颔 栲栳 倥侗 崆峒 倥偬 傀儡 昆仑 哇喇 邋遢 哈喇（子） 喇叭 喇嘛 斑斓 当啷 哐啷 阆阆 锒铛 蜣螂 螳螂 蟑螂 圹埌 唠叨 肋脦 累赘 睖睁 迤逦 霹雳 潋滟 裲裆（两当） 魍魉（蝄蜽） 踉跄 潦草 潦倒 趔趄 嶙峋 螟蛉 逗遛（逗留） 鹈鹕 轰隆 葱茏 珑璁 朦胧 曚昽 蒙眬 噜苏 氆氇 团圞 啰嗦（啰唆） 桫椤 骆驼 卓跞（卓荦） 摩挲 杩杈 蚂蚱 颟顸 埋怨 烂漫（烂熳） 愦憒 龙茸 蛢蠓 艨艟 蒙懂 菥蓂 腼腆（靦覥） 缥缈 乜斜 蝤蛑 兜鍪 钴鉧 懊侬 旖旎 埤堄 叮咛 柠檬 髼鬙 蹒跚 彷徨 睥睨 鹏鹏 翩跹 蹁跹 螵蛸 伶俜 娉婷 陂陀 笸箩 芊绵 跄踉（踉蹡 蹡踉） 嵚崟 殷勤 林檎 蜻蜓 芎䓖 鸲鹆（鸜鹆） 氍毹 屈戌儿 娇娆 妖娆 峥嵘 葳蕤 挓挲 唼喋 舢板 蟏蛸 芍药 呻吟 怂恿 抖擞 婆娑 摩挲 趿拉 杂遝 号啕（嚎啕 号咷） 体己（梯己） 苕峣 窈窕[1] 窈窕[2] 洪洞 曈昽 艟艨 於菟 陀螺 鬖髿 落魄（落拓）[1] 落魄（落拓）[2] 蜿蜒 芄兰 汍

澜　兀突　淅沥　蜥蜴　逍遥　咆哮　蹉跌　皋陶　飘飖　薏苡　氤氲
（絪缊）　汀滢　须臾　茱萸　雍容　臃肿　婵媛　纷纭　怔忡　怔忪
狰狞　啁啾　侏儒　琢磨　砟砢

（三）既非双声也非叠韵（297），占 29.9%

瑗珲　暧昧　鹌鹑　鲛鳞　狌犴　聱牙　芭蕉　貔貅　舢舨　蛞蝓
鞲鞴　胳臂　荸荠　饆饠　椑柿　蝙蝠　瘭疽　槟榔　玻璃　被褥　鹁
鸪　鹁鸪　胳膊　薄荷　峭峭　礓磰　鸽鶄　蛴螬　襜褕　婵娟　僝僽
菖蒲　阛阓　嫦娥　砗磲　寒碜　鸥鹢　魑魅　叱咤　瘳瘀　芜蔚　憧
憬　鹧鸪　阛阓　囊揣（囊膪）　凫茈　龟兹　鸼鹡　糌粑　伺候　憔
悴　嵯峨　痤疮　褡裢　莙荙（菜）　圪垯　纥繨　疙瘩　疙疸　蹦跶
蹓跶　玭珋　箅笤　叨咕　提防　提溜　嘀咕　蝌蚪　髑髅　茳芏　撺
掇　拾掇　直裰　馉饳　婀娜　莪蒿　恶心　呃逆　涟洏　鹠鹠　酸酵
珐琅　璠玙（玙璠）　脂肪　悱恻　蜚蠊　蔽芾　芙蓉¹　芙蓉²　茯苜
茯苓　青蚨　莱菔　蜉蝣　蚍蜉　芥蓝（菜）　桔槔　咯噔　咯吱　饸
饹　裕褶　胳肢　蛤蚧　蚆蝏　蚆蚤　蜈蚣　枸橘　勾当　骨朵儿　鹘
鸪　蟋蛄　蝼蛄　蝲蛄　鹘鸼　栝楼　拉呱儿　玫瑰　媚嫿　衒衒　颉
颃　沆瀣　箜篌　邂逅　唿哨（呼哨）　忽律　滹沱　囫囵　狐狸　胡
同　猢狲　瑚琏　珊瑚　鹈鹕　蝴蝶（胡蝶）　醍醐　琥珀　骅骝　隺
苻　蚂蟥　嚆嗟　佶屈　鹡鸰　蛱蝶　秦艽　桔梗　婕妤（倢伃）　鹠
鵰　趔趄　枸橼　蒟蒻　莴苣　駃騠¹　駃騠²　鹪鸼　猖獗　蠼螋　坷
垃　徉徜　骷髅　纨绔　锟铻　櫟梧　蛞蝼　蛞蝓　呼喇　蝲蛄　招徕
蚂螂　蛤蜊　鳗鲡　笯篱　妯娌　蓼荞（子）　茉莉　猞猁　槾柳　辒
辌　跳踉　伎俩　蹂躏　囹圄　碌碡　喉咙　窟窿　骡耳　棕榈　啰唣
璎珞　玛瑙　蚂蜂　蚂蚁　苣荬（菜）　蔓菁　碴硝　铓锣　斑蝥　峨
嵋　蚱蜢　笮艋　猕猴　荼蘼（酴醾）¹　荼蘼（酴醾）²　蘼芜　蓂荚
纰缪　么麽　镆铘（莫邪）　苜蓿　呐喊　膃肭　芋苕　狻猊　茑萝　机
阹　嗫嚅　颞颥　鲵鳅　滂沱　磅礴　螃蟹　毪毷　蜷蜞　椪柑　貔狖
胼胝　苤蓝　楄柎　麒麟　稽首　蔷薇　砌末（切末）　蔓茅　蚯蚓　犰
狳　蛐蟮　芙蕖　蠼螋　蘘荷　蜷螈　飒爽　瘙痒　珊瑚　鸤鸠　蒔萝
蟋蟀　骕骦（骕骦）　鹈鹕（鹈鹕）　鹭鸶　螺蛳　惺忪　寨窣　芫荽
恣睢　唢呐　锡锣　稰粑　捵眛　捵杌　嚏喷（喷嚏）　茼蒿　盘陀　逶
迤（委蛇¹）　委蛇²　偓佺　咿唔　仵作¹　仵作²　妖媚　鹦鹉　窀穸

熙攘　木樨　猃狁（獫狁）　青荇　潇洒　哮喘　獬豸　颙顼　煊赫　荦粥（犖鬻）　琅玕　胭脂　崦嵫　蝘蜓¹　蝘蜓²　鸳鸯　盱眙　薮荬　哼唷　凯觎　薯蓣　熨帖　筲箕　咋呼　獉狂（狂獉　榛狉）　螽斯　鬓鬌（鬕鬆）

（四）重叠（158），占15.9%

砲砲　皑皑　嗳嗳　嗷嗷¹　嗷嗷²　厜厜　萃萃　瀣瀣　彬彬　趵趵　誖誖　溁溁¹　溁溁²　喳喳　潺潺　吵吵　琤琤　憧憧　淙淙　眈眈　叨叨　忉忉　喋喋　咄咄　谔谔　狒狒　飒飒　呷呷（嘎嘎　尜尜）　嘎嘎　咯咯　格格¹　格格²　呱呱　汩汩　蝈蝈儿　灏灏　嚣嚣嗊嗊¹　嗊嗊²　遑遑　锽锽　咳儿咳儿　哕哕　翙翙　霍霍　芨芨（草）唧唧　济济　戈戈　浅浅（溅溅）　鹈鹈　喈喈　湝湝　兢兢　炯炯　赳赳　啾啾　踽踽　悾悾　砗砗　骙骙　睽睽　啦啦（队）［拉拉（队）］哩哩啦啦　琅琅　姥姥　嘞嘞　累累（儽儽）　哩哩啰啰　呖呖　咧咧（见于"大大咧咧　骂骂咧咧"）　咧咧（小儿哭）　猎猎　粼粼　鳞鳞泠泠　飖飖　（湿）渌渌［（湿）漉漉］　潏潏　曚曚　咪咪　嬷嬷脉脉　喃喃　曩曩　呦呦　谄谄　蘪蘪　哝哝　伾伾　狂狂　便便　蒌蒌喊喊喳喳　锵锵　骎骎　俅俅　蛐蛐儿　惓惓　冉冉　嚷嚷　飒飒　氄氄瑟瑟　姗姗　汤汤　诜诜　莘莘　偲偲　籈籈¹　籈籈²　踳踳　啴啴　堂堂　涾涾　迢迢　婷婷　唯唯诺诺　娓娓　亹亹¹　亹亹²　栖栖　哓哓潇潇　炘炘　猩猩　汹汹　咻咻　吁吁　（黑）魆魆　栩栩　恂恂　哑哑　轧轧　恹恹　泱泱　吆吆　仡仡　奕奕　愔愔　猗猗　断断　懋懋嘤嘤¹　嘤嘤²　喁喁（yúyú）　喁喁（yóngyóng）　俣俣　偶偶　沄沄　纭纭　愠愠　喷喷　蓁蓁　丁丁　铮铮　谆谆　孜孜

（五）移植词素（140），占14.1%

阿昌（族）　阿訇　阿门　阿拉伯　阿司匹林　奥地利　奥林匹克奥斯忒　澳大利亚　梵呗　保安（族）　吡啶　吡咯　哔叽　秘鲁　般若　吐蕃　柏林　卟吩　卟啉　布朗（族）　布依（族）　布尔什维克布尔乔亚　布丁　布拉吉　啧怀　安瓿　刹那　单于　朝鲜　哒嗪　苏打　达斡尔（族）　鞑靼　党项（族）　德昂（族）　嘧啶　东乡（族）独龙（族）　冒顿　吲哚　阿弥陀佛　俄罗斯（族）　俄罗斯　鄂伦春（族）　鄂温克（族）　咖啡　吗啡　呋喃　伽马（射线）　咖喱　噶伦噶厦　嘎达娃（节）　高山（族）　仡佬（族）　高句丽　皈依　哈尼

（族）　哈萨克（族）　哈达　哈士蟆（哈什蚂）　可汗　诃子　契诃夫　摩诃婆罗多　回纥　鞑靼　赫哲（族）　基诺（族）　伽倻（琴）　茄克　雪茄　释迦牟尼　袈裟　跏趺　景颇（族）　飓风　仡佬（族）　咔叽　咔唑　呵叻　柯尔克孜（族）　库仑　喹啉　拉祜（族）　靰鞡　楞严　楞伽　色楞格　菠薐（菜）　傈僳（族）　拂菻　嘌呤　逻辑　珂罗（版）　珞巴（族）　毛南（族）　门巴（族）　蒙古（族）　南无　仫佬（族）　纳西（族）　哪吒　比丘尼　哌嗪　蒎烯　涅槃　菩萨　菩提　葡萄　普米（族）　伽蓝　伽南（香）　撒拉（族）　噻唑　噻吩　鄯善　阇梨　苏维埃　耶稣　塔吉克（族）　塔塔尔（族）　昙摩　土家(族)　维吾尔（族）　老挝　乌孜别克（族）　乌拉　锡伯（族）　新潟　暹罗　匈奴　阏氏　耶路撒冷　吐谷浑　裕固（族）　糌粑　月氏

（六）移用词素（8），占0.8%

瘪三　嘚啵　膈应　垃圾　砢碜　唠嗑　猪猡　翘棱

（七）其他（58），占5.83%

老板（闆）　枧多　匕首　别扭　呼呼哼　劈叉　嘀里嘟噜　赛璐玢　夹肢（窝）[胳肢（窝）]　毛茛　句践　道行　杜蘅（杜衡）　虎不拉　霍乱　藿香　尺蠖　玁狁　郦食其　家伙　家什　侥幸　痉挛　杜鹃[1]　杜鹃[2]　剀切　哮喘（塘）　呼啦啦　哗啦啦　拉拉蛄（蝲蝲蛄）　邛崃　扑棱　嫠妇　马蔺　令狐[1]　令狐[2]　穆棱　咕隆　黑咕隆咚　油葫芦　万俟　噼里啪啦　便宜　漂亮　嘁哩咔嚓　桑葚儿　什么　似的　钥匙　骨殖　缩砂密　踏实　女娲　山魈　珣玗琪　林独　罂粟　天竺

第二节　现代汉语多音节词素的语义类型

多音节词素都有其特定的词汇意义，这些词汇意义分别属于不同的语义范畴。根据词汇意义所属的语义范畴，可以将全部多音节词素分为表动物、表植物、表事物与现象、表人、表人体器官与疾病、表种族、表古今中外地名、表化学品名、表食物、表性质或状态、表动作、表声音和表计量单位等13类。每一类所含的多音节词素数量悬殊，分布如下。

（1）表动物（133），占13.37%。

鹌鹑　鮟鱇　狴犴　鼩鼱　蛱蝶　赑屃　蝙蝠　呼呼哼　鹁鸽　鹈鹕　鸧鹒　蛴螬　蟾蜍　砗磲　鸱鸮　鹈鹕　鸬鹚　翡翠　玳瑁　蝌蚪　鹔鹴

蜚蠊　狒狒　青蚨　蜉蝣　蚍蜉　蛤蚧　虼螂　虼蚤　蜈蚣　鹧鸪　蟪蛄
蝼蛄　蝲蛄　鹡鸰　蝈蝈儿　螺蠃　蛤蟆（虾蟆）　哈巴（狗）　哈士蟆
（哈什蚂）　忽律　狐狸　猢狲　珊瑚　鹈鹕　蝴蝶（胡蝶）　虎不拉　骅
骝　凤凰　蚂蟥　尺蠖　矍狓　鹘鸼　蛱蝶　鹣鹣　鹪鹩　鸊鷉　孑孓
鼩鼱　雎鸠　杜鹃[1]　駃騠[1]　駃騠[2]　鹲鸠　蛞蝼　蛞蝓　拉拉蛄（蝲蝲
蛄）　蝲蛄　蚂螂　蛲螂　螳螂　蟑螂　蛤蜊　鳗鲡　猞猁　魍魉（蝄
蜽）　螟蛉　鲮鲤　鹨鷃　油葫芦　騄耳　猪猡　骆驼　猛犸（象）　蚂
蜂　蚂蚁　蚂蚱　斑蝥　蚱蜢　猕猴　蠓蠓　蝤蛑　狻猊　螃蟹　鳑鲏
蟛蜞　貔貅　鹏鹂　蝤蛴　鲯鳅　麒麟　蜻蜓　蚯蚓　猰㺄　蛐蛐儿　蛐
蟮　鸲鹆（鸜鹆）　蠼螋　蜨蝡　珊瑚　蟒蛸　鸤鸠　蟋蟀　骐骥（骐
骥）　鹔鷞（鹔鹴）　鸳鸯　螺蛳　栲栳　於菟　鹦鹉　蜥蜴　山魈　猘
豸　猩猩　猰貐　蜓蚰　蛐蜓　蝘蜓[1]　蝘蜓[2]　鸳鸯　林�　蜘蛛　螽斯

（2）表植物（83），占 8.34%。

芭蕉　菝葜　枳多　荸荠　荜拨　薜荔　槟榔　薄荷　菖蒲　芜蔚
凫茈　苁蓉　莙荙（菜）　菡萏　赀笡　蒗菪　茳芏　莪蒿　咖啡　芙
蓉[1]　茉莒　茯苓　莱菔　芥蓝（菜）　橄榄　毛茛　枸橘　栝楼　桃
榔　玫瑰　诃子　杜蘅（杜衡）　葫芦　藿香　茇茇（草）　蒺藜　秦
艽　桔梗　枸橼　蒟蒻　莴苣　杜鹃[2]　萝芳　菠菱（菜）　茉莉　马
蔺　棕榈　苣荬（菜）　蔓菁　荼蘼（酴醾）[2]　蘼芜　蕲虉　蒫荚　苜
蓿　芋芳　茑萝　柠檬　枇杷　椪柑　茋蓝　榅桲　葡萄　蔷薇　伽南
（香）　林檎　芎䓖　蕒茅　芙蕖　蘘荷　芍药　莳萝　缩砂密　芫荽
莔蒿　芄兰　豨莶　木樨　青葙　薏苡　蘡薁　罂粟　茱萸　薯蓣

（3）表事物与现象（155），占 15.58%。

奥林匹克　屄尼　梵呗　舢舨　蓓蕾　鞲鞴　匕首　桎桍　鬐篓（鬐
栗）　玻璃　般若　被褥　布尔什维克　布尔乔亚　布拉吉　安瓿　硭
磻　劈叉　刹那　襜褕　阍阓　艨艟　挎蒲（挎蒲）　篷篰　囊揣（囊
膪）　褡裢　圪垯　纥绖　疙瘩　疙疸　玓瓑　钉锔儿　嶙峋　耵聍　髑
髅　直裰　砝码　珐琅　璠玙（玙璠）　脂肪　赛璐珞　玭珧　旮旯儿
伽马（射线）　呷呷（嘎嘎）　杂杂　噶厦　嘎达娃（节）　琅玕　坩
埚　桔槔　袼褙　勾当　轱辘（轱轳　毂辘）　骨朵儿　菁葵[1]　菁葵[2]
哈达　㤰衏　沆瀣　摩诃婆罗多　道行　箜篌　嗯哨（呼哨）　胡同　瑚
琏　琥珀　阛阓　垃圾　刿刜　镃錤　伽倻（琴）　茄克　雪茄　家伙

家什　袈裟　跏趺　飓风　栲栳　坷垃　纨绔　傀儡　檗栝　啦啦（队）
［拉拉（队）］　哈喇（子）　喇叭　靰鞡　阆阆　楞严　楞伽　琉璃
笊篱　荸荠（子）　霹雳　椴枷　辒辌　伎俩　裲裆（两当）　琳琅　囹
圄　醍醐　碌碡　窟窿　辘轳　氆氇　逻辑　珂罗（版）　桫椤　璎珞
玛瑙　枸杞　霖霖　铿锣　姘㲿　艨艟　舴艋　纰缪　万俟　镆铘（莫
邪）　兜鍪　钴鉧　埤堄　琵琶　涅槃　胼胝　螵蛸　筐箩　菩提　稽
首　秋千　伽蓝　砌末（切末）　氍毹　屈戌儿　舢板　什么　钥匙　苏
维埃　唢呐　昙摩　澹台　铴锣　糍粑　嚏喷（喷嚏）　陀螺　仵作[2]
乌拉　珣玗琪　胭脂　炭廒　滟滪（堆）　须臾　筬箕　伥伧　鬙髻（鬙
鬆）

（4）表人（38），占3.82%。

阿訇　老板（闆）　瘪三　单于　嫦娥　魑魅　冒顿　阿弥陀佛　噶
伦　句践　可汗　契诃夫　郦食其　释迦牟尼　僬侥　婕妤（倢伃）　喇
嘛　姥姥　嫠妇　妯娌　令狐[1]　喽啰（偻儸）　姆妈　幺麽　嬷嬷　哪
吒　比丘尼　菩萨　阇梨　耶稣　女娲　偓佺　仵作[1]　颛顼　荤粥（獯
鬻）　阏氏　皋陶　侏儒

（5）表人体器官与疾病（15），占1.51%。

胳臂　胳膊　瘭疽　瘰疬　痤疮　夹肢（窝）［胳肢（窝）］　膀
胱　霍乱　骷髅　痳痌（癫痌　鬎鬁）　瘰疬　喉咙　颞颥　骨殖　哮喘

（6）表种族（48），占4.82%。

阿昌（族）　阿拉伯　保安（族）　吐蕃　布朗（族）　布依（族）
朝鲜　达斡尔（族）　鞑靼　党项　德昂（族）　东乡（族）　独龙
（族）　俄罗斯（族）　俄罗斯　鄂伦春（族）　鄂温克（族）　高山
（族）　仡佬（族）　哈尼（族）　哈萨克（族）　回纥　靺鞨　赫哲
（族）　基诺（族）景颇（族）　佤（族）　柯尔克孜（族）　拉祜
（族）　傈僳（族）珞巴（族）　毛南（族）　门巴（族）　蒙古（族）
仫佬（族）　纳西（族）　普米（族）　撒拉（族）　塔吉克（族）　塔塔
尔（族）　土家（族）　维吾尔（族）　乌孜别克（族）　锡伯（族）　猃
狁（玁狁）　匈奴　吐谷浑　裕固（族）

（7）表古今中外地名（39），占3.92%。

瑷珲　奥地利　澳大利亚　秘鲁　柏林　喷呔　嵖岈　龟兹　芙
蓉[2]　高句骊　峋嵝　畲奄（屯）　邯郸　滹沱　崔苻　辕辕　呵叻　牂

峒　崆峒　昆仑　哮硍（塘）　锟铻　邛崃　色楞格　拂菻　令狐[2]　穆
棱　峨嵋　鄯善　洪洞　老挝　新潟　暹罗　琅玡　崦嵫　耶路撒冷　盱
眙　月氏　天竺

（8）表化学品名（21），占 2.11%。

阿司匹林　吡啶　吡咯　哔叽　卟吩　卟啉　哒嗪　苏打　嘧啶　吲
哚　吗啡　呋喃　咔叽　咔唑　喹啉　嘌呤　碚硝　哌嗪　蒎烯　噻唑
噻吩

（9）表食物（18），占 1.81%。

饆饠　饽饽　菠萝　馎饦　萝卜　布丁　苌楚　糍粑　馉饳　咖喱
饸饹　饸饹　醍醐　馄饨　粔籹　荼蘼（酴醾）[1]　桑葚儿　糌粑

（10）表性质或状态（263），占 26.43%。

腌臜[1]　腌臜[2]　砀砀　皑皑　皑皑　皑㱩　暧昧　肮脏　聱牙　奲
搿　濑濑　别扭　彬彬　璘彬（璘玢）　缤纷　峬峭　灿烂　参差　澎
湃[1]　澎湃[2]　嵝嶒　佗傺　婵娟　偁偁　潺湲　哹嗻　寒碜　踟蹰（踟
躇）　憧憧　绸缪[2]　踌躇　龌龊　从容　璀璨　憔悴　嵯峨　骀荡　褯
襫　眈眈　叨叨　喋喋　伶仃　酊酊　混沌　咄咄　婀娜　谔谔　涟洏
悱恻　蔽芾　尴尬　佝偻　娬媔　嚚嚚　膨脝　恍惚　囫囵　漫漶　遑
遑　惝恍　尰㾿　佶屈　济济　戈戈　嶕峣　侥幸　湝湝　拮据　兢兢
炯炯　趔趄　趔趄　龃龉　踽踽　倔强　猖獗　夔铄　剀切　坎坷　颉
颃　辚轲　慷慨[1]　慷慨[2]　碡磁　倥侗　悾悾　倥偬　矻矻　骙骙　睽
睽　哩哩啦啦　邋遢　褴褛　斑斓　圹埌　肋肫　累累（儽儽）　累赘
磊落　睖睁　哩哩啰啰　淋漓[1]　淋漓[2]　迤逦　伶俐　潋滟　踉跄　嘹
亮　潦草　潦倒　咧咧（见于"大大咧咧　骂骂咧咧"）　趔趄　粼粼
嶙峋　泠泠　玲珑　囮囮　黑咕隆咚　葱茏　朦胧　曚昽　蒙眬　噜苏
（湿）渌渌〔（湿）漉漉〕　啰嗦（啰唆）　卓跞（卓荦）　颟顸　烂漫
（烂熳）　潃潃　愤懑　龙茸　曚曚　蒙懂　脶朒（觍觍）　缥缈　黾勉
脉脉　腽肭　呕呕　懊侬　忸怩　旖旎　蕻蕻　袅娜　杌陧　觥觥　挲
挲　澎湃　蹒跚　滂沱　磅礴　琵琶　伓伓　狂狂　翩跹　便便　便宜
蹁跹　漂亮　伶俜　娉婷　陂陀　萋萋　蹊跷　崎岖　芊绵　芊芊　缱
绻　锵锵　跄踉（踉跄　踉跄）　翘棱　骎骎　欹釜　殷勤　伳伳　惓
惓　冉冉　娇娆　妖娆　峥嵘　葳蕤　飒爽　毪毪　姗姗　汤汤　诜诜
莘莘　似的　惺忪　怂恿　抖擞　簌簌[2]　踖踖　婆娑　踏实　杂遝　啴

啴　忐忑　堂堂　倜傥（俶傥）　号啕（嚎啕　号咷）　梼昧　体己（梯己）　湉湉　苕峣　迢迢　窈窕[1]　窈窕[2]　婷婷　曈昽　朣朦　盘陀　鬔鬙　落魄（落拓）[1]　落魄（落拓）[2]　蜿蜒　汍澜　逶迤（委蛇[1]）　委蛇[2]　娓娓　唯唯诺诺　亹亹[1]　亹亹[2]　兀突　妩媚　栖栖　熙攘　逍遥　潇洒　潇潇　炘炘　汹汹　（黑）魆魆　栩栩　煊赫　恂恂　恹恹　泱泱　仡仡　奕奕　氤氲（细缊）　愔愔　龂龂　慭慭　汀滢　雍容　臃肿　喁喁（yóngyóng）　俣俣　偊偊　熨帖　婵媛　沄沄　纭纭　纷纭　慥慥　啁哳（嘲哳）　迍邅（屯邅）　獉狉（狉獉　榛狉）　狰狞　谆谆　孜孜　砟硌

（11）表动作（94），占9.47%。

阿门　嘚啵　徜徉（倘佯）　吵吵　彳亍　叱咤　憧憬　绸缪[1]　阉闳　伺候　蹉跎　耷拉　蹦跶　蹓跶　叨叨　叨唠　叨咕　蹭蹬　提防　提溜　嘀咕　蹀躞　哆嗦　掇掇　掂掇　拾掇　恶心　呃逆　酦醅　仿佛　吩咐　匍匐　嘱咐　胳肢　膈应　骨碌　拉呱儿　皈依　颉颃　邂逅　觳觫　徘徊　瘫痪　彷徨　嚄唶　痉挛　唠嗑　招徕　唠叨　嘞嘞　跳踉　蹂躏　浏览　逗遛（逗留）　团圞　啰唣　摩挲　埋怨　乜斜　南无　呐喊　囔囔　嗫嚅　叮咛　哝哝　彷徨　睥睨　洴澼　荏苒　嚷嚷　瘙痒　挓挲　呻吟　偲偲　恣睢　摩挲　趿拉　窀穸　欷歔（唏嘘）　哓哓　咆哮　躞蹀　歔欷（嘘唏）　飘飖　揶揄　觊觎　咋呼　扎挣　辗转（展转）　蓁蓁　怔忪　挣扎　踯躅（蹢躅）　琢磨

（12）表声音（85），占8.54%。

欸乃　嗷嗷[1]　嗷嗷[2]　趵趵　綷縩　喳喳　喀嚓　啪嚓　潺潺　琤琤　噌吰　琮琤　淙淙　嘀嗒　嘀里嘟噜　玎珰　玎玲　沨沨　嘎嘎　咯噔　咯咯　咯吱　格格[1]　格格[2]　呱呱　汩汩　滮滮　於戏（呜呼　於乎）　喤喤[1]　喤喤[2]　锽锽　咴儿咴儿　哕哕　翙翙　霍霍　唧唧　浅浅（溅溅）　喈喈　啾啾　呼啦啦　哗啦啦　呼喇　哇喇　当啷　哐啷　琅琅　锒铛　扑棱　呖呖　咧咧（小儿哭）　猎猎　辚辚　轰隆　咕隆　珑璁　咪咪　喃喃　譊譊　呢喃　噼啪　噼里啪啦　喊哩咔嚓　喊喊喳喳　飒飒　瑟瑟　唼喋　窸窣　簌簌[1]　咿唔　淅沥　咻咻　吁吁　哑哑　咿哑　轧轧　嘤嘤　狺狺　嘤嘤[1]　嘤嘤[2]　哼唷　喁喁（yúyú）　啧啧　丁丁　铮铮　啁啾

（13）表计量单位（2），占 0.2%。

奥斯忒　库仑

第三节　现代汉语多音节词素的义项类型

根据多音节词素义项数量的多少，可以将现代汉语多音节词素分为单义和多义两大类型。比较起来，单义的占绝大多数，多义的只占了极小的比例。分析统计的结果如下。

（一）单义的多音节词素

单义的多音节词素，共有 917 个，占全部多音节词素的 92.26%。为避免重复，这里暂且不再一一列出，仅列出多义的多音节词素。

（二）多义的多音节词素

多义的多音节词素，共 77 个，占全部多音节词素的 7.74%。根据这 77 个词素所含义项的数量，具体又可以分出如下三种情况。

（1）含有两个义项的，共有 67 个，占全部词素的 6.73%。

肮脏　老板（闆）　饽饽　喳喳　砗磲　龌龊　圪塔　嘀咕　混沌俄罗斯（族）　仿佛　青蚨　匍匐　呷呷（嘎嘎　杂杂）　尴尬　轱辘（轱轳　毂辘）　哈萨克（族）　颉颃　恍惚　醍醐　剞劂　蒺藜　浅浅（溅溅）　嗜嗜　剀切　檿栝　银铛　累累（儽儽）　累赘　嶙峋　玲珑鹤鹏　珑璁　朦胧　曚昽　窟窿　辘轳　啰嗦（啰唆）　逻辑　姆妈　颠顶　烂漫（烂熳）　栟榈　乜斜　喃喃　磅礴　漂亮　稽首　氍毹　嚷嚷峥嵘　踏实　耤耙　蜿蜒　兀突　窀穸　恂恂　崦嵫　鸳鸯　憎憎　臃肿熨帖　啧啧　咋呼　迤遭（屯遭）　辗转（展转）　蓁蓁

（2）含有三个义项的仅有 9 个，占全部多音节词素的 0.9%。

别扭　婵娟　翡翠　疙瘩　恶心　徘徊　嬷嬷　便宜　体己（梯己）

（3）含有四个义项的仅有 1 个，只占全部多音节词素的 0.1%。

什么

第四节　关于多音节词素的几点补充

以上我们根据定性的原则，用定量统计的分析方法，确定了现代汉语里多音节词素的总体数量，得到了 994 个多音节词素。这在宏观上展示了多音节词素的整个系统的基本面貌。很明显，仅仅从这一数据来看，多音节词素在现代汉语中的地位就不能低估。这也正是我们研究这一问题的基本立足点。

定量研究多音节词素的另一个重要意义在于，由于已知现代汉语全部词素的总量为 8411 个，在得出了现代汉语的多音节词素总量为 994 个之后，也就自然可以推算出现代汉语的全部单音节词素的总量为 7417 个，据此现代汉语全部单音节词素与多音节的比例也就是 7.46∶1。我们对于现代汉语里单音节和多音节词素的认识也就完全精确化了。

当然，我们研究现代汉语多音节词素，更为重要的理由还在于，进一步结合词素的语音、语义和历史来源等属性来看，多音节词素也自有其显著的特点，非常值得注意。

首先，尽管都叫多音节词素，但是实际上，在现代汉语里主要还是以双音节类型的占绝大多数，定量分析所得到的数据表明，994 个多音节词素，双音节竟有 943 个，所占比例为 94.87%，而三音节只有 32 个，即为 3.22%，四音节以上仅仅 19 个，只有 1.91%。这样的分布规律清楚地显示了双音节词素在现代汉语里的独特地位。也就是说，多音节词素的研究重点应该是双音节词素。

其次，我们对多音节词素的历史来源的考察，也可以进一步解释为什么现代汉语里双音节词素占绝大部分。根据现代汉语词素的历史来源，我们划分了双声、叠韵、既非双声也非叠韵的联绵词素、重叠、移植词素、移用词素、来源暂不明确的其他等类型。排除了来源暂不能确定的其他一类 58 个，双声 89 个、叠韵 242 个、既非双声也非叠韵 297 个，重叠 160 个，累计这几类总数有 788 个，占现代汉语全部多音节词素的 79.3%。移植词素的数量也不可忽视，共有 140 个，占全部多音节词素的 14.1%。若把这些移植词素和前者相加，共有 928 个，所占比例就达到了 93.36%。这就可见，在现代汉语里，多音节词素主要源自古代汉语的联绵词和重叠形式，这些联绵词重叠形式又都是双音节的，也都产生于古汉语，并在汉语的历史发展过程中得以延续传承，因而也都属于原生词素。换而言之，从根本上说，古汉语的联绵词和重叠形式进入现代汉语，成为原生词素的同时，也还是现代汉语多音节词素的最主要来源。其次，移植词素的增加也是现代汉语里多音节词素的又一个重要途径。现代汉语多音节词素的形成主要得力于上述两种途径。至于移用词素，也就 8 个，所占比例极低，只有 0.8%，说明它对多音节词素的来源几乎没有什么影响。

再次，我们要是再从词汇意义上着眼，也还可以看出，多音节词素的语义类型有很多，我们的统计分析中共列出了 13 类。这 13 类中每一类所含有的多音节词素的数量也有很大的不同，最多的达到 263 个，最少的只有 2 个。将这些多音节词素的类集按照各自所含有的多音节词素数量由高到低的顺序排列，就可以看到现代汉语多音节词素在语义类型上的分布规律。也就是：表性质或状态 263 > 表事物与现象 155 > 表动物 133 > 表动作 94 > 表声音 85 > 表植物 83 > 表种族 48 > 表古今中外地名 39 > 表人 38 > 表化学品名 21 > 表食物 18 > 表人体器官与疾病 15 > 表计量单位 2。

最后，如果从词素本身的词汇意义上考虑，还可以发现，单义的多音节词素的总量为 917，占全部多音节词素的 92.26%；多义的多音节词素只有 77 个，仅占全部多音节词素的 7.74%。而在 77 个多义的多音节词素中，则又以两个义项的为主，共有 67 个，占全部多义词素的 87%；三个义项的多义词素 9 个，占全部多义词素的 11.7%；四个义项的仅 1 个，只占全部多义词素的 1.3%。但是若从词素的使用频率来看，正是这些所占比例极小的多义词素有着较高的使用频率，而比例居于绝对优势的单义的多音节词素使用频率很低。这显示了多音节词素系统内部的矛盾性和不均衡性。这种属性是语言系统在经历漫长的发展过程之后自身不断调整的结果，完全符合语言发展的历史规律。多音节词素在词汇意义上显示的分布规律也再一次证明，研究现代汉语多音节词素应该以单义的多音节词素为重，同时兼顾具有多个义项的高频率的多音节词素。相对而言，这有可能是下一阶段深入探索现代汉语词素问题应该选择的比较可行的方法。

第十二章

现代汉语合成词素研究

现代汉语里的合成词素，也就是指合成词"教师节"中的"教师"，"自然界"中的"自然"这一类构词成分。最早发现并提出这一构词现象的是孙常叙先生，1956 年，他就在《汉语词汇》中指出，"解放军"是由"解放"和"军"两个词素构成的，而不是用"解""放"和"军"三个词素构成的。"警惕性"则是由"警惕"和"性"两个词素构成的，并不是用"警""惕""性"三个词素构成的。在这里，"警惕"和"解放"都同样是以现代汉语词作为"以词成词"的词素的。① 而最早将这类构词成分定名为"合成词素"的概念并且进行理论阐释的则是葛本仪先生。1985 年，葛先生在她的论文《论合成词素》中具体论证了什么是合成词素，合成词素的具体特点和形成原因。② 这篇论文不仅结合语言事实摆出了较多的例证，而且具有鲜明的理论特色，其探索性特点也表现得非常明显，对于现代汉语合成词内部结构的分析产生了直接的影响，颇有启发意义。

这一构词现象的发现和合成词素这一概念的提出，改变了学界以往关于"教师节""自然界""解放军"这一类合成词具有三个构词成分两个结构层次的看法，对于以下两个方面都有着积极意义。一方面，由于确认这样的多音节合成词实际上也只有两个构词成分一个结构层次，这种观点直接影响到"教师节""自然界"的结构分析方法，而使得这类词的内部结构分析程序得以简化。另一方面，也使得另一类合成词如"松紧带""高低杠"等也从另一个全新的角度，与"教师节""自然界""解放军"

---

① 孙常叙：《汉语词汇》，吉林人民出版社 1956 年版，第 20 页。

② 葛本仪：《论合成词素》，《山东大学学报》（哲学社会科学版）1988 年第 3 期。

等在内部结构上显示了差别，这自然也更有助于我们看清多音节词内部构造分析的复杂性和多样性。因而合成词素这一概念的提出，无论对于构词法还是造句法都同样具有理论建树的意义。这一开创性研究很有必要再进一步引向深入。

　　然而，我们看到，学界对现代汉语合成词素及其相关问题的研究，至今未能有所推进。比如，对合成词素作进一步的定量分析和统计研究就很缺乏；合成词素依据其自身的语法性质可以分析出哪些语法类聚，也根本谈不上；就合成词素在构词频率上的差别，对合成词素进行全方位的分析和描写，以便呈现整个合成词素系统的内部结构，这些也就无从谈起了。由此还会引发我们思考以下一些问题：现代汉语的全部合成词素究竟有多少？在全部词素中合成词素所占的比例究竟有多大？这样的数据对于理论研究应该有重要价值。因为如果合成词素只有很少的一部分，那就可以肯定，这样的合成词素会因为缺乏普遍性而丧失其存在的理由。相反，如果合成词素存在的比例很高，那就完全可以再进一步就其类聚系统进行再探索，以便更进一步立体地展现现代汉语合成词素的整个聚合系统，并由此将现代汉语词素的整个聚合系统进一步完善。从长远目标和理论意义上看，必将有助于推进现代汉语关于词素这一级语法单位的全面研究。

第一节　现代汉语合成词素的数量范围

　　确定现代汉语里合成词素的数量范围，也就是在提出合成词素判定原则的基础上再进一步就所能认定的全部合成词素进行定量的统计。这将会有助于我们得到关于现代汉语全部合成词素的整体认识。

　　确定某一个语言成分是不是合成词素，主要有两个条件。

　　第一个条件是，要能独立地成为现代汉语里的一个特定的合成词。如果现代汉语中有一个现成的双音节合成词存在，那么从理论上讲，这样的语言成分就有可能成为一个合成词素。比如："安全""安乐""保险""大气""娃娃""兜兜""悄悄""孩子""果子"等都是双音节词，不管是复合式词，还是重叠式词或者是附加式派生词，都是合成词。因而，它们都有可能成为现代汉语的合成词素。

　　第二个条件是，这些可以独立构造为合成词的语言成分还必须可以作为一个整体，和别的词素构造音节数量不少于一个的合成词。比如："安全"可以构造出"安全带""安全门""安全套""安全线""安全玻璃";"安乐"可以构造出"安乐窝""安乐死""安乐椅";"保险"可以构造出"保险带""保险刀""保险灯""保险费""保险法""保险柜""保险人""保险丝""保险箱";"大气"可以构造出"大气层""大气圈""大气压";"娃娃"可以构造出"娃娃鱼""娃娃亲""娃娃生";"孩子"可以构造出"孩子气""孩子王""孩子头";"果子"可以构造出"果子酱""果子露""果子酒",等等。由于这类构词情况的存在,使得以上合成词中的这些语言成分作为现代汉语的构词词素由一种理论上的可能性直接转化成为客观的语言事实。

在同时具备了以上两个基本条件之后,现代汉语中有相当数量的多音节语言成分都有可能转化为合成词素。

不过,还需要注意的是,从以上举例中可以看到,不同的语言成分,其与别的词素组合构造新的合成词的能力强弱大小是有差异的。有些成分能与多个其他词素构造数量较多的合成词,而有的却只能与少量的词素组合成三音节以上的词,有的甚至只有一个结构复杂的合成词。那么,这是否会影响到合成词素属性的判断呢?

我们认为,合成词素作为一种特定的构词成分,与一般意义上的词素,也就是单纯词素具有相同的特点。单纯词素中有的构词能力强,如"电""人""~子"等,具有超强的构词能力,这些当然是词素;但是汉语中也有这样的词素,其构词能力相对很弱,如:"刘""虏""岭",但我们不会因此就怀疑构词能力弱的词素也是构词成分,是词素。同样道理,合成词素中的一些成分,也只能构造数量很有限的少数几个甚至就一个合成词,我们也得承认这也是合成词素。如"乐器"可以构造出"管乐器"和"弦乐器"这样两个合成词;"过滤"可以构造出"过滤嘴"这样一个合成词,但我们还得承认"乐器"和"过滤"也都各是一个合成词素。

与此相反的另外一种情况是,有些成分可以构造一系列多音节合成词,但是由于这个成分在现代汉语里没有独立形成的合成词,因此也就不好算做合成词素。例如,现代汉语里有"百分比""百分表""百分尺""百分点""百分号""百分率""百分数""百分制"等合成词,但是由于"百分"在现代汉语里不被看成是合成词,也就是说"百分"缺乏作为合成词素的一个基本要件,也就不好将"百分"看做是合成词素。同样，尽管现代汉语里有"铁公鸡"和"瓷公鸡"，但是"公鸡"是不是一个合成词，这涉及现代汉语的词和词组怎样划分界限，目前还存有疑问，有人倾向于认为是词，也有人认为是词组。对此，《现代汉语词典》也没有收录这类有争议的语言单位，既然不能肯定"公鸡"一定是一个词，也就不好断定"公鸡"是一个合成词素。

也还有这样一种情况，就是以双音节合成词素构造的三音节合成词再次具备了合成词素的条件，由此也可以用一个三音节合成词素再次与其他词素组合构成一个四音节合成词，如"回归"作为合成词素可以构造出"回归线"、"回归年"；"回归线"又可以作为合成词素构造出"南回归线"和"北回归线"。

"冰箱"和"电冰箱"，"冰柜"和"电冰柜"，"电视"和"电视机"的情况就不同了。在词汇发展过程中，是先有"电冰箱""电冰柜"和"电视机"，然后，由于受到词汇双音化规律的制约，就简化为"冰箱""冰柜"和"电视"了。这就是说，"电冰箱""电冰柜"和"电视机"并非是在双音节合成词"冰箱""冰柜"和"电视"的基础上，再进一步和词素"电"和"机"构造出来的。这种词汇发展中的简称现象就不是合成词素构词的问题。就"电冰箱""电冰柜"和"电视机"这三个词而言，其中的"冰箱""冰柜"和"电视"是不能列入合成词素的。类似这样的情形也都不属于我们这里的讨论对象。当然，在"电视"一词形成后，与之相关的"电视片""电视剧""电视台""电视塔"等也随之先后出现，这些当然属于合成词素的构词问题了。

依据上述原则，我们以《现代汉语词典》（第 5 版）中所收录的全部词为分析对象，对现代汉语里的合成词素逐个分析提取，对每个合成词素的构词情况逐一考察，最后进行了定量统计分析，结果共得到了 3415 个合成词素。可见，现代汉语合成词素的总量还是很可观的。现代汉语全部单义词素为 5082 个，全部多义词素为 3329 个，总量为 8411 个。这个数据也就是全部单纯词素的总量。依照这个数据计算，现代汉语里全部单纯词素与合成词素的比例约为 2.5 : 1。

这一统计结果足以说明，现代汉语合成词素现象很值得重视和研究，其在现代汉语中的地位应该给以充分的重视，在今后的汉语构词研究中应该不断加强。

第二节　现代汉语合成词素的类型系统

合成词素依据其所由形成的合成词的语法属性来分析，主要可以分为以下这六大类型：名素（粒子、细胞），动素（选举、罢免），形素（安全），副素（白手、自动、遍地），数量素（百年），拟声素（嗷嗷）。从数量上看，名素类最多，动素类和形素类其次。这三类占了全部合成词素的绝大部分，可达85%。

根据合成词素所由形成的合成词的内部结构，可以分出复合式合成词素（电子　回头　纪念　高压　三角　太阳　卫生　现代　运动）、重叠式合成词素（爷爷　奶奶　宝宝　娃娃　兜兜　欣欣　星星　娘娘　婆婆　悄悄）和派生式合成词素（架子　性子　嗓子　老虎　骨头）。每一类合成词素所占的比例都有显著的差异。从数量上看，以复合式为最多，超过90%。其次是派生式合成词素。最少的是重叠式，重叠式合成词素一共也就十多个。

根据合成词素构造合成词的自由度，也可以分为自由合成词素和不自由合成词素。有的合成词素在构造合成词时，在词中的位置不自由，具有定位性，如"催眠"可以构造"催眠曲""催眠术""催眠药"。这样的合成词素就是不自由词素。而有的合成词素则不同，相对比较自由，在三音节合成词里的位置可前可后，如"细胞"既可以构造出"细胞壁""细胞质""细胞核""细胞膜""细胞质""细胞器"，也可以构造出"刺细胞""干细胞""红细胞"，这样的合成词素就是自由合成词素。

这里需要说明的是，合成词素的自由和不自由，是仅仅就合成词素在构造结构更为复杂的合成词时的位置先后而言的，与合成词素能否独立成词没有任何关系。单纯词素的自由不仅指单纯词素在构词时的位置不固定，也指单纯词素能够独立成词。这是由单纯词素与它构造的单纯词同时产生所决定的。合成词素则不然，由于合成词素是在合成词出现以后，由于语言社会的高频使用，具有极强的凝固性，而逐渐转化而成的。合成词素并不是与现成的同样形式的合成词同时产生的。其形成过程的这一特殊性，决定了合成词素都不可能是可成词词素。因此，合成词素的自由与能够独立成词也就没有联系了。这是合成词素与单纯词素的一个重要区别。

　　根据合成词素的音节数量，可以将合成词素分为双音节和三音节两个类型。比较而言，两个音节的合成词素占了绝大多数。而三音节的合成词素的数量就很少了。

　　从我们对《现代汉语词典》（第 5 版）中的四音节以上的单位与三音节单位的对比中，总共才提选出以下 31 个三音节成分。如：回归线　殖民地　龙门阵　劳动力　子午线　壁上观　好意思　怎么样　对台戏　车辖辘　闭门羹　连裆裤　后悔药　哑巴亏　脊梁骨　绿帽子　高帽子　独角戏　高分子　花岗岩　金刚石　八辈子　核反应　核武器　嘴皮子　马蜂窝　同位素　小生产　多边形　牛角尖　冷板凳

　　尽管可以构造四个音节的语言单位，但是有的四音节的成分很容易被人视为是词组或者惯用语。所以总的来说，三音节的合成词素还只是很少的一部分。

　　四音节以上就一个，"厄尔尼诺现象"，因为可以构造一个"反厄尔尼诺现象"，就是"拉尼娜现象"，也不妨将其看成多音节的合成词素。

　　从意义上看，合成词素的义项数量也都是单义的多多义的少。在我们分析的《现代汉语词典》的 A 部，单义合成词素 14 个，多义合成词素 10 个，二者的比例为 1.4：1。B 部，单义合成词素 137 个，多义合成词素 98 个，二者的比例约为 1.4：1。实际上，这个比例大体上也代表了现代汉语里全部单义合成词素与全部多义合成词素的比例。按照这样的比例计算，现代汉语里的单义合成词素所占比例约为 58%，多义合成词素的比例约为 42%。

　　多义合成词素比例居高的原因很简单，主要还是因为能够逐渐转化成为合成词素的词，往往也都是语言中使用频率极高的双音节合成词。若从词汇系统中的地位来看，这些词还都属于基本词汇。基本词汇在现代汉语中的普遍性、稳固性和构造新词的基础这三个特点，不仅使得词的多义性增强，也同样使得现代汉语基本词的内部结构的凝固性大大提升，转化为合成词素的可能性也大大增强。

　　至于单义合成词素比例居高的原因，主要有两个方面：一是基本词汇里有较多的单义合成词转化而为合成词素。比如"安全""保护""保温"一类，这些词在语言中有较高的使用频率，所以很容易转化为合成词素，进而构造结构复杂的复合词。另一个原因是，一些专门术语在口语中虽然不一定有较高的使用频率，但是在相关学科理论体系里却是一个最

基本的合成词，因此也完全可能转化为一个合成词素，构造结构更为复杂的一系列合成词。比如"细胞"就是生命科学里最基本的术语之一，由此进一步构造了"细胞膜""细胞质""细胞核""细胞壁""白细胞""红细胞""靶细胞"等词。"元音"和"韵母"都是语音学的术语，也可以转化为合成词素，构造出"半元音""鼻化元音""复合元音""单韵母""复韵母""鼻韵母"等词。"粒子"和"射线"是物理学术语，由此又可以构造"α粒子""β粒子""α射线""β射线""γ射线""阴极射线"等。"寒带""温带""极圈"也都是地理学术语，也都可以转化为合成词素，分别和词素"南""北"组合，构成"南寒带""南温带""南极圈""北寒带""北温带""北极圈"等词。

第三节　现代汉语合成词素的构词特点

不同语义类型的合成词素，在构词能力上是有区别的。

就单义的合成词素而言，因为只有一个义项，无疑都可以构造结构复杂的合成词。因为不这样，也就不成其为合成词素了。但是不同的单义合成词素，构词能力还是不一样的。有的单义合成词素，构词能力就很强，有的就很弱，只能构造一两个合成词。比如，前面所举的"安全"，作为合成词素，可以构造"安全线""安全岛""安全门"等8个合成词。"保温"，作为合成词素，只能构造"保温杯""保温瓶"这两个词。而像"罢免"，作为一个合成词素，只能构造一个"罢免权"。

合成词素构词的特点，首先可以从其与义项的不同联系上表现出来。

有的合成词素，尽管是个多义的词素，但却不是每一个义项都可以用于构造结构更为复杂的合成词，往往只在某一个义项上有着构词能力。甚至可以认为，一个多义的合成词素往往只有一个特定的义项可以构造合成词，体现出合成词素的不同义项在构词能力上具有不平衡性的特点。比如："代表"具有五个义项：①由行政区、团体、机关等选举出来替选举人办事或表达意见的人。②受委托或指派代替个人、团体、政府办事或表达意见的人。③显示同一类的共同特征的人或事物。④代替个人或集体办事或表达意见。⑤人或事物表示某种意义或象征某种概念。这五个义项中，只有义项③可以构造三音节合成词"代表作"，意思是"指具有时代意义的或最能体现作者的水平、风格的著作或艺术作品"。其他四个义项上就没有构造相应的多音节合成词。可见，多义合成词素的不同义项在对应所构造出的三音节合成词的数量上有不小的差别。

有些多义合成词素，不同的义项可以分别用于构造不同的多音节合成词。比如，"辩护"有两个义项：①为了保护别人或自己，提出理由、事实来说明某种见解或行为是正确合理的，或是错误的程度不如别人所说的严重。②在刑事诉讼中，犯罪嫌疑人、被告人及其辩护人针对控告进行申辩。"辩护"转化为合成词素，可以构造出"辩护人""辩护权"，"辩护士"。在"辩护人""辩护权"这两个词里，"辩护"使用的是义项②，而在"辩护士"里，"辩护"则使用了义项①。这也就是说，不同的义项，所对应的合成词是不一样的。这样的合成词素再如："功夫"有三个义项：①本领；造诣。②指武术。③同"工夫"。义项①可以构成"吃功夫"，义项②可以构成"功夫片""功夫片儿"，义项③可以构成"功夫茶"。

合成词素的构词特点同样也表现在自身的构词能力上。

观察分析合成词素的构词能力，可以有两个角度：一是合成词素与其他单音节词素的组合情况；二是某些特定的单音节词素与不同的合成词素的组合情况。

首先，就合成词素与单音节词素的组合能力来看，某一个合成词素，如果能与较多的单音节词素组合，构造数量较多的多音节合成词，就说明这个合成词素的组合能力较强。如"电子"，用做合成词素，可以构造出"电子版""电子管""电子眼""电子表""电子流""电子枪""电子琴""电子束""电子战"等结构复杂的三音节词。而一些合成词素，如果只能构造一两个合成词，说明其构词能力较弱。如："董事"，作为合成词素，只可以构造"董事会""董事长"两个词。"差旅"，作为合成词素，也只能构造"差旅费"一个词。这表明，不同的合成词素构词能力有强弱之别。

其次，也可以反过来看，一些单音节单纯词素显示出与合成词素具有超强的组合能力，可以与较多的合成词素组合为三音节合成词。这样的例子常见的就有 26 个。如"打""大""不""半""超""吃""反""副""赶""开""老""冷""零""闹""内""轻""重""热""软""耍""铁""小""性""学""总""做"。比如，由"大"与合成词素组成的词，仅三音节的就有 45 个："大白菜""大暴雨""大动脉""大肚子"

"大多数""大革命""大合唱""大后方""大后年""大花脸""大环境""大黄鱼""大家庭""大静脉""大舅子""大块头""大老婆""大熊猫""大拇指""大排行""大篷车""大前年""大前提""大前天""大人物""大扫除""大少爷""大舌头""大师傅""大手笔""大踏步""大提琴""大同乡""大无畏""大五金""大行星""大循环""大元帅""大约摸""大杂院儿""大丈夫""大轴子""大主教""大庄稼""大自然"。其他单音节单纯词素与合成词素的组合能力也不弱。如：由"闹"构成的三音节合成词就有"闹别扭""闹洞房""闹肚子""闹饥荒""闹乱子""闹脾气""闹情绪""闹嚷嚷""闹笑话""闹新房""闹玄虚""闹意见""闹意气"。这样的单音节单纯词素在所构成的多音节合成词中，都显示出定位性的特点。

当然也有少量的四音节合成词，是由两个合成词素构造而成的，如"顶头上司"，就可以看成是由"顶头"和"上司"两个合成词素组合成的。"超级市场"可以认为是由"超级"和"市场"两个合成词素组成的，其中"市场"可以另外构成"市场经济""市场机制""市场调节""世界市场"等多音节复合词。

再从合成词素所构造出的结构复杂的合成词的内部结构关系来看，主要也就两大类：偏正型和述宾型。偏正型占绝大部分，可达80%以上；而述宾型约占15%。

第四节　现代汉语合成词素的语义分析

合成词素进入构词，其原有的义项在所构成的合成词里会发生各种不同的变化，词汇意义也随之会有不同的变化类型。主要有以下几种不同的情况。

常见的情况是，合成词素的一个义项在进入合成词以后，一个义项仍然对应一个义项，而且词汇意义保持不变，如"细胞"，其词汇意义是"生物体结构和功能的基本单位，形状多种多样，主要由细胞核、细胞质、细胞膜等构成。植物的细胞膜外还有细胞壁。细胞有运动、营养和繁殖等功能"。作为合成词素进入"刺细胞""细胞壁""细胞质""细胞核""细胞膜""细胞质""细胞器""干细胞""红细胞"后，原有的义项都没有发生变化，词汇意义也都是一致的。

　　一些多义合成词素，原本具有几个义项，构成合成词后同样具有几个义项，并且各个义项之间可互相对应。如："出发"作为多义词有两个义项："①离开原来所在的地方到别的地方去。②考虑或处理问题时以某一方面为着眼点。"而由合成词素"出发"构造的合成词"出发点"也同样具有两个义项："①旅程的起点。②最根本的着眼的地方；动机。"两相比较可以看出，二者在词汇意义上正好完全一一对应。"动脉"①把心脏中压出来的血液输送到全身各部分的血管。②比喻重要的交通干线。"大动脉"①指主动脉。②比喻主要的交通干线。"代理"与"代理人"；"公式"与"公式化"也都有两个义项，并且也都一一对应。

　　同样还有这样一些合成词素，其原有的词素意义与它作为构词成分构成新的合成词以后的意义是完全一致的。比如："折扣"与"打折扣"，"照面儿"与"打照面儿"都有两个义项：①面对面地相遇。②露面；见面（多用于否定式）。二者完全对应。"哑巴亏"与"吃哑巴亏"保持同义。都是"吃了亏无处申诉或不敢声张"的意思。"牛皮"虽然有两个义项，但在"说大话"这个义项上与单义的"吹牛皮"也完全等义。"冷战"与"打冷战"，"冷颤"与"打冷颤"也都保持了同义。"黑锅"与"背黑锅"也完全等义，"杂院儿"与"大杂院儿"也保持了意义上的一致。"夜作"与"打夜作"意思一样，也都指"夜间工作；做夜工"。

　　有的合成词素，原本有多个义项，在构成另一个合成词后，其整个词义与合成词素原本具有的某个义项恰好完全等同了。如"裁判"有三个义项：①法院依照法律，对案件做出处理，分为判决和裁定两种。②根据体育运动的竞赛规则，对运动员竞赛的成绩和竞赛中出现的问题做出评判。③在体育竞赛中执行评判工作的人。①②都表示动作意义，③指称动作的执行者，而当构造成为"裁判员"之后，整个词的意义就只有名词性的指称意义，也就是"裁判"的指人意义③。再如，"病原"有两个义项：①病因。②指病原体。这与"病原体"的义项②也保持了一致。"白菜"的两个义项：①一年生或二年生草本植物，叶子大，花淡黄色。是常见的蔬菜。品种很多，有大白菜、小白菜等。②特指大白菜。义项②与"大白菜"也完全同义了。

　　一些合成词素原本是多义的，可是在构成合成词后，整个合成词的词义只能与合成词素中的某个义项具有一致的对应关系了，如"秋风"的义项②与"打秋风"，"通关"的义项①与"打通关"，"招呼"的义项②

"用言语或动作表示问候"与"打招呼"的义项①又同义了。

　　有的合成词素，原有几个义项，在构成新的合成词后，其原有的义项和新的合成词的义项数量是相同的，并且有一部分义项完全一致，有一部分义项又有区别，显示出同中有异、异中有同的特点。比如："杂烩"变成"大杂烩"以后，这两个词的义项①是一样的，都指"用多种菜合在一起烩成的菜"。而义项②则不全相同。"杂烩"的义项②"比喻杂凑而成的事物"，"大杂烩"的义项②"比喻把各种不同的事物胡乱拼凑在一起的混合体（含贬义）"，两者大体相同，但也还是略有区别。

　　有的合成词素，原本义项或比较单一，或比较具体；可是在构造成合成词素以后，却可以变为一个多义的合成词了，词的义项也由此变得更为抽象了。"公务"原是单义的，就是"关于国家的事务；公家的事务"。而由它所构成的"公务员"，却具有两个义项：①政府机关的工作人员。②旧时称机关、团体中做勤杂工作的人员。"线条"本有两个义项：①绘画时勾的或曲或直、或粗或细的线。②人体或工艺品的轮廓。虽是多义的，然而两个义项都很具体。而由它所构成的"粗线条"，就是含有三个义项的合成词了。意思是：①指笔道画得粗的线条，也指用粗线条勾出的轮廓。②比喻粗率的性格、作风或方法。③比喻文章粗略的构思或叙述。这三个义项中，除了第一个义项表义比较具体以外，其余两个比喻义就都比较抽象了。

　　前面说过，不仅多义合成词素的不同义项所显示的构词能力存在差异，具有不均衡性的特点。即便是同一个单义的合成词素在其所能构造出来的合成词中也同样有差异，同样具有不均衡性的特点。合成词素在以某个特定的义项进入构词以后，所构造的合成词不同，显示出来的单义还是多义的情况也不一样，有的仍为单义，有的就是多义的。比如："安全"，是个单义的合成词素，意思是"没有危险；不受威胁；不出事故"。而当这个意义作为合成词素的义项用于构成合成词"安全带"和"安全线"时，所构成的词却都是多义的。"安全带"获得了两个义项：①高空作业时对身体起固定和保护作用的带子。②飞机和机动车座位上安装的对身体起固定和保护作用的带子。"安全线"则获得了三个义项：①为维护秩序、保证安全而画的或拉起的禁止越过的线。②江河等堤岸上画的指示警戒水位的线。③指价格、利率等方面保障经济发展安全的某种制度。而同样由合成词素"安全"的这个义项参与构造的合成词"安全玻璃""安全岛""安全门""安全套",却又都是单义的。安全玻璃:钢化玻璃、夹层玻璃、夹丝玻璃等的统称。不易破裂,有的破裂时碎片也不易散落。多用于交通工具和高层建筑的门窗。安全岛:马路中间供行人穿过时躲避车辆的地方。安全门:太平门。安全套:指避孕套。因避孕套有避孕和防止性病传播的作用,所以也叫安全套。

也有的合成词素,原本义项比较多,是个多义的合成词素,在进入三个音节的合成词以后,其义项变得具体而单一,如"大陆"本有两个义项:①广大的陆地。②特指我国领土的广大陆地部分(对我国沿海岛屿而言)。在构造为"次大陆""大陆岛""大陆架""大陆坡"之后,都只显示义项①的意义,而不显示义项②的意义。又如:"脸皮"原本有三个义项:①脸上的皮肤。②指情面。③指羞耻的心理,容易害羞叫脸皮薄,不容易害羞叫脸皮厚。而构成"刮脸皮"之后,就变为单个义项,"用手指在脸上划,表示对方不知羞耻"。这与合成词在具体语境中的由多个义项变为单个义项的特点是相一致的。

有的多义合成词素,可以凭借着各自不同的义项分别构造结构复杂的合成词,如"处女"现有两个义项:①没有过性行为的女子。②比喻第一次的。这两个义项也都可以用于构造合成词。在构造"处女膜"时,用的是本义;而在构造"处女地""处女峰""处女航""处女作"时,显然,使用的是比喻义,也就是"第一次"。其中,"处女航"也是个多义词,既可以指"轮船或飞机在某航线上第一次航行",也可以指"新制成的轮船或飞机第一次航行"。这两个义项也都显示了合成词素"处女"的比喻义。

"冲击"原本具有三个义项:①(水流等)撞击物体。②冲锋。③比喻干扰或打击使受到影响。但是只有义项①可以作为合成词素的义项进入合成词之中,形成"冲击波",而现今"冲击波"已经具有三个义项,从而变为一个多义词。①通常指核爆炸时,爆炸中心压力急剧升高,使周围空气猛烈震荡而形成的波动。冲击波以超声速的速度从爆炸中心向周围冲击,具有很大的破坏力。是核爆炸重要的杀伤破坏因素之一。②指由超声速运动产生的强烈压缩气流。③比喻使某种物体受到影响的强大力量。

也有这样的合成词素,由它所构成的合成词还是同义。如"兄弟"作为合成词素构成的"把兄弟"和"盟兄弟"都指"结拜的弟兄。年长的称把兄,年轻的称把弟。"由"板子"作为合成词素构成的"挨板子"

和"打板子"也是一对同义词，都指"被人用板子责打，比喻受到严厉的批评或处罚。"不同的是"挨板子"带有被动义，而"打板子"带有主动义。用"草帽"作为合成词素构成的"草帽缏"和"草帽辫"也都是同义词，都是"用麦秆一类东西编成的扁平的带子，是做草帽、提篮、扇子等的材料"。"拉肚子"和"闹肚子"也都是指"腹泻"。其他如"打把势"和"打把式"，"打冷战"和"打冷颤"虽然也是同义词，但主要是由于词内所含的合成词素"把式"和"把势"，"冷战"和"冷颤"为同义关系所致。这与由同一合成词素形成的同义词是不同的。以下一些多音节合成词也都是同义词。"上半天""前半天""上半晌""前半晌"；"下半天""后半天""下半晌""后半晌"；"上半夜""前半夜"；"下半夜""后半夜"。这些三音节词之所以能够构成同义词，主要是由于每一组词内所含的合成词素同一或同义所致。"南豆腐"和"嫩豆腐"，"老豆腐"和"北豆腐"等也都是同义词。

由合成词素所构造的合成词，词的理据性一般都比较突出明显，往往可以将合成词素的意义和另一构词成分的意义直接加合就可以得出。比如"代理"是"受当事人委托，代表他进行某种活动，如贸易、诉讼、纳税、签订合同等"。"代理人"就是"受当事人委托，代表他进行某种活动（如贸易、诉讼、纳税、签订合同等）的人"。"当家"是"主持家务"。"当家的"就是"主持家务的人"；"主持寺院的和尚"；"指丈夫"。"上班"是"在规定的时间到工作地点工作"。"上班族"就是"指在机关、企事业单位工作的人。因为这些人需要按时上下班，所以叫上班族"。显然，合成词素所构成的词，理据都比较明显。

当然，有些合成词素所构成的词在与合成词素意义完全相同的情况下，就导致了另一构词成分的词汇意义临时隐匿，这样的词更容易凸现其理据性。比如"黑锅"与"背黑锅"；"夜作"与"打夜作"；"哑巴亏"与"吃哑巴亏"；"照面儿"与"打照面儿"也都属于这种情形。这些词中的动词素"背""打""吃"的意义都临时隐匿了。

"明珠"和"夜明珠"的情况有些相反。"明珠"现在一般用于比喻珍爱的人或美好的事物，是抽象意义。而"夜明珠"指古代传说黑暗中能放光的珍珠，这是具体的意义。很可能是由于词汇发展过程中，"夜明珠"先出现，之后受双音化的制约，发展为双音节的"明珠"。这样就出现了由具体的词汇意义转变为抽象的词汇意义，由本义引申为比喻义的历史发展。如同先有"电冰箱"、"电冰柜"、"电视机",然后再出现"冰箱""冰柜"和"电视"一样。因此,"明珠"和"夜明珠","冰箱"和"电冰箱","冰柜"和"电冰柜","电视"和"电视机"这样的词汇现象就不是合成词素构词的问题了,不属于我们这里的讨论对象。

　　从合成词素所构成的复合词的义项数量上看,以单义词为主,多义词就很少。以构造多音节合成词数量较多的"安全"为例,由"安全"为合成词素构成的合成词中,只有"安全带""安全线"是多义词,其余"安全玻璃""安全岛""安全门""安全套""安全剃刀""安全系数"等都是单义词。至于由"安乐"构成的"安乐死""安乐椅""安乐窝";由"面子"作为合成词素构成的"爱面子""碍面子""丢面子""驳面子""给面子"则都是单义词。翻检《现代汉语词典》音序 A 部的所有由合成词素构成的词,一共有 45 个,多义词也就 2 个,其余 43 个则都是单义词。就是说单义词占到 95.6% ,而多义词仅占到 4.4% 。单义词与多义词的比例为 21.5 ∶1。

第十三章

现代汉语词素意义的动态分析

作为静态存在的词素，还只是一种现成的语言材料，是语言的备用单位，也是一种模式。在这种情况下，词素的内容，即词素意义，还只是一种语言意义，这种语言意义带有一种普遍性的特点。这样，它所具有的很多个别属性及特征由于没有足够的语境条件就不大能比较清楚地显示出来。从下面的举例分析中，便很容易明白这一点。

"浮"作为静态词素，它有一个义项是指"停留在液体表面上（跟'沉'相对）"，可是在由它构成的复合词"下浮"中，它的词素意义显然又不同于这个义项了。"鸡"作为静态词素，《现代汉语词典》释义为："家禽，品种很多，嘴短，上嘴稍弯曲，头部有肉质的冠。翅膀短，不能高飞。也叫家鸡。"可是在由它构成的复合词中，"素鸡"，根本就不是什么"鸡"了，甚至不是动物，而仅仅是指一种豆制品。即便都是"鸡"，"养鸡厂"的"鸡"应该是活的，"烧鸡"的"鸡"则一定是死的，也有死活之别。可见同一个词素，进入复合词之后，意义也或多或少有些变化。这与静态的词素义有很大差别。

所以如此，就是因为词素意义有高度的概括性、抽象性。词素意义反映客观事物现象时，总是要从客观世界中抽象出最根本的一般的共同特征，而舍弃了一些个别的特征和属性。而当词素与词组合成复合词时，它们就比较容易跟具体事物建立起具体的联系。这样，原先在概括过程中被舍弃了的特征属性，即没有被反映到静态词素意义之中的部分属性特征就有可能得以显现，从而强化凸现了个别特征，导致静态词素意义发生不同程度的变化。这些由于构词的组合变化而出现的个别具体意义，相对于静态词素意义来讲，可以说是一种变体。它们与静态词素意义之间存在着一种共性和个性、普遍性与特殊性、一般和个别的关系。所有的个别的具体的、特殊的意义，都是以它的静态词素意义为核心的，并在这个基础上得以产生。

这就告诉我们，完全可以换一种方法，把静态的词素用于构词造词，让这些现成的语言材料彼此互相组合，形成组合体，也即复合词，再通过对这些词素组合为复合词的具体过程的观察和分析，在动态语境中研究并揭示词素意义在静态中潜隐着的很多具体的个别特点。这种方法我们称之为动态分析法。用这种方法对词素意义所作的观察和分析，就是下面我们要讨论的词素意义的动态分析。

词素意义的动态分析之所以要观察由词素组合成的复合词，这是由词素这种语言单位在语言体系中的地位和作用所决定的。我们已经知道，词素作为一级语言单位，处于词这种语言单位的下一层次。在词素、词、词组、句子、句组这五级语言单位中，词素只能与词发生结构上的关系。词素的作用是构词造词，词也只能由词素构造而成。根据这一基本原则，我们要想在动态情况下考察词素意义的具体个别特点及其变化规律，就只能联系词素构词造词这一复杂的组合过程本身，即它的动态语境，借以考察这一组合的最终产物，即由词素构成的复合词。

对词素意义所进行的动态分析，其中要使用的一种很重要的方法是比较法。即比较词素在进入复合词前后意义内容上的不同，找出词素在静态中的意义与在复合词中的意义上的差异，由此对词素意义的动态变化类型、变化特点和规律进行描述。

由于词素意义包含了词汇意义、色彩意义和语法意义这样三个部分的内容。各个部分又都具有各不相同的性质，因此，在动态情况下，词素意义的词汇意义、色彩意义、语法意义所发生的变化也就存在程度上、形式上的不同。为了便于分析说明问题，我们将分章节依次从这三个方面对词素意义的动态变化进行观察。

第一节　词汇意义的动态分析

人们选用词素构词造词时，并非原封不动地照搬静态语言中模式化了的现成的词素，而是根据具体情况，按照意义需要的原则，并对词素意义作出适当的调整，进而组合成词。这种对词素意义的调整，表现形式多种多样，它可以是词素由多义变为单义，也可以是词素意义由指称类概念变为指称种概念，可以是词素意义从甲义转移为乙义，可以是词素意义在原义之上又附加上别的词素的意义，可以是静态词素意义在动态组合中完全消失，可以是词素意义中语义特征或增或减，还可以是词素意义由模糊变得明晰，或者与此相反，由明晰变得模糊。下面依次分析这些变化形式。

一　多义词素义项数的变化

词素意义在动态组合中，意义变化的第一种情形表现在义项数量的变化上。这种变化只发生在多义项词素之中。由于词素在静态中，可以是多个义项同时并存。而在进入复合词时，只能根据表意需要的原则，选取它的某一个义项，进而组合成词。这样，经过人为的选择取舍，进入动态之中的词素在义项上便有取有舍。取一个义项，同时舍去其余的义项。从理论上说，这样一来，静态存在的多义项词素进入动态之中便一律不存在。而只能是单义项词素了。这样的例子很多。比如，《现代汉语词典》中，词素"旧"有四个义项：①过去的，过时的（跟"新"相对）；②因经过长时间或经过使用而变色或变形的（跟"新"相对）；③曾经有过的，以前的；④老交情，老朋友。可以说，这四个义项正是词素"旧"在静态语言中的意义，它们是同时存在的，词素"旧"因而是多义项词素。但是一旦词素"旧"在用于构造复合词时，其动态词素意义就变得单一起来。比如，在构造复合词"旧事"、"旧制"、"旧时"、"旧闻"时，"旧"只选用了义项①；而在构造复合词"怀旧"、"念旧"、"有旧"、"故旧"时，"旧"则只选用了义项④。可见，无论是在哪一个复合词中，作为动态环境下的词素"旧"都只能是单义的，这与静态的多义词素"旧"截然不同。词素"旧"由多义变为单义的原因正在于它已经经历了人为的选择过程，并进入到动态的构词造词中。也就是说，是人们的造词活动使静态多义项词素变化为动态的单义项词素。

当然，也有一小部分多义项词素在进入构词环境之后，其义项仍可能不止一个，而是多个。当多义项词素在构造词时，如果它的意义不能由多个变为单一，就可能出现歧义。如"借"，在静态语境中就有"借进"和"借出"两个不同的义项。当它进入动态构成复合词"借款"之后，"借"也仍然可以有两种解释，"借进"或"借出"，这就造成了词素在动态语境中的歧义现象。

类似的例子还有：静态语境中，"口"有多个义项：①人或动物进饮食的器官；有的也是发声器官的一部分；通称嘴。②出入通过的地方。这两个义项都有可能同时出现于动态构词的语境之中，如由词素"出"和"口"构成的复合词"出口"。当词素"口"使用①义项时，"出口"的词义是"嘴巴说出话"；当词素"口"使用②义项时，"出口"的词义是"从建筑物或场地出去的门或口儿。"可见，在动态构词的范围内，词素"口"的多义造成的复合词的多义和歧义是客观存在的。如果词素同时有多个义项，那么，由它所构造的复合词的词义也完全可能有多个。这与句法范围内词的多义与歧义不同。在动态的组词造句范围内，复合词的多义和歧义是可以消除的。即使静态中的词有多个义项，当它一进入动态之中，也完全可以凭借语境的帮助变为单个义项，从而消除多义和歧义的可能性。如"出口"，在"出口伤人"、"出口成章"中，意思是"嘴巴说出话"；而在"车站的出口"，"会场的出口"中，则表示"从建筑物或场地出去的门或口儿"。这样，复合词"出口"就从在静态中同时有多个义项变成为动态组词造句中的只有单个义项了。

由静态到动态，多义项词素变为单义项词素还仅仅是词素的词汇意义在数量上的变化。

二　单个义项上的动态变化

词素意义在进入构词造词之后，不仅可以在义项的数量上发生由多个变为单一的动态变化；就是在同一个义项上，也可以发生各种各样的动态变化。

首先，单个的词素意义可以由在静态中表示一种类概念，变化为在动态中表示一种种概念。比如，"鱼"，《现代汉语词典》解释说："生活在水中的脊椎动物，体温随外界温度而变化，一般身体侧扁，有鳞和鳍，用鳃呼吸。种类极多，大部分可供食用或制鱼胶。"很明显，这时的静态词素意义中"鱼"是表示一种类概念，包括了所有种类的鱼。可是一旦用于构造复合词"鱼翅"、"鱼唇"时，"鱼"的词素意义就不同了。在这里，"鱼"由原来指各种鱼变为仅仅指"鲨鱼"。"鲨鱼"当然只是所有鱼类的一种。在复合词"鱼翅"、"鱼唇"之中，"鱼"的动态词素意义已经变成为仅仅表示种概念。这只是单个词素意义从静态到动态的一种变化形式。这种变化形式的例子又如，静态词素"品"有一个义项是"物品"。当它作"物品"解释时，词素意义表示了类概念，这是很明显的。

可是在构造复合词"赝品"时，"品"却变为仅仅指"文物"；在构造"补品"时，"品"又变为仅仅指"食品或药物"；在构造复合词"战利品"时，"品"又仅仅指"武器装备"；在构造复合词"印刷品"时，"品"仅指"书报和图片"；在"艺术品"中，"品"仅限于指"作品"；在"供品"之中，"品"又只限于"瓜果酒食"。无论是表示文物，药品或食品，武器装备，书报，图片，作品，还是瓜果酒食，这些意义都无一不是原来静态词素意义"物品"的一个具体的小类，一个种概念。词素"品"原有的静态词素意义"物品"与以上这些动态词素意义之间有一种上位义和下位义的关系。借用逻辑上的方法可以表述为，有一种概念上的属种关系。

单个词素意义由静态到动态的第二种变化形式是：由甲种意义变为乙种意义。这种情况可以叫做词素意义的转移。这类例子如："铁"，静态存在时，词素意义就是："金属元素，符号 Fe（Ferrum），银白色，质硬，延展性强，纯铁磁化和去磁都很快，含杂质的铁在湿空气中容易生锈，是炼钢的主要原料，用途很广。"可是在由它构成的合成词"铁路"、"铁笔"、"铁轨"之中，"铁"已不再是它原有的静态意义了，而是用了词素"钢"的意义。"钢"是"铁和碳的合金，含碳量 0.03%～2%，并含有少量的锰、硅、硫、磷等元素，是重要的工业材料"。很明显，"钢"的词素意义已经不同于"铁"的词素意义。因而像"铁"的词素意义由静态到动态的变化形式可以称为词素意义的转移。

与"铁"的词素有同样变化形式的还有"钢"，上文已说过了"钢"的静态词素意义，当"钢"用做构词材料构造复合词"钢精"，"钢精锅"时，"钢"又分明不是用它的静态词素意义了。在复合词"钢精"、"钢精锅"中，"钢"实际上又是指"铝"，"铝"则是另外"一种金属元素，符号 Al（Aluminum）。银色，质轻，化学性质活泼，延展性强，导电、导热性能好。是工业的重要原料，用途广泛"。很明显，"钢"的这一动态词素意义也已经不同于它的静态词素意义。这种变化同样也应该看做是词素意义的转移。

又如，"脚"的静态词素意义是"人或动物的腿的下端，接触地面支持身体的部分"。可是在动态组合中又出现了"国脚"这样的复合词，"国脚"中的"脚"显然已不是用的静态词素意义，而是指"足球运动员"。静态词素意义通过由部分转移为整体的方式变化为动态词素意义。

　　单个词素意义由静态到动态的第三种变化形式是：原有的词素意义基本不变，但在原有的词素意义上还要附加上别的词素意义。也就是说，这种词素意义原来只表示某一个词素的静态意义，进入到动态之后，变成为表示多个词素的意义了。例如，"长（zhǎng）"是个多义项词素，其中有一个义项是"领导人"，这是它的静态词素意义。可是当它作为词素，用于构造复合词"外长"时，"长"保留了它的静态词素义"领导人"，同时还因为"外"指"国家外交部"，"长"也附加了与此有关的意义内容。因此，在"外长"这个复合词构成以后，词素"长"发生了意义上的动态变化，它由原来只表示单个词素的意义"领导人"，变成了表示两个词素"部长"的加合意义。"长"的静态词素意义没有改变；由于"外"的关系，"长"又在动态构词中具有"部长"的意义。

　　再如，"卷"也是个多义项词素，其中有一个义项是"裹成圆筒形的东西"，这是它的静态词素意义，而当它用做词素进入动态之中，构成复合词"彩卷"时，"卷"除了保留其原有的词素意义之外，还要附加上另一部分意义："照相软片。"于是，"卷"的动态词素意义便成了"胶"、"卷"这两个词素意义的组合体"成卷的照相胶片"。

　　"邮编"之"编"，除了保留静态词素意义"编制"、"编排"之外，还附带有"号码"之意。"号码"又是词素"码"的静态词素意义。这就是说，"编"由静态进入到动态的造词"邮编"之中，代表了两个词素"编码"的加合意义："编制的号码"或"编排的号码"。

　　单个词素意义进入动态之中，要附带上其他词素意义，这种变化形式较多地见于用简缩法创造的新词之中，一般地说，利用简缩法构造新词，都是从原有的某个词组中提取出各个词中的有代表性的词素，同时舍去另外一部分词素，这样，被舍去的词素的意义就相应地各自转移到了保留下来的词素上，成为被保留词素的意义的附着物，共同体现简缩后的新词的词义。也正因此，由简缩法形成的新词与它原来的基础形式（某一词组）在意义上具有一致性。

　　跟上面第三种变化形式恰好相反的一种情况是：单个词素意义由静态进入到动态组合后，完全消失。这方面的例子突出地表现为，汉语中的偏义复词中的不表意词素。前面说过的"窗户"的例子便是。"户"在静态中的词素意义为"门"，而一旦进入到动态组合构成复合词"窗户"时，"户"的静态词素意义被减损，近乎为"零"。仅仅留下一个音节，起衬托作用，形成双音词。正是在这个意义上，俞敏先生称之为"化石语素"。其他如"物"、"记"，静态条件下都是有意义的词素，"物"指"东西"，"事物"；"记"指"把印象保持在脑子里"。可是在动态构词中，构成复合词"人物"、"忘记"时，"物"、"忘"原有的静态词素意义也都消失了。

以上所谈的四种情况都是发生在词素的一个义项范围之内，是词素的一个义项从静态到动态时所发生的整体变化。

三 增加部分语义特征

在动态构词中，静态词素意义也还可以通过增加部分语义特征的方式实现其动态词素意义。除以上情况外，汉语中也有很多单个词素意义，在由静态进入到动态时只是作局部的调整和变化，使静态词素意义只在部分语义特征上或增或减，由此形成动态词素意义。常见的主要有以下几类。

1. 增加"处所"语义特征

静态词素意义进入动态构词之中，显示出是另一词素意义所反映的事物存在的"处所"，从而附加上［＋处所］的语义特征。如"手"的静态词素意义是："人体上肢前端能拿东西的部分"；而在构成复合词"手表"时，"手"的词素意义中就增加了［＋处所］的语义特征，表示"表"这种计时器具是携带在"手这个部位"的。再如，"腰"的静态词素意义是"胯上胁下的部分，在身体的中部"，在构造复合词"腰带"、"腰鼓"时，"腰"的词素意义也增加了［＋处所］的语义特征，表示"带子缠束的位置是腰部"，"鼓"这种乐器是挂在腰间。

"手"、"腰"由静态进入到动态构词造词时，词素意义都附加上了［＋处所］的语义特征，这样才成了它们的动态词素意义。

2. 增加"领属"语义特征

有的词素，进入复合词之后，词素意义还要附加上［＋领属］这一语义特征，从而显示该词素意义所表事物对另一词素意义所表示事物的所有关系。例如："校"的静态词素意义是"学校"，当它用做构词材料构造复合词"校长"时，"校"的词素意义不仅保留了原有的内容，同时还增添了［＋领属］的语义特征，指明"领导人"是"属于某所学校的"。同样，"柳条"的"柳"除了带有静态词素意义之外，还附加上了一种［＋领属］的语义特征，表明它对词素"条"所指事物"枝条"的所属关系。

显然，"校"、"柳"进入动态构词之后，原有的静态词素意义中都附加了［＋领属］的语义特征。

3. 增加"功能"语义特征

有些词素，进入动态造词构词之后，词素意义在原义基础上，又附加了［＋功能］的语义特征，表示它所反映的事物在特定情况下所独有的功能。比如："水"的静态词素意义"最简单的氢氧化合物，化学式 H_2O。无色、无味、无臭的液体，在标准大气压下，冰点 0℃，沸点 100℃。4℃时密度最大，比重为 1"。而在构造复合词"脸水"时，"水"的词素意义又附加了"作清洗用"这一功能语义特征。在构造复合词"圣水"时，"水"的词素意义又附加了"（迷信的人）用于降福、驱鬼或治病"这一功能语义特征。在构造复合词"墨水"时，"水"的词素意义又增加了"写钢笔字用"这一功能语义特征。

又如，"线"的静态词素意义为"用丝、棉、麻、金属等制成的细长而可以任意曲折的东西"，而用于动态构词"电线"时，"电"的词素意义中又增添了新的功能语义特征"传导"，说明"线"的功能在于对电力起传导的作用。

像"水"、"线"这类词素，在由静态进入动态组合构词时，词素意义都要增加［＋功能］的语义特征。

4. 增加"材料"语义特征

有的词素，在进入动态构词造词时，一方面仍然保留了它的静态词素意义。另一方面又显出它反映的事物只是充当另一词素意义所反映的事物的构成材料，从而又增加了［＋材料］的语义特征，形成它的动态词素意义。前面说过，词素"水"在构造"脸水"、"圣水"、"墨水"等复合词时，临时增加了［＋功能］的语义特征。然而当它用于构造复合词"氨水"时，情况又不一样了。在这里，"水"是充当了一种溶剂，与氨气一起方才可以配制成溶液，因此，"水"成了一种构成材料。同样，在复合词"香水"之中，"水"也是这种物质的配置成分，是组成材料，与"香料"、"酒精"等一起，方才可以配制成化妆品。总之，"水"在这里都是与另外一个词素所反映的事物共同充当构成材料，构成由复合词义反映的事物。因而，作为静态词素意义的"水"进入动态组词时又临时增加了［＋材料］的语义特征。

　　同样，词素"铁"在用于构造复合词"铁甲"、"铁塔"时，词素意义也都相应地临时增加了［＋材料］的语义特征。

　　5. 增加"动作行为"语义特征

　　有的词素，进入动态构词时，要在静态词素意义上附加上某种具体的动作、行为，从而使词素意义又获得了一种表示"动作行为"的语义特征。比如："手"的静态词素意义在进入动态构词时，要先加上"抚摸"这样的动作行为，才可以构成复合词"手感"中"手"的动态词素意义；"首"的静态词素意义是"头"，可是在构成复合词"首肯"时，它的动态词素意义是"头微微向下一动"，很明显，这比静态词素意义增加了"微微向下一动"这么一个语义内容。

　　"手"、"首"这类词素用于构造复合词时，其静态词素意义都增加了［＋动作行为］这一语义特征。

　　6. 增加"环境"语义特征

　　有的词素，在动态构词时，在保留原静态词素意义的同时，又附带显示另一词素意义所反映的事物的存在环境，从而又增加了"环境"的语义特征。如，"水"在构成复合词"水鸟"时，静态词素意义没有变化，但临时又增加了语义特征，即这种动物所栖息生存的环境：水边或水面上，或水中，从而形成动态词素意义。"水雷"中的词素"水"，其动态词素意义还增加了"雷"这种爆炸武器的适用环境"水中"。"雪豹"之"雪"，一方面其静态词素意义仍未变化，还是"空气中降落的白色结晶，多为六角形，是气温降低到0℃以下时，空气层中的水蒸气凝结而成的"。另一方面又增加了一个语义特征："豹"这种猛兽生存的环境"高寒积雪地区"，形成了"雪"在复合词"雪豹"中的动态词素意义。

　　"水"、"雪"这类词素由静态进入动态之中，词素意义都临时增加了［＋环境］的语义特征。

　　7. 增加"原因"语义特征

　　有些词素，在动态构词中，除了保留其静态的词素意义外，同时又附加上了"原因"的语义特征，表明它所反映的事物现象是另一词素意义所反映的事物现象产生的原因。如"火"，静态词素意义指"物体燃烧时所发出的光和焰"；而在动态构词中，"火"可增加表"原因"的语义特征，构成动态词素意义，形成复合词"火伤"即"因火而造成的烧伤"。又如"血"，其静态词素意义为："人或高等动物体内循环系统中的液体组织，也叫血液。"可在复合词"血晕"中，"血"的动态词素意义中又附加了表"原因"的语义特征，表示"因血液流失过多而引起的晕厥的症状"。

同类的例子如：

血仇：因亲族被杀害而结下的仇恨。

雪盲：因雪地上反射的强烈阳光长时间刺激眼睛而造成的损伤，症状是眼睛疼痛，怕见光，流泪。

以上这些复合词中，词素"血"、"雪"都在其静态词素意义之上附加了［＋原因］的语义特征，才构成了各自的动态词素意义。

四　失落部分语义特征

前面谈到的七种情况都是静态词素意义在进入动态构词中增加部分语义特征的类型。与此相反，静态词素意义进入动态构词时失落部分语义特征的情况在汉语中也不少见。根据观察到的语料，归纳起来，不外乎以下几种情况。

1. 失落"材料"语义特征

有的词素，在进入动态构词时，其原有的静态词素意义中的表示"材料"的语义特征可能会脱落，而代之以另外一个词素意义中的"材料"的语义特征。比如，"纸"的静态词素意义是"写字、绘画、包装等所用的东西，多用植物纤维制造"。很明显，"纸"的静态词素意义中，"植物纤维"是它的"材料"语义特征。可是当它进入复合词"羊皮纸"的结构时，"纸"的"材料"语义特征已不再是"植物纤维"，而是由"羊皮"来充当了。所以"羊皮纸"是一种"用羊皮做成的像纸的薄片，用于书写"。又如"布"，静态词素意义为"用棉、麻等织成的可以做衣服或其他物件的材料。"很明显，"布"的静态词素意义中，"材料"语义特征是"棉、麻之类"，可是在由它构成的复合词"火浣布"中，其动态词素意义中"材料"的语义特征已不再是"棉、麻"，而是"石棉"（一种矿物）；在"塑料布"中，"布"的"材料"语义特征也不是"棉、麻"，而是"塑料"之类。

2. 失落"功能"语义特征

有些词素，静态词素意义中本来含有某种"功能"语义特征，可是进入动态构词时，原有的"功能"反而会失落，而被另外一个词素意义中的"功能"语义特征所替代。如"沙发",是指"装有弹簧或厚泡沫塑料的坐具,两边一般有扶手"。很明显,词素"沙发"的"功能"语义特征为"供人坐",可是在构造复合词"沙发床"时,"沙发"已不再具有"坐具"的功能特征,因为这一语义特征已经被"床"的功能语义特征"供人躺在上面睡觉"所取代。"沙发"在动态构词中只保留了静态词素意义中的"材料"语义特征,说明"沙发床"这种新式卧具采用了制作"沙发"的材料。至于原有的"功能",已不存在了。

又如"笔"作为静态词素意义"写字画图的工具",其"功能"语义特征是"写字或画图",而在动态构词"排笔"中,"笔"已不再具有这种功能语义特征,而代之以"油漆粉刷"之功能语义特征。"巾"的静态词素意义是"擦东西或包裹、覆盖东西的小块的纺织品,其功能语义特征是"擦东西或包裹、覆盖东西",而在构造复合词"毛巾被"时,"巾"只保留了静态词素意义中的"材料"语义特征"纺织品",说明"毛巾被"的质地与"巾"一样。至于它原有的"功能"语义特征已经失落,改由"被"来补充,即"供人睡觉用"。

以上各例中,词素"沙发"、"笔"、"巾"等在静态词素意义中的"功能"语义特征到动态词素意义中都失落了,而由另一词素意义中的"功能"语义特征来补充。

3. 失落"性状"语义特征

有些词素,静态词素意义中,含有某种属性、状态的语义特征,如性别、颜色等。可是在构成复合词时,由于动态的构词环境的限制,强制性地加上了一个词素单独表示某种属性、状态,这样,原有静态词素意义中的"性状"语义特征便失落了。比如,"妓"本指"妓女",其性别不言而喻,可是汉语社会中又偏偏构造了一个"男妓",一个"妓男"。很清楚,词素"妓"之本来的"女性"语义特征已经失落,而变成由"男性"来补充。

有的词素意义,本来表示某种颜色,在用于动态构词时,很可能临时失去原有的颜色属性。静态词素意义含有颜色语义特征,且变化最明显的是词素"墨"。"墨"本为黑色,如"墨水"、"墨汁",就是用的静态词素意义"黑色"。然而在构造复合词"红墨水"、"蓝墨水"时,很明显,"墨"原来的"黑色"自然已不存在,而分别由词素意义"红"、"蓝"来体现。

　　再如："白"，词素意义为"像霜或雪的颜色，是物体被日光或与日光相似的光线照射，各种波长的光都被反射时呈现的颜色（跟'黑'相对）"。可是在构造复合词"白酒、白醋"时，其动态词素意义中原有的"像霜或雪的颜色"已经改变和消失，因为这里的"酒"、"醋"实际上都是无色透明的。

　　其他如"金"，本有颜色，可在"金鱼"，尤其是在"红金鱼"、"黑金鱼"、"黄金鱼"的构造中，动态词素意义中已不再具有"金"的静态词素意义中的颜色语义特征。

　　以上各例，无论是失落性别语义特征，还是失落颜色语义特征，都可以看成是静态词素意义失落"性状"语义特征构成动态词素意义的情况。

　　4. 失落"指称"语义特征

　　有些词素本来的静态词素意义很明确，指称的对象也很清楚，但在有的复合词中，因为变成了动态词素意义，它的"指称"的对象反而失落了。比如："熊"，其静态词素意义为"哺乳动物，头大，尾巴短，四肢短而粗，脚掌大，趾端有带钩的爪，能爬树。主要吃动物性食物，也吃水果、坚果等。种类很多，如棕熊、白熊、黑熊"。这其中，"哺乳动物"，"棕熊"、"白熊"、"黑熊"等是指称对象，其余部分可以说是"对象特征"。可是在构造复合词"熊猫"和"猫熊"时，"熊"的动态词素意义中除保留了原有的外形特征外，其"指称对象"的语义特征也全都失落了。正是这种保留下来的外形特征成了我们理解"熊猫""猫熊"的复合词词义的联想线索，"熊猫"和"猫熊"也都是表示"像熊那样的猫"，也就不再指任何一种"熊"。

　　又如"瓜"，静态词素意义为"葫芦科植物的果实，如西瓜、南瓜、冬瓜、黄瓜等"。这里，"西瓜、南瓜、冬瓜、黄瓜等"都是"指称对象"，其余为它的"对象特征"，可是在"脑瓜儿"之中，"瓜"的静态词素意义已经发生了变化，原先的"指称对象"已经不存在了，而只保留了其部分外形特征，这充当了我们理解"脑瓜儿"这一复合词词义的联想线索。

　　同类的例子也较多，像"汗珠"、"雪白"、"血红"、"雪花"、"火苗"、"脑袋"、"石笋"等复合词中，词素"珠"、"雪"、"血"、"苗"、"袋"、"笋"的静态词素意义都同样是失落了"指称对象"的语义特征，而只保留某种外形特征或某种属性状态，才变成其动态词素意义的。

5. 失落"方式"语义特征

汉语中有这样一些词素，它们的静态词素意义中既有动作行为，又有动作行为所依赖的特定的方式。这种"方式"也是一种语义特征。在进入动态构词时，如果附加上一个专门表示动作方式的词素，由此而构成一个复合词，那么静态词素意义中原有的"方式"语义特征也就会随之消失。比如，"洗"的静态词素意义"用水去掉物体上面的脏东西"，在这里，"去掉脏东西"是"动作"语义特征，而"用水"是"方式"语义特征。由"洗"构成的复合词"干洗"，"洗"的原有的方式语义特征"用水"已经没有了，而变成"用汽油、煤油"的方式。"烫"的静态词素意义"利用温度高的物体使另一物体温度升高或发生其他变化"，而在构成复合词"冷烫"之后，烫的动作方式"利用温度高的物体"这一语义特征也随之消失了，而代之以"用药水"的方式，即不用"热能"的方式。"授"的静态词素意义是"手把手或面对面地把知识或技能传给人"，"方式"是"手把手或面对面进行"；可是"函授"的"授"就不是这样了，在这一动态构词中，表方式的语义特征"手把手或面对面进行"已经失落，而换成了由词素"函"所反映的方式"以通信方式进行"，在"刊授"中，则改为"以刊物辅导的方式进行"。所以，"授"原有词素意义中的"方式"语义特征已全部失落了。

6. 失落"环境"语义特征

有一些汉语词素，其意义内容中本来含有表示存在环境的语义特征。如"船"是"一种运输工具，主要在水上行驶"。可是在构成复合词时，其动态词素意义就有所变化了，其静态词素意义中的"环境"语义特征，可能因为另外的词素意义所提供的"环境"的干扰而不复存在。"船"在构成"宇宙飞船"时，其原有的"环境"语义特征"在水上"就已经丧失，而改为由"宇宙"提供的"太空"环境，动态词素意义改变了静态词素意义中的"环境"语义特征。

又如"艇"是"比较轻便的船"，其环境语义特征是"在水上"，然而由它构造的复合词"飞艇"却是一种飞行工具，其动态词素意义中已失去了原有的"环境"语义特征"在水上"，而改为"在太空"。又如"岛"，静态词素意义是"海洋里被水环绕，面积比大陆小的陆地"，"湖里、江河里被水环绕的陆地"。其"环境"语义特征是"四周被水环绕"；而在构造成"安全岛"（马路中间供行人穿过时躲避车辆的地方），"交通岛"（道路中间的圆形小平台，警察站在上面指挥交通），"方言岛"等复合词时，"岛"在静态词素意义中原有的语义特征"四周为水环绕"已都不存在。可见汉语中确实存在词素意义失落"环境"语义特征的现象。

以上所述是词素意义在动态构词中失落语义特征的几种常见情形。词素意义中究竟有多少种语义特征会在动态的构词中失落，尚有待于更进一步研究，这里只是举例性地概括分析了几种常见类型。

五　词素意义性质特点的变化

以上所谈还只是限于词素的词汇意义在内容上的变化，其实，在静态词素意义变化为动态词素意义之后，词素意义的性质特点也会随之发生不同程度的变化。这种变化主要表现为以下几个方面。

1. 由明晰变得模糊

有的词素，静态词素意义所指的事物很具体，也比较单一，所以意义较为清楚明晰，很容易明白，可是进入复合词之后，由于动态的语境作用，或是词素意义内容在整体上的变化，或是由于词素意义的某些语义特征产生了或增或减的变化，其动态词素意义在指称事物方面就远不如静态词素意义来得明晰，其所指称的事物往往变得很抽象、很模糊。比如，"胃"是"人的消化器官的一部分"，"口"则是"人或动物进饮食的器官"，所指事物都很具体明确；然而在动态构词"胃口"中，"胃"和"口"所表示的都已不是具体的器官，而只是与之有关的"食欲"、"人对进食的要求"，是一种心理活动。如此，静态词素意义中的具体明晰的意义就变得抽象模糊起来。与此同类的尚有："手脚"、"口舌"、"首脑"等复合词中的词素，静态词素意义都比较明晰具体，可具体到动态词素意义反倒抽象模糊了。

又如，"跑"，静态词素意义指"两只脚或四条腿迅速前进"，可是在"跑题"、"跑调儿"、"跑光"、"跑电"、"跑片儿"中，"跑"的动态词素意义显然已经不是"两只脚或四条腿"在迅速前进，至多只保留了"离开原先所在的位置"这一语义内容。这样，"跑"在动态词素意义中，其适用范围也不一定限于有生命的人或物，关涉对象也并非限于人或其他动物，因而使词素意义具有了一定的模糊性。

又如"半"，静态词素意义就是指"二分之一"，意义很明确，可是当它用于构造复合词"下半旗"、"半文盲"、"半成品"、"半自动"、"半空"、"半死"时，"半"的动态词素意义就很不一样了。"下半旗"的"半"实际上是"国旗降至离杆顶约占全杆三分之一的地方"，不是"二分之一"。至于"半文盲"、"半成品"、"半自动"、"半空"、"半死"中的"半"就更没有明确的数量概念了，更显得抽象和模糊。[①]

静态词素意义所以会由具体变得抽象，由明晰变得模糊，是因为静态词素意义在指称具体的人或事物时较为直接。而在动态词素意义中，由于增减了一部分语义特征，或者词素意义的内容有了一定程度的变化，这样，对人或事物现象的反映就变得较为间接。由静态词素意义的较为直接的反映变为动态词素意义的较为间接的反映，这就在一定程度上增加了模糊度，使动态词素意义变得相对模糊起来。

2. 由抽象变得具体

汉语的词素意义在动态变化中，变化复杂，表现形式多种多样。有的词素，静态意义上往往比较空灵、抽象、模糊，其词汇意义所对应的概念往往也只表示事物的一般特点，因人们认识上的差异，概括的程度比较高，客观事物本身又有一定的模糊性，因而比较抽象、模糊。这种情况下，词素的词汇意义所对应的概念内容之中，其所包含的同类事物的性质的内涵要少得多，但其外延较广。进入动态组合之后，词素意义则因为语义特征的增减变化，或是因为整体上的调整，其对应的概念内涵就变得较为丰富，这就使其原先对应的概念的外延大大缩小，词素意义也因此由较为抽象概括而变得比较具体单一。

比如，"水"的静态词素意义为"最简单的氢氧化合物，是一种无色，无臭，无味的液体"。汉语中因为与"水"有关的事物很多，所以就用"水"作为词素构造出了很多复合词，来反映这些具体事物。试列举一部分：

氨水	白水	白开水	茶水	淡水	废水
地下水	腹水	泪水	钢水	冷水	沥水
凉水	流水	卤水	露水	半泔水	墨水
奶水	脑积水	逆水	汽水	镪水	泉水
软水	山水	圣水	十滴水	双氧水	生水

---

① 张志毅、张庆云：《义位的模糊性》，《烟台师范学院学报》（哲学社会科学版）1994 年第 1 期。

顺水	死水	甜水	铁水	香水	香蕉水
血水	盐汽水	羊水	药水	饮水	硬水
油水	蒸馏水	雨水	汁水	重水	自来水

以上这些由"水"构造出来的复合词，由于"水"的动态词素意义中已经增加了许多内容，就把不同来源、不同性质、不同用途、不同成分、不同处所的"水"都表现出来了。相对于静态意义的"水"，就显得较为具体明白了。

又如："热"，是"物体内部分子不规则运动放出的一种能"。物质燃烧都能产生热。如果从数量上看，"热"的词素意义也是相当模糊的。从二三十度的天气之"热"到几亿度的"热核反应"之"热"，都是"热"。所以，静态词素意义中的"热"，意义是很模糊的，然而这些词素一旦用于构造复合词时，其意义便相对明确起来。如，"热天"之"热"一般为 $26 \sim 40℃$，"炎热"为 $30 \sim 40℃$，"低热"为 $37.5 \sim 38℃$，"热带"为 $40 \sim 76℃$（限于南北回归线之间的地区），"热水"为 $40 \sim 100℃$，"红热"为 $500 \sim 1200℃$，"白热"为 $1200 \sim 1500℃$，"热核反应"为 5000万 ~ 几亿℃。[①] 相对于原先的静态词素意义来讲，这时的动态词素意义就具体明确得多了。

综上所述，词素意义由静态进入动态，仅仅是词汇意义就要发生以上各种各样的变化。正是由于以上这些丰富多彩的变化形式，使得汉语有限的词素能以其所有的静态词素意义，进一步构成无限的复合词的所有意义。

第二节　色彩意义的动态分析

词素从静态到动态，除了在词汇意义方面发生种种变化，还可以在色彩意义上发生一系列变化。一般说来，在动态构词中，词素的色彩意义发生变化的方式主要有以下几种：由中性色彩变化为显性色彩（或者说是色彩意义的扬升变化），由显性色彩变为中性色彩（或认为这是色彩意义的抑降变化），由甲类显性色彩变为乙类显性色彩，由一种显性色彩意义

---

① 张志毅、张庆云：《义位的模糊性》，《烟台师范学院学报》（哲学社会科学版）1994 年第 1 期。

变化为多种显性色彩意义。下面，我们将逐一分析。

一　由中性色彩变化为显性色彩

所谓中性色彩，是指一般情况下色彩意义显示得不明显，比较隐晦。所谓显性色彩，是指色彩意义能够明确地显示出来。以人们常说的感情色彩为例，一般的情况，如果词素意义中不带有褒贬、好恶、优劣、是非、憎爱等倾向或主观评价等意义内容，就可以叫做中性色彩。反之，如果词素意义中带有所谓褒贬、好恶、优劣、是非、憎爱之倾向或主观评价等意义内容的，就是显性色彩。不仅感情色彩可以区分为中性和显性两种，其他如民族色彩，地方色彩，形象色彩等也都可以按上述原则区分为中性和显性两种。

词素意义由静态进入到动态之中，本来可能是中性色彩，但由于构词造词的需要，而有可能在不同的场合，不同的条件下带上不同程度的色彩意义。例如"黄"，《现代汉语词典》的释义是："像丝瓜花或向日葵花的颜色。""黄"作为一个词素在表示颜色这个意义时，本身不带有任何优劣、好恶、高下、褒贬的意义内容，它只是反映一种客观事实，一种客观存在，从这个意义上说，它的色彩意义是中性的。可是一进入到动态构词中，"黄"的词素意义立刻就有了明显的变化。当它用于构造复合词"黄灿灿"、"黄澄澄"、"黄花女"、"黄金"、"金黄"、"嫩黄"时，"黄"就获得了一种褒扬的感情色彩。而在构成复合词"黄疸"、"黄病"、"黄粱梦"、"黄毛丫头"、"黄牌"、"黄泉"、"黄毒"、"黄鼠狼"、"黄汤"、"黄癣"、"苍黄"、"昏黄"、"蜡黄"、"扫黄"、"黄色（特指色情）"时，"黄"又带上了贬降否定的感情色彩，无论是带上褒扬的感情色彩，还是带上贬降的否定的感情色彩，都可以认为是一种显性色彩。与静态中"黄"的中性色彩意义相比较，这时"黄"的色彩意义已很明显地扬升为显性色彩。如果把原先静态中"黄"的色彩意义视为零度色彩，那么"黄"的色彩意义的动态变化就是色彩意义的扬升，呈现出显性色彩意义。

又如："讲"有"讲求"的意思，单独看，色彩意义并不明显。而当它出现于"五讲四美"、"五讲四美三热爱"这两个习惯用语中时，情况就不同了。由于这两个习惯用语概括了我国人民在社会生活中总结出来的关于社会主义精神文明建设的行为规范，是对"讲文明"、"讲礼貌"、

"讲卫生"、"讲道德"、"讲秩序"的简称，并且又与本有显性色彩意义的词素"美"相提并论，所以也就获得了显性的感情色彩，而这种感情色彩的显现正是由于搭配构词才实现的。

以上谈的是感情色彩由中性到显性的变化。其他如地方色彩也有这种变化情况。"徽"在指徽州（旧府名，府治在今安徽歙县）时，色彩意义为中性，这很明显。一旦它构成了复合词"徽调"、"徽剧"、"徽墨"、"徽语"时，"徽"的动态词素意义就获得了明显的地方色彩。又如"京"，作为中国的首都北京的简称，其静态词素意义中带有中性色彩。当它用于构造复合词如："京剧"、"京白"、"京白梨"、"京二胡"、"京胡"、"京派"、"京腔"、"京味"、"京戏"、"京韵大鼓"、"京菜"、"京油子"等等，便又在动态词素意义中表现出显性的地方色彩。可见，地方色彩也可以在动态构词中从中性扬升为显性。

再看时代色彩在动态构词环境里的变化情况。有些词素在静态存在时，其所带有的时代色彩并不明显，也可以认为是一种中性的色彩意义。比如，"夏"、"商"、"周"、"秦"、"汉"、"魏"、"晋"、"隋"、"唐"、"宋"、"元"、"明"、"清"等词素，在单独存在，作为中国历史上的某一个朝代解释时，其本身还没有明显的时代色彩，所反映的时代内容只是词素本身的词汇意义，因此，其色彩意义可以认为是中性的。可是当它们用于构造下面这些复合词时，情况便不同了：

夏历	殷商	商代	秦篆	秦隶
汉简	汉隶	汉朝	汉代	先秦
蜀汉	唐三彩	唐诗	宋词	两晋
仿宋字	元曲	元椠	宋体字	魏碑

在上面的加横线词素中，由于构造复合词的动态变化，这些词素一下子都成了特定时代的事物的标记，因而其原有的静态词素意义的色彩也有了变化，本来是中性，现在一下子表现为显性。

民族色彩也可以有这种变化形式。部分静态存在时的词素，其词素意义中的民族色彩并不很明显，只呈中性，如"汉"、"蒙"、"满"、"藏"、"维吾尔"、"回"、"朝鲜"等。可是在构造复合词时，这些词素的意义却又显示出了特定的民族文化背景和内涵，成为民族色彩的一个部分，因而其色彩意义表现为显性。从下面的复合词的比较中可以看到这一点：

汉族 汉人 汉民 汉字 汉语

汉奸　　汉文　　汉英词典　　蒙族　　蒙文

藏文　　藏语　　藏历　　藏戏　　藏族

上面这些复合词中的词素"汉"、"蒙"、"藏"在构成整个复合词的词义时，体现出特定的民族文化背景与风格特色，带有浓郁的民族色彩。从某种意义上说，这些词素正是这些复合词词义的民族色彩的具体形式和表现。

汉语中有一部分词素，词素意义所反映的事物具有一定的形象特征，但在静态系统中，这种形象特征还不是最主要的特征，而只是次要的特征和属性，所以，相对而言，其形象色彩也就表现为中性。可是在由它构成的一系列复合词中，这种词素成了表示另一事物形象特征的记号，这时的词素的主要内容在于反映事物的形象特征，所以，词素的形象色彩就从无标记的中性变成为有标记的显性，这是形象色彩在动态构词中的变化情况。例如，"雪"作为静态词素，其形象色彩意义只是中性，可是在构成"雪白"一词时，"雪"成了描写事物性状的一种标记，附带了一定的形象色彩，为显性。这方面的例子很多，还可以举出一些：

剑麻　　蛇行　　龙船　　　蜂拥　　　鱼贯　　　鱼雷

乌合　　袋鼠　　蝴蝶结　　蝴蝶装　　蝙蝠衫　　筒裙

以上复合词中加横线的词素，其形象色彩都已经由中性变成为显性了。

总之，词素色彩意义由中性变成显性的动态变化主要是以上的一些类型。通过这些类型，我们可以看到，词素意义中的色彩意义之所以为中性，都是因为它们在静态词素意义中反映的事物现象的特征属性没有在全部词素意义中占据主导地位，至多是与其他特征属性平列，甚至处于次要地位。而在构造复合词时，情况发生了变化，原先在整个词素意义中处于次要地位的种种属性有可能上升到比较重要的地位，并在词素意义中凸现出来，有的词素甚至还成了这种变化了的色彩意义的形式标记，如"龙船"之"龙"，其意并非指"龙"，而是指"船"之形状被装饰成"龙"的形状。因此，"龙"成了"船"的形状的记号。由于有了以上的复杂变化过程，词素意义的中性色彩意义便扬升为显性色彩。

二　由显性色彩变化为中性色彩

有些汉语词素，在静态存在时，有比较浓厚的色彩意义，可是在复合词的构造过程中，原有的色彩意义却磨损了很多，以致看不出它还有什么明显的色彩意义，近乎成了一种中性色彩意义。比如，表示气味难闻的跟汉语的"香"相对的词素"臭"，单独存在时，其厌恶的色彩意义是很明显的，可是在复合词如"臭豆腐"中，"臭"的厌恶色彩已经磨损了，成了一个中性色彩意义的词素，它已不再表示贬义；对于那些喜欢这种豆腐的人来说，"臭"甚至可以说是褒义了。又如，本有显性色彩意义的"假"，在构造复合词"假释"、"假说"、"假死"、"假象"、"假装"、"假嗓子"、"假山"、"假寐"、"假扮"、"假果"、"假牙"、"假座"的动态变化中，"假"原有的贬义色彩已消耗掉，全部变成为中性色彩了。

与此类似的例子还有"霸"，作为词素，具有明显的贬义色彩。可是近几年来，"霸"的感情色彩有了明显的变化，突出地表现在人们所创造的一些商品的品牌名称上，如"小霸王"、"浴霸"、"词霸"、"雨霸"、"凉霸"、"劲霸"、"解霸"。作为品牌名称，词素"霸"的贬义色彩已磨损无遗，显然不再具备以往的显性色彩。如果不肯承认"霸"具有褒义的感情色彩，那至少也得承认这里的"霸"已经由贬义色彩降为中性色彩。

三 由甲类显性色彩变化为乙类显性色彩

有一部分汉语词素，在其静态的词素意义中，色彩意义为甲类，而且是显性的；可是当它用做构词成分构造复合词时，其动态的词素意义中的色彩意义又变成为乙类，而且也是显性的。这种变化也是动态构词作用的结果。例如："甜"，静态词素意义为"像糖和蜜的味道"，色彩意义为明显的喜爱之感，是褒义；可是由"甜"构成的复合词，如"甜不拉叽"，其色彩意义一下子就成了厌恶之感，是明显的贬义。这是在动态构词环境"～不拉叽"作用下产生的色彩意义变化。"香"的静态词素意义"气味好闻（与'臭'相对）"也是带有明显的褒义色彩，可在结构为复合词"香不拉叽"之后，也带上了明显的厌恶之情，是贬义。"白"用做静态词素意义"像霜或雪的颜色，是物体被日光或与日光相似的光线照射，各种波长的光都被反射时呈现的颜色（跟'黑'相对）"时，一般具有明显的肯定意味。可是一旦构成了复合词"白不呲咧"、"苍白"、"煞白"、"惨白"，"白"就表现出明显的否定意义。像"甜"、"香"、"白"这些词素意义中色彩意义的变化都属于甲类显性色彩变为乙类显性色彩的情况。

　　需要指出的是：这里所说的甲类显性色彩与乙类显性色彩一般都是截然相对的，而且都同属于一种色彩意义范畴。上例中"甜"、"香"、"白"的色彩意义由甲类变化为乙类，两类同属于感情色彩范畴，无论是甲类，还是乙类，都是感情色彩。

　　下面这个词素的情况稍稍有些不同。"洋"有"外国的，外国来的"之义。同一个意义，同一个语音形式 yáng，在不同的时期所构成的复合词里显现的色彩意义却有着明显的不同。

　　旧中国时代，人们一说起"洋人"、"洋火"、"洋油"、"洋枪"、"洋炮"、"洋货"、"洋灰"、"洋钉"、"洋服"、"洋鬼子"时，"洋"所表现出来的厌恶、憎恨的感情色彩是不言而喻的。这与那个时代的中国劳苦大众深受外来恶势力的侵略和压迫有着极为密切的关系。正因为如此，新中国成立后，人们逐渐采用一些新创造的词来替代上面这些词，以尽量避免这些词在人们的语言中出现。这样一来，就出现了"外宾"、"火柴"、"煤油"、"进口货"、"水泥"、"钉子"、"西服"、"西装"、"老外"等不含"洋"的词。可以说，正是由于"洋"原本就带有浓郁的贬义色彩，才导致了由"洋"构成的这一系列词曾一度被淘汰消灭。

　　可是，自从改革开放以来，中国社会已经打破了以往闭关自守的状态，中国与外国的政治、经济、文化交流，技术合作和人员往来都日益频繁，对外开放进一步扩大，人们的观念出现了新的转变，对于"洋"的事物已不再像过去那样一味地拒绝排斥，对于外来的人或事物的名称也不再是一律简单地替换或者加以改造，而是采取欢迎接受的方式予以采纳吸收。对西方国家语言文化的认同和接受使汉语社会又一次进行调整，利用现有的原生词素"洋"构造了一批新词，如："洋教练"、"洋顾问"、"洋经理"、"洋老板"、"洋学生"、"洋小姐"、"洋妞"、"洋名"、"洋规矩"、"洋啤"、"洋烟"、"洋药"、"洋气"、"洋酒"、"洋水"、"洋节"、"洋房"、"受洋罪"、"洋招牌"、"洋商标"、"洋伯乐"、"洋居民"、"小洋楼"、"洋娃娃"、"洋垃圾"。在这些新造的词中，除了一个"洋垃圾"和"受洋罪"的"洋"，因分别与"垃圾"和"罪"组合搭配而表现出贬义的感情色彩之外，其余各词的"洋"则都带有明显的褒义色彩。

　　词素"洋"的色彩意义是在原有的甲类显性色彩意义先消失之后，又经历了一定的历史时期，再演变为乙类显性色彩意义的，因而这是比较特殊的一种情形。从深层意义上说，这与人们的社会心理有着极为密切的关系。

四　一种显性色彩变为多种显性色彩

汉语词素系统中，有一部分词素在静态存在时所带有的显性色彩只是归于某一个种类。但在进入动态构词之后，这些词素的色彩意义又发生了一些变化，变化为另外几种显性色彩。这种情况多见于形素之中。如"花"，在静态中表示"颜色或种类错杂"这个意义上，一般只带有中性的感情色彩。可是在构造成复合词之后，有时可以表示喜爱的感情色彩，如"小花猫"、"花狗"、"花絮"中，"花"都表示喜爱的感情色彩；有时又可以表示厌恶的感情色彩，如在"花里胡哨"、"花哨"、"花不棱登"等词中，"花"就带有了贬义的不喜爱的感情色彩。静态词素意义中比较单一的中性色彩到动态之中一下子变成了两种显性色彩。

又如，"红"在表示"像鲜血或石榴花的颜色"时，经常带有喜爱的褒义感情色彩，这在一部分复合词中仍可以表现出来，如："红榜"、"红包"、"红蛋"、"红扑扑"、"红旗"、"红润"、"红星"、"红艳艳"、"红彤彤"、"绯红"。可是在另外一部分复合词的构造中又带上了贬义的感情色彩，如："红不棱登"、"红牌"、"红灯区"、"红眼病（疾病名称）"。

又比如，"鬼"，这个词素，同样用于指人，绝大部分场合构词时表现显性的厌恶感情色彩，如"穷鬼"、"烟鬼"、"酒鬼"、"醉鬼"、"小气鬼"、"吝啬鬼"、"吸血鬼"、"胆小鬼"、"色鬼"、"鬼子"、"鬼混"、"鬼祟"，这与静态"鬼"的词素意义的单一色彩意义较为一致；可有时，"鬼"在动态构词时又可以呈现出一种喜爱的感情色彩，如"机灵鬼"、"小鬼"、"鬼丫头"、"死鬼"（情人、夫妻之间的玩笑话）；有时甚至可以带上一种表怜悯的感情色彩，如"替死鬼"；或者还带上一种恐怖的感情色彩，如"吊死鬼"、"鬼门关"、"鬼见愁"。

"花"、"红"、"鬼"，静态词素意义中的色彩意义都比较单一，而在动态构词中产生的动态词素意义，其色彩意义却比较复杂，可以在不同的情况下表现出不同的变化形式进而呈现出多样性。由此而构成的词义当然会更加复杂，这就比较容易满足人们交际中根据具体的表达要求选择词语的各种不同需要。

同类的例子还有："专"，指"独自掌握或享有"，这时的静态词素意义一般只带有中性色彩。在动态构词中，像"专断"、"专横"、"专权"、"专制"等却显示出静态词素意义中的贬义的否定色彩意义。可是在"专攻"、"专卖"、"专车"、"专机"中，"专"又显示出静态的中性色彩，无所谓褒贬，也无所谓肯定否定。而在"专著"、"专刊"、"专美"等词中，"专"又显示出褒义的肯定的感情色彩。

由以上分析可知，色彩意义在由静态进入动态，进入构词以后，可以发生错综复杂的变化，由此使汉语词产生了丰富多彩的意义。

第三节　语法意义的动态分析

词素的语法意义是指词素在一般状态下所具有的语法方面的构词造词的能力。如词素"人"可以构造名词，"吃"可以构造动词，"美"可以构造形容词等等，这些都是词素的语法意义。下面我们所要讨论的并不是词素在这种通常情况下的构词能力，而是词素在动态运用中用于构词时所发生的语法意义方面的一些临时的、较为特殊的变化。

词素由静态进入动态，语法意义变化较为突出的是名素、动素、形素这三种。这些词素比较常见的变化形式有以下几种：名素变为动素，名素变为形素，形素变为动素，形素变为名素，动素变为名素，动素变为形素，由本来不能单独成词的不成词词素变成特定条件下的可以单独成词的成词词素。

一　名素变为动素

有些名素在组成复合词时，往往变为动素。这其中也关涉到词汇意义方面的变化。比如，"法"、"齿"、"轨"、"力"都是名素，其静态词素意义分别是"法律"，"牙齿"，"喻指规则、办法、秩序"，"力量、能力"。可是当它们构成复合词"不法"、"不齿"、"不轨"、"不力"后，"法"、"齿"、"轨"、"力"都变成了动素，它们的词汇意义也都相应地发生了变化，依次是："合乎法律"、"被提及"、"合乎常规"、"尽到力量或能力"。[①] 由于这些词素都是临时作动素用，所以其词汇意义的变化也只有在这种临时的动态构词过程中才充分体现出来。名素变为动素的例

---

① 孙银新：《汉语构词法与造句法的一对矛盾》，《汉语学习》1997 年第 3 期。

子，其他如"言"，本指"所说的话"，而用于构成复合词"直言"、"美言"时，"言"已变成为动素，意指"说话"。

二　名素变为形素

有的词素，在静态存在时，本来的词汇意义是表示一种具体的事物名称意义，因而其语法意义是名素；而在进入动态构词以后，其原来的词汇意义发生了变化，变成为表示具体事物的某种性状和特征意义，其语法意义也就相应地发生了变化，成了形素。比如下面这组复合词：

乳白　血红　笔直　雪白　雪亮　火红
肉红　肉色　龙船　龙灯　鹅黄　剑眉

"乳"的静态词素意义为"奶汁"，构成复合词"乳白"之后，词素意义变为"像奶汁颜色一样的"；"血"的静态词素意义为"血液"，构成复合词"血红"之后，词素意义变为"像血液颜色一样的"。很明显，"乳"、"血"在静态中表事物的名称意义均已变成动态构词中的表性状意义，相应地，它们的语法意义也都由名素变成了形素。其他如"笔"、"雪"、"火"、"肉"、"龙"、"鹅"、"剑"等词素，在构造以上这些复合词时，也都变成了形素。

三　形素变为动素

形素变为动素比较明显的例子如"美"，静态词素意义为"美丽"，"好看"。而在构成复合词"美容"之后，"美"的动态词素意义就变成了"使……美丽"，"使……变得美丽"。这表明，"美"已由静态的形素变成了动态的动素。"甘"本为形素，可是在"不甘"、"甘心"之中，形素又变成了动素，表示"情愿"的意思。再如，"偏"、"重"、"侧"这几个词素，在静态存在时也为形素，可是在复合词"偏重"、"侧重"之中，又都临时变成了动素。"疑"作为静态词素，义为"不能确定的，不能解决的"。而在"疑心"之中，"疑"又是"使……不能确定"，所以又成了一个临时动素。"饱"为形素，义为"满足了食量"（与"饿"相对），可是"中饱"之"饱"，已是动素，"取利"之意。"小"本为形素，构成复合词"小心"之后，"小"也用做动素，意思是"使……谨小"。这样，形素也就变成了临时动素。

四 形素变为名素

有的词素，其静态的词素意义是表示事物的性质状态，可是在用于构造复合词时，有的则由于增加了语义特征，将原先的性质、状态之意变成具有该性质、状态的事物的意义。这样，原先表示性质状态之意的形素也就变成了动态构词中表示事物意义的名素。例如：

口红 特长 相好 身高 净重 至亲 夜盲

汉奸 进深 至诚 蛋黄 附近 石墨 夜来香

"红"，"黄"本来表示颜色，是一种性状，语法意义为形素。可是在构成"口红"、"蛋黄"之后，"红"已转指一种红色的化妆品，"黄"指"蛋黄"，它们都成了表示事物名称的意义，很明显，词汇意义都有所改变，语法意义也由形素变成了名素。"高"本指"由下到上距离大"，"离地面远"，为形素，可是在"身高"之中，"高"指的是"高度"，显然也已经是名素。以上各例词中的加横线词素也都是这种情况。

五 动素变为名素

有的词素，在静态存在时只表示某种动作行为，主要构造动词。可是，动态构词中，有时由于词素意义增加了某种语义内容，词素便可能由表某种动作行为变成表示与该动作行为有关的事物，由此，静态中的动素变成了动态构词中的名素。例如：

"迷"在静态中指"醉心于某人或某事物"，是动素，而构成复合词"影迷"、"球迷"、"棋迷"、"戏迷"、"财迷"之后，"迷"增加了语义内容，变为"因过分喜爱而沉醉于某一事物的人"，所以是名素。

"汇"在静态中为"聚集"、"综合"之意，是动素，可在构成复合词"字汇"、"词汇"、"语汇"、"总汇"时，临时成了名素，其意义为"聚集而成的事物"。

"用"在静态中表"使用"之意，是动素，而构成复合词"用度"、"用项"时，表示"费用"、"用掉的钱财"，为名素；在构造复合词"功用"、"效用"时，为"功能、用处"之意，也是名素。

"至"本为动素，义为"到"，而在构成"四至"时，"至"又成了名素，意指"分界的地方"、"极点"。

六　动素变为形素

有的词素，静态存在时一般表示动作行为，主要构造动词。可是在动态构词中，由于临时改变了词素意义中的某些语义内容，词素就由表动作行为意义而临时变为因该动作行为而呈现出的一种动作性状意义。由此，静态的动素变为动态构词中的形素。例如：

"治"在静态中本为"整治"、"治理"、"管理"之意，是动素。而在构造复合词"大治"、"长治"、"治世"时，临时变为形素，意义变为"社会安定的、稳定的"。

"竖"在静态中本为"立"、"直立"之意，是动素。而在构造复合词"竖井"、"竖琴"、"竖线"时，临时变为形素，意义变为"同地面垂直的"、"上下或前后方向的"。

同样还是"至"，本为动素，义为"到"，而在构成"至宝"、"至理"、"至交"时，"至"又成了形素，意指"达到极点的"、"最好的"。

七　由非成词词素变为成词词素

词素由静态进入动态，不仅可以发生性质上的变化，比如以上所谈的由名素变为动素，由名素变为形素，由形素变为动素，由形素变为名素，由动素变为名素，动素变为形素，而且还可以在构词能力上发生变化。比较明显的变化是：一些本来不能单独成词的词素在特定条件下变为可以单独成词，由静态的非成词词素临时变化为动态构词中的成词词素。这主要表现在汉语中的一些可以构造离合词的词素之上。比如，"达"、"泳"、"革"这些词素在一般情况下都不能单独构成词，只有当它们与别的词素两两组合在一起时，才可以构成"发达"、"游泳"、"改革"等复合词。可是在动态语境中，情况又不同了，这些词素有可能独立地成为一个词，比如：

（1）你们这儿乱七八糟，这叫改的什么革？

（2）你水性这么差，还游什么泳？

"革"与"泳"在动态语境里临时充当了宾语。可见，本来不能单独成词的非成词词素在动态环境中却成了可以单独构词的成词词素。

又如，"同"（"共同"之意）、"彻"、"底"本来都不可以单独成词，可是在特殊情况下，它们都可以单独成为一个词，如：

（3）我和他<u>同</u>过三年学。

（4）天黑得<u>彻</u>了<u>底</u>。

（3）（4）两个例句中单独成为词的"同"、"彻"与"底"都充当了句法成分；"同"与"学"、"彻"与"底"之间都是动宾关系。这表明，这些在静态中的非成词词素已经变成了动态中的成词词素。

在不能单独成词的非成词词素中，名素、动素这两类比较容易借助于动态变化成为单独成词的成词词素，例如："冒险"的"冒"、"签约"的"约"。因此，特定条件下可以由非成词词素变为成词词素的情况又可以细分为两类：

1. 动素由不单独成词变为可以单独成词

比如，构成以下复合词的词素，动素一般就不能单独成词，而名素则可以单独成词：

冒险　曝光　遂心　辍学　着急　操心

以上复合词中的动素，在特定条件下又都可以单独成词，变为临时性的成词词素。比如：

（5）让他<u>冒</u>一次险吧。

（6）你<u>着</u>什么急呀？

（7）不用你老人家<u>操</u>这份心。

2. 名素由不单独成词变为可以单独成词

汉语中有的名素，一般不能单独成词，只有与可以成词的动素组合在一起时才构成动宾式复合词。例如：

塌方　塌台　傻眼　倒霉　洗澡　签约

破例　建都　站岗　放哨　见面　造孽

离婚　告状　摔跤　发言　搭腔　定局

亏本　道歉　破财　散步　查岗　排涝

以上复合词中的名词素，不能单独成词，可是在动态条件下，又都可以单独成词，变成成词词素。例如：

（8）洗了个凉水<u>澡</u>。

（9）摔了一<u>跤</u>。

（10）不能破了这个<u>例</u>。

有时，部分动素与名素都不能单独成词，都是非成词词素，只有组合起来时才能成为动宾式的复合词。这类例子如：

释义 鞠躬 负责 检讨

可是在动态构词中，动素与名素却又都可以各自独立为成词词素，成为一个词。例如：

（11）深深地鞠了一躬。

（12）我可负不起这个责。①

所有这些，都是词素的语法意义、词素的构词能力在动态条件下的特殊变化。

词素从静态到动态，在语法意义上的特殊变化情况主要就是以上这些。上面的分析还只是着重探讨了问题的主要方面，其更复杂细微的变化情况仍有待于更进一步的深入观察和分析。

---

① 段业辉：《论离合词》，《南京师范大学学报》（哲学社会科学版）1994 年第 2 期。

第十四章

现代汉语词素的发展规律

语言是一个动态的系统，总是处在不断变动发展的状态之中。语言发展变化的同时，必然促使其内部的各个子系统也随之进行相应的调整，使其内部各个成员的语言功能不断完善，以便最大限度地满足社会发展的客观需要。

词素是语言的单位，本身也自成系统。和语言一样，词素也有静态和动态两种存在形式。词素在动态系统中的变化发展也很有特点，呈现出一定的规律性。这些规律主要表现在以下几个方面：词素集合系统内部成员的调整，部分词素构词功能的强化，词素意义内容的再生。本章将就这些方面分节讨论。

第一节　词素集合系统内部成员的调整

词素是语言中构词造词的单位。语言中全部词素的集合自成一个子系统，这就是词素集。随着语言的发展变化，词素系统内部也在不断调整，词素集内一部分成员的功能也有不同程度的变化。这是由于社会不断发展的过程中，各类新事物、新现象、新情况不断涌现，要求语言创造部分新的词语来反映这些日新月异的社会生活以及形形色色的新生事物。在汉语发展的现有条件下，要增加语言的词汇量，不外乎有这样两条途径：一是使新产生的复合词所由构成的词素数量增加，并使复合词内部的构造层次进一步复杂化；二是由原有的词素集合系统再吸收一些新成员，使语言的构词造词单位在总的数量上有所增加。从现代汉语中新增加的复合词的情况来看，主要还是选择了第二条途径，当然也不排除有少量的复合词是通过第一条途径创造出来的。这一语言事实完全是由现代汉语词汇发展演变的历史规律所决定的。

古代汉语中，构成的词以单音节为主；而在现代汉语里，构成的词则主要以双音节为主。双音化是现代汉语词汇发展变化的总趋势，也是语言社会创造新的词语时必须遵守服从的一条基本规律。因此，如果选择第一条途径来创造汉语的新词，那也就意味着要使新产生的现代汉语复合词在增加结构成分（词素）数量的同时，也要增加其音节的数量，并使这类复合词内部的构造层次也进一步复杂起来，变为含有不止一个层次。这与现代汉语词汇双音节化的总趋势明显相背离，更与双音节复合词的构造只有一个层次的特点相矛盾。与此相反，在保证满足双音节复合词只有一个构造层次的条件下，要创造新的词语，增加新词语的数量，除了利用语言中现有的词素之外，增加一部分新的构词成分来构词造词，的确不失为一种比较好的方法。基于这种现状，现代汉语选择第二条途径构造新词，实为顺应语言发展中必然的客观要求。

单就增加构词成分的数量而言，在现代汉语中，直接创造新的原生词素的可能性还是比较小的。一般来说，增加新的词素的方法主要还是以下两种：根据需要从方言系统中引进一些词素，成为共同语系统移用词素集的成员；再就是从其他民族的语言系统中借用一部分词素，成为现代汉语的移植词素集的成员。因为现代汉语里新词的产生途径主要是：利用语言系统中现有的原生词素重新组合构造新词，以新增的移用词素构造新词，以新增的移植词素构造新词。前面说过，移用词素集和移植词素集中，会有一部分转移出来，并进入现代汉语的原生词素集。此种情况主要是指那些进入现代汉语的共同语系统之后，有着较高的使用频率并已经构造了许多词语，表现出与原生词素有着同样的构词能力的移用词素或移植词素。通常，由于语言的发展具有稳固性和渐变性的特点，所以，由移用词素、移植词素转变为原生词素要经历一个较长的历史演变过程。因而，从一定意义上说，移用词素、移植词素进化为原生词素也可以被看成是现代汉语原生词素的重要来源。因为由这种方式形成现代汉语的原生词素相对而言毕竟是比较间接的，而在现代汉语里，以这种间接方式形成的原生词素又占了一大部分，所以说，现代汉语直接创造新的原生词素的可能性是比较小的。

下面我们将以近几年才出现并已经开始流行的词素"吧"、"的"、"巴"为例子，来具体地探讨一下它们在现代汉语词素系统中的变动情况。

　　"吧"是新近产生的一个移植词素。源于英语的 bar，原义是"西餐馆或西式旅馆中出售酒类及饮料的地方"。近些年来，由于中国社会改革开放的进一步深化，对外经济技术文化交流的频繁，人们的传统观念、生活方式都在一定程度上受到了西方的影响，许多年轻人都逐渐习惯并接受了西方人的这种生活方式。一段时间以来，全国各地的大中城市里出现了形形色色的以"吧"来命名的休闲娱乐场所，其中最为时尚、最为通行的就是"网吧"、"酒吧"。这些场所成了市民们紧张工作和学习之余休闲娱乐的最好去处之一，深受年轻人尤其是青少年朋友的欢迎。现实生活的这种急剧变化使汉语社会急需增加新的词素来构造新词，反映这类现象，以满足人们的交际需要。这样一来，现代汉语就移植了英语的 bar，形成了汉语的移植词素"吧"，并且进一步利用这个新产生的移植词素"吧"构造了几个新词来反映这些新生事物。这些最常用的新词除了"网吧"和"酒吧"以外，还包括"水吧"、"氧吧"、"吧台"、"吧女"、"吧娘"等。这些新词从一开始出现之后，就不断地为人们反复运用，与广大市民阶层息息相关，具有浓郁的现代都市生活气息。因而最终经过语言的约定俗成，转化为语言中比较稳定的成分。与之相伴随，移植词素"吧"也就被相应地固定下来，成为现代汉语的移植词素集的一个元素。也可以说，这是现代汉语的新词素产生的第一步。

　　移植词素"吧"产生以后，其构词能力不断得到发展，人们对移植词素"吧"的使用似乎怀有一种特殊的情感和偏好。比如，人们通常把与朋友一起到"酒吧"喝点儿酒或饮料，聊天娱乐叫做"泡吧"，把去"网吧"上网、游戏、与网友聊天，偶尔喝喝饮料也叫"泡吧"。不仅如此，近年来，又有一些以"吧"为核心的新词产生出来了。例如："陶吧"、"玻璃吧"、"布吧"、"画吧"、"玩具吧"、"书吧"、"琴吧"、"巧克力吧"、"冰淇淋吧"、"射箭吧"。"人们之所以把这些场所都称为'吧'，恐怕只在寻求这些场所与酒吧相似的休闲格调与氛围，无论泡什么'吧'，都能让人隔绝城市的繁华喧嚣，求得片刻的宁静与安详。"[①] 随着"吧"族的复合词的不断增加，同族词的核心成分"吧"在语言中的地位越来越稳固。从现有的构词能力来看，随着它在语言中的不断发展，

---

　　① 刘鸿模：《词语流行风》，广东旅游出版社 2000 年版，第 217 页。

移植词素完全有可能转化为原生词素，从而实现由移植词素集转移出来，并进入原生词素集的过渡，完成现代汉语词素系统内部成员的调整。

"的"的情况与"吧"则有些不同。taxi 原本是英语中的词，意思是"出租汽车；计程车"。改革开放以来，为了适应我国经济快速发展的需要，城市的交通运输业也有了长足的进步与发展，城乡之间的交通设施也得到了不同程度的改善。最明显的一个例子就是出现了一种新型行业——出租车服务行业。在广东省，这种服务行业的小汽车较早地被人们称为"的士"，这是用粤方言里比较近似的音直接翻译英语 taxi 的结果。本来这个"的士"是双音节的词素，由于受到语言经济原则和现代汉语词的双音化规律的影响和制约，双音节的"的士"又被进一步简化为单音节的"的"。由此，"的"被用做构词成分和其他词素一起构造复合词，于是便有了"打的"、"打面的"、"叫的"、"坐的"、"拦的"等一些复合词的产生。经济的发展必然会影响到语言的变化，汉民族共同语对粤方言中产生的这一些新词迅速加以吸收，让人们在语言的反复运用中将这些词接收下来，约定俗成为民族共同语的词。

随着"打的"、"打面的"这样一些复合词在民族共同语里地位的不断巩固，本来不能单独表意的"的"最终也因为承载了双音节的"的士"的意义"出租小汽车"，而成为共同语的一个移用词素。当"的"作为汉民族共同语的移用词素在语言中稳固下来以后，又进一步构造了一些复合词如："的哥"、"的姐"、"的爷"、"的票"、"轿的"、"摩的"、"残的"、"火的"、"豪的"、"夏的"。

近年来，人们又进一步扩大了移用词素"的"的使用范围，把"租用的非机动车"也视为"的"了。于是又有了"马的"、"骆的"、"板儿的"、"驴的"等等。这样就可以推断，如果这些词使用范围不断扩大，经过推广普及后可以成为语言的基本词汇，那么，随着移用词素"的"的构词能力和地位的日趋稳固，将来也就完全有可能从移用词素转化为原生词素。

与词素"的"的变化情况有相似之处的这类例子还有"巴"。bus 在英语中的意思是"公共汽车"。现代汉语方言将 bus 移植过来，定名为"巴士"。当双音节的移植词素"巴士"在汉语中稳定以后，为了满足汉语构造双音节词的需要，便进行简化，成为单音节的"巴"，再与原生词素"大"、"中"、"小"分别组合，构造出"大巴"、"中巴"、"小巴"

这几个复合词。从现在的构词情况看，"巴"能构造的复合词数量还非常有限。因此，"巴"的发展前途目前还难以预料，但可以肯定，其发展的前途不外乎以下三种可能：一是随着语言的变化发展，构造越来越多的词，"巴"的构词能力逐渐增强，最终转移到原生词素集中；二是由"巴"构造的这几个复合词"大巴"、"中巴"、"小巴"，可以在汉语里长期存在，但"巴"由于构词能力始终较弱，所以也只能长期存在于移植词素集中；三是"巴"的构词能力始终较弱，不能构造更多的新词，只能以现有的几个复合词得以延续并维持一段时间，最后在语言的历史发展中，又逐渐丧失构词能力和语言功能，而从现代汉语的词素系统中逐渐退却消失。

以上分析表明：在现代汉语共时系统中，某一个新的构词成分的产生，其根源并不一定是在现代汉民族共同语系统的内部，而往往是在共同语系统之外。这种外部环境包括现代汉语方言和汉民族以外的其他民族的语言。也因为这种外部环境的关系，导致这类新产生的构词成分从一开始产生时就总是带有某种不同于汉语原生词素的色彩，这就是我们前面所讲的外来色彩和地域色彩。

一般说来，某一新产生的构词成分，无论是移植词素，还是移用词素，随着它在汉语共同语系统中所构造的词数量的增加，构词能力的增强，它在汉语共同语中的地位就日渐稳固。与此同时，由它所构成的复合词在人们的语言交际中又被反复运用，因此，其原有的外来色彩或者地域色彩也就不断地被磨损消耗并逐渐退化。这样一来，整个构词词素也就被共同语系统的词语和原生词素逐渐同化掉。只有当新的构词成分的发展达到这种程度时，它才完全具备了从原先的词素集中转移出来，并进入原生词素集的条件，这才有可能进行转移，完成过渡，使现代汉语词素系统的内部调整最终顺利实现。

相反，如果某一个新的构词成分，其所带有的外来色彩或者地域色彩依然还很明晰浓郁，或者说，尚未被汉民族共同语的词语和原生词素完全同化，那么，即使它已经在共同语中构造了数量较多的复合词，而且这些复合词在现阶段也有着较高的使用频率，也还是不能这样断言：这个构词成分已经完全具备了转化的条件，可以从原先的词素集中调整出来，转移过渡为共同语的原生词素集的元素了。因为这里还另有一个制约因素在起作用，这个制约因素就是新的构词成分从产生以来，已经延续了多长时间。只有经过了时间的检验，在语言的历史演变中经久不衰的移植词素或者移用词素才可以有这种发展前途。

前面已经举过的移植词素"剑"、"佛"、"耗"就是这方面最好的例子。这些词素因为经历了漫长的历史发展过程，构造的复合词也很多，而且也很常用，因此，被共同语的词语和原生词素同化的程度很高，原有的外来色彩已经消失殆尽了。如果不是从汉语发展史的角度对它们作详细考察，只凭语感就很难察觉它们曾经是外来的移植词素。这正好说明"剑"、"佛"、"耗"这样的词素已经彻底同化为汉语的原生词素了。与此相反，另外一些词素如"吧"、"的"等，就目前的情况看，也只能说它们有可能在将来某一时间进行调整，转移成为现代汉语的原生词素。根本原因就在于它们在现代汉语里存在的时间较短，被共同语的词语和原生词素同化的程度还比较轻，还带有一定的外来色彩或地域色彩，所以仍然需要时间的检验。至于另一个词素"巴"，不仅目前所构造的复合词数量有限，而且存在的时间也不长，对它的发展前途目前还难以作出准确的判断，因此，"巴"最终能否被现代汉语词素系统调整为原生词素集的元素，就更是难以预料。

由此可见，在现代汉语共同语中延续历史的久暂也是判定一个移植词素或者移用词素能否（或是否已经）同化为原生词素的一个必备条件。

第二节　词素构词功能的强化

现代社会是信息化的社会，网络技术高速发展的社会，是以知识经济和市场经济以及高科技信息产业为主要特色的全球经济一体化的社会。在科学技术是第一生产力的今天，全球的信息产业、高新技术产业以空前的速度突飞猛进地发展着，新生事物层出不穷，应接不暇，很多新情况新问题稍纵即逝。面对如此变幻莫测的现实世界，人们甚至来不及思考、判断或作出选择，更谈不上有全面的认识和深入的研究。这种情况迫使人们不断更新方法，提高认识，转变价值观念，对瞬息万变的现代社会迅速做出反映。这种现状，也必然很快地在语言社会中得到直接的反映。

信息产业的发达，离不开网络。网络技术的普及与推广，又导致短短的几年时间内产生了一大批与网络关系极为密切的新生事物。于是，汉语的原生词素"网"被不断用来构造新的词语，来反映这些新生事物。比如：这些年流行起来的"网站"、"网址"、"网页"、"网名"、"网卡"、"网校"、"网吧"、"网友"、"网民"、"网虫"、"网恋"、"网银"、"网瘾"、"网购"、"上网"、"入网"、"局域网"、"广域网"、"内部网"、"校园网"、"因特网"、"互联网"、"交互网"、"万维网"、"通信网"等等。在这些新词里，词素"网"的语音形式都是 wǎng，意义内容也都没有发生任何变化，都是指"电路系统中，由若干元件组成的用来使电信号按一定要求传输的，纵横交错的电路或其中的一部分"。这说明，信息化的社会，所产生的新事物、新情况为语言社会构造以此为内容的新词语提供了必备的客观条件，也对人们的构词造词提出了一定的主观要求。即尽可能利用语言中现有的某一个特定的原生词素的某一个意义，在保持语音形式和意义内容的结合体具有同一性的条件下，再选用原生词素集中的其他成员与之组合，从而构造出一系列以该特定的原生词素为共同核心的同族词语，最大限度地满足语言社会反映同一类互有关联的新事物的需要，充分体现出语言造词时所遵守的简明经济的基本原则。

除了以上这些同族词之外，日常生活中还同时出现了许多跟网络关系极为密切的新生事物，这些事物被反映到语言中，形成了一系列以"网"为核心的习惯使用的短语。平常我们常说的"网上信息"、"网上新闻"、"网上广告"、"网上游戏"、"网上垃圾"、"网上黄毒"、"网上服务"、"网上寻呼"、"网上查询"、"网上发布"、"网上购物"、"网上订票"、"网上录取"、"网上招聘"、"网上申报"、"网上聊天"、"网上犯罪"、"网上检索"等等，都是这种情况。从这里可以发现网络已经延伸到人们日常生活的方方面面，网络已经完全彻底地改变了世界，改变了人们的生活。正是因为有这种客观现实为背景，词素"网"的构词能力被激活，能产性得以强化，其使用频率大大增加，不仅构造的同族词数量大，由这些词进一步构造形成的词语也很不少，并且这些新产生的词语在很短的时间里也都迅速普及流行开来。

以上我们以原生词素"网"为例，结合语言社会发展的背景，分析了其构词功能被强化的具体情况。其实，在动态的汉语系统中，构词功能被激活的词素的例子是很多的。

又如："股"，本来就是原生词素，意义内容是"集合资金的一份"，语音形式是 gǔ。据1983年2版的《现代汉语词典》看，由"股"构成的常用词只有"股本"、"股东"、"股份"、"股金"、"股利"、"股票"、

"股息"、"股子"、"干股"、"公股"、"合股"、"私股"、"招股"。随着股票市场的发育完善和股票交易的日益频繁，股票知识已是家喻户晓。近些年来社会生活的剧变，不仅要求语言利用原生词素"股"创造了许多新的词语，而且还将创造的这些新词语的使用范围进一步扩大，即从原来仅在金融界同行范围内使用扩大到全民的语言交际中，广泛深入到人们的日常工作和生活。这样新增加的词语中比较常用的就有："股民"、"股价"、"A股"、"B股"、"H股"、"N股"、"股评"、"股友"、"股权"、"股盲"、"股款"、"认股"、"新股"、"个股"、"配股"、"炒股"、"原始股"、"垃圾股"、"普通股"、"优先股"。很明显，这些新增加的复合词和原有的复合词都选用了同一个词素"股"，它们共同形成了以词素"股"为共同核心的同族词。以"股"为核心的同族词数量的快速增长，也充分证明了原生词素"股"的构词能力在近些年的短暂时间里已经显著增强了。

在现代社会中，由于人们的生活节奏普遍加快，工作任务较之以前也越来越繁重。压力大，精神负担过重的事实使得人们开始意识到健康的重要性。人们在普遍提高了生活质量的同时，已经越来越注重健身和珍惜生命。如今，全民健身这种良好的社会风气正方兴未艾。为了促进这种社会现象在全国范围内形成良性循环，各项体育运动都在蓬蓬勃勃地开展，并且一浪高过一浪。围绕着轰轰烈烈的 2008 年北京奥运会，举国上下全民动员，举办了形形色色、丰富多彩的体育竞赛活动，极大地促进了精神文明建设。与此相关，一大批以词素"赛"为核心的新词又形成一个较大的词族。常见的如："赛程"、"赛区"、"赛址"、"赛事"、"赛段"、"赛况"、"赛制"、"赛服"、"赛绩"、"赛讯"、"大赛"、"停赛"、"禁赛"、"拉力赛"、"大奖赛"、"加时赛"、"淘汰赛"、"循环赛"、"擂台赛"、"热身赛"、"选拔赛"、"小组赛"、"接力赛"、"公开赛"、"对抗赛"、"友谊赛"。从这些词的构造情况来看，词素"赛"的构词能力显然也已经被激活，因而也就具有比较灵活的构词功能。

其他的例子如：

星：明星　笑星　歌星　舞星　球星

族：上班族　打工族　追星族　上网族　泡吧族　学生族　工薪族月光族

迷：戏迷　影迷　歌迷　球迷　财迷　乐迷　棋迷

盲：法盲 科盲 乐盲 舞盲 医盲 盲区 盲点 盲流 盲谷 药盲 股盲 电脑盲 外语盲 统战盲

可以看出，由这类词素构成的复合词往往形成一个个词族，而每一个词族的核心就是这个特定的词素。有人根据这一点，认定词素"星"、"族"、"迷"等是类后缀。所谓类后缀，无非就是说这些词素一方面可以与较多的词素组合构造复合词，另一方面，又没有词根、词素的意义那么实在具体，但又比词缀的意义略微明显一些，因而虚化的程度稍差一些，"可以说是一种正在转变而尚未最后完成虚化的词缀。是一种'准词缀'或'副词缀'，或者说是'预备词缀'"①。

关于这个问题，我们也一并作如下讨论。

我们认为"类词缀"、"准词缀"的提法尚需要进一步推敲。

其一，所谓"类词缀"、"准词缀"之类的提法实际上都首先肯定了这与"词缀"是既有联系又有区别的。而这种"联系"主要是从词素构词上来看的，即看到了这些词素可以构造数量较多的词，进而形成一个词族；而且在一般情况下，这些词素在所构成的词里，位置要么在前要么在后，是比较稳定的不自由词素。例如，以上所举的例子中，"星"、"族"、"迷"之所以被看成了"类后缀"，就是因为它们在所构成的词里位置都居后。至于"类词缀"与"词缀"的区别，则主要以词素的意义是否完全虚化为根据，认为意义已经全部虚化、表义模糊不具体的是词缀；意义未完全虚化，比词缀所表达的意义略微明确一些的就是"类词缀"。一牵涉到意义标准，就会遇到分类时在对标准的理解和把握上有宽严不等的问题。

其二，"意义"本身就比较复杂，所以再来讨论某一个词素的"意义"是否已经"虚化"，是否具体明确，也就更加不易。可以说，对于标准的宽严理解不同，看法自然也会不同。就以上面所举的"迷"来说，它是有明确意义的，就是指"沉醉于某一事物的人"。这一意义强调的是"具体行为动作的执行者"。而这一意义与复合词"迷恋"、"迷醉"之"迷"显然又有着比较直接的联系。"迷恋"、"迷醉"中的"迷"，意义内容是"因对某人或某一事物发生特殊爱好而沉醉"。这一意义强调的是"具体的动作行为"。可以肯定地认为，表"动作行为执

① 陈光磊：《汉语词法论》，学林出版社1994年版，第23，20页。

行者"的"迷"正是表"动作行为"的"迷"进一步引申的结果。这种直接的意义引申关系使我们有理由倾向于认为"戏迷"、"影迷"、"歌迷"、"球迷"之"迷"，与"迷恋"、"迷醉"之"迷"是同一个词素 mí。既然这样，就会引导我们思考这样一个问题：词素"迷"在用于构造双音节复合词时，既可以充当前一个构词成分，也可以充当后一个构词成分。也就是说，它在双音节复合词里的位置并不固定。这表明它还是一个自由词素。是自由词素，也就不具备"词缀"、"类词缀"的条件。本着这种认识，就不会认为"迷"在现代汉语里已是一个"类词缀"了。

与此相反，如果忽视了上述这一点，一定要强调现代汉语中已经出现了一个类词缀"迷"（只表"动作行为的执行者"），那就意味着汉语中至少还另外有一个不是类词缀的"迷"（只表"动作行为"）。这样做的最终结果是把汉语里的一部分多义词素分化瓦解为语音形式相同，意义内容也有紧密联系，而又彼此独立的词素群体。而这种群体既不能算作同音词素，也不能看作同义词素，更不能看成同形词素。因为同音词素是指语音形式完全相同，而意义内容完全不同的词素。同义词素是指语言中词汇意义和语法意义都相同的词素。同形词素是指书写形式相同，但语音形式和意义内容都不相同的词素。由此看来，既然这种强制划分出来的所谓"类词缀"的"迷"和词根的"迷"之间的关系已无法确定，那么以分化瓦解多义词素为代价的增加"类词缀"的硬性规定，非但不能给汉语词素研究带来任何方便，相反，最终必然导致现代汉语词素系统内部、词素与词素之间等各种关系的混乱。

如果再反思一下还可以发现，研究者之所以要把表"动作行为的执行者"的"迷"与表"动作行为"的"迷"区分开，并把前者规定为"类词缀"，问题的根源在于方法论上受到了西方语言语法的影响。是套用西方语言的语法说解汉语的构词法现象，以至于忽略了汉语自身的特点。

其三，作为词缀，除了具备以上两个基本条件之外，构词时还应该具有普遍性，应该具有较高的能产性。正是这种普遍性和能产性，使得词缀能构造数量较多的派生词，形成一个较大的同族词集合。这一点完全可以从词缀"～子"的构词情况中得到反映。根据《倒序现代汉语词典》的统计结果可知，由后缀"～子"所构成的复合词就有 1003 个，足见词缀

"～子"的构词能力之强。① 而现在由"星"、"族"、"迷"所构成的复合词数量则非常有限，远不能与词素"～子"构成的同族词相比，甚至也没法同词素"网"、"股"形成的同族词相比。这说明词素"星"、"族"、"迷"在语言中反映出来的构词能力、能产性相对较差，缺乏普遍性，成为词缀或"类词缀"的条件尚不具备。从目前的情况看，尽管由词素"网"、"股"构成的复合词的数量已经相当多，可至今尚未见有人把"网"、"股"当作"词缀"或"类词缀"。这其中的主要原因很可能是由于人们看到了这两个词素构词时表现出来的比较灵活，位置可前可后的特点。既然如此，为什么不可以认为"星"、"族"、"迷"仍然和词素"网"、"股"一样，都还是一般意义上的词素，而非要提升到与词缀相当的地位，说它们已经是"类词缀"呢？

其四，这些被称作"类词缀"的"星"、"族"、"迷"等词素，虽然构造的词数量有限，但在特定的情况下，有时还可以单独形成一个词，充当句法成分进入句子。例如，平常所谓的"对足球的执着偏爱使他成了一个'迷'"，"新潮一族"，"群'星'荟萃，闪亮登场"。这种特定条件下单独形成一个词的"迷"、"族"、"星"与"球迷"、"打工族"、"歌星"中的"迷"、"族"、"星"都是同一个词素。一般地说，作为词缀的词素是很难单独形成一个词用于造句的，"类词缀"当然也不例外。从这种特定的构词功能来看，把词素"迷"、"族"、"星"说成"类词缀"也是不大合适的。

最后，结合语言发展演变的历史规律来分析，可以看到，古代汉语里确实也曾出现过一些类似现代意义上的"词缀"，例如：王力先生就曾在《汉语语法史》中列举了许多这样的构词成分：类似词头的名词前附成分"有"，名词词头"阿"、"老"，名词词尾"儿"、"子"、"头"，类似词头的动词的前加成分"爱"、"言"、"曰"、"聿"、"遹"，动词词尾"得"，形容词或副词的词尾"如"、"若"、"然"、"而"、"尔"、"耳"，形容词词尾"的"、"地"、"底"②。可是在经历了漫长的历史演变过程，发展到现代汉语阶段时，这些类似于"词缀"的构词成分绝大多数都消

---

① 中国社会科学院语言研究所词典编辑室：《倒序现代汉语词典》，商务印书馆 1987 年版，第 1149—1173 页。

② 王力：《汉语语法史》，《王力文集》（第十一卷），山东教育出版社 1990 年版，第二章、第七章、第九章。

失了，只保留了名词前缀"阿～"、"老～"，后缀"～子"、"～头"等非常有限的几个。

语言发展的这一历史事实一方面向我们展示了这样一条重要规律：在汉语这样的孤立语的历史发展过程中，类似于词缀这样的构词成分存在的价值很小，意义不大，因而几乎没有什么发展前途。另一方面也同时说明了这样一个基本道理：某一构词成分在语言中出现以后，尽管在某一段时间内有较强的构词能力，并且也已经构造了数量较多的词，但这并不一定表明它已经就是"词缀"或"类词缀"了。究竟算不算"词缀"或"类词缀"，还不宜也不能在短时间内就匆忙下结论。最终能否成为"词缀"或"类词缀"，关键还要接受时间的检验，还要看它在较长的语言历史发展过程中的演变结果是否完全具备了"词缀"或"类词缀"的条件。这一点也是由语言自身的稳固性特点和发展演变的渐变性规律所决定的。

据此，如果再重新强调在现代汉语短短的几年或十几年的时间里又突然一下子出现了许多"类词缀"、"准词缀"，那就不仅违背了语言发展的这一重要规律，也同样违背了语言的稳固性及其演变发展的渐变性规律。

综合以上几个方面，根据词素"星"、"族"、"迷"在语言中表现出来的特征，参照语言中其他词素的构词特点，我们认为"类词缀"的提法尚无充分的科学根据，在目前还不宜提倡。

第三节　词素意义内容的再生

本节所谈的词素意义内容的再生，是指在现代汉语共时平面内，词素在原有的意义内容之外，新产生出另外某种意义内容的动态变化。原生词素的这种再生意义与其原有的意义之间虽然有一定的内在联系，但还是相互独立存在的。在词典里的表现就是它们可以作为不同的义项分别单列。

例如：《现代汉语词典》1983 年 2 版对词素"炒"的解释是："烹调方法，把食物放在锅里加热并随时翻动使热，炒菜时要先放些油。"而在1996 年修订第 3 版中，除保留上面这个意义外，另外又增加了两个意义，其中一个是"指倒买倒卖"。比较而言，新增加的意义与原有的意义之间似乎没有什么联系，其实不然。

词素"炒"增加"倒买倒卖"这一意义正是近些年来股市发展、股票交易日益频繁普及的结果。"炒"本指一种烹饪方法，具体操作规程是要求炉火旺，时间短，动作快。由于近些年来股票市场的不断扩大，股票交易非常火爆，很多股票交易者为了投机，避免冒太大的风险，往往在进行交易时采用先快速买进，之后又迅速抛售卖出的办法运作，这就是人们平常所谓的"炒股票"、"炒买炒卖"。不仅如此，人们由"炒股票"又进一步联想到"炒房地产"、"炒外汇"，甚至出于某种动机，媒体也可以"炒新闻"、"炒明星"、"炒名人"。一时间，词素"炒"的运用也随之而火爆。由于这些商业行为与词素"炒"的原有意义在"动作迅速，用的时间短"这一点上，具有很大的相似性，所以仍可以把"倒买倒卖"看成是原生词素"炒"的再生意义。

在1996年修订3版的《现代汉语词典》中，词素"炒"增加的另一个意义是"解雇"。其实，最早表示"解雇"意义的"炒"是一个移用词素，并不是原生词素。移用词素的"炒"通常可以独立成为一个词，如："他被老板炒了"；也可以构造复合词，但也只有一个"炒鱿鱼"。不过，由于"炒鱿鱼"这个复合词的说法很流行，所以还是很快就被共同语接受下来了。"炒"也因此而成为现代汉语共同语系统的一个移用词素。

表面上看起来，移用词素"炒"的"解雇"意义与原生词素"炒"的意义相差很远，毫无关系，其实，这二者之间还是存在着比较密切的关系。可以说，移用词素"炒"的意义是由原生词素"炒"的意义进一步引申形成的。无论是单独可以成词的移用词素"炒"，还是作为复合词使用的"炒鱿鱼"，都可以表示"解雇"。"鱿鱼"，就是枪乌贼，是一种软体动物，下锅一炒就翻卷起来，这个特点就如同卷铺盖一样。这与人们通常所说的因被辞退而卷起铺盖走人很容易产生一种相似的联想。于是，"炒鱿鱼"就被比喻为"解雇"。久而久之，"炒鱿鱼"的说法普及开来，人们又根据语言的经济简练的原则，对它进一步简化，把"炒鱿鱼"的比喻意义全部转移到单个词素"炒"上，所以，词素"炒"就获得了"解雇"这一比喻意义。这一变化过程原先较早地发生在现代汉语的方言系统中，因而，作为"解雇"意义上的词素"炒"是移用词素，不是原生词素。另一方面，"炒"的"解雇"意义是由"炒鱿鱼"的形象化说法而形成的，是比喻意义。比喻意义所由产生的基础就是"烹调鱿鱼"这一具体的动作行为。这里的动作"烹调"恰好就是原生词素"炒"的意义。显而易见，移用词素"炒"的意义与原生词素"炒"的意义之间存在着密切的联系。正是由于这种复杂的内在联系，1996 年 7 月修订第 3 版的《现代汉语词典》把"解雇"意义也列在原生词素"炒"的条目之下，算是"炒"的第三个义项。

我们认为，表示"解雇"意义的移用词素"炒"和原生词素"炒"虽然在意义上有一定的内在联系，但毕竟二者的历史来源不同，在移用词素"炒"进入现代汉语共同语系统之后，经历的时间还不长，就目前来看，至少还没有被共同语系统的词语和原生词素完全同化，因此还没有足够的理由支持我们将它们合二为一。也就是说，在目前的情况下，最好还是将原生词素"炒"和移用词素"炒"单独分列开；在原生词素"炒¹"的条目下列出两个义项："①烹调方法，把食物放在锅里加热并随时翻动使熟，炒菜时要先放些油。"和"②指倒买倒卖。"在移用词素"炒²"的条目下列一个义项："指解雇。"

这样，我们就可以看到，原生词素"炒¹"在共时平面内由原来只有义项①变化为同时含有义项①和义项②，这种变化就是词素意义内容的再生。这个义项②就是再生的意义内容。

能够出现意义内容再生的现代汉语的词素很多，具体分析起来，又可以分成几种不同的情况：

一　原生词素意义内容的再生

现代汉语原生词素意义内容再生的例子，先从 1996 年修订第 3 版《现代汉语词典》举出以下几个：

扒：①用手或用耙子一类的工具使东西聚拢或散开；

　　②〈方〉用手搔；抓；挠；

　　③扒窃；

　　④一种煨烂的烹调法。

派：①指立场、见解或作风、习气相同的一些人；

　　②作风或风度；

　　③〈方〉有派头儿；有风度；

　　④量词；

　　⑤〈书〉江河的支流；

　　⑥分配；派遣；委派；安排；

　　⑦摊派；

⑧指摘（别人过失）。

攀：①抓住东西向上爬；

　　②用手拉；抓住；

　　③指跟地位高的人结亲戚或拉关系；

　　④设法接触；牵扯。

赔：①赔偿；

　　②向受损害或受伤害的人道歉或认错；

　　③做买卖损失本钱（跟"赚"相对）。

与1983年第2版《现代汉语词典》相比较，以上这几个例子都分别增加了新的意义内容，即："扒"的义项③"扒窃"，"派"的义项⑦"摊派"，"攀"的义项②"用手拉；抓住"，"赔"的义项②"向受损害或受伤害的人道歉或认错"。

从比较中还可以看出，这些原生词素的再生意义和它的原有意义之间有很明显的引申关系："扒"的再生意义"扒窃"显然是从意义①"用手或用耙子一类的工具使东西聚拢或散开"引申出来的。"派"的再生意义"摊派"则是从意义⑥"分配；派遣；委派；安排"引申出来的。"攀"的再生意义②"用手拉；抓住"又是从意义①"抓住东西向上爬"引申来的。"赔"的再生意义②"向受损害或受伤害的人道歉或认错"明显是从意义①"赔偿"引申而出。

附带说明一下，与1983年第2版的《现代汉语词典》相比较，词素"派"的意义③"有派头儿；有风度"也是一个新增加的义项，虽然它和意义②"作风或风度"有比较清晰的引申关系，但在目前我们还不宜将意义③确定为原生词素"派"的再生意义，因为"有派头儿；有风度"目前还只是一个移用词素，进入现代汉语共同语系统的时间比较短，尚未完全同化为原生词素，所以，最好还是将表"有派头儿；有风度"意义的移用词素"派"独立出来，与原生词素"派"单列。这个道理与前面所说的移用词素"炒"的意义"解雇"的情形是一样的。我们看到，2012年最新修订本第6版《现代汉语词典》也仍然将"派"的这一意义和"炒"的"解雇"意义看成是再生的新的意义。

二　移植词素意义内容的再生

同原生词素一样，移植词素也有意义内容再生的情况。比较1983年第 2 版和 1996 年修订第 3 版的《现代汉语词典》就可以知道，"派司"、"迪斯科"就是这方面的例子。

　　派司：①指厚纸印成的或订成本儿的出入证、通行证等；

　　　　　　②指通过；准予通过（检查、关卡、考试等）。

　　迪斯科：①摇摆舞音乐的一种，起源于黑人歌舞，节奏快而强烈；

　　　　　　　②最早流行在美洲黑人间的一种节奏快而强烈的舞蹈，后广泛流传世界各地。

　　词素"派司"，源于英语的 pass，本来有"审查通过；考试及格"之意。现代汉语将它移植过来，赋予义项①，表示事物的名称。经过人们的不断使用，近几年又引申出一个表动作行为的意义，表示与英语的 pass 基本相同的意义，所以，这里的义项②是新增的意义内容。

　　词素"迪斯科"源于英语的 disco，1983 年第 2 版的《现代汉语词典》中尚未收入，可见，这个词素当时尚未移植到现代汉语中来。而在 20 世纪 80 年代中期，随着中国社会对外开放的逐步扩大，迪斯科音乐迅速风靡中国大陆，以迪斯科音乐伴奏的舞蹈也流行起来，"迪斯科"也因此同时代表了以上两个意义，所以，移植词素"迪斯科"在移植到现代汉语之时，也随之带有了两个意义内容。从时间的顺序来看，这两个意义的产生很难说就一定存在先后之分别，最好还是看成二者相伴随而增生。

　　再来看看词素"克隆"的变化情况："克隆"作为移植词素，源于英语的 clone，本来表示"生物体通过体细胞进行无性繁殖，复制出遗传性状完全相同的生命物质或生命体"。在移植到现代汉语共同语之后，人们又将它的使用范围进一步扩大，并且增加了一个由比喻用法所带来的意义，"强调跟原来一模一样的复制"。这个再生意义与前一个意义相继产生，相距的时间较近，才几年的时间。由此可以看出，现代汉语中"克隆"的意义演变速度是相当快的。

　　另外值得注意的一个语言事实是，移植词素"拷贝"的意义也表现出再生的趋势。源于英语 copy 的"拷贝"，本来的意义是"用拍摄成的电影底片洗印出来供放映用的胶片"。近来，社会上有些用法将"拷贝"赋予了动作行为的意义，例如，"请把这些资料拿去拷贝一份"，显然，在这里，词素"拷贝"表达的是"复印；复制"的意义。这一动作行为意义其实也可以认为是现代汉语对源于英语 copy 的动作行为意义的再次移植。由于这种用法在汉语中已经很流行，所以，移植词素"拷贝"也就顺理成章地再生了两个新的意义。我们看到，2012 年最新修订本第 6版《现代汉语词典》就新增了两个意义："复制（音像制品、计算机文件等）"；"复制出的音像制品和计算机文件等"。

三　移用词素意义内容的再生

移用词素中也有一些在现代汉语里出现了意义内容再生的情况。根据我们对 1983 年第 2 版和 1996 年修订第 3 版的《现代汉语词典》所做的对比分析，以下这些词素都新增加了再生的意义内容。

海：①极言其多（后面一般跟"了"、"啦"等）；

②漫无目标地；

③毫无节制地。

熊：①斥责；

②怯懦，没有能力。

搋：①用手推；

②打。

扦：①插；

②修（脚），削。

车：①用车运东西；

②用缝纫机缝制衣服；

③转动（多指身体）。

捯：①两手替换着把线或绳子拉回或绕好；

②两脚交替着迈出；

③追究。

扣：①胳膊弯起来挂住或钩住东西；

②舀。

囡：①小孩儿；

②女儿。

与 1983 年第 2 版的《现代汉语词典》相比较，在以上所举的这些移用词素的例子中，"海"的义项③，"熊"的义项②，"搋"的义项②，"扦"的义项②，"车"的义项①②，"捯"的义项②，"扣"的义项②，"囡"的义项②都是新增加的意义内容，它们都是移用词素的再生意义。

需要注意的是，这些移用词素，尽管都有新的再生意义，但他们所含有的再生意义数量有多少之别，大部分只有一个，如"海"、"熊"、"揎"、"扦"、"捯"、"扛"、"囡"；少数有两个，如："车"。此外，不同的移用词素，其再生意义与原有意义之间内在关系的松紧程度也不一致，有的联系比较紧密，引申线索清晰明了，如："海"的再生意义"毫无节制地"与原有意义"极言其多"的关系就比较容易看清；"囡"的再生意义"女儿"与原有意义"小孩儿"的引申线索也很明朗。比较而言，有的移用词素的再生意义与原有意义之间的关系就比较松散一些，不大容易看清，如："熊"、"揎"、"车"等。究竟应该如何理解这些移用词素的再生意义与原有意义之间的关系，还需要作详细的分析探讨。不过，对比 2005 年第 5 版和 2012 年最新修订本第 6 版《现代汉语词典》，我们发现，"车"的移用意义"①用车运东西"；"②用缝纫机缝制衣服"现在已经消失了。说明这两个移用意义在共同语中没有获得认同和接纳，因此也就失去了存在的依据。

移用词素意义再生的方式也有所不同：有的是通过原有意义引申的方式而产生的，例如："海"的再生意义"毫无节制地"就是在原有的意义"极言其多"之上引申形成的；"捯"的再生意义"两脚交替着迈出"，也是在原有的意义"两手替换着把线或绳子拉回或绕好"之上引申出来的。而"囡"的再生意义"女儿"则又是在原有意义"小孩儿"基础上用特指法，缩小其指称范围而形成的。

总而言之，现代汉语词素系统内部的成员，无论是原生词素，移植词素，还是移用词素，都不同程度地存在着意义内容再生的情况。正是由于这些意义内容的再生，才导致了现代汉语的词素意义系统不断更新调整，从而促成了现代汉语语义系统的不断完善、丰富和发展。

主要参考文献

北京语言学院语言教学研究所：《现代汉语频率词典》，北京语言学院出版社 1986 年版。

卞觉非：《略论语素、词、短语的分辨及其区分方法》，《语文研究》1983 年第 1 期。

陈光磊：《汉语词法论》，学林出版社 1994 年版。

符淮青：《现代汉语词汇》，北京大学出版社 1985 年版。

高更生：《汉语语法专题研究》，山东教育出版社 1990 年版。

高更生、王红旗等：《汉语教学语法研究》，语文出版社 1996 年版。

葛本仪：《汉语词汇研究》，山东教育出版社 1985 年版。

葛本仪：《论合成词素》，《山东大学学报》（哲学社会科学版）1988 年第 3 期。

葛本仪：《汉语词汇论》，山东大学出版社 1997 年版。

葛本仪：《语言学概论》（2 版修订本），山东大学出版社 1999 年版。

葛本仪：《现代汉语词汇学》，山东人民出版社 2001 年版。

葛本仪：《现代汉语词汇学》第 2 版，山东人民出版社 2004 年版。

黄景欣：《试论词汇学中的几个问题》，《中国语文》1961 年第 3 期。

蒋绍愚：《古汉语词汇纲要》，北京大学出版社 1989 年版。

〔德〕柯彼德：《试论汉语语素的分类》，《世界汉语教学》1992 年第 1 期。

李行健：《现代汉语规范字典》第 2 版，语文出版社 1998 年版。

凌云：《汉语义素运动造词》，《语言教学与研究》1995 年第 4 期。

刘叔新：《汉语描写词汇学》，商务印书馆 1990 年版。

刘云泉：《语素研究四十年》，《语法研究和探索（七）》，商务印书馆 1995 年版。

　　陆志韦：《汉语的构词法》，《陆志韦语言学著作集（三）》，中华书局 1990 年版。

　　吕叔湘：《汉语语法分析问题》，商务印书馆 1979 年版。

　　吕叔湘：《汉语语法论文集（增订本）》，商务印书馆 1984 年版。

　　施关淦：《现代汉语语素说略》，《语法研究和探索（六）》，语文出版社 1992 年版。

　　施光亨：《语素研究述评》，《语文导报》1987 年第 6 期。

　　石安石：《论语素的结合能力与一用语素》，《语文研究》1993 年第 1 期。

　　苏培成：《现代汉字学纲要》，北京大学出版社 1994 年版。

　　苏锡育：《试说现代汉语复音单纯词中的音节符号向语素的转化》，《汉语学习》1989 年第 2 期。

　　孙常叙：《汉语词汇》，吉林人民出版社 1956 年版。

　　孙维张、刘富华：《语言学概论》（修订版），吉林大学出版社 1996 年版。

　　孙银新：《现代汉语词素研究》，中国文史出版社 2003 年版。

　　孙银新：《现代汉语的原生词素》，《淮北煤炭师范学院学报》（哲学社会科学版）2003 年第 6 期。

　　孙银新：《现代汉语的移用词素》，《语文研究》2004 年第 1 期。

　　孙银新：《现代汉语原生词素集的形成及结构系统》，北京师范大学民俗典籍文字研究中心编《民俗典籍文字研究》第二辑，商务印书馆 2005 年版。

　　孙银新：《动态构词中汉语词素变化状况的考察》，《励耘学刊》（语言卷）2006 年第 2 辑。

　　孙银新：《现代汉语单义词素研究》，北京师范大学民俗典籍文字研究中心编《民俗典籍文字研究》第六辑，商务印书馆 2009 年版。

　　孙银新：《现代汉语单义词素的确定及其类型系统》，《词汇学理论与应用（五）》，商务印书馆 2010 年版。

　　孙银新：《现代汉语多义词素研究》，[日]《京都外国语大学研究论丛》2010 年第 76 号。

　　孙银新：《现代汉语多义词素研究中的几个原则性问题》，《训诂学与词汇语义学论集》，语文出版社 2011 年版。

孙银新：《现代汉语多义词素的语义系统》，［日］《京都外国语大学研究论丛》2011 年第 77 号。

孙银新：《现代汉语多音节词素研究》，［日］《京都外国语大学研究论丛》2011 年第 78 号。

孙银新：《现代汉语多义词素义项间的语义联系方式》，《葛本仪汉语词汇理论体系研究》，山东大学出版社 2012 年版。

王艾录、孟宪良：《语素入词所发生的意义偏移现象》，《山西大学学报》（哲学社会科学版）1996 年第 1 期。

王力：《汉语词汇史》，商务印书馆 1993 年版。

王树斋：《汉语复合词词素义和词义的关系》，《汉语学习》1993 年第 2 期。

夏允贻：《语素分析问题》，《上海师范大学学报》（哲学社会科学版）1990 年第 1 期。

肖天柱、张达人：《现代汉语语素的确定》，《信阳师范学院学报》（哲学社会科学版）1987 年第 4 期。

徐洪涛：《谈语素意义的多变性》，《语文学刊》1992 年第 2 期。

徐枢：《语素》，人民教育出版社 1990 年版。

严戎庚：《现代汉语有非音节语素吗?》，《新疆大学学报》（哲学社会科学版）1986 年第 2 期。

杨锡彭：《汉语语素论》，南京大学出版社 2003 年版。

杨振兰：《试论词义与语素义》，《汉语学习》1993 年第 6 期。

杨振兰：《现代汉语词彩学》，山东大学出版社 1996 年版。

尹斌庸：《汉语语素的定量研究》，《中国语文》1984 年第 5 期。

俞敏：《化石语素》，《中国语文》1984 年第 1 期。

张世禄：《普通话词汇》，新知识出版社 1957 年版。

张永言：《词汇学简论》，华中工学院出版社 1982 年版。

张志公：《谈汉语的语素》，《语言教学与研究》1981 年第 4 期。

赵诚：《甲骨文简明词典——卜辞分类读本》，中华书局 1988 年版。

中国社会科学院语言研究所词典编辑室：《现代汉语词典》第 2 版，商务印书馆 1983 年版。

中国社会科学院语言研究所词典编辑室：《倒序现代汉语词典》，商务印书馆 1987 年版。

中国社会科学院语言研究所词典编辑室：《现代汉语词典》第 3 版，商务印书馆 1996 年版。

中国社会科学院语言研究所词典编辑室：《现代汉语词典》第 4 版，商务印书馆 2002 年版。

中国社会科学院语言研究所词典编辑室：《现代汉语词典》第 5 版，商务印书馆 2005 年版。

中国社会科学院语言研究所词典编辑室：《现代汉语词典》第 6 版，商务印书馆 2012 年版。

周洪波：《外来词译音成分的语素化》，《语言文字应用》1995 年第 4 期。

周士琦：《实用解字组词词典》，上海辞书出版社 1986 年版。

周一农：《汉语语法学史的语素学考察》，《语文研究》1994 年第 3 期。

周祖谟：《现代汉语词汇的研究》，《语文研究》1982 年第 2 辑。

后 记

本书是教育部人文社会科学研究 2007 年度青年基金项目《现代汉语词素系统研究》的最终成果。项目批准号：07JC740015。

从申报项目获得批准，再到现在完成书稿，历时五年之久。感慨良多。

2007 年之所以申报这个课题，主要有两点考虑：一是自己在现代汉语词素研究方面下的工夫比较多，积累的材料丰富，因此研究词素问题应该比较方便，也比较熟悉一些。就前期研究成果来看，这方面不仅有一些发表过的论文，还有写博士学位论文的经历，觉得现代汉语词素值得研究的问题也还有很多，应该进一步探索和挖掘。二是以博士学位论文为基础的专著《现代汉语词素研究》于 2003 年 1 月出版以后，产生了一定的社会影响。同年 12 月，香港《语文建设通讯》便发表了沈怀兴先生的书评《读孙银新〈现代汉语词素研究〉》，认为"本书是汉语词素第一部较成功的专著"。2004 年 12 月获北京市第八届哲学社会科学优秀成果二等奖。这样的评价和认可对我是极大的鼓励，激发我继续努力。我也更有信心潜心于现代汉语词素问题的探索研究。

项目申请于 2007 年 11 月获得批准。研究工作随后正常进行，但也有不小的压力，感觉自己的研究并不轻松。好在有压力也就有了动力。中期检查前，所取得的阶段性研究成果已经有小部分用论文的形式发表了。这样 2009 年的中期检查顺利通过。但在中期检查以后不久，由于意想不到的原因，项目研究的进度有了临时的变化和调整。

2010 年 4 月到 2012 年 3 月，我受中国教育国际交流协会的指派，赴日本京都外国语大学中文系任教两年，承担的任务就是对外汉语教学。在京都外大这两年，日常工作除了教学，就是研究。这让我有机会能够静下心来专心致志地做自己的研究，写写文章，重新找回自己当年攻读博士学位时候的感觉，享受做学问的乐趣。然而，这样的情形也只是持续了将近一年。

2011 年 3 月 11 日，日本东北大地震引发了巨大海啸，而海啸又再度引发核辐射。人类的生存危机一度引起全球的关注，成为公众瞩目的焦点。世人为之恐慌，人们谈"日"色变。一时间"日"竟成了"核"的代名词。毫无疑问，各项工作都因此受到不同程度的影响。核辐射给日本带来的负面影响与 2003 年中国大陆"非典"大流行时的状况颇有些相似。2003 年抗击"非典"的成功经验告诉自己，要在生存面临危机的状态中一如既往地进行教学和研究工作，调整好自己的心态至关重要。庆幸的是，正是在这种生存空间充满危机感的特殊日子里，自己身临其境，对工作、学习和生活的意义不仅有了更加深刻的理解和体认，而且还获得了一种全新的认识。这种认识进而又转化为一种精神动力。在这种动力的驱使下，自己的教学和科研工作并没有懈怠中断，而是始终如一地坚持下来，一直延续到我顺利完成外派计划中的各项任务之后如期回国。回头看，这段特殊的经历已然是对自己人生的一种检验，也更是一种磨炼。这于我有着特殊的意义，使我能够有机会再一次感知自己在特殊环境中的适应能力和安心工作的能力，也使我对自己更有信心。凭着这种动力和自信，回国以后，在忙于各种繁琐事务的间隙，我零打碎敲，趁热打铁，终于完成本项目的后期研究。

特别需要说明的是，本项目研究过程中，吸收和参考了前辈学者的许多研究成果，这些在书中都已经一一注明。成书过程中，也曾先后在全国第七届（2008）、第八届（2010）和第九届（2012）汉语词汇学学术研讨会上得到国内外很多学者和同仁的关心和支持。每次学术研讨会上，以项目研究成果为基础的论文报告以后，都会引起学者们的关注和讨论。在几届研讨会上，先后就汉语词素研究的问题给作者提出过宝贵意见的专家学者，除了我的导师葛本仪先生，还有张志毅、苏新春、周荐、田小琳、汪维辉、周光庆、苏宝荣、徐时仪、张博、徐正考、杨振兰、孙玉文、吴礼权、杨锡彭、符淮青、李行健、江蓝生、袁晖、杨端志等二十多位先生。各位先生的宝贵意见对于把好项目研究的质量关、提高项目成果的学术水平颇有启发。这些意见我都一一铭记在心。在此，我谨向以上不吝赐教的各位专家表示由衷的感谢和深深的敬意。

　　北京师范大学文学院现代汉语研究所所长刁晏斌教授始终关心本项目研究的进展，不仅对项目研究提出了很好的建议，而且为促成项目研究成果的尽早成书出版做了很多规划和设计工作。本所同事许小颖、李晋霞、谢永芳三位老师在我赴日工作期间，与所长一起，发扬团队精神，精诚团结，密切合作，共同承担了现代汉语研究所的各项工作。大家都帮忙不少，让人特别感动。

　　感谢北京师范大学文学院"985"工程二期项目资助本书出版。

　　还想说的是，这几年，我爱人冯银美为孩子的健康快乐成长，为家庭的琐事无私奉献和辛勤付出。她在尽心尽力地完成本职工作之余，每天顾不得自己骑车上下班的疲惫和劳累，操持着全部家务，全身心培养教育孩子，尽可能让我多一点时间做自己的研究。也正因此，自己陪孩子的时间太少，欠孩子的太多，特别是在日本工作这两年。2010 年 8 月，爱人带着四岁半的儿子去京都度假。暑假结束后，母子二人离开大阪返回北京，在日本关西空港洒泪而别的动人情景，刻骨铭心。这些现在都已经化成了我时刻激励自己勤奋工作努力进取的内在动力。在我工作最繁忙最紧张的时候，是家父的及时帮助和支持使我能有更多一点的时间做自己的研究。家人的付出和无私奉献也同样是我最终完成项目研究的根本保证。

　　谨在此向所有的关心支持者一并致以诚挚的谢意！

　　现代汉语词素研究，虽然这些年陆续取得了一些成果，但值得研究的问题依然很多。限于作者的学识，书中的疏漏和缺点在所难免。我愿意在这个研究领域继续前进，不断探索。祈盼同行专家、学者和广大读者朋友不吝赐教。

孙银新

2012 年 12 月 2 日于北京师范大学